Irmeli Helin

# Nachhaltige Botschaft in den Stürmen der Geschichte

***Aue-Säätiön julkaisuja***

*Skrifter utgivna av Aue-Stiftelsen*

*Veröffentlichungen der Aue-Stiftung*

*33*

Irmeli Helin

# Nachhaltige Botschaft in den Stürmen der Geschichte

## Kirchenlieder der Lutherzeit in ihren alten und neuen finnischen Übersetzungen

Aue-Stiftung
Helsinki
2017

*Bibliografische Information der Deutschen Nationalbibliothek:*
*Die Deutsche Nationalbibliothek verzeichnet diese Publikation in der Deutschen Nationalbibliografie; detaillierte bibliografische Daten sind im Internet über http://dnb.d-nb.de abrufbar.*

*Unter dem Serientitel Aue-Säätiön julkaisuja in seiner dreisprachigen Form wird seit der Namensänderung des Urhebers die Schriftenreihe Saksalaisen kulttuurin edistämissäätiön julkaisuja/Skrifter utgivna av stiftelsen för främjande av tysk kultur/Veröffentlichungen der Stiftung zur Förderung deutscher Kultur ab Stück 10 fortgesetzt.*


ISBN: 978-952-68042-9-3 (nid.)
ISBN: 978-952-7283-00-4 (pdf)
ISSN: 1797-6154

Layout: Marie de Baudus
Notensatz: Benjamin Schweitzer
Umschlag: Robert Schweitzer
Die vordere Umschlagseite zeigt eine Collage von Umschlägen von und Seiten aus (v.l. oben):
Etlich christlich lider, Lobgesang un Psalm. Wittenberg 1514 [vielm. 1524] (Sog. Achtliederbuch von Martin Luther und Paulus Speratus) (Bild: Staatsbibliothek zu Berlin – Preußischer Kulturbesitz, Abteilung Historische Drucke, Libri impr. rari qu. 189<a> mit freundlichem Dank)
Jaakko Finnon Virsikirja. Näköispainos [Faksimile, hrsg. von] Pentti Lempiäinen, SKS. (SKST 463) Helsinki 1988, S. 29. (Bild: Hannu Helin)
Evangelisches Kirchengesangbuch Kurhessen-Waldeck. Bärenreiter.
Kassel 1978 (Bild: Robert Schweitzer)
Suomen Evankelis-luterilaisen kirkon Virsikirja 1987 (1986). SLEY-Kirjat Oy. Helsinki. 1986 (Bild: Hannu Helin)

Verlag: Aue-Säätiö
Druck: BoD, Books on Demand, Norderstedt, Deutschland

Inhalt

# Herausgebervorwort

Als Theodor Aue die nach ihm benannte Stiftung gründete, legte er als Stiftungszweck die Förderung und Erforschung der Verbindungen zwischen dem deutschsprachigen Mitteleuropa und dem europäischen Norden fest. Dabei bezog er ausdrücklich nicht nur deren geistige sondern auch deren geistliche Dimensionen mit ein. Im 500. Jubiläumsjahr des Erscheinens von Martin Luthers 95 Thesen, die die Reformation und die Entstehung der evangelischen Kirchen einleiteten, war es der Wunsch der Stiftung, die ihr gestellte Aufgabe mit einem Beitrag zu diesem Thema zu erfüllen, denn die Annahme des Protestantismus im Norden hat eine Gemeinsamkeit mit zumindest dem Norden Deutschlands begründet.

Die Aue-Stiftung hat es deshalb gern übernommen, die Untersuchung der Übersetzungswissenschaftlerin Prof. (em.) Dr. Irmeli Helin von der Universität Turku in ihrer Schriftenreihe zu publizieren. Sie behandelt die Kirchenlieder der Lutherzeit, die sich bis heute als Inhalt der Gesangbücher in Deutschland und Finnland behaupten konnten, in ihren Gemeinsamkeiten und Unterschieden in den Sprachen beider Länder, kontrastierend zwischen dem Jahrhundert Luthers und der heutigen Zeit. Dass Jacobus Finno aufbauend auf seine Studien in Wittenberg und die Pionierarbeit Mikael Agricolas für die finnische Schriftsprache 1583 ein Gesangbuch auf Finnisch zusammenstellen konnte, zeigt, dass die Reformation nicht nur auf den Schultern ihrer Helden sondern auch vieler anderer Hochbefähigter stand und dass sie ein säkularer Prozess war.

An solche Vorgange zu erinnern ist aber auch ein Anliegen der Aue-Stiftung: sie möchte Beispiele von kultureller Ausstrahlung des deutschsprachigen Raums in den Nordosten aufzeigen, die gerade deshalb auf so fruchtbaren Boden fiel, weil sie aktiv rezipiert und mit Selbstbewusstsein in die eigene Kultur integriert wurde. Finnen waren über Jahrhunderte beispielhaft in ihrer Bereitschaft, in der Welt zu lernen und dies Wissen im Lande nutzbar zu machen.

Die Aue-Stiftung kann nun dieses Buch der Ernte des Reformationsjubiläums hinzufügen. Ihr kontrastiver Ansatz hat der Autorin ermöglicht, zeitlich weit auseinander liegende Texte in ihrer jeweils auf die Menschen wirkenden sprachlichen Gestalt aufeinander zu beziehen und die theologischen Dispute der dazwischen liegenden Jahrhunderte hinter den zeitlosen Problemen des Übersetzens zurücktreten zu lassen.

Die Vorstellung des Buches soll im Rahmen des 3. deutsch-finnischen theologischen Symposiums in der Deutschen Gemeinde Helsinki erfolgen, in der sich Theodor Aue viele Jahre seines Lebens engagiert hat.

Helsinki / Lübeck, im Oktober 2017

Dr. Sinikka Salo
Vorstandsvorsitzende der Aue-Stiftung

Dr. Robert Schweitzer
Forschungsleiter

# Vorwort

Das 500-jährige Jubiläum der Reformation hat mir endlich ermöglicht, meinen langjährigen Traum zu verwirklichen und dieses Buch zu schreiben. Seit über einem Jahrzehnt habe ich das Thema erforscht, Artikel geschrieben und Vorlesungen gehalten. Für das Buch dienen sie jetzt teilweise als Grundlage, aber sie wurden weiterentwickelt, und manche ursprüngliche Hypothesen erfuhren dabei Veränderungen. So kann ich eigentlich nicht ehrlich bedauern, dass diese Arbeit neben meinen vielseitigen Verpflichtungen an den Universitäten Helsinki und Turku nicht früher fertig geschrieben werden konnte. Auf jeden Fall präsentiert dieses Buch die erste und wohl die einzige vergleichende Untersuchung alter Kirchenlieder und ihrer deutsch-finnischen Übersetzungen aus translationswissenschaftlicher Perspektive.

Es ist gut möglich, dass die Arbeit auch jetzt nicht druckreif wäre, wenn das Finnland-Institut in Berlin mir im Sommer 2016 nicht einen 6-wöchigen Forschungsaufenthalt in seinen Räumen bewilligt hätte, so dass ich mich ganztags auf das Forschen und Schreiben konzentrieren und weiter ausholen konnte als zunächst geplant. Von Herzen danke ich der Leiterin des Instituts, Frau Dr. Laura Hirvi und der Assistentin der Institutsleitung, Frau Suvi Wartiovaara, denn Sie haben mich bestens unterstützt und mir geraten, mich bei der Suche nach einem Verleger an die Aue-Stiftung zu wenden. Diese waren zu meiner großen Freude an diesem Vorhaben interessiert: Die Geschäftsführerin der Stiftung, Frau Dr. Uta-Maria Liertz, sagte die Übernahme der Druckkosten zu, und ihr Forschungsleiter Dr. Robert Schweitzer besorgte die herausgeberische Betreuung für die Veröffentlichung in der Schriftenreihe der Stiftung. Dafür bedanke ich mich bei ihnen herzlich! Das Zentrum für die Erforschung des Mittelalters und der frühen Neuzeit der Universität Turku, TUCEMEMS, hat mich freundlich unterstützt und das Layout des Buches finanziert. Dafür möchte ich dem TUCEMEMS ebenfalls herzlich danken!

Schon während des Aufenthalts in Berlin hat sich meine Freundin aus der Schulzeit am Gymnasium, Frau Sibylle Dreher, bereit erklärt, als Muttersprachlerin die Texte im Buch zu überprüfen. Sie hat mehrere Bücher publiziert und steht dem Thema meines Buches als engagiertes und praktizierendes Mitglied der Evangelisch-lutherischen Kirche aufgeschlossen gegenüber. Ihre zahlreichen Anmerkungen habe ich dankbar angenommen.

Für die Korrekturen der früheren Artikel und Vorlesungen, die mir die Grundlage dieses Buches gegeben haben, bedanke ich mich bestens bei den Universitätslektoren Uwe Dirksen und Sylvia Lehtinen (Helsinki) und Sylvia Ylinen-Rauscher und Birgit Kretschmann (Turku). Meinem Mann, Hannu, der leider im August gestorben ist, danke ich für die Unterstützung und Geduld, die er aufbrachte, als ich mich zu sehr in meine Themen vertieft hatte und jemanden brauchte, der ein Ohr für meine Probleme und deren Lösungsversuche hatte.

Ein besonderes Anliegen ist, dass Jacobus Finno, dessen Lebenslauf, Werke und Übersetzungen bisher nur fragmentarisch vorhanden waren, durch dieses Buch besser und allgemeiner bekannt wird. Das hätte er verdient. Er ist zwar kein Reformator im engeren Sinne und kann natürlich nicht mit Martin Luther verglichen werden, aber er hat für die Reformation im hohen Norden einen wichtigen Teil geleistet und die Entwicklung der finnischen Schriftsprache durch seine dichterischen Gestaltungen sehr gefördert.

Turku im Oktober 2017

Irmeli Helin

# Einleitung

Im Jahr 2017 begehen wir das 500-jährige Jubiläum der Reformation, die Martin Luther auslöste, als er seine 95 Thesen an die Kirchentür der Schlosskirche in Wittenberg anschlug. Die Reformation ist auch ein wichtiger Meilenstein in der Geschichte des Kirchengesangs. Man hatte natürlich von Anfang an in den christlichen Zusammenkünften gesungen, und im Mittelalter hatte die Musik schon eine große Bedeutung bei den Messen in Kirchen und Klöstern. Es wurde jedoch auf Latein gesungen, und die Sänger waren entweder Priester oder Mönche. Allmählich durfte auch die Gemeinde besonders an Festtagen bei einigen Sequenzen singen, manchmal sogar in der Volkssprache.

Die Reformation förderte auch in diesem Teil des kirchlichen Lebens einen Wandel. Die Kirchengesänge wurden ein wichtiger Teil der Gottesdienste, volkssprachige Lieder wurden gedichtet und komponiert. Die Buchdruckkunst machte es möglich, zuerst Lieder in Flugblättern, deren Sprache von Dorf zu Dorf ein wenig anders war, ab 1522 dann in Heftform mit einigen zehn Liedern zu veröffentlichen. Jedoch wird erst das Kirchengesangbuch 1531 von Michael Weiße (1488 – 1534) als erstes eigentliches protestantisches Gesangbuch betrachtet. Martin Luther war auch in dieser Hinsicht ein Vorreiter, obwohl man ihn nicht als „Vater des Kirchengesangs" bezeichnen kann, wie Markus Jenny (1985) betont und wie wir im Kapitel 7 sehen werden. Aber er hat immerhin 45 Lieder geschrieben und einige davon auch komponiert oder mindestens deren Melodie umgearbeitet. Neben ihm waren auch andere auf diesem Gebiet tätig, und schon im 16. und 17. Jahrhundert begann die Blütezeit der protestantischen Kirchenmusik.

In Finnland hat man noch während des Katholizismus bei feierlichen Messen einige Sequenzen auf Finnisch und Schwedisch singen dürfen, wie der dem Kleriker Mathias Westh zugeschriebene Codex aus den 40er Jahren des 16. Jh. zeigt.[1] Jedoch erst 1583 wurde das erste finnische Kirchengesangbuch von dem in Turku wirkenden Lektor und Pfarrer Jacobus Finno (~1540-1588)

[1] Obwohl er auch als das erste lutherische Messbuch Finnlands bezeichnet wird, spiegelt er in diesem Punkt sicher die vorreformatorischen Verhältnisse wider.

mit 101 Liedern herausgegeben. Einige hatte er selbst geschrieben, aber die meisten übersetzt, umgearbeitet, umformuliert oder gar einfach z.B. von Mikael Agricola, dem Reformator Finnlands (~1510-1557), übernommen. Copyright war damals ein unbekannter Begriff.

Dieses Buch beschäftigt sich grundsätzlich mit den alten Liedern, die eben Finno direkt aus dem Deutschen oder über eine Drittsprache übersetzt hat und die immer noch im neuesten finnischen Kirchengesangbuch von 1986 und in den nach dem Zweiten Weltkrieg eingeführten deutschen evangelischen Kirchengesangbüchern[2] zu finden sind. Und es gibt sogar 27 davon! Außer diesen Liedern werden einige neuere und neue Lieder betrachtet, die sich erst in neuesten Büchern finden. Es geht also in allen Kapiteln um diese Lieder, aber sie werden „nur" als Beispiele verwendet, wenn wir den Wandel der Zeiten, die Auffassungen über das Menschsein, den Humanismus, Ichbezogenheit oder Gemeinsamkeit in unterschiedlichen Phasen der Geschichte während dieser 500 Jahre näher betrachten.

Um einen konkreten Überblick zu bekommen, habe ich einige sprachliche Phänomene, Begriffe und Benennungen quantitativ betrachtet und im ersten Kapitel in Tabellenform vorgeführt. Sie sollen als Hintergrund für die Analyse und mögliche Schlussfolgerungen dienen. Damit habe ich diese Untersuchung angefangen, weil ich wissen wollte, ob mit den Kirchenliedern als Korpus linguistisch gezeigt werden kann, ob die Menschen heute selbstzentrierter bzw. ichbezogener sind als früher bzw. ob sie den Individualismus dem Kollektivismus, der Gemeinsamkeit vorziehen. Also z.B. ob *ich* in den Texten öfter vorkommt als *wir*, und ob diese Pronomina früher quantitativ eine andere Position in den Kirchenliedertexten hatten als heute. Statistisch sieht es wirklich bei diesem Korpus so aus, dass die Finnen heute ichbezogener sind als früher, aber bei den Deutschen diese Entwicklung nicht so deutlich zu sehen ist. Jedoch wäre es voreilig, das als Resultat festzulegen, denn für die deutschen Lieder wurden meistens nur orthographische Korrekturen vorgenommen, während die finnischen Lieder auch sprachlich drastischer verändert wurden. Einerseits aber versuchte z.B. Luther gegen die Selbstbezogenheit seiner Zeit zu kämpfen und hat wohl deswegen seine Lieder mehr in *Wir*-Form geschaffen. Andererseits aber haben die neuen finnischen Lieder doppelt so viele *Ich*-Formen (182) in den Texten als die

[2] Im Folgenden abgekürzt EKG und EG; die im Einzelnen benutzten Ausgaben s. Literaturverzeichnis.

neuen deutschen (97), und nur etwa ein Drittel (111) so viele *Wir*-Formen wie die deutschen (310). Wie Kari Salminen (2016) in seinem Artikel D*as große Ich, allein in der Mitte von allem* schreibt, sind „innere Helden, dynamische Unternehmer, innovative Erfolgsmenschen, ‚Raketen der Kreativität', und der sich selbst therapierende Mittelstand Phänomene des Kults des Individualismus". Auch die Kirche werde in Schwierigkeiten geraten, wenn sie nicht in der Lage sei, Mittel für das individualistische geistliche Wachstum zu bieten. Statt der traditionellen verlangten die Menschen eine nur für sie selbst maßgeschneiderte Religion. (ibid.)

Um die Lieder richtig deuten zu können habe ich im zweiten Kapitel den geschichtlichen Hintergrund unter die Lupe genommen und die Bedeutung der mittelalterlichen Mystik für die ältesten Kirchengesänge erörtert. Das Mittelalter war ja nicht so düster und grausam wie in unserer Zeit oft behauptet wird, sondern es gab auch damals schöne und nachhaltige Kunst, Musik und Dichtung. Heute noch erwecken sie Bewunderung, bereiten Freude und vermitteln schon eine Vorahnung von der Reformation. Ein Beispiel dafür gaben die Böhmischen Brüder, die auf den tschechischen Reformator Jan Hus (1369 – 1415) zurückgehen und schon 1501 das erste volkssprachige Gesangbuch überhaupt veröffentlichten, und zwar auf Tschechisch mit 88 Liedern (EG 1990: 957).

Dass eine Regierung immer außer über Politik und Religion auch über die Sprache entscheiden will, ist uns durch die Geschichte deutlich geworden. *Cuius regio, eius religio – wes das Land, des der Glaube* – hieß es auch in der Reformationszeit im deutschen Raum, wo die kleinen Fürstentümer ihre Wahl zwischen der katholischen Kirche und dem Protestantismus trafen, oder im europäischen Norden, wo der schwedische König Gustav Wasa sich für den Protestantismus entschied, auch um die Reichtümer der Kirche für die Krone zu beschlagnahmen. Dadurch kam aber auch die Volkssprache in die Kirchen: sowohl in Deutschland als auch in Schweden/Finnland wurde die Schriftsprache schnell und gründlich entwickelt, und dies sehen wir ganz genau in den Kirchenliedern. Dieser Prozess setzte sich in den folgenden Jahrhunderten fort, und darüber sprechen wir im dritten Kapitel.

Im vierten Kapitel betrachten wir die Begriffe und Benennungen, die während der Jahrhunderte in der religiösen Sprache verwendet worden sind;

auch das Thema *Ichbezogenheit* bzw. „nur" *Individualismus* im Gegensatz zum *Gemeinschaftsgefühl* wird behandelt. Wie verbreitet ist der Wandel vom Allgemeinen und Gesellschaftlichen zum Subjektiven, Individualistischen, oder sogar Egoistischen[3]? Es werden Auffassungen und Betrachtungen mehrerer Forscher erörtert. Als Korpus in diesem Kapitel dient hauptsächlich das Lutherlied *Ein feste Burg ist unser Gott*.

Das fünfte Kapitel behandelt den Dialekt in Kirchenliedern und bezieht sich zum großen Teil auf meinen Vortrag an der Universität Bologna/Forlì 2007 und auf den entsprechenden Artikel, der im Internet veröffentlicht wurde (www.intralinea.it). Der Dialekt war natürlich in den alten Liedern deutlich vorhanden, da die Schriftsprache noch nicht oder nur teilweise normiert war, und, wie oben schon erwähnt, die Liedtexte oft innerhalb von einigen Kilometern schon anders lauteten. In der Reformationszeit wichen Hoch- und Niederdeutsch mehr als heute voneinander ab, und die deutsche Schriftsprache wurde zum großen Teil von Luther aus diesen Sprachformen und aus seiner eigenen mitteldeutschen Mundart geschöpft. Auf ähnliche Weise schuf Mikael Agricola die finnische Schriftsprache, in der dementsprechend früher mehr westfinnische Merkmale zu finden waren als nach dem Dialektkampf im 19. Jahrhundert, wonach die „schöneren" östlichen Mundarten mehr Einfluss auf die Sprache ausgeübt haben. Es hat auch damit zu tun, dass 1812 Helsinki zur Hauptstadt Finnlands erhoben wurde, während vorher das westfinnische Turku mit seinen internationalen, sprachlichen und kulturellen Kontakten besonders nach Schweden und Deutschland seit Jahrhunderten die Hauptstadt gewesen war.

Im sechsten Kapitel gehen wir zu den Themen der Übersetzung über und betrachten die alten Lieder aus unterschiedlichen translationswissenschaftlichen Gesichtspunkten, Strategien und Textfunktionen. Es sind auch einige Notenbeispiele aufgenommen, um zu sehen, wie gut es dem finnischen Übersetzer Jacobus Finno und den Neuübersetzern gelungen ist, den Text mit der Musik harmonieren zu lassen.

Im siebten Kapitel werden diejenigen Lutherlieder genauer betrachtet, die auch das finnische Gesangbuch immer noch beinhaltet. Nach Jenny (1985), der in diesem Bereich seit langem die Autorität ist, hat Luther insgesamt 45

[3] Vgl. Salminen 2016.

Lieder geschrieben, und das Kapitel folgt seiner Nummerierung. Im neuesten finnischen Gesangbuch gibt es noch 18 (bis 20) Lutherlieder, von denen schon 14 im Gesangbuch Finnos zu finden waren. Im Großen und Ganzen hat Finno 16 Lutherlieder und dazu noch 6 von Luther umgearbeitete bzw. übersetzte Lieder[4], insgesamt also 22 (vgl. Lempiäinen 1988: 382f.) in seinem Buch veröffentlicht, die während der Jahrhunderte kaum aus den neueren Büchern verschwunden, also weggelassen worden sind. Im EG 1990 gibt es noch 36 Lieder, von denen Luther entweder Textdichter oder Komponist oder beides ist. Da die Lieder, nicht der Lebenslauf Luthers, das Thema des Kapitels sind, betrachten wir nur kurz am Anfang von Kapitel 7 die Zeit Luthers und Luthers Wirken in anderen Lebensbereichen, bevor wir zu den einzelnen Liedern übergehen. Dafür stützen wir uns außer auf Jenny auch auf andere Forscher, um den jeweiligen Hintergrund besser betrachten zu können. Es werden jedoch auch Strophen miteinander verglichen. Die Tabellen enthalten jeweils eine Rückübersetzung.

Das achte Kapitel enthält schließlich die Lutherlieder, die erst nach Finno übersetzt wurden und die noch heute im finnischen Kirchengesangbuch stehen. Danach werden im Kapitel 9 zuerst neue Lieder betrachtet, die in den letzten Jahrzehnten aus einer dritten Sprache ins Deutsche und ins Finnische übersetzt worden sind; sie bilden ein Korpus von fünf, zwei aus dem Englischen und jeweils eins aus dem Holländischen, Norwegischen und Schwedischen. Dann werden noch die älteren deutschen Lieder (7) aufgenommen, die erst in Übersetzungen im neuesten finnischen Gesangbuch ihren Platz gefunden haben, und schließlich noch die neuen deutschen Lieder (6) im finnischen Liederbuch.

Es wurden schon früher Arbeiten veröffentlicht, in denen alle jeweiligen finnischen Kirchenlieder und ihr Hintergrund betrachtet wurden (z.B. Hallio 1938, Väinölä 2008). Doch Arbeiten, in denen nur die ältesten finnischen Übersetzungen mit ihren deutschen Ausgangstexten verglichen worden wären, gab es bisher noch nicht, auch keine, in denen darüber hinaus noch neue Übertragungen aus einer dritten Sprache und neue Übersetzungen alter Lieder oder aber neuer deutscher Lieder auf diese Weise erforscht worden wären. Genauso wurden keine Untersuchungen gefunden, die die Kirchengesangtexte und ihre Umformulierungen und Übersetzungen mit

[4] Vier davon finden sich noch im finnischen Kirchengesangbuch von 1986.

dem Wandel der Gesellschaft und Kultur verglichen hätten. Hoffentlich ist der Leser von den Befunden, die ich hierbei gemacht habe, genauso begeistert wie ich!

# 1
# Quantitative Betrachtung des Korpus dieser Untersuchung

## 1.1 Überblick

Um einen klaren Überblick über das Korpus zu erhalten, betrachten wir zuerst einige Daten, die es am besten charakterisieren.

Das Gesangbuch von Jacobus Finno von 1583 bestand aus 101 Liedern, von denen noch 34 (bzw. 35), also fast ein Drittel, im neuesten finnischen Gesangbuch von 1986 erhalten sind. Von diesen 34 (35) sind 27 entweder direkt oder indirekt aus dem Deutschen übersetzt. [1] Das Kernkorpus dieser Untersuchung besteht aus diesen 27 alten Übersetzungen, den entsprechenden Originaltexten aus mehreren Quellen (näheres dazu ab Kap. 6 und im Literaturverzeichnis) sowie aus ihren modernen Modifikationen in den deutschen bzw. ihre Neuübersetzungen in den neuesten finnischen Kirchengesangbüchern. Als Parallelkorpus wurden 34 moderne Lieder gewählt, die vorher nicht in den Gesangbüchern dieser beiden Sprachen publiziert worden waren, und die ungefähr in denselben thematischen Abschnitten (z.B. „Kirchenjahr", „Gottesdienst") zu finden waren wie die modernen Versionen der alten Lieder des Kernkorpus.

## 1.2 Strophen und Verse in alten und neuen Liedern

Die erste Tabelle zeigt die Anzahl der Strophen und Verse[2] in den 34 alten von Finno übersetzten Liedern und ihren Neuübersetzungen. Darin sind die Lieder mit deutschem Ursprung (27) sowie die weiteren sieben bis acht gesondert aufgezählt. Zum Vergleich wurden auch die Lieder des Parallelkorpus in die letzte Spalte aufgenommen.

[1] Die weiteren sieben bis acht im neuen finnischen Gesangbuch noch erhaltenen Lieder sind „nicht-deutsch": drei haben einen alten lateinischen Ursprung, eines ist aus dem Schwedischen übersetzt. Vier stammen von Finno selbst, wobei eines (Lied 41) aus 2 Strophen von Finno und einer Strophe von Agricola besteht. Daher rührt die Angabe 34 (35) Lieder; im Weiteren dieser Untersuchung wurde die Anzahl auf 34 „normiert", wobei hinsichtlich der Analyse von Lexemen, Strophen-und Verszahlen die beiden von Finno stammenden Strophen mit berücksichtigt wurden.

[2] Im Gegensatz zum landläufigen Gebrauch werden hier mit Versen die einzelnen Textzeilen bezeichnet, mit Strophen die Gesamtheit der Verse, die jeweils einem Durchgang der Melodie unterlegt sind.

Tabelle 1. Sprachliche Entwicklung der alten Finno-Lieder

| | Spalte 1 | Spalte 2 | Spalte 3 | Spalte 4 | Spalte 5 | Spalte 6 | Spalte 7 |
|---|---|---|---|---|---|---|---|
| | **1583 de-fi**[I] | **1583 andere**[II] | **insg.** | **Finno 1986 de-fi**[III] | **Finno 1986 andere**[IV] | **insg.** | **Parallelkorpus 1986** |
| Lieder | 27 | 7(8) | **34** | 27 | 7(8) | **34** | 34 |
| Strophen | 152 | 38 | **190** | 137 | 39 | **176** | 150 |
| Verse | 1068 | 180 | **1248** | 1006 | 181 | **1187** | 828 |
| **Verse in Strophen:** | | | | | | | |
| 4-versig | 4 | 4 | **8** | 3 | 3 | **6** | 14 |
| 5-versig | 3 | 1 | **4** | 3 | 2 | **5** | 3 |
| 6-versig | 2 | 1 | **3** | 2 | 1 | **3** | 8 |
| 7-versig | 11 | 1 | **12** | 10 | 1 | **11** | 2 |
| 8-versig | 3 | - | **3** | 4 | - | **4** | 6 |
| andere | 4 | 1 | **5** | 5 | 1 | **6** | 1 |

I Aus dem Deutschen übersetzte Lieder aus Finnos Gesangbuch, die (ggf. modifiziert) noch zum Bestand des finnischen Gesangbuchs von 1986 gehören
II Nicht aus dem Deutschen übersetzte Lieder aus Finnos Gesangbuch, die (ggf. modifiziert) noch zum Bestand des finnischen Gesangbuchs von 1986 gehören
III In Spalte 1 genannte Lieder (ggf. modifiziert) im finn. Gesangbuch von 1986
IV In Spalte 2 genannte Lieder (ggf. modifiziert) im finn. Gesangbuch von 1986

Insgesamt wird deutlich, dass die ursprüngliche Zahl der Strophen in den neuen Versionen der finnischen Übersetzungen der deutschsprachigen Lieder des Kernkorpus um 15 Strophen zurückgegangen ist, während die der anderen Finno-Übersetzungen sogar um eine Strophe angewachsen ist. Durch das Schrumpfen der Strophenmenge ist auch natürlich die Versanzahl der 27 Lieder geringer geworden. Dagegen hat sich der Strophenaufbau relativ wenig verändert. In den 27 Finno-Liedern (Spalte 4) haben immer noch die 7-versigen ein klares Übergewicht – obgleich davon eine Strophe für die Neuübersetzung verändert wurde –, während im Parallelkorpus (Spalte 7) die Strophen mit nur vier Versen weit überwiegen. Danach folgen 6-versige und 8-versige Strophen. Bemerkenswert ist auch, dass die 34 Lieder des Parallelkorpus nur aus 150 Strophen und 828 Versen bestehen, obwohl das betreffende Korpus sieben Lieder mehr enthält. Es ist also deutlich festzustellen, dass die modernen finnischen Gemeindemitglieder kürzere Lieder mit kompakten Strophen vorziehen. Im Folgenden werden wir sehen, ob diese Tendenz auch für die deutschen Lieder gilt.

Die entsprechende Tabelle für die 27 alten deutschen Lieder des Kernkorpus sowie die 34 neuen Lieder des deutschen Parallelkorpus sieht jedenfalls erkennbar anders aus.

Tabelle 2. Sprachliche Entwicklung der entsprechenden deutschen Lieder

| | **Spalte 1** | **Spalte 2** | **Spalte 3** |
|---|---|---|---|
| | **27 alte Lieder** | **dieselben Lieder im EKG 1981** | **34 moderne Lieder im EG 1990** |
| Lieder | 27 | 27 | 34 |
| Strophen | 162 | 143 | 161 |
| Verse | 1105 | 1008 | 868 |
| **Verse in Strophen:** | | | |
| 4-versig | 5 | 4 | 14 |
| 5-versig | 4 | 3 | 4 |
| 6-versig | 1 | 1 | 7 |
| 7-versig | 8 | 9 | 2 |
| 8-versig | 3 | 3 | 6 |
| andere | 6 | 7 | 1 |

Von den 162 Strophen der ursprünglich deutschen Lieder (Sp. 1) waren in den Übersetzungen Finnos nur 152 geblieben (Tab. 1, Sp. 1). Zehn Strophen wurden von Finno entweder nicht übersetzt bzw. anders formuliert oder aber durch Übersetzungen aus einer dritten Sprache (meistens Schwedisch) ersetzt. Im Vergleich dazu wurden die deutschen Modifikationen während der Jahrhunderte sogar um 19 Strophen gekürzt, die entsprechenden finnischen Lieder hingegen nur um 15, wie oben schon erwähnt. Derselbe Trend wie in den modernen Liedern des finnischen Parallelkorpus (152 vs. 150 Strophen) zeigt sich auch in den Liedern des deutschen Parallelkorpus, d. h. in diesen 34 Liedern befinden sich praktisch genauso viele Strophen wie in den 27 traditionellen Liedern (161 vs. 162). Vergleicht man aber die heutigen deutschen Modifikationen dieser 27 Lieder des Kernkorpus (143 Strophen) (Sp. 2) mit dem deutschen Parallelkorpus der 34 modernen Lieder (161 Strophen) (Sp. 3), stellt man fest, dass die Versanzahl um 140 niedriger ist. Dagegen haben die alten Lieder (27) schon gegenüber ihren (27) Modifikationen im 20. Jh. allein einen Verlust von 19 Strophen mit 97 Versen erlitten. Bei den finnischen alten Liedern liegt der entsprechende Unterschied zwischen den Fassungen von 1583 und 1986 in Versen bei 62, und derjenige zwischen den alten 27 und den modernen 34 des Parallelkorpus sogar bei 178! Man könnte aber auch die Entwicklung bei allen Übersetzungen von Finno (34) miteinander und mit den modernen Kirchenliedern aus demselben Themengebiet vergleichen. Dabei läge der Unterschied zwischen alten und neuen Fassungen der Finno-Übersetzungen bei Textkürzungen von 14 Strophen sowie 61 Versen und der Umfang der Textkürzungen im Vergleich zwischen Finnos 34 Liedern in ihrer heutigen Fassung und den 34 modernen Liedern bei 26 Strophen und 359 Versen! Auf diese Zahlen kommen wir noch im Kapitel 4 zurück, um sie mit eventuellen Veränderungen des menschlichen Denkens und Verhaltens in Beziehung zu setzen.

Ein ähnliches Phänomen wie in den finnischen Kirchenliedern ist auch das Überwiegen der 4-versigen Lieder im modernen deutschen Korpus. Jedoch kommen in den neuen Liedertexten neben den kurzen Strophen häufiger solche mit sechs bzw. acht Versen vor; überproportional ist der Unterschied bei den 6-versigen zwischen einer Strophe im Kernkorpus und 7 im modernem Parallelkorpus, auch wenn man den geringeren Umfang des Kernkorpus berücksichtigt. Die eindeutige Schlussfolgerung ist, wenn man so will, dass das deutsche Gemeindemitglied, genauso so wie das finnische, die Tendenz hat, kürzere Lieder mit kompakteren Strophen singen zu wollen.

## 1.3 Platzierung der Übersetzungen von Finno in seinem eigenen Liederbuch 1583 und ihre Modifikationen im modernen Finnischen Kirchengesangbuch 1986

Um einen klaren Blick über die Einteilung der alten Übersetzungen von Finno zu erhalten, die noch im neuesten Gesangbuch stehen - seien es die 27 ursprünglich deutschen Lieder oder die sieben bis acht weiteren Übersetzungen -, werden in der folgenden Tabelle die Nummern der Lieder aufgelistet.

Tabelle 3. Platzierung der Lieder des finnischen Kernkorpus

| Gesangbuch 1583 de-fi, noch im neuen Gesangbuch | **Gesangbuch 1583 andere verbliebene Übersetzungen** | **Gesangbuch 1986 Übersetzungen von Finno de-fi** | **Gesangbuch 1986 andere Übersetzungen von Finno** |
|---|---|---|---|
| 27 | 7-8 | 27 | 7-8 |
| Nummern bei Finno: 45, 52, 47, 41, 62, 60, 68, 42, 39, 38:4, 11,81, 80, 86, 31, 33, 35, 36, 53, 54, 77, 76, 21, 15, 10, 76, 85 | Nummern bei Finno: 59, 66, 70, 38:1-3, 34, 4, 91, 95 | Nummern im neuen Gesangbuch: 17, 18, 22, 65, 87, 96, 111, 113, 128, 131:4, 170, 187, 188, 190, 208, 214, 222, 227, 256, 257, 261, 262, 267, 323, 374, 475, 586 | Nummern im neuen Gesangbuch: 95, 107, 130, 131:1-3, 290, 320, 534, 550 |

## 1.4 Die Lieder des Kernkorpus in den Hauptabschnitten der modernen Gesangbücher

Wo befinden sich nun die Lieder? Finno hatte eine einfache Gliederung seiner Lieder in Themengruppen durchgeführt, aber da die alten deutschen Texte aus vielen verschiedenen Quellen stammen, können die alten Lieder in dieser Hinsicht nicht gleichwertig kategorisiert werden. Daher verwende ich Kategorien bzw. Hauptabschnitte, in denen die Finno-Lieder bzw. die entsprechenden deutschen Lieder in den modernen Gesangbüchern zu finden sind. Das Parallelkorpus wurde, soweit wie möglich, so aufgebaut, dass genauso viele neue Lieder in denselben Hauptabschnitten gesucht wurden, wo sich auch die alten Lieder befinden. Wir beginnen wieder mit Finno und seinen Liedern im finnischen Gesangbuch 1986. Die Titel der Hauptabschnitte und der Unterabschnitte wurden mit deutschen Übersetzungen versehen. Die erste Ziffer steht im betreffenden Abschnitt für die Finno-Lieder, die zweite weist auf den deutschen Ursprung hin (z. B. die Zahlen 3/2, bedeuten, dass in diesem Abschnitt 3 Finno-Lieder gefunden wurden, von denen 2 ursprünglich deutsch sind).

Tabelle 4. Fundstellen und Anzahl der Finno-Lieder im modernen finnischen Kirchengesangbuch

| **I *Kirkkovuosi*** [‚Kirchenjahr'] | **II *Jumalanpalvelus -elämä*** [‚Gottesdienst'] | **III *Elämä Kristuksessa*** [‚Leben in Christus'] | **IV *Elämä Jumalan maailmassa*** [‚Leben in der Welt Gottes'] |
|---|---|---|---|
| 2 Joulu 3/3 [‚Weihnachten']<br>6 Kristuksen kärsimys ja kuolema 1/1 [‚Christi Leiden und Tod']<br>7 Pääsiäinen 3/2 [‚Ostern']<br>8 Kristuksen taivaaseenastuminen 1/0 [‚Christi Himmelfahrt']<br>9 Helluntai 2/2 [‚Pfingsten']<br>10 Pyhä kolminaisuus 3/2 [‚Die Heilige Dreieinigkeit'] | 1 Kristuksen seurakunta 1/1 [‚Christi Gemeinde']<br>2 Jumalan sana 3/3 [‚Das Wort Gottes']<br>3 Jumalanpalvelus 1/1 [‚Gottesdienst']<br>4 Pyhä kaste 1/1 [‚Die Heilige Taufe']<br>5 Pyhä ehtoollinen 2/2 [‚Das Heilige Abendmahl'] | 1 Jumalan armo Kristuksessa 5/5 [‚Gottes Gnade in Christus']<br>2 Katumus ja rippi 1/0 [‚Reue und Beichte']<br>4 Kiitos ja ylistys 2/1 [‚Lob und Dank']<br>6 Jumalan varjelus ja johdatus 1/1 [‚Gottes Behütung und Führung'] | 3 Ateria 1/1 [‚Mahlzeit']<br>10 Aamu ja ilta 2/0 [‚Morgen und Abend']<br>13 Rauha ja vapaus 1/1 [‚Freiheit und Frieden'] |
| 13 Finno-Lieder noch erhalten, davon 10 Übersetzungen de-fi | 8 Finno-Lieder noch erhalten, davon 8 Übersetzungen de-fi | 9 Finno-Lieder noch erhalten, davon 7 Übersetzungen de-fi | 4 Finno-Lieder noch erhalten, davon 2 Übersetzungen de-fi |

Die Tabelle 5 zeigt, wo sich die Lieder des modernen Parallelkorpus im neuen finnischen Gesangbuch befinden. Es sind also genauso viele neue Lieder in den Abschnitten gewählt worden, dass sie der Anzahl der Finno-Lieder jeweils entsprechen. Die Nummern der Unterabschnitte verweisen auf die Gliederung des Hauptabschnittes, die Zahl nach der Benennung die Anzahl der jeweils gewählten Lieder. Die Gesamtzahl pro Hauptabschnitt stimmt also mit der entsprechenden Anzahl der Finno-Lieder überein, obgleich sie von Unterabschnitt zu Unterabschnitt zwangsläufig abweicht, da es nicht möglich war, in allen Unterabschnitten neue Lieder zu finden. Die unterste Zeile der Tabelle enthält die Gesamtzahl pro Hauptabschnitt der für das Parallelkorpus ausgewählten Lieder und ihre Nummern in den jeweiligen Unterabschnitten im finnischen Kirchengesangbuch von 1986.

Tabelle 5. Fundstellen und Anzahl der ausgewählten neuesten Kirchenlieder des Parallelkorpus im modernen finnischen Kirchengesangbuch

| **I Kirchenjahr** | **II Gottesdienst** | **III Leben in Christus** | **IV Leben in der Welt Gottes** |
|---|---|---|---|
| 2. Weihnachten 3<br>6. Christi Leiden und Tod 3<br>7. Ostern 4<br>8. Christi Himmelfahrt 1<br>9. Pfingsten 1<br>10. Die Heilige Dreieinigkeit 1 | 1. Christi Gemeinde 2<br>2. Das Wort Gottes 1<br>3. Gottesdienst 2<br>4. Die Heilige Taufe 1<br>5. Das Heilige Abendmahl 2 | 1. Gottes Gnade in Christus 1<br>2. Reue und Beichte 2<br>4. Lob und Dank 4<br>6. Gottes Behütung und Führung 2 | 3. Mahlzeit 1<br>10. Morgen und Abend 2<br>13. Freiheit und Frieden 1 |
| Insgesamt 13<br><br>Liednummern:<br>2: 31, 33, 34<br>6: 55, 59, 70<br>7: 88, 91, 104,105<br>8: 106<br>9: 125<br>10: 135 | Insgesamt 8<br><br>Liednummern:<br>1: 166, 171<br>2: 191<br>3: 207, 213<br>4: 219<br>5: 232, 228 | Insgesamt 9<br><br>Liednummern:<br>1: 276<br>2: 288, 289<br>4: 343, 341, 345, 338<br>6: 395, 396 | Insgesamt 4<br><br>Liednummern:<br>3: 473<br>10: 544, 565<br>13: 591 |

Die nächsten zwei Tabellen beinhalten die allgemeine Statistik darüber, wo sich die alten 27 deutschen Gesänge, die Finno direkt oder indirekt ins Finnische übersetzt hatte und immer noch auch in deutschen Gesangbüchern zu finden sind, in einem neuen deutschen Liederbuch befinden. Sie wurden im *Evangelischen Kirchengesangbuch* (EKG) 1981 gesucht und gefunden. Das Buch ist nur fünf Jahre älter als das finnische, und auch die Hauptabschnitte sind gut vergleichbar[3]. Die Unterteilung innerhalb der Hauptabschnitte aber

[3] Es wird in weiteren Abschnitten und Kapiteln auch EG 1990 verwendet.

wich dermaßen von den finnischen ab, dass sie in der Tabelle 6 weggelassen werden musste. Dagegen ist sie wieder in der Tabelle 7 vorhanden. Hier ist zu sehen, wie bei den Hauptabschnitten auch, dass die beiden ersten, d. h. *Kirchenjahr* und *Gottesdienst* mit den finnischen völlig oder fast völlig ähnlich sind, während die zwei letzten stark voneinander abweichen.

Tabelle 6. Fundstellen und Anzahl der von Finno übersetzten deutschen Lieder im modernen deutschen Kirchengesangbuch (EKG)

| I Das Kirchenjahr | II Der Gottesdienst | III Psalmen/Bitt- und Lobgesänge für jede Zeit | IV Lieder für besondere Zeiten und Anlässe |
|---|---|---|---|
| 11 | 7 | 9 | 0 |

Die nächste Tabelle enthält dann 34 moderne deutsche Gesänge, die nicht in den früheren Büchern zu finden waren. Hier dient das *Evangelische Gesangbuch* (EG) 1990 als Quelle. Die Hauptabschnitte weichen einigermaßen von denen des EKG ab. Es war außerdem nicht möglich, die gleiche Anzahl Lieder in den entsprechenden Hauptabschnitten zu finden. In der Tabelle sind jedoch die Untertitel aufgelistet, und diejenigen mit einbezogen, die zwar mit den finnischen gleich sind, unter denen aber neue Lieder fehlten. Weiter sind auch die Nummern der betreffenden modernen Lieder angegeben, wie es schon bei den neuen finnischen Liedern der Fall war.

Tabelle 7. Fundstellen und Anzahl der neuen deutschen Lieder im modernen deutschen Kirchengesangbuch (EG)

| I Kirchenjahr | II Gottesdienst | III Biblische Gesänge | IV Glaube, Liebe, Hoffnung |
|---|---|---|---|
| Weihnachten: 3<br>Passion: 4<br>Ostern: 3<br>Himmelfahrt: 0<br>Pfingsten: 1<br>Trinitatis: 0<br>Besondere Tage: 2 | Eingang und Ausgang: 2<br>Wort Gottes: 1<br>Taufe: 1<br>Abendmahl: 2<br>Trauung: 1<br>Ökumene 1 | Psalmen und Lobgesänge: 3<br>Biblische Erzähllieder: 2 | Morgen: 1<br>Mittag und das tägliche Brot: 1<br>Abend: 1<br>Rechtfertigung und Zuversicht: 1<br>Angst und Vertrauen: 1<br>Nächsten- und Feindesliebe: 2<br>Erhaltung der Schöpfung: 2 |
| Insgesamt 13<br><br>Liednummern:<br>55, 56, 57, 94, 97, 96, 98, 104, 116, 117, 132, 142, 154 | Insgesamt 8<br><br>Liednummern:<br>168, 160, 190, 212, 226, 227, 240, 262 | Insgesamt 4<br><br>Liednummern:<br>292, 305, 311, 312 | Insgesamt 9<br><br>Liednummern:<br>360, 381, 420, 417, 431, 432, 452, 464, 487, |

## 1.5 Tabellarische Betrachtung der Lexeme in den Korpora

Für ein tieferes Verständnis von den verwendeten Korpora betrachten wir noch näher eine Auswahl der Lexeme, die in den Texten gefunden und aufgezählt wurden. In den Tabellen der finnischen Lexeme, die von Finno in seinen Übersetzungen gewählt bzw. im südwestfinnischen Dialekt (der Gegend von Turku, der damaligen Hauptstadt Finnlands) entdeckt oder gar selbst erfunden hatte, werden die Belege nur auf Finnisch aufgelistet, um die Überschaubarkeit der Tabelle zu erhalten. Dies gilt natürlich auch für die Modifikationen und Neuübersetzungen, die tabellarisch gezeigt werden. Die entsprechenden deutschen Lexeme sind in derselben Reihenfolge in ihrer eigenen Tabelle zu finden. Sie wurden also in den betreffenden ursprünglichen deutschen Texten und ihren späteren Modifikationen gesucht und gefunden. Dadurch sollte der Vergleich möglichst leicht sein. Später wird noch eine gemeinsame Tabelle für die Belege gezeigt.

**Tabelle 8. Finnische Lexeme in den Korpora**
(Zum leichteren Auffinden der Entsprechungen stehen die Begriffe in den Tabellen 8-12 in Zeilen mit derselben Nummer)

| | | **Spalte 1** | **Spalte 2** | **Spalte 3** | **Spalte 4** |
|---|---|---|---|---|---|
| **Nr.** | **Lexem** | **1583 de-fi** | **1583 andere** | **1986 de-fi** | **1986 andere** |
| 1 | Jumala | 44 | 12 | 28 | 9 |
| 2 | Isä | 31 | 14 | 23 | 15 |
| 3 | Herra | 39 | 25 | 75 | 11 |
| 4 | Luoja | 1 | - | 3 | 2 |
| 5 | Jeesus | 16 | 5 | 18 | 10 |
| 6 | Kristus | 38 | 20 | 31 | 9 |
| 7 | Jumalan/Isän Poika | 21 | 8 | 22 | 7 |
| 8 | neitsyt/neits- | 4 | 3 | 5 | - |
| 9 | ihminen/mies | 12 | 5 | 16 | 2 |
| 10 | synti/syntinen | 40 | 11 | 29 | 8 |
| 11 | taivas/korkeus | 29 | 17 | 25 | 11 |
| 12 | maailma/maa | 33 | 14 | 21 | 13 |
| 13 | iankaikki-/ikui- | 4 | 7 | 4 | 2 |
| 14 | kuolema/kuoll-surma/tuonela | 33 | 9 | 27 | 8 |
| 15 | lähimmäinen | 1 | - | - | - |
| 16 | minä/Poss.suff. | 54 | - | 62 | 3 |
| 17 | me/Poss.suff. | 245 | 105 | 246 | 54 |
| 18 | sinä/Poss.suff. | 134 | 125 | 156 | 73 |
| 19 | hän/Poss.suff. | 107 | 7 | 67 | 6 |
| 20 | helvetti | 7 | 4 | 3 | 1 |
| 21 | kadotus/kadot- | 4 | - | 3 | 1 |

| 22 | paha/pahuus | 9 | 2 | 4 | 1 |
|---|---|---|---|---|---|
| 23 | viettelys/himo | | | | |
| 24 | piru | 14 | 7 | - | - |
| 25 | Saatana/Perkele | 4 | - | 2 | - |
| 26 | Imperativ Sg&Pl 2.Pers. | 117 | 49 | 109 | 43 |
| 27 | Imperativ Sg 3.Pers. | 23 | 7 | 24 | - |
| 28 | Imperativ Pl 1.Pers. | 35 | 8 | 5 | - |
| 29 | Passiv/ohne Personenbez. | 48 | 21 | 9 | 6 |
| 30 | nöyrä/nöyryys | 4 | 1 | 2 | - |
| 31 | katumus/katu- | | | | |
| 32 | köyhä/köyhyys | 6 | 1 | 3 | - |
| 33 | ilo/riemu/iloita/riemuita | 21 | 4 | 22 | 2 |
| 34 | kunnia/kunnio- | 12 | 13 | 10 | 6 |
| 35 | ylistys/ylistää | 5 | 2 | 6 | 3 |
| 36 | enkeli | 6 | 4 | 8 | 2 |
| 37 | armo/armahtaa | 30 | 9 | 53 | 13 |
| 38 | Vapahtaja | 1 | - | 1 | - |
| 39 | risti | 4 | - | 5 | 1 |
| 40 | kiitos/kiittää | 16 | 13 | 21 | 10 |
| 41 | rauha | 7 | 1 | 12 | - |
| 42 | veisata/virsi | 6 | 1 | 3 | 4 |
| 43 | rakkaus/rakastaa/rakas | 17 | 3 | 17 | 3 |
| 44 | lankeemus | - | - | 1 | - |
| 45 | tuomio/tuomita | 2 | 1 | 5 | 2 |
| 46 | Kuningas | 2 | 3 | 4 | 1 |
| 47 | Karitsa | 5 | - | 5 | 1 |
| 48 | usko/uskoa | 17 | 9 | 13 | 3 |
| 49 | kristitty | 1 | - | 1 | 1 |
| 50 | Pyhä Henki | 17 | 7 | 13 | 7 |

Die 1. Spalte in Tabelle 8 gilt also für die 27 Lieder, die Jacobus Finno entweder direkt oder indirekt aus dem Deutschen übersetzt hatte. Als direkte Übersetzungen aus dem Deutschen sieht man heute mit Sicherheit nur noch 8-10 an; unter den übrigen sind solche, die Finno hauptsächlich über eine schwedische Übersetzung des deutschen Texts ins Finnische übertragen hat. Manche waren bereits Übersetzungen aus dem Lateinischen ins Deutsche. Auf diese Verhältnisse und ihre Konsequenzen wird ab Kap. 5 eingegangen; für die quantitative Analyse reicht aber aus, dass diese 27 Lieder eine deutsche Fassung als Ursprung der Übersetzung haben. Die 2. Spalte enthält dann die 7-8 Lieder, die Finno ohne ein deutsches Gegenstück hauptsächlich aus dem Schwedischen oder Lateinischen übersetzte und die auch heute noch im finnischen Gesangbuch stehen. Die 3. Spalte enthält die Anzahl der Lexeme in den heutigen Versionen der Lieder aus der 1. Spalte und erlaubt

uns, festzustellen, wie viele Änderungen und Modifikationen bei diesen 27 Liedern durch Neuübersetzung inzwischen durchgeführt worden sind. Die 4. Spalte zeigt die Lexemanzahl in den modernen Versionen der Lieder in der 2. Spalte.

In späteren Kapiteln kommen wir noch mehrmals auf die Befunde zurück und betrachten aus mehreren Gesichtspunkten, wie und warum die Änderungen stattgefunden haben und welche Schlüsse man daraus ziehen könnte oder sollte.

Nunmehr gehen wir zur Tabelle mit den deutschen Äquivalenten in den ursprünglichen deutschen Liedern über. Wie schon erwähnt, sind die Lexeme direkte Äquivalente zu den finnischen, allerdings nicht unbedingt in denselben Strophen und Versen, d.h. syntaktisch identisch zu finden. Die miteinander verglichenen Texte sind die 27 Ausgangstexte von Finnos Übersetzungen und deren moderne deutsche Modifikationen sowie die 34 ausgewählten neuen Lieder aus dem EG 1990 (vgl. Tabelle 7).

Tabelle 9. Entsprechende deutsche Lexeme in den deutschen Korpora

| Nr. | Lexem | alte Lieder (27) | EKG 1981 (27) | neue Lieder (34) EG |
|---|---|---|---|---|
| 1 | Gott | 64 | 77 | 91 |
| 2 | Vater | 28 | 25 | 9 |
| 3 | Herr | 49 | 41 | 49 |
| 4 | Schöpfer | 2 | 2 | 1 |
| 5 | Jesus | 23 | 20 | 31 |
| 6 | Christus | 30 | 26 | 45 |
| 7 | Gottes Sohn/ Vaters Sohn | 19 | 23 | 2 |
| 8 | Jungfrau | 9 | 7 | |
| 9 | Mensch/Mann | 19 | 19 | 22 |
| 10 | Sünde/sündig | 29 | 24 | 14 |
| 11 | Himmel/Höhe | 20 | 22 | 6 |
| 12 | Welt/Land | 26 | 22 | 48 |
| 13 | Ewigkeit/ewig | 17 | 20 | 17 |
| 14 | Tod/sterben | 30 | 29 | 27 |
| 15 | Nächster | 4 | | |
| 16 | ich/mich/mir/mein | 102 | 97 | 97 |
| 17 | wir/uns/unser | 229 | 226 | 310 |
| 18 | du/dich/dir/dein | 204 | 187 | 210 |
| 19 | er/ihn/ihm/sein | 184 | 174 | 152 |
| 20 | Hölle | 4 | 5 | 4 |
| 21 | Untergang/verdamm- | | | |

| | | | | |
|---|---|---|---|---|
| 22 | böse/Böse | | | 1 |
| 23 | Versuchung/Lust | | | |
| 24 | Teufel | 10 | 10 | 3 |
| 25 | Satan | 1 | 1 | |
| 26 | Imperativ Sg 2. Person | 95 | 96 | 158 |
| 27 | Imperativ Sg 3. Person | 30 | 21 | 9 |
| 28 | Imperativ Pl 1. Person | 8 | 6 | 6 |
| 29 | Passiv | 1 | | 10 |
| 30 | ergeben/demütig/Demut | | | |
| 31 | Reue/reuen | | | |
| 32 | arm/Armut | 16 | 15 | 3 |
| 33 | Freude/freuen/Wonne/ Jubel/jauchzen/jubeln | 13 | 16 | 22 |
| 34 | Ehre/ehren | 16 | 15 | 5 |
| 35 | Lob/loben | 21 | 21 | 24 |
| 36 | Engel | 9 | 8 | 5 |
| 37 | Gnade/E/erbarmen/Barmherzigkeit | 30 | 28 | 4 |
| 38 | Heiland/Erlöser | 4 | 4 | 1 |
| 39 | Kreuz | 7 | 6 | 11 |
| 40 | Dank/danken | 11 | 6 | 11 |
| 41 | Friede | 7 | 8 | 12 |
| 42 | singen/Gesang | 6 | 6 | 29 |
| 43 | Liebe/lieben/lieb | 23 | 23 | 33 |
| 44 | Fall/fallen | | | |
| 45 | Gericht/Urteil/ verdammen/richten | | | |
| 46 | König | 4 | 1 | 4 |
| 47 | Lamm | 5 | 5 | 1 |
| 48 | Glaube/glauben | 38 | 27 | 11 |
| 49 | Christ | 10 | 9 | 1 |
| 50 | Heiliger Geist | 19 | 15 | 4 |

In den Analysen der späteren Kapitel werden auch diese Befunde betrachtet. Der Vergleich zwischen den Übersetzungen und den Ausgangstexten ist, sowohl aus religiösen, geschichtlichen, gesellschaftlichen als auch aus kulturellen Gesichtspunkten sehr wichtig. Es finden sich mehrere statistisch bemerkenswerte Unterschiede, die entweder diachron innerhalb einer Sprache oder synchron zwischen den zwei Sprachen betrachtet werden können. Eine vergleichende Analyse zwischen dem ursprünglichen deutschen Text und den frühen und neuen finnischen Übersetzungen sowie eine synchrone vergleichende Analyse zwischen den neuesten Modifikationen der 27 Lieder des Kernkorpus im Deutschen bzw. den Neuübersetzungen des Kernkorpus im Finnischen und den völlig neuen deutschen und finnischen Liedern lassen sich aufgrund dieser Tabellen durchführen.

Um die Analysen zu erleichtern wird noch eine Tabelle hinzugefügt, in der die alten deutschen Lieder, ihre heutigen Modifikationen und ihre alten und neuen finnischen Übersetzungen quantitativ leicht überschaubar sind.

Tabelle 10. Vergleich der Lexemanzahl in Ausgangstexten und Übersetzungen

| **Nr.** | **Lexem** | **alte dt. Lieder (27)** | **EKG 1981 (dieselben 27)** | **Entsprechende 27 Lieder, von Finno 1583 übersetzt** | **Dieselben 27 Finno- Lieder 1986** |
|---|---|---|---|---|---|
| 1 | Gott | 64 | 77 | 44 | 28 |
| 2 | Vater | 28 | 25 | 31 | 23 |
| 3 | Herr | 49 | 41 | 39 | 75 |
| 4 | Schöpfer | 2 | 2 | 1 | 3 |
| 5 | Jesus | 23 | 20 | 16 | 18 |
| 6 | Christus | 30 | 26 | 38 | 31 |
| 7 | Gottes Sohn/ Vaters Sohn | 19 | 23 | 21 | 22 |
| 8 | Jungfrau | 9 | 7 | 4 | 5 |
| 9 | Mensch/Mann | 19 | 19 | 12 | 16 |
| 10 | Sünde/sündig | 29 | 24 | 40 | 29 |
| 11 | Himmel/Höhe | 20 | 22 | 29 | 25 |
| 12 | Welt/Land | 26 | 22 | 33 | 21 |
| 13 | Ewigkeit/ewig | 17 | 20 | 4 | 4 |
| 14 | Tod/sterben | 30 | 29 | 33 | 27 |
| 15 | Nächster | 4 | | 1 | 0 |
| 16 | ich/mich/mir/mein | 102 | 97 | 54 | 62 |
| 17 | wir/uns/unser | 229 | 226 | 245 | 246 |
| 18 | du/dich/dir/dein | 204 | 187 | 134 | 156 |
| 19 | er/ihn/ihm/sein | 184 | 174 | 107 | 67 |
| 20 | Hölle | 4 | 5 | 7 | 3 |
| 21 | Untergang/verdamm- | | | 4 | 3 |
| 22 | böse/Böse | | | 9 | 4 |
| 23 | Versuchung/Lust | | | | |
| 24 | Teufel | 10 | 10 | 14 | 0 |
| 25 | Satan | 1 | 1 | 4 | 2 |
| 26 | Imperativ Sg 2. Person | 95 | 96 | 117 | 109 |
| 27 | Imperativ Sg 3. Person | 30 | 21 | 23 | 24 |
| 28 | Imperativ Pl 1. Person | 8 | 6 | 35 | 5 |
| 29 | Passiv | 1 | | 48 | 9 |
| 30 | ergeben/demütig/Demut | | | 4 | 2 |

| 31 | Reue/reuen | | | | |
|---|---|---|---|---|---|
| 32 | arm/Armut | 16 | 15 | 6 | 3 |
| 33 | Freude/freuen/Wonne/ Jubel/jauchzen/jubeln | 13 | 16 | 21 | 22 |
| 34 | Ehre/ehren | 16 | 15 | 12 | 10 |
| 35 | Lob/loben | 21 | 21 | 5 | 6 |
| 36 | Engel | 9 | 8 | 6 | 8 |
| 37 | Gnade/E/erbarmen/ Barmherzigkeit | 30 | 28 | 30 | 53 |
| 38 | Heiland/Erlöser | 4 | 4 | 1 | 1 |
| 39 | Kreuz | 7 | 6 | 4 | 5 |
| 40 | Dank/danken | 11 | 6 | 16 | 21 |
| 41 | Friede | 7 | 8 | 7 | 12 |
| 42 | singen/Gesang | 6 | 6 | 6 | 3 |
| 43 | Liebe/lieben/lieb | 23 | 23 | 17 | 17 |
| 44 | Fall/fallen | | | 0 | 1 |
| 45 | Gericht/Urteil/ verdammen/ richten | | | 2 | 5 |
| 46 | König | 4 | 1 | 2 | 4 |
| 47 | Lamm | 5 | 5 | 5 | 5 |
| 48 | Glaube/glauben | 38 | 27 | 17 | 13 |
| 49 | Christ | 10 | 9 | 1 | 1 |
| 50 | Heiliger Geist | 19 | 15 | 17 | 13 |

Bevor wir zum Vergleich der neuen deutschen und finnischen Lieder der Parallelkorpora übergehen, betrachten wir noch die gesamten finnischen Belege ähnlich wie in der Tabelle 9. Im Gegensatz zur Tabelle 9 (27+27+34) bestehen die Spalten der Tabelle 11 aus allen 34 Übersetzungen von Finno, ihren heutigen Versionen im modernen finnischen Gesangbuch sowie aus genauso vielen modernen Texten aus demselben Buch (1986). Dadurch ist der „innerfinnische" Vergleich leichter als das Interpretieren der Ziffern in der Tabelle 9. Jedoch muss festgestellt werden, dass die Strophenzahl in den 27 alten deutschen Liedern und den 34 neuen Liedern nur um eine Strophe abweicht. (siehe Tabelle 2 im Abschnitt 1.2.) Bei den finnischen 27 alten und den 34 neuen beträgt die Abweichung auch nur zwei Strophen. Dagegen weicht die Strophenzahl deutlicher ab, wenn wir die alten 34 von Finno ins Finnische übersetzen Lieder mit ihren modernen Versionen und den völlig neuen Liedern vergleichen. In der Ausgabe von 1583 war die Strophenzahl 190, während diese Lieder im neuen Buch von 1986 auf 176 Strophen geschrumpft sind. Demgegenüber bestehen die neuen Lieder im neuen Buch aus nur 150 Strophen, obwohl es sich in allen Fällen um 34 Lieder handelt (vgl. auch Abschnitt 1.2 dieses Kapitels).

Tabelle 11. Vergleich der 34 Finno-Übersetzungen, ihrer neuen Modifikationen und der ausgesuchten modernen 34 finnischen Kirchenlieder

| **Nr.** | **Lexem** | **Finno 1583 (34)** | **Finno 1986 (34)** | **Neue Lieder 1986 (34)** |
|---|---|---|---|---|
| 1 | Jumala | 56 | 37 | 24 |
| 2 | Isä | 45 | 38 | 11 |
| 3 | Herra | 64 | 86 | 67 |
| 4 | Luoja | 1 | 5 | 6 |
| 5 | Jeesus | 21 | 28 | 54 |
| 6 | Kristus | 58 | 40 | 20 |
| 7 | Jumalan/Isän Poika | 29 | 29 | 6 |
| 8 | neitsyt/neits- | 7 | 5 | - |
| 9 | ihminen/mies | 17 | 18 | 10 |
| 10 | synti/syntinen | 51 | 37 | 24 |
| 11 | taivas/korkeus | 46 | 36 | 29 |
| 12 | maailma/maa | 47 | 33 | 34 |
| 13 | iankaikki-/ikui- | 11 | 6 | 10 |
| 14 | kuolema/kuoll- surma/tuonela | 42 | 35 | 23 |
| 15 | lähimmäinen | 1 | - | - |
| 16 | minä/Poss.suff. | 54 | 65 | 182 |
| 17 | me/Poss.suff. | 352 | 300 | 111 |
| 18 | sinä/Poss.suff. | 259 | 229 | 126 |
| 19 | hän/Poss.suff. | 114 | 73 | 53 |
| 20 | helvetti | 11 | 4 | 1 |
| 21 | kadotus/kadot- | 4 | 4 | - |
| 22 | paha/pahuus | 11 | 5 | 1 |
| 23 | viettelys/himo | - | - | - |
| 24 | piru | 21 | - | - |
| 25 | Saatana/Perkele | 4 | 2 | - |
| 26 | Imperativ Sg 2.Person | 166 | 152 | 81 |
| 27 | Imperativ Sg 3.Person | 30 | 24 | 2 |
| 28 | Imperativ Pl 1.Person | 43 | 5 | 1 |
| 29 | Passiv / ohne Personenbez. | 69 | 15 | 8 |
| 30 | nöyrä/nöyryys | 5 | 2 | 1 |
| 31 | katumus/katu- | - | - | 1 |
| 32 | köyhä/köyhyys | 7 | 3 | 2 |

| 33 | ilo/riemu/iloita/riemuita | 25 | 24 | 21 |
|---|---|---|---|---|
| 34 | kunnia/kunnio- | 25 | 16 | 5 |
| 35 | ylistys/ylistää | 7 | 9 | - |
| 36 | enkeli | 10 | 10 | 4 |
| 37 | armo/armahtaa | 39 | 66 | 29 |
| 38 | Vapahtaja | 1 | 1 | 2 |
| 39 | risti | 4 | 6 | 11 |
| 40 | kiitos/kiittää | 29 | 31 | 33 |
| 41 | rauha | 8 | 12 | 11 |
| 42 | veisata/virsi | 7 | 7 | 3 |
| 43 | rakkaus/rakastaa/rakas | 20 | 20 | 15 |
| 44 | lankeemus | - | 1 | - |
| 45 | tuomio/tuomita | 3 | 7 | 6 |
| 46 | Kuningas | 5 | 5 | 5 |
| 47 | Karitsa | 5 | 6 | 2 |
| 48 | usko/uskoa | 26 | 16 | 13 |
| 49 | kristitty | 1 | 1 | 2 |
| 50 | Pyhä Henki | 24 | 20 | 17 |

Nach dem innerfinnischen Vergleich gehen wir zu den neuen Liedern in beiden Sprachen über. Wie schon früher festgestellt wurde, wurden sie möglichst nach den Kriterien der alten Lieder in den neuesten deutschen und finnischen Gesangbüchern ausgesucht. Es waren nicht immer solche Lieder zu finden, aber wie die Tabellen 5 und 7 im Abschnitt 1.2 beweisen, sind die Texte auf jeden Fall vergleichbar. Die letzte Tabelle 12 in dieser Präsentation der Korpora enthält natürlich die Belege derselben Lexeme wie in allen Tabellen im Abschnitt 1.4. Es sind also jeweils 34 Lieder mit 161 (de) bzw. 150 (fi) Strophen, viele aus Themenbereichen, die im späten Mittelalter noch nicht entstanden waren, d. h. die für das religiöse Leben entweder zu weltlich oder alltäglich waren oder aber noch nicht zu den Interessen der evangelischen Religionsgemeinschaft gehörten. Das Bewusstsein für diese Themen erwachte hauptsächlich erst im 19. Jahrhundert, sie gerieten in den Focus von Politik und Forschung, und somit entstand der Bedarf, sie auch in den kirchlichen Liederbestand sowohl im deutschen als auch im finnischen Sprachraum einzugliedern. Solche Themen waren z. B. Kinder, Jugend und Familie sowie der Alltag im Allgemeinen, Schule und moderne Mission, wie es sich in den Protokollen der ersten Synoden der finnischen evangelisch-lutherischen Kirche von 1876 und 1886 widerspiegelt. Heute finden sich auch Lieder über Umwelt und Nächstenliebe unter den Gesängen.

Tabelle 12. Betrachtete Lexeme (deutsch) in den 34 neuen deutschen und finnischen Liedern

| Nr. | Lexem | Neue Lieder EG de (34) | Neue Lieder 1986 fi (34) |
|---|---|---|---|
| 1 | Gott | 91 | 24 |
| 2 | Vater | 9 | 11 |
| 3 | Herr | 49 | 67 |
| 4 | Schöpfer | 1 | 6 |
| 5 | Jesus | 31 | 54 |
| 6 | Christus | 45 | 20 |
| 7 | Gottes Sohn/ Vaters Sohn | 2 | 6 |
| 8 | Jungfrau | - | - |
| 9 | Mensch/Mann | 22 | 10 |
| 10 | Sünde/sündig | 14 | 24 |
| 11 | Himmel/Höhe | 6 | 29 |
| 12 | Welt/Land | 48 | 34 |
| 13 | Ewigkeit/ewig | 17 | 10 |
| 14 | Tod/sterben | 27 | 23 |
| 15 | Nächster | | - |
| 16 | ich/mich/mir/mein | 97 | 182 |
| 17 | wir/uns/unser | 310 | 111 |
| 18 | du/dich/dir/dein | 210 | 126 |
| 19 | er/ihn/ihm/sein | 152 | 53 |
| 20 | Hölle | 4 | 1 |
| 21 | Untergang/verdam- | | - |
| 22 | böse/Böse | 1 | 1 |
| 23 | Versuchung/Lust | | - |
| 24 | Teufel | 3 | - |
| 25 | Satan | | - |
| 26 | Imperativ Sg 2. Person | 158 | 81 |
| 27 | Imperativ Sg 3. Person | 9 | 2 |
| 28 | Imperativ Pl 1. Person | 6 | 1 |
| 29 | Passiv | 10 | 8 |
| 30 | ergeben/demütig/Demut | | 1 |
| 31 | Reue/reuen | | 1 |
| 32 | arm/Armut | 3 | 2 |
| 33 | Freude/freuen/Wonne/Jubel/jauchzen/jubeln | 22 | 21 |
| 34 | Ehre/ehren | 5 | 5 |
| 35 | Lob/loben | 24 | - |
| 36 | Engel | 5 | 4 |
| 37 | Gnade/erbarmen/Barmherzigkeit | 4 | 29 |
| 38 | Heiland/Erlöser | 1 | 2 |

| 39 | Kreuz | 11 | 11 |
|---|---|---|---|
| 40 | Dank/danken | 11 | 33 |
| 41 | Friede | 12 | 11 |
| 42 | singen/Gesang | 29 | 3 |
| 43 | Liebe/lieben/lieb | 33 | 15 |
| 44 | Fall/fallen | | - |
| 45 | Gericht/Urteil/verdammen/richten | | 6 |
| 46 | König | 4 | 5 |
| 47 | Lamm | 1 | 2 |
| 48 | Glaube/glauben | 11 | 13 |
| 49 | Christ | 1 | 2 |
| 50 | Heiliger Geist | 4 | 17 |

## 1.6 Zusammenfassung des Kapitels

In diesem Kapitel wurden zunächst die quantitativen Elemente der Korpora dieser Untersuchung durch mehrere Tabellen charakterisiert. Es handelt sich also noch keineswegs um eine qualitative Analyse, sondern eigentlich nur um ein Inventar des Materials. Die Absicht war, den Lesern einen Wegweiser zu geben, damit sie wissen, welche Belege später behandelt werden und aus welcher Zeit sie jeweils stammen. Es gibt bedeutende Unterschiede zwischen den originalen finnischen Übersetzungen und den Neuübersetzungen, viel mehr als zwischen den entsprechenden alten deutschen Ausgangstexten und ihren Modifikationen, die, wie wir sehen werden, mehr sprachlich als inhaltlich und eher auf Rechtschreibung als Lehre zurückzuführen sind. Der größte Unterschied liegt jedoch sowohl zwischen den alten und modernen deutschen als auch zwischen den alten und modernen finnischen Liedern, aber durchaus auch zwischen den modernen finnischen und deutschen Liedern, wie wir aus der Tabelle 12 ersehen können. Was dies alles qualitativ bedeutet, werden wir später sehen.

Zuerst gehen wir jedoch zu den Anfängen der Reformation, zu ihrem Hintergrund und ihren Folgen zurück, die mit dem Entstehen der ältesten Lieder und deren Verbreitung eng zusammenhängen.

# 2
# Kirchenlieder – ihre Anfänge und Traditionen

## 2.1 Geschichtlich-kultureller Hintergrund

Für eine qualitative Analyse braucht sowohl ein Übersetzungswissenschaftler als auch ein Linguist Wissen über die geschichtliche Lage der Gesellschaft sowie über die begrifflich-kulturelle Welt zu der Zeit, in der die zu erforschenden Texte, hier also die Kirchengesänge entstanden sind. Es muss auch die gesellschaftliche Situation und Umgebung untersucht werden, in der sie damals oder später übersetzt, modifiziert und neuübersetzt wurden. Es sind nicht nur die Ereignisse der Geschichte, in unserem Fall besonders die Reformation im Europa des 16. Jahrhunderts, sondern auch die gesellschaftlichen Stimmungen, religiösen und kulturellen Umstände und das Niveau der Bildung und Volksaufklärung, die Einfluss auf den Inhalt und die Wortwahl der Kirchenlieder ausgeübt haben. In diesem Kapitel betrachten wir zuerst die sprachliche und religiös-begriffliche Entwicklung in Europa bis zum Entstehen der ersten Kirchengesangbücher im deutsch- sowie im finnischsprachigen Raum.

## 2.2 Kirchenlieder und die sprachliche Situation bis zum 16. Jahrhundert

Die deutschen sowie später auch die finnischen Kirchenlieder waren in der mittelalterlichen Sprache verwurzelt, die noch stark regionalisiert war und der eine einheitliche Standardnorm fehlte. Es ist ja eine Tatsache, dass erst Martin Luther durch seine Texte und Übersetzungen den Anstoß zur Herausbildung einer einheitlichen deutschen Sprache gab. Mikael Agricola vollbrachte im finnischen Raum mit seiner in den 40er Jahren des 16. Jahrhundert entstandenen Übersetzung des Neuen Testaments nur wenig später dieselbe Großtat, auch wenn schon früher zahlreiche Texte in den Volkssprachen des deutschen Raums, aber auch einige finnischsprachige im hohen Norden entstanden. Agricola (geb. um 1510) war Student Luthers in Wittenberg gewesen und hatte danach bis zu seinem Tod 1557 das Amt des Bischofs von Turku inne. Eine wirkliche Revolution in der Textproduktion, Übersetzung und Verbreitung bildete aber natürlich die Druckkunst, die durch Senkung der Preise und größere Auflagen möglich machte, dass die Texte in die Hände aller Volksschichten gelangen konnten.

Es muss allerdings nochmals betont und hinzugefügt werden, dass die Dokumentierung und die territoriale Ausbreitung der deutschen Varietäten völlig andere Dimensionen haben als die des Finnischen. Daher sind auch die dem Forscher gestellten Herausforderungen, was die mittelalterlichen und frühneuzeitlichen Sprachvarietäten des Deutschen betrifft, auf einem höheren Niveau als beim Finnischen. Die alten deutschen Varietäten sind gut und gründlich dokumentiert, und das Wirken und die Bedeutung Luthers in der deutschen Sprachgeschichte, Sprachentwicklung und Sprachpolitik kann von niemandem geleugnet werden. Jedoch sind die alten Kirchengesänge ihrerseits eher unter Fragestellungen der Musikforschung als auf dem Gebiet der Linguistik oder der Übersetzungswissenschaft untersucht worden (vgl. z.B. Selander & Hansson 2008).

Da wir jedoch wissen, dass viele in der Tradition verwurzelte Kirchenlieder mehrmals im Laufe der Geschichte angepasst und umgestaltet wurden, muss der Sprachforscher in der Lage sein, die Entwicklung der betreffenden Sprache im Extremfall über mehr als 1000 Jahre hinweg beschreiben zu können. Und wenn außerdem die Melodie mit dem Text verbunden und der Text älter als die Melodie ist, braucht auch die Musikforschung sprachliche Kriterien,

> die zur Beurteilung eines Liedes allgemein und im Hinblick auf seine Verwendung in einer konkreten liturgischen Situation beitragen. Auf diese Forderung kann der Sprachwissenschaftler dadurch reagieren, daß er die Grundlagen für eine entsprechende Kriteriologie schafft, aus der zusammen mit den anderen Disziplinen ein in der Praxis handhabbarer Kriterienkatalog zu formen wäre. (Greule 1999: 64.)

Wie wir schon sahen (vgl. Kapitel 1), wurde das älteste finnische Kirchengesangbuch mit 101 Liedern von Jacobus Finno (um 1540 – 1588) 1583 herausgegeben. Doch schon davor wurden im finnischen Raum in der katholischen Zeit dominikanische Breviarien verwendet, von denen der Teil „Psalterium Davidis“ mit biblischen Lobgesängen (cantica) gleich nach der Reformation auf Finnisch ediert wurde (Kurvinen 1929: 10). Neben Agricola und vielen anderen Finnen hatte auch Finno, wenn auch ein wenig später, in den 60er Jahren des 16. Jahrhunderts in Wittenberg und Rostock studiert und vor allem in Wittenberg Ideen für sein Gesangbuch gesammelt. Er war 1568 nach Finnland zurückgekehrt, um zuerst als Schulmeister in Turku zu arbeiten. Zehn Jahre später setzte der schwedische König Johann III. Mikael Agricolas

Sohn Christianus zum neuen Schulmeister ein und ordinierte kurz danach Finno zum Pfarrer an St.Marien (finn. Maarian seurakunta) in Räntämäki (im heutigen Stadtgebiet von Turku), zum Poenitentiarius des Turkuer Doms, der die Bußgewalt in dem Bischof vorbehaltenen Fällen ausübte, und zum Lektor der Turkuer Kathedralschule, wobei er daneben auch „einige notwendige Bücher ins Finnische" übersetzen sollte. Neben dem ersten finnischen Kirchengesangbuch hat Finno dann zwischen 1583 und 1585 noch sein finnisches Gebetbuch und seinen finnischen Katechismus herausgegeben (Lempiäinen 1988: 362 und 2003). Für die finnische Literatur war natürlich das leider nur fragmentarisch und in einigen Handschriften erhalten gebliebene Kirchengesangbuch das wichtigste Werk Finnos, da es das erste dieser Gattung war. Nachdem Mikael Agricola in den 1540er Jahren angefangen hatte, finnisches Material für den ABC-Unterricht und für kirchliche Zwecke zu produzieren, machte die finnische Schriftsprache schon ihre ersten Schritte, doch war die Schreibweise noch schwankend. Die Verfasser und Übersetzer mussten dem Wortschatz manchmal eigene Erfindungen hinzufügen, wenn sie Begriffe und Benennungen übersetzen und verwenden mussten, für die es noch keine klaren oder bekannten Entsprechungen gab (vgl. Sonderegger 2000: 1055).

Schon vor dem eigentlichen Gesangbuch hatte Finno sich mit der kirchlichen Liedtradition beschäftigt und die lateinische Liedersammlung „Piae Cantiones" mit Theodoricus Petri Ruutha herausgegeben. Sie wurde - ein Jahr vor seinem Gesangbuch - 1582 in Greifswald gedruckt (Lempiäinen 1988: 364f.). Die ältesten erhaltenen finnischsprachigen Gottesdienstgesänge sind jedoch im handgeschriebenen Liturgiebuch von Mathias West aus den 40er Jahren des 16. Jahrhunderts zu finden. Außerdem hatte auch Agricola Kirchenlieder aus dem Lateinischen übersetzt, die in seinem Gebetbuch 1544 veröffentlicht wurden (Vapaavuori 2008; auch Häkkinen 2012); von diesen waren noch vier am Vorabend der damals im ersten offiziellen finnischen Kirchengesangbuch von 1886 erfolgenden Modifikationen vorhanden (Hallio 1936: 849).

Genauso wurden die deutschen Liederbücher damals noch in mehreren regionalen Varianten gedruckt, die sich sogar von Stadt zu Stadt unterschieden. Sie enthielten normalerweise nur einige Lieder oder waren sogar Flugblätter, „Flugschriften" (Jenny 1985: 12) mit einem einzigen Lied. Diese kleinen Liedstücke sollen damals eine wichtige Form der „Massenmedien" gewesen sein. Das älteste Liederbuch von Martin Luther von 1529 enthielt nur – bzw. schon – 54 Lieder. Flugblätter mit Kirchenliedern kursierten auch in Finnland. Hallio (1936: 849) weist auf die Forschungen von Rapola hin, wonach dem von Paulus Juusten, Bischof von Wiborg und seit 1563 von Turku, 1575 herausgegebenen Messbuch vier lose Blätter mit 5 Kirchenliedern in finnischer Sprache hinzugefügt waren.

Buchner (1975: 174) hält die Mystik im Spätmittelalter und das Erwachen des Bürgertums für wichtig für das deutsche Volkslied, als dessen Schöpfer und Träger er Bauern und städtische Unterschichten nennt, während die Mittelschicht des Bürgertums sich ihre eigene Dichtung im Meistersang schuf. Weiter stellt er fest (ibid.), dass eben gerade die Stadt einen erheblichen Anteil an Entstehung und Aufzeichnung des freieren Volkslieds hatte, das damals zuerst aus schriftloser Überlieferung auftauchte. Die Erforscher der alten deutschen Kirchenlieder konzedieren durchaus, dass sowohl Melodien als auch Texte dieser Lieder als Quellen für kirchliche Gesänge gedient haben. Buchner selbst (ibid., 175) listet einige Lieder auf, die entweder schon früh als geistliche Lieder galten oder zuerst beliebte weltliche Musik waren und erst später zu Chorälen wurden (z.B. indem ihnen Paul Gerhardt Texte unterlegte). Als geistliche Liedgattungen werden Kreuzzugslieder, Marienlieder[1] und Wiegenlieder genannt.

Was die Sprache an sich betrifft, teilt Sonderegger (2000: 1055) die Entwicklungsgeschichte des christlichen Wortschatzes in den germanischen Sprachen in vier Grundströme, und dieses Modell kann auch auf das Finnische angewendet werden:

> (1) Aufbau einer volkssprachlichen Katechetik im Anschluss an die Bekehrung;
>
> (2) textliche Erschließung der Bibel durch Glossierung und Übersetzung, z. T. über die Bibel hinaus, also auch die Lieder betreffend;
>
> (3) sprachliche Spiegelung von Kirchenorganisation, Gebäuden, Ämtern, kultischen Handlungen, meist durch Lehnwörter aus dem Lateinischen oder Griechischen;
>
> (4) Vertiefung des religiösen Sprachgebrauchs im Rahmen von theologischer Erörterung, Verinnerlichung und Bibelexegese.

[1] Buchner schreibt: „'Es ist ein Ros entsprungen' singt, was der Isenheimer Alter malt: hinter Maria mit dem Kinde entsproßt [!] dort dem Dornenstrauch eine rote Rose." (ibid.)

Neben vielen anderen, ebenfalls in dieser Arbeit erwähnten Forschern betont auch Buchner (1975: 236) die Bedeutung Luthers für die deutsche Sprach- und Literaturgeschichte.[2] „Wie Dante die italienische, so hat er die deutsche Schriftsprache geschaffen, indem er Vorhandenes aufgriff und leicht verändert durchsetzte." Luther wollte, dass die ganze deutsche Nation ihn verstand und wählte deshalb als Grundlage seiner literarischen Tätigkeit die sächsische Kanzleisprache (Mitteldeutsch), die er für „die *communissima lingua Germaniae* hielt". (ibid., 237.) Seine Sprache war nach Buchner (ibid.) das lebendige und gesprochene Deutsch statt einer „vom Latein der Scholastik oder der Antike verbildete Literatur." Seine Bibelübersetzung war daher ein sprachliches Meisterwerk, Vorbild in den folgenden Jahrhunderten und außerdem hochwertige lyrische Dichtung (z.B. in der Eindeutschung der Psalmen). Sein Sprachgebrauch und seine Übersetzung führten sogar dazu, dass die konfessionelle Spaltung keine Spur in der deutschen Sprache hinterließ. Im Gegenteil, mit der Anreicherung der sächsischen Kanzleisprache durch einige niederdeutsche Wörter und manche oberdeutsche Formen half er, die damalige sprachliche Spaltung zu überbrücken oder eigentlich zurückzudrängen. Sonst wären vielleicht das Hochdeutsche und das Niederdeutsche völlig verschiedene Wege gegangen (vgl. die Herausbildung des Niederländischen im 16. Jh.), zumal die kirchliche Trennung zwischen dem protestantischen Norden und dem katholischen Süden heute noch grundsätzlich zu erkennen ist. Das „Lutherdeutsch" hat immerhin im Norden das Niederdeutsche als Amtssprache ersetzt – nur die Hansestadt Lübeck hat bis 1809 in ihrem Oberstadtbuch am Niederdeutschen festgehalten. (ibid., 238.)

## 2.3 Vielfalt der Identitäten

Wie Nolte (1991: 10) schreibt, ist die historische Identität der Völker oder anderer kultureller Gemeinschaften oder der Individuen stets eine Identität im Wandel und auch stets eine Identität in der Differenz. Wie hat sich die Begriffswelt in den vergangenen Jahrhunderten seit der Reformation in unserer Kultur verändert? Verstehen wir noch den Gedankengang der Textproduzenten und Komponisten oder anderer Schöpfer der Kirchenlieder des 16. Jahrhunderts?

[2] Daher muss man sich wundern, dass z.B. Vartiainen (2009) in seiner Geschichte der abendländischen Literatur Luther überhaupt nur in ein paar Nebensätzen erwähnt.

Durch die Christianisierung Europas entstand nach der heutigen Forschung (Sonderegger 2000: 1053 ff.) ein neues kulturell-religiöses Beziehungsnetz unter den europäischen Sprachen; es gab – und gibt – kaum Sonderformen einer typisch germanischen bzw. finnischen Christlichkeit, und es gibt auch keine Nationalisierung des Christentums. Ein neuer christlicher Wortschatz in den europäischen Sprachen beruhte oft auf Lehn- und Fremdwörtern aus dem Lateinischen und dem Griechischen. Vor dem Hintergrund des christlichen Glaubens vollzog sich also mindestens eine westeuropäische, wenn nicht sogar gesamteuropäische Sprachannäherung, die bis in die Neuzeit nachwirkte. Diese Annäherung hat nicht unbedingt mit der Verwandtschaft der Sprachen zu tun, sondern die gemeinsame Identität lag in der gemeinsamen Religion. Schon früh bekamen z.B. im Finnischen die alten Begriffsbenennungen des Heidentums christliche Bedeutungen: aus dem Götternamen *Perkele* wurde das Wort für „Teufel".

Jedoch ist es nach Nolte (1991: 10) nur dann sinnvoll, von Geschichtsprinzipien zu reden, wenn gleichermaßen der Durchgangs- und Übergangscharakter von Geschichte und historischer Identität mitveranschlagt wird, wobei andere Wissenschaften partielle und transitorische Geschichtserkenntnisse in keiner Weise überfordern, „vorschnell für ihre Zwecke verwenden und ... in den Rang von Gesetzmäßigkeiten erheben" sollten. Die historische Identität kann seiner Meinung nach „niemals absolut und totalitär definiert werden, sondern muß bei ihren Definitionsversuchen stets die transitorisch-fragmentarische Struktur der Geschichte und der Geschichtserkenntnis mit in Rechnung stellen." (ibid.) Ob dieses Prinzip auch für die Kirchenlieder angewandt werden kann?

Rüsen (2007: 32f.) seinerseits fragt, ob es heute überhaupt eine starke europäische Identität gibt, die jede nationale Selbstzentriertheit so verhandlungsfähig machen könnte, dass die Völker Europas und der europäischen Gemeinschaft für eine Einigung kämpfen wollen? Weiter stellt er fest, dass die kulturellen Orientierungen in den verschiedenen europäischen Ländern so unterschiedlich sind, dass eine solche Einigung keine einfache Sache ist. Die Relativierung der nationalen Dimension historischer Identität ist bei den Europäern unterschiedlich ausgeprägt, aber auf jeden Fall ist „eine von dieser Dimension entfernte, ihr etwa (und gar noch administrativ) vor- und übergeordnete europäische Identität ein Ungedanke." (ibid.) Jetzt, kaum zehn Jahre später, stellen wir traurig fest, dass Staaten und Völker, die sich schon bzw. wieder als Europäer bekennen wollen und in die Mitgliedschaft der EU eingetreten sind, ihre Grenzen egoistisch und mit unterschiedlichen Behauptungen vor den Flüchtlingsmengen aus dem Nahen Osten schließen und sogar mit Stacheldraht schützen. Die gemeinsame europäische Verantwortung bleibt so nur eine leere Floskel.

Das Bewusstsein der Zugehörigkeit der Völker Europas wächst nach Rüsen (2007: 32f.) aus den nationalen und regionalen kulturellen Vorgaben, die aus der Geschichte der Kulturen der europäischen Länder stammen und vorhanden sind. Weiter nennt er zwei Faktoren, die als Ansatzpunkte und Triebkräfte des wachsenden europäischen Zugehörigkeitsgefühls in Anspruch genommen und weiter ausgebildet werden könnten: eine gemeinsame Tradition und die Katastrophe des vorigen Jahrhunderts. Die Inhalte der gemeinsamen Tradition listet er (ibid.) folgenderweise auf:

> ... die griechische Philosophie, das römische Recht, die christliche Religion und ihr jüdischer Ursprung, die Kette der Renaissancen und Reformationen, die Trennung von weltlicher und geistlicher Macht, Urbanität als Lebensform, wissenschaftliche Rationalität, technische Innovationsfähigkeit, eine ästhetisch verstandene Kunst, die säkulare Aufklärung, die Menschen- und Bürgerrechte, das Prinzip der Rechtsstaatlichkeit, die Lebensformen einer zivilen Gesellschaft, die demokratische Form politischer Herrschaft, das Toleranzprinzip und – das Konzept nationaler Identität.

Leider werden diese idealistischen Gedanken heute mancherorts herabgewürdigt.

Auf jeden Fall ist die Wirkung der europäischen Christianisierung (Sonderegger 2000: 1055) auf die Sprachgeschichte ein Musterbeispiel für „die Einwirkung einer religions- und kulturgeschichtlichen Entwicklung auf die Geschichte der davon betroffenen Sprachen." Diese Wirkung war neben der auf die Sprache eine Wirkung auf die europäische Identität und ist also immer noch keineswegs abgeschlossen. Vor allem die mittelalterliche Literatur Europas stand fast völlig im Bann von Verchristlichung und Religiosität, und das hatte Nachwirkungen bis weit in unsere Zeit. Obwohl die Literatur im Laufe der Zeit immer weltlicher wurde, bilden auch heute noch z.B. die Idiome biblischen Ursprungs die Mehrzahl aller auf dem europäischen Niveau bekannten und beliebten Phraseologismen. Die Hinweise der Schriftsteller darauf waren in den vergangenen Jahrhunderten so zahlreich, dass ein Literaturwissenschaftler keine ausführliche bzw. verlässliche Analyse ohne Kenntnisse der Bibeltexte durchführen kann. Die biblischen Idiome und Phraseologismen gehören heute noch zur europäischen Identität, zur Tradition und sogar zum täglichen Leben genauso fest wie die anderen kulturellen Merkmale der gemeinsamen Geschichte. (Vgl. Bock 2009.)

Mit dem Christentum eigneten sich die Finnen endgültig die westeuropäische Identität an. Das katholische Christentum wurde durch den englischen Bischof Henry und den schwedischen König Erik Mitte des 12. Jahrhunderts auf finnischem Boden verbreitet. Nach der traditionellen Legende wurde der Bischof von dem finnischen Bauern Lalli getötet. Darum wurden über diese Geschichte mehrere Antiphonen und Hymnen komponiert. So wird die lateinische Hymne „Ramus virens olivarum", die von dem Bischof erzählt, der älteste finnische Kirchengesang genannt (Vapaavuori 2008.) Schon vorher waren im Land Bettelmönche unterwegs, was aus dem Inhalt und den Formulierungen der volkstümlichen Überlieferungen zu ersehen ist. Andererseits fasste in östlichen Teilen die orthodoxe Kirche Fuß, doch hat die östliche Form des Christentums sich nie im Land so etabliert wie die westliche. Nach Vapaavuori (ibid.) kennt man im finnischen Raum z.B. keine alten Dokumente der byzantinischen Kirchenmusik der orthodoxen Kirche.

Die europäische Orientierung festigte sich einerseits dadurch, dass die begabten finnischen Jugendlichen schon vor der Reformation an die europäischen Universitäten zum Studium geschickt wurden, und andererseits im 16. Jahrhundert durch die Reformation, die der schwedische König Gustav Wasa im ganzen Land, also auch in Finnland, damals die östliche Provinz von Schweden, einführte. Finnland soll heute noch das „evangelisch-lutherischste" Land der Welt sein. Innerhalb des Themenbereichs dieser Untersuchung wird die gesamteuropäische Identität der Finnen auch dadurch bestätigt, dass neben den finnischsprachigen Gesangbüchern das schwedische „Psalmbok" aus dem Jahr 1695 bis 1897 als offizielles Liederbuch in der finnischen Kirche verwendet wurde (Wendt 2004: 6), obwohl das finnische Gebiet schon 1809 ein autonomer Teil von Russland geworden war.

Die allgemeinen Beobachtungen unterschiedlicher Forscher über das Leben und das Weltbild der Europäer im Spätmittelalter und in der Reformationszeit gelten also auch für Finnen im hohen Norden.

## 2.4 Religion in allen Lebensbereichen

Nach Dinzelbacher (1993: 120 ff.) haben religiöse Vorstellungen in allen Lebensbereichen in Europa nie eine größere Rolle gespielt als im Mittelalter:

> Wollte man einen Vertrag abschließen, rief man zuerst die Trinität an; nahm man ein Geldstück in die Hand, sah man ein religiöses Symbol oder einen Heiligen, schlug man ein Kochbuch auf, war die Garzeit nach der Dauer von Vater-unser-Gebeten angegeben usw. Der Alltag war eingebettet in die Riten des Volksglaubens und die Vorschriften der Kirche. (ibid., 120 und 121.)

Das irdische Dasein habe seinen Sinn als eine kurze Phase der Bewährung im „Jammertal" des Erdenlebens vor der ersehnten Ewigkeit. Die Religiosität des Mittelalters werde im Wesentlichen von den vorchristlichen Traditionen konstituiert, die in der gelebten Religiosität eine immer noch wichtige Bedeutung hatten. „Plätze, die den Kelten oder Germanen heilig gewesen waren, blieben es auch nach der Bekehrung." (ibid.) Zwar war an die Stelle Wodans oder Merkurs Michael getreten, aber „den Feen stellten auch gute Christen ihre Mahlzeit vor die Türe" (ibid.). Die Lehre des Christentums war aber „keineswegs etwas Statisches", sondern sie wurde immer neu interpretiert, wohl auch nach den Interessen der kirchlichen und weltlichen Machthaber:

> Aus dem Fundus der heiligen Schriften der Bibel und der Kirchenväter wurde das jeweils den aktuellen Interessen Entsprechende hervorgehoben... In der Bekehrungszeit erfolgte wenig mehr als ein Ersatz der alten Götter durch den neuen und seine Heiligen. (ibid.)

Treue (1952: 94) stellt fest, dass man im Spätmittelalter manchmal noch alle Krankheiten als „Werk des Teufels" oder „Folgen der Erbsünde" hinstellte, was es aus medizinischer Sicht schwer machte, gegen solche Ursachen zu kämpfen. Zwar fanden schon im 16. Jahrhundert die Heilpflanzen ihren Weg in die Küchengärten, aber Kobolde und Hausgeister standen bei Heilungs-Zaubereien an der Spitze. Sie ließen sich „dort bei regelmäßigen Speiseopfern wohl sein, waren auch bei den Tätigkeiten in Haus, Stall und Scheune hilfreich, wohlwollend und glückbringend" (ibid.), solange man sie nicht vergaß. Die damalige Zeit bot durch Unsicherheit, Todesangst, Gewissheit der Existenz von Gott und Teufel, Himmel und Hölle, Krieg und Hunger sowie allerlei Naturrätseln Anlass zu Bündnissen mit diesen übernatürlichen Wesen (auch dem Teufel) und führte dann bei deren Bekämpfung auch zu Scheiterhaufen und Hexenverfolgung. (ibid., 95f.)

Andererseits boten Religion und Kirche die Möglichkeit zu Theater und Laienspiel. Nach der Reformation nahm in den deutschen protestantischen

Staaten das Laienspiel Aufschwung, zumal Luther es selbst befürwortete und Melanchthon für diese Form der volksbildenden Unterhaltung eintrat. Gespielt wurde nicht nur in sondern auch vor den Kirchen, auf Rathausplätzen oder aber in den Räumen alter Klöster. (ibid., 97f.)

### 2.4.1 Die Heiligen im Alltag und in der Sprache der Mystik

Für das Heilige im Alltag gibt Jenny (1985: 80 ff.) uns ein Beispiel durch das Luther zugeschriebene Lied *Gott der Vater wohn uns bei.* Er stellt fest, dass der Liedanfang nicht aus vorreformatorischer Zeit stammt, sondern älter ist. Laut zwei der drei seiner Quellen (Handschrift der Bayrischen Staatsbibliothek, München 1422, Crailsheimer Schulordnung 1480 und Handschrift der Deutschen Staatsbibliothek Preußischer Kulturbesitz 1500, Berlin) fängt das Lied an mit „Sancta Maria ste uns bei" und in der ältesten Version mit „Sanctus petrus won uns pey". In der Crailsheimer Schulordnung folgt der Marien-Strophe „noch eine mit dem Anfang ‚All propheten, die stehen uns bei´", doch sonst ist die Strophe der ersten ähnlich. Diese Quellen zeigen, dass diese Strophe „für die Anrufung eines beliebigen Heiligen verwendet werden konnte und verwendet wurde" (ibid.). Weiter erstellt Jenny eine Liste über die Verwendung der Strophe außer für Maria, die Propheten und Petrus noch für den Erzengel Michael sowie die Heiligen Christoph und Nikolaus. Das Lied soll nach Überlieferungen schon im Mittelalter (wie dann in den nachreformatorischen katholischen Quellen) auch mehrstrophig gesungen worden sein, so dass „nacheinander verschiedene Heilige angerufen wurden, wie in der Allerheiligenlitanei." Weiter gibt es keinen direkten mittelalterlichen Beleg dafür, dass das Lied einst – wie dann bei Luther - mit drei Strophen (ibid., 81) auf die göttliche Trinität begann, sondern ursprünglich wohl ein Marienlied war.

Was Marienlieder betrifft (vgl. auch Buchner 1975: 175), betont Vietta (2007: 274), dass sich fast zwangsläufig in der Sprache der Mystik auch eine neue Form der *Marienverehrung* entwickelte. „Aus dem Schoß der Jungfrau, die in ihrer Demut den Gott empfängt und aus ihrem Schoß gebiert, wird so die Schuld Evas – ‚frohlocke du, Mutter Eva!' beglichen." Die mittelalterliche *erotisierte* Sprache der *Mystik* und des *Marienkults* sind nach Vietta (ibid.) eigentlich *Kompensationsformen.* Die Auslöschung der Sinne und der Sinnlichkeit, sowie die Verteufelung der Materie und des Körpers verlangen eine Erlösung, den *Ersatz* für all das, auf das im Jammertal Erde verzichtet werden muss. Nachdem die als sündhaft erfahrene, schuldbeladene Sinneslust durch das spirituelle Brandopfer der körperlichen Entsagung hindurchgegangen ist, darf die bräutliche Seele nun das Liebesfest mit dem Bräutigam Christus feiern.

> Die ‚Ware', die sich die Seele hierzulande durch Verzicht erkauft, ist die versprochene höhere, geistige Erregung einer Ewigkeitslust und ungetrübten ‚inneren Trunkenheit' als Vorausschau und Vorauserwartung himmlischer Herrlichkeit. (ibid.)

In den Strophen der alten frühevangelischen deutschen Kirchenlieder meines Korpus gibt es neun Belege für die Jungfrau Maria, in ihren alten finnischen Übersetzungen vier. Davon sind in den neuen Versionen noch sieben deutsche geblieben, während die finnischen Neuübersetzungen im Gegensatz dazu heute fünf Belege für die Jungfrau enthalten. In den neuesten Liedern der Vergleichskorpora fehlen solche Belege in beiden Sprachen. Dazu bemerkt Vietta:

> Ungefähr um 1200 hatten sich in der abendländischen Kulturgeschichte zwei sehr unterschiedliche Sprech- und Schriftkulturen der christlichen Pistis herausgebildet: die ***rationale Scholastik*** und die leidenschaftliche und persönliche Sprache der *Mystik*. Die Scholastik entwickelte sich vor allem in den ***städtischen*** Zentren des damaligen Europa, die Mystik eher in der ***Einsamkeit*** der Klöster. Die Scholastik bevorzugt die ***Systemform***, die Mystik die ***bildhafte*** Sprache. (Vietta 2007: 270)

Buchner (1975: 172) betont die Rolle der Mystiker als Sprachschöpfer, was sie manchmal aus Sprachnot wurden. So wie bei allen Sprachschöpfungen haben sich einige dieser Wörter und Begriffe bis zum heutigen Tage erhalten (z.B. *Wesen, Innigkeit, Ursprünglichkeit, Gelassenheit, Geistigkeit*), einige wiederum sind schon längst vergessen (z.B. *Nichtheit, Gewordenheit, Eingedrücktheit*) oder mindestens verblasst (z.B. *Eigenschaft, Zufall, wesentlich*).

### 2.4.2 Mystik und der religiöse Alltag – auch durch Kirchenlieder belegt

Buchner (1975: 171) stellt fest, dass das Bürgertum im Spätmittelalter „das große Neue" in die Literatur, Sprache und Kunst bringt. Ein Element dieses „Neuen" waren auch die Bettelorden, die durch ihre freiwillige Armut den unteren Schichten des Bürgertums verbunden waren und in den Städten für alle Schichten predigten. Auf diesem Nährboden entwickelte sich die deutsche Mystik, die auf neuplatonische Ideen der Spätantike zurückgeht. Hier wurde das Ideal materieller Armut gesteigert. Diese Steigerungen listet

Buchner (ibid.) folgendermaßen auf: Armut im Geiste, Abgeschiedenheit von allem Äußeren, Rückzug auf das Innerliche und auf das Wesentliche. Der Kern der Mystik war die Vereinigung der Seele mit Gott, die durch Visionen und Ekstase erreicht werden konnte (worauf wir noch später zurückkommen werden). Die Rolle der Frauen war in dieser Bewegung wichtig, vergleichbar mit der religiösen Rolle der oft ganz einfachen Frauen in heutigen Entwicklungsländern.

Die Rolle der Frauen in der Mystik wird auch von Arens (2004: 102ff.) betont. Die oft dokumentierte „Frauenfrömmigkeit" ist ein erster Beweis dafür. Diese Frauen verzichteten auf materielle Güter und gestalteten ihr Leben in Gemeinschaft von Gleichgesinnten „im Sinne der christlichen Lehre". Die bekannteste von ihnen ist wohl Hildegard von Bingen, die im 12. Jahrhundert Visionen und Gesichte hatte und sie weitergab, aber auch ihre Offenbarungen zu einem theologischen Gesamtwerk zusammenfügte. Sie war sowohl Theologin und Kosmologin als auch Prophetin und Vermittlerin göttlicher Botschaften. Da sie aber in ihren Beschreibungen und Schriften objektiv sein wollte, wird sie oft nicht zu den Mystikern gerechnet, trotz ihres Rufes als Visionärin und Medium des Göttlichen. Weiter war sie Musikerin und Komponistin, deren Musik heute noch gespielt und aufgeführt wird.

Die ersten eigentlichen mystischen Schriften stammen auch von Frauen. Es handelt sich um die sog. „Brautmystik", eine bis heute erhaltene Bildsprache, in der die spirituelle, seelische Vereinigung mit Christus, dem Bräutigam geschildert wird. Arens (ibid., 104f.) erwähnt Odila von Lüttich und Ida von Nivelles, die oft ihre Erfahrungen der Gottesschau wie ein Liebesverhältnis zur göttlichen Wirklichkeit ausmalten (so in manchen Adventsliedern bis heute).[3] Die Mystiker und Mystikerinnen benutzten die Sprache und die Metaphern der Verliebten und weitere religiöse, oft unverständliche Symbole der mystischen Literatur. Arens schreibt weiter:

> Der hohe Frauenanteil an der Mystik wird im Übrigen auch damit erklärt, dass mit der Entstehung der Universitäten Frauen von der vernunftgeleiteten Gottes

[3] In dem deutschen Lied "Tochter Zion, freue Dich" wird dies Element etwas überdeckt durch die messianische Apostrophierung Christi als Friedefürst; deutlicher hingegen die Arie in Bachs Weihnachtsoratorium: „Bereite dich, Zion, mit zärtlichen Trieben / Den Schönsten, den Liebsten bald bei dir zu sehn!" Auch das entsprechende finnische Adventslied beginnt mit der Anrede "Freu dich, o Braut!" ("Iloitse morsian ja riennä vastahan, kun saapuu kuninkaasi, vanhurskas ruhtinaasi...").

> erkenntnis ausgeschlossen waren. Mystische Versenkung war *ein* Weg für Frauen zur Hingabe an Gott. (ibid.)

Dementsprechend war Meister Eckart, der als bedeutendster europäischer Mystiker gilt, auch Seelsorger mehrerer Dominikanerinnenklöster und außerdem ein besonders bei Frauen äußerst beliebter Prediger. Durch seine Lehre versuchte er, dem einfachen Menschen näher zu kommen und zwar durch seine neue, mystische Frömmigkeit und mit seinen persönlichen Erfahrungen, die er zu erklären und zu schildern versuchte. Was er für alle Menschen als wichtig erachtete, war die Askese und die Trennung von allen Äußerlichkeiten. Dadurch würde der Mensch die Vereinigung mit Gott und den Zustand innerer Gelassenheit und Freiheit erreichen. (ibid., S. 106.) Im Sinne der Lehre Eckarts und seiner Predigten sind auch Kirchenlieder geschaffen worden.

Dinzelbacher (1993: 122) betont seinerseits, dass schon der mittelalterliche Mensch in einer „verzauberten" Welt lebte.

> Magische Praktiken waren in allen Schichten gang und gäbe. Nur ihre Bewertung durch die herrschende religiöse Instanz, die katholische Kirche, wandelte sich je nachdem, ob sie in ihr System integriert waren, oder auf nicht assimilierte Formen der Religiosität zurückgingen. (ibid.)

Hexen und Heilige konnten Krankheiten herbeirufen oder bannen, genauso wie die über- und unterweltlichen Mächte (durch Gebete bzw. Beschwörungen, vgl. Treue 1952: 94). Wie auch Virkkunen (1982: 130) betont, wurden die Heiligen anstatt der primitiven Geister der Toten die Mittler der Menschen, die bei der höchsten Macht für sie Fürbitte leisteten. Das Aussprechen des Namens Jesu führte eigentlich (Dinzelbacher 1993: 123) automatisch zum Schutz gegen Dämonen und zur Intensivierung der Unterwürfigkeit. Man sollte den „zarten Namen Jesu" so oft aussprechen, „dass man sogar des Nachts davon träumt".

In der nächsten Tabelle wurden einige lexikalische Benennungseinheiten der zentralen christlichen Begriffe aufgelistet, die in den Sammlungen alter deutscher Kirchenlieder und im EKG 1981 gefunden wurden und die nach den Grundsätzen des 1. Kapitels zum Korpus dieser Untersuchung gehören, sowie die Belege aus dem Vergleichskorpus (EG 1990), das sieben Lieder mehr enthält (vgl. Kapitel 1).

Tabelle 13. Deutsche Belege für Gott und Christus

| **Lexem** | **alte Lieder (27)** | **EKG 1981 (27)** | **Parallelkorpus neuer Lieder EG 1990 (34)** |
|---|---|---|---|
| Gott | 64 | 77 | 91 |
| Vater | 28 | 25 | 9 |
| Herr | 49 | 41 | 49 |
| Schöpfer | 2 | 2 | 1 |
| Jesus | 23 | 20 | 31 |
| Christus | 30 | 26 | 45 |
| Gottes Sohn/ Vaters Sohn | 19 | 23 | 2 |

In dieser Tabelle sind einige Lexeme der deutschen Kirchenlieder aufgelistet. Es handelt sich um Lieder, die im 16. Jahrhundert ins Finnische übersetzt wurden. Wenn man weitergehende Schlüsse aus der Tabelle ziehen kann, scheint die Anzahl der Belege für *Jesus / Christus* weder in den neuen Modifikationen der alten Lieder noch in den völlig neuen Liedern desselben Themenbereichs beträchtlich zurückgegangen zu sein. Dies obwohl das Parallelkorpus der neuen Lieder um sieben zusätzliche Stücke stärker ist. Im Gegenteil, im Parallelkorpus sind neun bzw. elf Belege für *Jesus* und sogar fünfzehn bzw. neunzehn für *Christus* mehr vorhanden. Teilweise ist das Ergebnis darauf zurückzuführen, dass der Mensch von heute sich genauso wie der mittelalterliche Mensch zur christlichen Mystik hingezogen fühlt. Dagegen ist die göttliche Benennung *Vater* in den neuen Liedern stark zurückgegangen. Dasselbe gilt für *Gottes Sohn* und *Vaters Sohn*. Die Benennung *Gott* an sich zeigt jedoch eine steigende Anhäufung im Laufe der Geschichte.

Die vergleichbare Tabelle mit den finnischen Benennungsäquivalenten der in der Tabelle 13 aufgelisteten Lexeme sieht für die entsprechenden finnischen Lieder (Jacobus Finno und Modifikationen) und die auch hier größere Anzahl neuer Lieder des finnischen Parallelkorpus in derselben Reihenfolge folgendermaßen aus:

Tabelle 14. Finnische Belege für *Gott* und *Christus*

| **Lexem** | **1583 (27)** | **1986 (27)** | **1986 (Parallelkorpus neuer Lieder) (34)** |
|---|---|---|---|
| Jumala | 44 | 28 | 24 |
| Isä | 31 | 23 | 11 |
| Herra | 39 | 75 | 67 |

| Luoja | 1 | 3 | 6 |
|---|---|---|---|
| Jeesus | 16 | 18 | 54 |
| Kristus | 38 | 31 | 20 |
| Jumalan/Isän Poika | 21 | 22 | 6 |

Hier können wir sofort feststellen, dass in den alten und neuen finnischen Texten beträchtlich weniger Belege für den Begriff *Gott* zu finden sind als in den deutschen. Rein textbezogen ist es teilweise damit zu erklären, dass das Äquivalent für *Gott / Jumala* aus drei Silben besteht, während *Gott* nur eine Silbe hat und somit leichter gereimt und ins Versmaß integriert werden kann. Dagegen ist die Anzahl der Belege für *Herr / Herra* verhältnismäßig gleich, und die finnischen Belege für *Vater / Isä* häufiger als in den deutschen Texten. Beide haben zwei Silben, aber *Isä*, genauso wie *Luoja*, ist poetisch leichter in einen Vers einzubauen als *Vater* bzw. *Schöpfer*. Für *Jesus* sind in den alten deutschen Texten mehr Belege als in den alten finnischen, in den neuen Liedern ist es aber umgekehrt. Für *Christus* ist die Anzahl der Belege bei den alten Liedern relativ ähnlich, aber bei den neuen haben die deutschen einen starken Vorsprung. Die Belege für *Gottes Sohn* zeigen keinen großen Unterschied.

Gott der Bekehrungszeit und des Frühmittelalters ist nach Dinzelbacher (1993: 127) „ein Herrscher, ein König, der mit Macht gegen Teufel und Sünder ficht." Er ist ein Kämpfer, dessen Heerscharen man sich anschließen sollte, um mit ihm zu siegen.[4] „Der Teufel und sein Gefolge – das sind alle Sünder und Nichtchristen – ringen mit ihm erbittert, versuchen den Menschen auf seine Seite zu ziehen, indem sie ihn zur Sünde reizen, deren Lohn freilich der ‚ewige Tod' in der Hölle sein wird." (ibid.) Dies müssen alle Wesen mit Schrecken erfahren, wenn sich der himmlische Richter und der mächtige König mit seinem unbezwingbaren Heer zum großen Endgericht niederlassen, „um dem Kampf seiner Getreuen gegen den Antichrist beizuwohnen."

> Diesem übermächtigen Herrscher gegenüber empfinden frühmittelalterliche Menschen wohl vor allem eines: das Gefühl der Schwäche, der Unterlegenheit, der Distanz... Man muß mit Gott einen Pakt schließen, betonen die Katecheten der Bekehrungszeit; speziell die Taufe wird so interpretiert. (ibid.)

Wegen der eigenen Schwäche wollen die kleinen Leute sich sowohl im religiösen (Gläubige) als auch im sozialen (Vasallen) Leben unter den Schutz dieses Mächtigen begeben um in Notfällen verteidigt zu werden. Nach Dinzelbacher

[4] Vgl. das weltbekannte Luther-Lied "Ein feste Burg ist unser Gott".

(1993: 128) war das Christentum vor der Aufklärung und ganz besonders im Mittelalter grundsätzlich eine dualistische Religion. Darin bekämpften sich gute und böse Wesen, „wobei der Mensch Partei ergreifen musste". Die Teufel, gestürzte Engel, waren genauso real und mindestens auf Erden fast so mächtig wie die guten Engel und ihr gemeinsamer Schöpfer. Das Lutherlied *Ein feste Burg ist unser Gott* spiegelt diese Situation wieder, indem darin praktisch die Gedankengänge und Gefühle des damaligen Menschen geäußert werden. Er singt von *Gott*, der *Wehr und Waffen* der Menschen ist und ihm *aus aller Not hilft*. Der Mensch selbst hat keine *Macht* und wäre ohne den *rechten Mann* [Christus] *gar bald verloren* und zwar gegenüber dem Teufel, dessen *grausam Rüstung groß Macht und viel List* ist. Jedoch braucht der Mensch sich nicht zu fürchten, auch *wenn die Welt voll Teufel wär, denn er ist gericht, ein Wörtlein* [Gottes Wort, Christus] *kann ihn fällen*. In der letzten Strophe wird der Mensch noch damit getröstet, dass Christus immer *mit seinem Geist und Gaben* bei ihm steht, obwohl ihm eventuell sein ganzes Vermögen von den bösen Mächten geraubt würde. Das *Reich* Gottes wird ihm *doch bleiben*.

Zu den finnischen (und schwedischen) Übersetzungen dieses Liedes kehren wir später im Kapitel 5 und auch noch im Kapitel 7 zurück. In der folgenden Tabelle sind jedoch schon die Belege aus der deutschen Version sowie aus der alten und der neuen finnischen Version aufgelistet, die auf das Bedürfnis des mittelalterlichen Menschen hinweisen, vom mächtigen Gott geschützt zu werden:

Tabelle 15. Ein feste Burg ist unser *Gott* - Belege für den Kampf der guten und bösen Wesen

| **Einheit** | **Deutsch** | **Finnisch, alt** | **Finnisch, neu** |
|---|---|---|---|
| Gott/Vater | 3 | 4 | 3 |
| Jesus | 1 | - | - |
| entspr. Metaphern | 6 | 6 | 8 |
| Herr | 1 | 1 | 2 |
| Christus | 1 | 2 | 1 |
| Teufel | 1 | 1 | - |
| Entspr. Euphemismen | 2 | 2 | 7 |
| Welt/Erde | 3 | 1 | 1 |
| Macht | 2 | 3 | 3 |
| Reich | 1 | 1 | 1 |

Als die in der Tabelle erwähnten Metaphern für Gott und seinen wertvollen Schutz für den schwachen Menschen finden wir also im Lied zuerst das Thema *ein feste Burg*, aber dann auch *die gute Wehr* und *Waffen*. Später wird er noch *ein rechter Mann* [Christus] und *Herr Zebaoth* sowie schließlich *Wörtlein* und *Wort* genannt. In den finnischen Versionen ist noch von *kuningas* [‚König'] und *voitonruhtinas* [‚Siegesfürst'] die Rede. Der Teufel dagegen wird in Luthers Text *der alt böse Feind* und *der Fürst dieser Welt* genannt. In der neuen finnischen Version sind sieben unterschiedliche Euphemismen für den Teufel enthalten, darunter *vääryyden vallat* [‚Mächte der Ungerechtigkeit'], *turman vallat* [‚Mächte des Todes'] und *valheen enkelit* [‚Engel der Lüge'] sowie *pimeys* [‚Finsternis'].

## 2.5 Mehr über den religiösen Dualismus

Auch Vietta (2007: 271 ff.) spricht über den genannten Dualismus und referiert dabei Werk von Bernhards von Clairvaux (1993: 91): Auf der einen Seite steht die Gewalt des *Bösen* in dieser Welt, die selbst das Böse, das „Tränental" ist, wenn der Mensch nicht ein christliches Refugium in ihr und in sich findet. Dabei ist die Erde der „Ort des Todes, der trügerischen Zeitlichkeit, der Eitelkeiten, widrig und verächtlich wie alles Zeitliche." Die Welt ist sogar ein der Hölle gleicher „Kerker", der als Begriff zu der ältesten und wirkmächtigsten Metaphorik des Diesseits in der abendländischen Kultur gehört. Sie bestimmt das Denken der Pythagoreer und Platons. Auch die christliche Theologie ist davon durchdrungen, indem sie sich mit der Bildlichkeit der Hölle verbindet. In der paulinisch-augustinischen Theologie ist das *Herz* die Quelle des möglichen Aufstiegs oder Absturzes, und zwar als zentrales Gottesorgan. Es gibt nach Bernhard von Clairvaux (ibid.) „zwei Flüsse, die aus dem Herzen des Menschen hervorgehen: die reine Liebe zu Gott (des *inneren* Menschen) und eben die irdische, sinnliche, körperliche Begierde als Domäne des Satans (des *äußeren*)."

Die andere Seite des Dualismus ist natürlich das *Gute*, *Göttliche*, das erst im Jenseits, aber auch im Diesseits in der Seele, im Herzen des sündigen Menschen wohnen kann, wenn also der Mensch schon auf der Erde Gott liebt. Dies zeigt sich durch den Marienkult und eine euphemistische bzw. metaphorische Sprache der Spiritualerotik:

> Jedenfalls ist die Lehre von der absoluten Negativität des Diesseits *zugleich das Motiv für eine Metaphysik der Spiritualität, die geradezu* brünstig den Körper mental zu verbrennen sucht, um sich schon im Diesseits dem entmaterialisierten Zustand des Jenseits im Angesicht Gottes anzunähern. Bei dieser Spiritualisierung der Materie schon zu Lebzeiten wird auch die Sprache umgewandelt. In Bernhards Reden strömt eine dichte Metaphorik der Sinnlichkeit, des Küssens, der Marienverehrung ein. Bernhard steht am Anfang einer christlich-mystischen Sprache der *Spiritualerotik*.[...] Das *Hohe Lied*, das Bernhard hier zitiert, sollte zu einer Haupt-

> quelle der mittelalterlichen Brautmystik werden. Die sinnlichen Versprechungen, die das Hohelied evoziert, liefern die Bilder jener „innerlichen Trunkenheit der Beschauung", die der Seele gerade in ihrer Abwendung von den fleischlichen Genüssen nun als ewiger Trost und ewige Speise versprochen wird.[...] Die mystische Gottesvereinung hüllt sich in die sprachgewaltige Metaphorik der Sinnlichkeit des Hohen Liedes, die alle diesseitigen Genüsse in eine entmaterialisierte Form der vergeistigten Sinnlichkeit zu transferieren unternimmt. (Vietta 2007: 273)

Dinzelbacher & Sprandel (1993: 161f.) stellen fest, dass es keine Epoche in der europäischen Geschichte gegeben hat, „die die Seele mehr auf- und den Körper tiefer abgewertet hat, als das Mittelalter." Es bestand damals sogar eine ganze Textsorte aus Dialogen, in denen die Seele den Leib nach seinem Tod beschimpft und verflucht. Franz von Assisi soll gelehrt haben: „Einen größeren Feind als meinen Körper habe ich nicht." Der lustvolle Körper hinderte den Menschen auf dem Weg zum Paradies. Andererseits war er aber auch das Mittel, sich das Paradies zu verdienen, indem der Mensch ihn freiwillig peinigte. „Bei der Auferstehung zum Jüngsten Gericht würden Seele und Leib wieder vereint, um dann ewig in vollkommenem Gleichklang die Freuden des Himmelreiches zu genießen oder den Martern der Hölle unterworfen zu sein." (ibid.)

In meinem vergleichenden Korpus konnten Belege für diesen „irdischen" Teil des mittelalterlichen Denkens gefunden werden. Dagegen sind Belege für *Jungfrau* seltener als in deutschen Liedern (alte Lieder 4 vs. 9, neue Versionen 5 vs. 7) und dabei jeweils in den Weihnachtsliedern zu finden. In den völlig neuen Kirchenliedern fehlt diese Benennung in beiden Sprachen. Auch das *Hohe Lied* in der Bibel wird heute eher für ein schönes Gedicht über die irdische Liebe als für die himmlische gehalten, die Christen werden nicht mehr als die darin beschriebene Braut Christi gesehen.

Tabelle 16. Belege für das Jammertal und Gewalt des Bösen in der Welt

| **Lexem** | **alte dt. Lieder (27)** | **EKG 1981 (27)** | **Finno 1583 (27)** | **Finno 1986 (27)** |
|---|---|---|---|---|
| Sünde/sündig | 29 | 24 | 40 | 29 |
| Himmel/Höhe | 20 | 22 | 29 | 25 |
| Welt/Land | 26 | 22 | 33 | 21 |
| Ewigkeit/ewig | 17 | 20 | 4 | 4 |
| Tod/sterben | 30 | 29 | 33 | 27 |
| Hölle | 4 | 5 | 7 | 3 |

| | | | | |
|---|---|---|---|---|
| Untergang/verdam- | - | - | 4 | 3 |
| böse/Böse | - | - | 9 | 4 |
| Teufel | 10 | 10 | 14 | - |
| Satan | 1 | 1 | 4 | 2 |
| Gericht/Urteil/verdam-men/richten | 1 | 1 | 2 | 5 |
| König | 4 | 1 | 2 | 4 |

Es ist leicht zu sehen, dass es in den alten finnischen Übersetzungen der deutschen Lieder sogar mehr Belege für die düstere Seite des weltlichen Lebens gibt als in den Ausgangstexten. Dieselbe Tendenz ist in den heutigen Versionen und Neuübersetzungen noch zu sehen. Als eine Kuriosität könnte man weiter nennen, dass das Jüngste Gericht und die Verdammung, die fest mit den mittelalterlichen Auffassungen verbunden sind, in den finnischen Übersetzungen vorkommen, obwohl sie im entsprechenden Ausgangstext überhaupt nicht vorhanden sind.

Im Mittelalter fing man mit dem Abbau von konkreten Seelenvorstellungen an, der durch frömmigkeitsgeschichtliche Einordnung plausibel gemacht werden kann. Doch wie konnte es davor zu den konkreten Seelenbildern kommen? Da der große Teil der Christen damals aus Analphabeten bestand, musste man den Inhalt des Glaubens bildlich illustrieren. Aber wie konnte „die Kirche mit solchen Seelenbildern den Analphabeten gegenüberstehen, wo weder in der Bibel noch in der scholastischen Theologie vergleichbare existieren?" (Dinzelbacher & Sprandel 1993: 173)

> Es gibt mittelalterliche Abbildungen, die Bibelverse illustrieren und die das in dem jeweiligen Bibelvers nicht genannte Seelenkind hinzufügen. Ein herausragendes Beispiel bieten die Riesenteppiche der sogenannten Apokalypse von Angers [...] Aber wichtig ist, daß die kirchlichen Bibelmacher, die hier die Bibel ergänzen, lehren, nicht im Einklang mit ihrer eigenen Theologie handeln. Es gibt eine Kluft zwischen der theologischen und der pastoralen Seelenlehre der Kirche. Die Kirche denkt und lebt zweigleisig. (ibid.)

Aber wie und woher wurden die jeweiligen konkreten Seelenbilder entwickelt? Eine leichte Antwort könnte die religiöse Volkskunde geben, doch hat man keine Beweise dafür, sondern man muss eher annehmen, dass der Einfluss der Kirche auf alle Stände des Volkes groß und erfolgreich war. Die Autoren fragen daher (Dinzelbacher & Sprandel 1993: 174), wie es also zu verstehen ist, dass die Kirche dafür ganz spezifische, gegenüber der kirchlich-theologischen Tradition neue Bilder wählte?

Es gibt jedoch Stellen, wo die Verbindungen zwischen diesen beiden Seelenlehren (der kirchlichen Theologie und der die Volksfrömmigkeit einbeziehenden pastoralen Praxis) zu sehen sind. Die wichtigste ist die Fegefeuerlehre, die seit dem 13. Jahrhundert Bestandteil auch des theologischen Dogmas ist. Die Menschen machen sich Gedanken „über die Beschaffenheit der Seele nach dem individuellen Tode und vor dem Jüngsten Gericht." (ibid.)

Neben der innerchristlichen Entwicklung hat auch Aristoteles Einfluss auf die Auffassung über die Seele. Sein Traktat über die Seele ist als Fragment erhalten, (ibid., 175) lässt aber Wesentliches erkennen. Er unterscheidet „zwischen einer Seele als Wahrnehmendem und als Bewegendem. Die Wahrnehmung der Seele wird untergliedert in eine äußere und eine innere geistige Wahrnehmung." (ibid.) Die Seele ist laut Aristoteles die Form des Körpers, bzw. die Seele ist nicht mit dem Körper identisch, aber etwas mit dem Körper Verbundenes.

Der Dualismus von Thomas von Aquin bestand nach Arens (2004: 77) wiederum darin, dass er davon überzeugt war, die die Wirklichkeit stelle einerseits ein gesetzmäßig geordnetes, der menschlichen Erkenntnis zugängliches Reich dar. Da das menschliche Erkennen jedoch begrenzt ist, steht über ihm das Reich der übernatürlichen Wahrheit, das nicht durch das menschliche Denken erreichbar ist. Zu diesem Reich gehören auch die Geheimnisse des christlichen Glaubens. Erst im 19. Jh. hat man die Gedanken Thomas von Aquins besser verstanden, und den *Thomismus* sogar zur offiziellen Philosophie der katholischen Kirche erhoben.

## 2.6 Die Reformation und das religiöse Weltbild

Nach der Reformation änderten sich die mittelalterlichen Auffassungen, wenigstens teilweise. Im Mittelalter hatte man nach Virkkunen (1982: 130 ff.) Gebete als Mittel betrachtet, Gott davon zu überzeugen, dass er dem Betenden seinen Wunsch erfüllen möge. Weiter hat man versucht, die Wirkung des Gebets dadurch zu stärken, dass man sich den Heiligen anvertraute - genauso wie man in den primitiven Religionen an die Geister der Toten appelliert, um sie zu bitten, das höchste Wesen anzubeten, damit es dem betreffenden Menschen helfe. In den Kulturkreisen des Abendlandes bekam jedoch das allgemeine Weltbild im Spätmittelalter mechanistische und das religiöse legalistische Merkmale. Die legalistischen Auffassungen führten zu Problemen in der Frage der Sünde. Nach dem moralisch-legalistischen Aspekt wird Gott die Sünde verurteilen und bestrafen, während der religiös-legalistische Gott denen hilft, die sich im Gebet an Ihn wenden.

Die reformatorische Tradition wird durch das Gottesbild hervorgerufen, zu dem Luther bei seinem Glaubenskampf und seinem Aufenthalt im Kloster gekommen war: Der Mensch kann nicht durch seinen eigenen Willen von der Sünde loskommen, sondern durch die Gerechtigkeit und Liebe Gottes, und Gott erweist dem Menschen seine Güte, ohne zu fragen, ob der Mensch es verdient hat oder nicht. Nach der Auffassung Luthers besteht der Kern des Evangeliums darin, dass Gott das macht, was dem Menschen unmöglich ist, und das Leben und besonders der Tod Christi ein Kampf gegen die zerstörenden Kräfte ist, die den Menschen zum Sklaven der Sünde machen. (ibid., 133.)

Jenny seinerseits (1985: 37f.) betont, dass Luther sich durch die gleichzeitige Arbeit an den beiden *Katechismen*, der Neuausgabe des *Betbüchleins* und des *Gesangbuches* systematisch bemühte, die neue Gemeinde aufzubauen und die neue, durch Glauben und nicht durch Taten entstandene Frömmigkeit zu pflegen. „Insbesondere die absolut originelle Konzeption des Ganzen und die Gruppierung seiner eigenen Lieder mit der Ausbildung einer besonderen Liedreihe zum Katechismus ist ein starkes Indiz." (ibid. 38) In seinen Liedern drückt Luther das aus, was er durch eigene Erfahrung und eigenen Kampf erreicht hatte. Dafür werden wir noch mehrere Beispiele sehen.

Andererseits war das Jahrhundert der Reformation auch eine Zeit der schnellen und rasanten Erweiterung der Auffassung von der Welt und dem Weltall sowie des Weltbildes (Entdeckung von Amerika, erste Weltumseglungen usw.). Der Buchdruck eröffnete breiteren Volksschichten die Möglichkeit, sich über die Ereignisse und Entdeckungen auf der Welt zu informieren, und den Dichtern und Denkern, ihre Gedanken und Phantasien weiter zu verbreiten (vgl. auch Treue 1952: 102). Erst das folgende Jahrhundert mit dem Dreißigjährigen Krieg und den düsteren Tönen in der barocken Kunst und Kultur brachte die Menschen in Europa oft zurück in die mittelalterliche Mystik und die Weltanschauung der Trostlosigkeit.

## 2.7 Kirchliche Sprache im Allgemeinen

Häkkinen (2007) spricht in ihrem Artikel über die Rolle der Sprache in der Kirche. Die gemeinsam verwendete Sprache ist ein Merkmal für die Zugehörigkeit zur Gruppe. Sie kann aber auch das Gefühl vermitteln, Außenseiter zu sein, wenn die gehörte oder gelesene Sprache dem Empfänger nicht bekannt ist. Ein konkretes Beispiel dafür sind Gebete und das Glaubensbekenntnis, die gemeinsam laut gesprochen werden und die sprechende Gruppe eng zusammenführen. Das Ziel dabei ist, zusätzlich zum gemeinsamen Singen der Kirchenlieder, das Gemeinschaftsgefühl zu schaffen und zu bewahren. Dabei hält Häkkinen für begründet, dass die kirchliche Sprache sich von der Alltagssprache unterscheidet, vorausgesetzt, dass sie nicht das Verstehen erschwert. Weiter stellt sie fest, was auch die Ausschüsse für Erneuerung der Kirchenlieder bestätigt haben: es ist für die Kirche eine kritische Phase, wenn die liturgischen Formulierungen oder die Texte der Lieder verändert werden. Für die Gemeinde sind ihre Kirchenlieder sogar wichtiger als eine neue Bibelübersetzung. Das wurde z.B. in Finnland während der Erneuerung des Gesangbuches festgestellt, die teilweise gleichzeitig mit der neuen Übersetzung der finnischen Bibel erfolgte. Es ist daher wohl kein Wunder, dass einiges von den Stimmungen und Auffassungen des Mittelalters in den Gesangbüchern bis in unsere Zeit erhalten geblieben ist. Häkkinen betont, dass Traditionen für die Menschen wichtig sind, denn ohne sie wären die Menschen unsicher. Sie berichten, wie man sich verhalten soll und was wahrscheinlich zu erwarten ist, sind also ein sicherer Rahmen für das Leben.

# 3
# Entwicklung der Sprache, bewusste Sprachpolitik und Sprachplanung

In diesem Kapitel betrachten wir die Entwicklung der Sprache in deutschen und finnischen Kirchenliedern, um zu sehen, wie einige von ihnen sich behauptet haben, andere im Laufe der Zeit jedoch in Vergessenheit geraten sind.

## 3.1 Was ist Sprachpolitik?

Zur Sprachgeschichte gehört auch zwangsläufig und ganz natürlich die Sprachpolitik. Es ist selbstverständlich, dass die Sprecher, die Benutzer der Sprache auch Änderungen an den „Wörtern und Wendungen" vornehmen, aber genauso klar ist es, dass die Machthaber der Gesellschaft die verwendeten Formulierungen gern nach ihrer eigenen Ideologie gelten lassen oder diese sogar gesetzlich (z.B. Terminologie) durchsetzen wollen. In beiden Fällen ist es jedoch gar nicht sicher, dass die ideologiebedingten Änderungen oder die ursprünglich idiolektalen Formulierungen auch in der ganzen Sprachgemeinschaft akzeptiert und in den allgemeinen Sprachgebrauch übernommen werden. Das haben wir schon bei den mittelalterlichen oder frühneuzeitlichen Neologismen und Neuschöpfungen gesehen, die damals für den kirchlichen und wissenschaftlichen Gebrauch geschaffen wurden. In den früheren Jahrhunderten bis etwa zur Mitte des 20. Jahrhunderts bestand der gesellschaftliche Zugriff und der Einfluss der Machthaber auf die Kirche und Religion in einem stärkeren Maße als heute, was sogar im Textinhalt der Kirchenlieder zu ersehen ist. Erst in den letzten Jahrzehnten stehen z.B. Begriffe wie *Gnade, Freude* und *Liebe* im Vordergrund der Texte statt z.B. *Sünde, Tod* und *Untergang* (vgl. Korpustabellen im Kapitel 1), die Furcht vor Gott und Machthabern erwecken sollten.

Da es bei den deutschen Kirchenliedern und ihren alten und neuen finnischen Übersetzungen um eine Zeitspanne von etwa 500 Jahren geht, ist es auch in diesem Buch angebracht, deutsche und finnische Zeugnisse für gezielte und vom Sprachgebrauch her erforderliche Änderungen in den Texten der Kirchenlieder zwischen dem 16. und dem 20. Jahrhundert zu betrachten. Dieses Kapitel bezieht sich nach wie vor auf die erwähnten 27 Lieder des Kernkorpus und teilweise auch die weiteren 7 Lieder des ältesten finnischen

Gesangbuchs in der jeweils modernsten Version aus dem Jahre 1986. Mit ihnen wird das Parallelkorpus der 34 modernen finnischen und deutschen Kirchenlieder sprachlich und gesellschaftlich verglichen.

Wir wissen ja, dass Martin Luther mit der Unterstützung einiger damaliger Fürsten eine eigene Sprachpolitik durchführte, indem er mit seinen Übersetzungen anfing, aus den recht unterschiedlichen deutschen Varietäten (Hochdeutsch, Niederdeutsch, Mitteldeutsch) eine einheitliche Standardsprache zu entwickeln. Dasselbe Ziel hatte der finnische Reformator Mikael Agricola, als er versuchte, aus den hauptsächlich gesprochenen Dialekten des Finnischen, mit dem Schwerpunkt auf den westlichen und Küstendialekten, die erste finnische Schriftsprache zu formen. Auch der schwedische König Gustav Wasa (1523 – 1560) und später sein Sohn Johan III. (1568 – 1592) wollten in den Anfängen der Reformation in ihrem Lande aus unterschiedlichen Gründen die Stellung der Muttersprache auch in den östlichen Provinzen stärken, wie wir an weiteren Stellen dieser Arbeit sehen können. Nachdem Agricola schon gestorben und sein Sohn Christianus 1578 Rektor der Kathedralschule in Turku geworden war, befahl der König „unserem" Jacobus Finno, damals „nur" Poenitentiarius am Dom von Turku und Lektor der Turkuer Kathedralschule, kirchliches Material ins Finnische zu übersetzen. Kurz danach wurde Finno wieder Rektor, als Christianus Agricola 1584 zum Bischof von Reval (Tallinn) ordiniert worden war. Seine Übersetzungen hatte Finno demnach damals schon herausgegeben. Von dem ganzen Material (vgl. Kapitel 2) kennt man heute neben dem Gesangbuch nur das Gebetbuch und den erweiterten Katechismus, wahrscheinlich also alle im Jahre 1583 erschienen. Es kann nachgewiesen werden, dass Finno diese Bücher und Texte mit Hilfe mehrerer Quellen übersetzt hat. Das Gesangbuch war also keine einfache Übersetzung einer vorhandenen Edition, sondern eine Sammlung von Liedern aus unterschiedlichen Quellen. (Vapaavuori 2008, Lempiäinen 1988: 363, 366.)

## 3.2 Die Autoren der ersten Gesangbücher in ihrer jeweiligen sprachlichen Umgebung

Wie schon im Kapitel 2 erwähnt, hatte Jacobus Finno in den 60er Jahren des 16. Jahrhunderts in Wittenberg und Rostock studiert und auch in Wittenberg Ideen für sein Gesangbuch gesammelt (Lempiäinen 1988). Nachdem Agricola mit seinem Gebetbuch, dem ABC-Buch und dem Neuen Testament der finnischen Sprache einen wichtigen Impuls in ihrer Entwicklung als Schriftsprache gegeben hatte, wurde Finno eigentlich sein Nachfolger und Begründer neuer Textsorten in der finnischen Sprache (Lieder, Gedichte). Lempiäinen (ibid.) bewertet das Gesangbuch von Finno als erstrangig in seiner schriftlichen und übersetzerischen Tätigkeit. Diese Sammlung war ja der erste Vertreter dieser Gattung in Finnland. Finno war aber höchstwahrscheinlich mindestens auch Koautor bei der Veröffentlichung der finnisch-lateinischen Liedersammlung *Piae Cantiones*, die wie schon erwähnt 1582 in Greifswald gedruckt wurde. Er wollte damals aus unbekannten Gründen seinen Namen nicht auf das Titelblatt des Buches setzen lassen – eventuell deshalb, weil diese Lieder auf Latein herausgegeben wurden, und sein Auftrag für Übersetzungen ins Finnische galt! In der heutigen digitalen Publikation[1] wird jedoch sein Name als Herausgeber dieser Liedersammlung genannt. Auch sonst war Finno sehr bescheiden und sich dessen bewusst, dass seine Sprache nicht unbedingt fehlerfrei war. In seinem Vorwort zum Gesangbuch, das glücklicherweise erhalten geblieben ist, bedauert er seine mangelhaften schriftlichen Fertigkeiten und bittet seine Leser, dies nicht übel zu nehmen – jeder sei berechtigt, besser zu schreiben. Das Vorwort spiegelt seine Gedanken und Auffassungen deutlich wider, während es ansonsten schwierig ist, biographische Information über ihn zu finden. Er konnte zwar übersetzen, war aber kein Dichter, obwohl er einigermaßen reimen konnte. Besonders haben später die vielen Apostrophe für ausgelassene Silben in seinen Liedtexten die Erneuerer des Inhalts und des Textbildes gestört. Er stammte aus dem Westen Finnlands, dessen Dialekt heute noch durch den Ausfall der Endungen gekennzeichnet ist. Er schrieb eben so, wie er sprach (vgl. Kapitel 5).

Obwohl Luther wiederum im deutschsprachigen Raum den entscheidenden Ansatz für die Vereinheitlichung der deutschen Schriftsprache gemacht hat, stellt Jenny (1985: 13) andererseits fest, dass es trotzdem und trotz der entscheidenden Verdienste Luthers auf diesem Feld wohl doch nicht richtig sei, ihn als den Vater des deutschen Kirchenliedes anzusprechen. „Auch der Vater des evangelischen Kirchenliedes ist er nicht uneingeschränkt. Wohl aber ist er der Erfinder des Psalmliedes". (ibid.)[2] Luther hat seines Erachtens die Liedkunst zunächst zur Propagierung der neuen Lehre entdeckt und erst dann zur Erneuerung des Gottesdienstes. Von einer Wirkung der neuen Lehre auf

[1] http://imslp.org/wiki/Piae_Cantiones_(Finno,_Jaakko), Zugriff Jan. 2017.
[2] Vgl. auch Kapitel 7

die Sprache hat Luther selbst nicht explizit gesprochen. Keiner hat bis jetzt erklären können, warum Luther gerade die Psalmen zum Gegenstand seiner Lieder genommen hat. Es steht jedoch fest, dass besonders eines davon – *Ein feste Burg ist unser Gott* mit seinen Übersetzungen – weltbekannt war, immer noch ist und durch alle Zeiten rege erforscht wurde. Agricola hat den Psalter, d.h. die Psalmen ins Finnische übersetzt, und dabei seine dichterische Kunst besser bewiesen als in manchen Gedichten, die er selbst verfasst hat.

Bei der Betrachtung der damaligen Texte können wir außerdem davon ausgehen, dass weder Luther noch Finno als Liedschöpfer einfach strophisch-metrische Texte schrieben. Der Inhalt scheint wichtiger als das Einhalten des Rhythmus oder der Reime gewesen zu sein. Bei Luther meint Jenny (1985: 14), dass er singend schrieb, d.h. dass er mindestens eine Vorstellung davon hatte, wie ein Lied gesungen werden sollte. Da Finno größtenteils dieselben Melodien verwendete und die Struktur der finnischen Sprache so viel anders war und ist, sollte das Vorhaben für ihn schwieriger gewesen sein, obwohl er vermutlich eine Ausbildung als Kirchenmusiker in Rostock bekommen hatte (Lempiäinen 1988). In dieser Hinsicht ist es bemerkenswert, dass seine Wortwahl, Verse und Reime erstaunlich gut mit den Melodien harmoniert haben. Ich habe einige Beispiele für meinen Vortrag auf dem Symposium „Musiikkitieteen tuolla puolen“ [„Jenseits der Musikwissenschaft“] des Fachbereichs Musikwissenschaft an der Universität Turku im Februar 2009 überprüft (näheres vgl. Kapitel 6) und festgestellt, dass weder das Singen der alten Texte überhaupt noch die Betonung der einzelnen Wörter Probleme verursachten!

## 3.3 Sprachpolitik und Sprachplanung – Hintergrund und Entwicklung

Durch die Christianisierung Europas entstand nach der heutigen Forschung (Sonderegger 2000: 1053 ff.) ein neues kulturell-religiöses Beziehungsnetz unter den europäischen Sprachen, und es gab und gibt kaum Sonderformen einer typisch germanischen bzw. finnischen Christlichkeit oder einer Nationalisierung des Christentums. Dies bedeutet natürlich nicht, dass es keine Kleingruppen oder Bewegungen auf der nationalen Ebene gab bzw. geben würde, aber hier sprechen wir von der gemeinsamen Terminologie und den Begriffsbildungen unserer gemeinsamen Religion. Der neue christliche Wortschatz in den europäischen Sprachen beruhte ursprünglich auf

Lehn- und Fremdwörtern aus dem Lateinischen und dem Griechischen. Vor dem Hintergrund des christlichen Glaubens vollzog sich also mindestens eine westeuropäische, wenn nicht sogar gesamteuropäische Sprachannäherung, die bis in die Neuzeit nachwirkte. Schon früh bekamen auch im Finnischen die alten Synonyme bzw. Begriffsbenennungen des Heidentums christliche Bedeutungen (z.B. *Teufel, Herr, Gnade*; vgl. die Tabellen in Kapitel 1).

Wir kehren hier nochmals zu der Aufteilung Sondereggers (ibid., 1055) zurück. Er teilt die Entwicklungsgeschichte des christlichen Wortschatzes in den germanischen Sprachen in vier Grundströme, und dieses Modell kann auch auf das Finnische angewendet werden:

> (1) Aufbau einer volkssprachlichen Katechetik im Anschluss an die Bekehrung;
>
> (2) textliche Erschließung der Bibel durch Glossierung und Übersetzung, z. T. über die Bibel hinaus, also auch die Lieder betreffend;
>
> (3) sprachliche Spiegelung von Kirchenorganisation, Gebäuden, Ämtern, kultischen Handlungen, meist durch Lehnwörter aus dem Lateinischen oder Griechischen;
>
> (4) Vertiefung des religiösen Sprachgebrauchs im Rahmen von theologischer Erörterung, Verinnerlichung und Bibelexegese.

Jenny (1985: 37f.)[3] betont, dass Luther sich durch die gleichzeitige Arbeit an den beiden Katechismen, der Neuausgabe des Betbüchleins und des Gesangbuches systematisch bemühte, die neue Gemeinde aufzubauen und die neue Frömmigkeit zu pflegen. „Insbesondere die absolut originelle Konzeption des Ganzen und die Gruppierung seiner eigenen Lieder mit der Ausbildung einer besonderen Liedreihe zum Katechismus ist ein starkes Indiz." (ibid., 38.) Außerdem hatte er dem Gesangbuch sowohl eine Vorrede als auch Einleitungen zu den einzelnen Teilen hinzugefügt.

Die Wirkung der europäischen Christianisierung (Sonderegger 2000: 1055) auf die Sprachgeschichte ist ein Musterbeispiel für „die Einwirkung einer religions- und kultusgeschichtlichen Entwicklung auf die Geschichte der davon betroffenen Sprachen." Diese Wirkung ist immer noch keineswegs abgeschlossen. Wie wir schon im vorigen Kapitel gesehen haben, stand nach Sondereggers Auffassung vor allem die mittelalterliche Literatur Europas fast völlig im Bann von Verchristlichung und Religiosität, was Nachwirkungen bis weit in unsere Zeit gehabt habe.

[3] Näheres im Kapitel 7.

Wie wir auch schon im Kapitel 2 gesehen haben (Büchner 1975: 172), waren die bekannten Mystiker Sprachschöpfer, deren Worterfindungen teilweise in Vergessenheit geraten sind, teilweise aber immer noch nicht nur in der religiösen Sprache, sondern auch z.B. in der Philosophie verwendet werden. Während *Seelengrund* und *Fünklein* keine Bedeutung mehr für den modernen Menschen haben, sind z.B. *Wesen, Innigkeit* und *Gelassenheit* heute noch so bedeutungsschwer wie in der Zeit der Mystik und des Spätmittelalters (ibid.).

Was dann besonders Finnland und die finnische Sprache betrifft, haben sich die Grundregeln, die Mikael Agricola gegen Mitte des 16. Jh. der Schriftsprache gegeben hatte, bis in das 19. Jh. bewährt. Die Rechtschreibung war, genauso wie im Deutschen, noch nicht normiert, und die Syntax und die Lexik vom Schwedischen beeinflusst. Erst während der ersten Jahrzehnte des 19. Jh. wurde der Gedanke zur Verbesserung des Status der finnischen Sprache durch Turkuer Intellektuelle gefördert und schließlich durch die Gründung einer fennophilen Bewegung etabliert. Diese Entwicklung ist leider nicht völlig ruhig und gelassen fortgeschritten, denn nachdem Helsinki 1812 vom russischen Zaren zur Hauptstadt Finnlands erklärt und die Turkuer Universität nach dem großen Brand der Stadt 1827 nach Helsinki verlegt worden war, entbrannte der sogenannte Dialektkampf zwischen den Befürwortern der westlichen und östlichen Dialekte. Die westlichen Dialekte waren seit der Zeit von Agricola normgebend gewesen, aber der Schwerpunkt des Sprachgebrauchs änderte sich durch den neuen Status des ostfinnischen Helsinki. Die ostfinnischen Dialekte gewannen mehr Bedeutung und wurden in mancher Hinsicht maßgebend. (vgl. z.B. Hovdhaugen et al. 2000: 233-235.)

Im Jahre 1863 wurde schließlich das Finnische von Zar Alexander II. als zweite offizielle Sprache in Verwaltung, Gesetzgebung und Bildung anerkannt. (Hovdhaugen et al. 2000: 232f.) Danach hat die Sprachplanung große Fortschritte gemacht. Die Normierung von Rechtschreibung und Syntax fand relativ schnell statt, und durch die Veröffentlichung der ersten Schulgrammatiken und die Anfänge eines flächendeckenden Volksschulwesens wurde die Vereinheitlichung der Sprache erreicht. Daher ist es angebracht, die Übersetzungen von Finno noch im Zusammenhang mit den Beratungen und Entscheidungen der zwei ersten Synoden der finnischen evangelischen Kirche (1876 und 1886) zu betrachten, was zur weiteren Sprachplanung und -politik im Zusammenhang mit dem neuen Gesangbuch (1886) Veranlassung gab. Bis dahin waren nämlich fast alle Lieder Finnos noch im Gesangbuch erhalten, wohingegen nun ihre Mehrheit als veraltet beurteilt wurde (Vapaavuori 2008).

### 3.3.1 Sprachliche Änderungen – ein Überblick

Luther war natürlich nicht der einzige Autor der deutschen protestantischen Kirchenlieder der Reformationszeit, aber wohl der bekannteste und der am meist erforschte. Er war auch durch seine Bibelübersetzung der wichtigste Sprachpolitiker und Sprachplaner in der Entwicklung und der Vereinheitlichung der deutschen Sprache. Die Geschichte der deutschen Sprache könnte wohl gar nicht geschrieben werden, ohne ihn zu nennen. (Vgl. z.B. von Polenz 2000 und Besch et al. 2000.)

Luther knüpfte an das lateinische mittelalterliche geistliche Liedgut an. Er kannte und schätzte dieses Liedgut (vgl. z.B. *Formula missae et communionis*). Es sind mindestens 10 Stücke, die er aus dem deutschen Mittelalter übernahm, aber nicht unverändert, sondern er gab ihnen ein neues Gesicht, obwohl er *in liturgicis* im Grunde konservativ war. „Aber diese Zeugnisse mittelalterlicher Frömmigkeit und Poesie müssen sein schöpferisches Talent gereizt haben." (Jenny 1985: 12.)[4]

Im Vergleich zum Finnischen und zur Situation und Entwicklung des finnischen Kirchengesangs kann man wohl sagen, dass die wichtigsten Änderungen in der Sprache der Kirchenlieder in Deutschland im Zeitalter der Reformation stattfanden. Danach können in den Kirchenliedern nur Änderungen wegen der Normierung der Morphologie oder der Orthographie festgestellt werden, wie das folgende Beispiel aufweist:

| **Martin Luther 1524:** | **EKG 1981: 15** |
|---|---|
| Gelobet seystu Jhesu Christ,<br>das du mensch geboren bist<br>von eyner jungfrau, das ist war;<br>des freuet sich der engel Schar. | Gelobet seist du, Jesu Christ,<br>dass du Mensch geboren bist<br>von einer Jungfrau, das ist wahr,<br>des freuet sich der Engel Schar. |

Dagegen erhielten die finnischen Lieder erst im 19. Jh. ihre sprachliche Normierung. Während die von Agricola und Finno geschriebene Sprache reich an

[4] Vgl. Kapitel 7.

Merkmalen der westfinnischen Dialekte war, wurden diese nach dem schon erwähnten sogenannten Dialektkampf um die Mitte des 19. Jh. und nach der Veröffentlichung des finnischen Nationalepos „Kalevala" durch den Arzt, Dichter und Sammler von Volksdichtung Elias Lönnrot besonders durch ostfinnische syntaktische und lexikalische Merkmale ersetzt. Trotzdem hat sich die westfinnische Art der Rechtschreibung noch behauptet. Der Kampf an und für sich endete dann im Kompromiss zwischen den Dialekten. (Hovdhaugen et al. 2000: 233-235.) Einiges über diesen Kampf, mindestens zwischen den Zeilen, ist auch in den Protokollen der zwei ersten Synoden der finnischen Kirche zu lesen.[5]

Auch Finno blieb nicht lange der einzige Kirchenliederdichter in Finnland, denn schon 1605 wurde ein neues Gesangbuch von Hemminki Maskulainen[6] herausgegeben, zwar noch mit allen Liedern von Finno, jedoch ergänzt durch 141 neue Gesänge; es erfuhr 1621 eine Neuauflage. 1701 erschien dann das sog. „Alte Gesangbuch", das ursprünglich „Uusi Suomenkielinen Virsi-Kirja" [Das Neue Finnischsprachige Kirchengesangbuch] hieß (Hallio 1936: 851) und immer noch von einigen pietistischen Gruppen innerhalb der evangelischen Kirche verwendet wird. Dieses Buch mit seinen 413 Liedern enthielt übersetzte Gesänge aus der deutsch-protestantischen Blütezeit der Kirchenlieder im 17. Jh. (Vapaavuori 2008.) Es diente noch als Grundlage für das neue Gesangbuch (1866), obwohl schon 1817 und 1863 Versuche gemacht worden waren, das Gesangbuch zu erneuern. Elias Lönnrot, der wohl wichtigste finnische Wortschöpfer aller Zeiten, spielte da eine zentrale Rolle. Außer der weltlichen und wissenschaftlichen Terminologie hat er auch fleißig die kirchlichen Sprachplanung mit bestimmt.

Die mit den religiös-ideologischen Auffassungen verbundene Lexik spielte nach wie vor in der Sprachpolitik eine größere Rolle als Syntax oder Morphologie. Doch auch um diese ging es auf dem Schlachtfeld des finnischen Dialektkampfes. Bis 1886 das neue Kirchengesangbuch veröffentlicht wurde, waren also die westfinnischen dialektalen Merkmale im religiösen Leben, wie auch in den Liedern, maßgebend. In den Synoden wurde allerdings kritisiert, dass die Apostrophe so zahlreich waren, die den typisch westfinnischen Schwund

[5] *Turussa istuneen, Suomen ensimmäisen seurakunta-kokouksen protokollat.* [‚Protokolle der ersten Versammlung der Kirchengemeinden Finnlands in Turku] (1876) Hämeenlinna 1877. *Turussa istuneen Suomen toisen Kirkollis-kokouksen protokollat.* [‚Protokolle der zweite Versammlung der Kirchengemeinden Finnlands in Turku] (1886) Hämeenlinna 1888.

[6] Geb. in Turku um 1550, nach dem Studium Pfarrer in Masku (daher der Beiname *Maskulainen* [‚aus Masku']), †1619. 2015 wurde ein Rostocker Druck seiner Gesangbuchs von 1607 entdeckt.

der Endungen markieren. (z.B. *Ett, olem, tuhuast, cosk*; statt *että* [‚dass'], *olemme* [‚wir sind'], *tuhkasta* [‚aus der Asche'], *koska* [‚weil'] usw.). Nach Niemi (1954: 10f.) konnten sie so zahlreich sein, dass das ganze Lied unverständlich wurde. Dies betraf besonders Übersetzungen, in denen versucht worden war, den ganzen Inhalt des Ausgangstextes in den Zieltext hineinzudrängen, und zwar ohne eine logische Verwendung von Kürzungen. Wenn die Sprache der Reformationszeit schon für den Gläubigen des 19. Jahrhunderts beim Singen mangelhaft erschien, wurde dies noch weiter verschlimmert, indem die Intonation oder der Versfuß im melodischen Rhythmus völlig unbeachtet blieb. Als weitere befremdende Beispiele für das Phänomen, das später in der Linguistik und Translationswissenschaft *Transferenz*[7] genannt wird, könnten die Konstruktionen mit Postpositionen und Präpositionen erwähnt werden, die statt der für das Finnische typischen Flexionsfälle verwendet wurden.[8] Auch die mit dem Agenten syntaktisch verbundene Passivform ist untypisch für Finnisch, das durch ein unpersönliches Passiv charakterisiert ist, jedoch in alten Kirchenliedern regelmäßig vorhanden (z.B. *totus mös jocaidzeld hyliätän,* [‚totuus myös jokaiselta hylätään',die Wahrheit wird von jedem verworfen'] statt der Aktivkonstruktion *jokainen hylkää totuuden* [‚jeder verwirft die Wahrheit']).

### 3.3.2 Textuelle Änderungen und Übersetzungstätigkeit

Von Polenz (2000: 230) erörtert die Übersetzungstätigkeit Luthers, besonders als Bibelübersetzer – wobei Luther schon viele Vorläufer hatte, denn es gab damals schon gedruckte deutsche Bibelausgaben: vierzehn hochdeutsche und vier niederdeutsche sowie Ausgaben von Bibelteilen. Von Polenz (ibid.) führte aus, dass zu vielen Stellen von Luthers Bibelübersetzung sich Parallelen und Vorbilder nachweisen ließen, obwohl eine direkte Abhängigkeit von bestimmten Texten fehle. Luther weiche im Wortlaut von der ostoberdeutschen Mentel-Bibel (Straßburg 1466) ab und stimme mit niederdeutsch-niederländischer Tradition überein. Als sprachliches Vorbild scheine zeitlich und räumlich die Halberstädter Bibel von 1522 wahrscheinlich zu sein. Außerdem habe er neben Erasmus' griechischer Ausgabe des Neuen Testaments (1516) auch dessen lateinische Übersetzung an schwierigen Stellen herangezogen. Und

[7] Die Transferenz ist eine beständige Abweichung in der Zielsprache, die auf die Struktur der Ausgangssprache zurückzuführen ist, während die *Interferenz* eher ein Lapsus des Sprechers bzw. Schreibers ist und ohne längere sprachliche Wirkungen bleibt.

[8] Z.B. muss *auf dem Stuhl* mit einer Adessivkonstruktion ins Finnische übersetzt werden: *tuolilla* [tuoli +NOM+ADESS+lla ], nicht mit einer Postpositionskonstruktion ?*tuolin päällä* [tuoli+GEN+PostP+ päällä].

wie wir im Kapitel 7 sehen werden, hat Luther neben dieser umfangreichen Übersetzertätigkeit mehrere alte lateinische Kirchenlieder übertragen.

Von Finnos übersetzerischer Tätigkeit weiß man nur, dass er die meisten seiner 101 Lieder übersetzt hat, entweder direkt oder indirekt über andere Sprachen, besonders über das Schwedische. Da er in Deutschland studiert hatte, konnte er zwar Deutsch, aber es ist nicht eindeutig so, dass er die 27 Lieder mit deutschem Ursprung direkt übersetzt hätte, sondern wohl nur einige, wahrscheinlich zehn davon (Vapaavuori 2008). Nach Hallio (1936: 850f.) hatte Hemminki Maskulainen 1605, nur zwei Jahrzehnte später, 122 Übersetzungen für sein Gesangbuch angefertigt, von denen noch 60 im Kirchengesangbuch 1886 vorhanden waren. Sie hatten sich also über zwei Jahrhunderte bewährt. Darüber stammten in der Neuausgabe des Gesangbuchs aus dem 19. Jahrhundert noch mehr als 100 Übersetzungen des Konrektors der Universität Turku, Erik Cajanus, aus dem sogenannten „Alten Kirchengesangbuch" 1701. Wenn wir diese Angaben kombinieren, können wir ohne zu zögern nachvollziehen, dass Ende des 19. Jahrhunderts ein neues Gesangbuch sowohl sprachlich als auch inhaltlich notwendig war. Vapaavuori (2008) ist außerdem der Meinung, dass Hemminki Maskulainen als Dichter begabter war als Finno und in seinen Übersetzungen und Modifikationen eine beträchtliche Selbständigkeit aufwies. Auf jeden Fall beweist der Vergleich zwischen den Gesangbüchern von Finno und Hemminki, dass die Entwicklung der finnischen Schriftsprache in zwei Jahrzehnten in Riesenschritten voran ging.

Bei den Übersetzungen für das Gesangbuch von 1886 spielte dann Elias Lönnrot eine große Rolle, aber er übertrug hauptsächlich Lieder aus dem schwedischen Original. Da er westfinnische und ostfinnische Elemente integriert und den Wortschatz der finnischen Sprache zigfach vermehrt hatte, war seine Autorentätigkeit für die betreffende Version des Gesangbuchs und seine Sprachplanung bedeutend. Dennoch waren seine Person und seine zahlreichen Kirchenliederdichtungen nicht unumstritten. Nach langen Beratungen auf den kirchlichen Synoden wurden schließlich aus seinen viel zahlreicheren Vorschlägen insgesamt 64 von ihm übersetzte Lieder in das Gesangbuch aufgenommen. Außerdem hatte er 42 entweder ganz oder mindestens teilweise gedichtet (Hallio 1936: 853).[9]

Der Vergleich der deutschen und finnischen Fassungen des wohl bekanntesten Lutherliedes *Ein feste Burg ist unser Gott* zeigt, dass die alte finnische Überset-

[9] Im heutigen Gesangbuch gehen immer noch 73 Lieder auf Lönnrot zurück: 9 von ihm selbst gedichtet, 20 von ihm erneuert und 44 von ihm übersetzt.

zung sehr viele Gemeinsamkeiten mit der schwedischen Version hat, während die moderne – d.h. die 3. Strophe, die überhaupt nur neu übersetzt werden durfte (!) – eine deutliche Direktübersetzung des Originals ist. (Helin 2008.) Das Ziel, die ursprünglichen Sprache als Ausgangssprache ohne Vermittlung durch andere Sprachen zu verwenden, wurde explizit vom Ausschuss für das neue finnische Kirchengesangbuch (1976: 19) gesetzt und verfolgt. Dass die Neuübersetzungen somit insgesamt dem Originaltext näher stehen als die früheren Übersetzungen, wurde auch von Vertretern der modernen Translationswissenschaft festgestellt und dokumentiert (vgl. Helin 2008).

### 3.3.3 Dichterische Gesichtspunkte

Für die Zeit nach der Reformation bis zum 19. Jh. konnten die Erneuerungen der Kirchengesänge in Europa, auch im deutschsprachigen Raum, im literarisch-ästhetischen Bereich nach Niemi (1954: 6) in drei Gruppen eingeteilt werden: Ihre Ergebnisse sollten 1) poetisch (Versfuß, Reime, Gesamtstruktur); 2) sprachlich (Wortwahl, Wortform, Syntax und Orthographie) sowie 3) stilistisch und pragmatisch einwandfrei sein. Allerdings konnte die Tatsache nicht verdrängt werden, dass es immer noch kein einheitliches deutsches Kirchengesangbuch gab, das in allen deutschen Ländern angenommen worden wäre. Dieses ließ bis in die 1950er Jahre auf sich warten; das EKG von 1950 war das erste in dieser Kategorie.

Das Resultat der langwierigen Arbeit der Ausschüsse und der Synoden in Finnland im 19. Jahrhundert konnte in der damaligen Situation sprachlich als unübertroffen betrachtet werden. Nach Vapaavuori (2008) war eines der Ziele gewesen, zu beweisen, dass das Finnische eine Sprache der Bildung und Kultur war, in der sprachlich und poetisch einwandfreie Gedichte und Kirchenlieder geschaffen werden konnten. Dies war aber erst möglich, als der erwähnte Dialektkampf zu Ende war. Den östlichen Dialekten mit ihrer reichen Lexik und ihren unterschiedlichen syntaktischen Alternativen wurde erst die volle Wertschätzung zuteil, als das finnische Nationalepos durch Lönnrot seinen Durchbruch erlebte und seine Arbeit dadurch richtig und in vollem Umfang verstanden wurde. (Niemi 1954: 32.)
Der Ausschuss für Erneuerung der finnischen Kirchenlieder *(XXI Varsinaisen kirkolliskokouksen asettama virsikirjakomitea)* hat 1976 in seinem Zwischenbericht neben der Verwendung des Ausgangstextes für die moderne Über-

setzung einige weitere Prinzipien aufgelistet. Darunter finden wir die Abschaffung der dialektalen Merkmale, Kürzungen und Verlängerungen. In der alten finnischen Sprache – auch häufig bei Agricola und Finno hieß es z.B. *tulkohon* [,etw. soll/möge kommen'] statt der neueren Form *tulkoon*). Der Gesangbuchausschuss wirkte auf eine Tilgung dieses archaischen, aber teils noch lebendigen Sprachmerkmals hin, das er der Einfachheit halber als „Not-h" bezeichnete. Auch die Wörter sollten vollständig sein (z.B. *sinun* statt *sun* [,dein']). Weiter strebte man nach Verbesserung der missglückten Reime, ohne jedoch dem Reim eine unnötige Betonung als poetischem Effekt zu geben. Auch die unangemessene Lexik sollte verändert werden, darunter z.B. Übertreibungen und inhaltlich unbiblische Bildersprache, und die banalen und unbeholfenen Ausdrücke sowie die zu schwierigen Begriffe sollten besser und verständlicher werden.[10]

### 3.3.4 Sprachpolitisch-ideologische Änderungen

Spitta betont (1905: 1), dass die Lieder Luthers nicht nur in der evangelischen, sondern auch in der katholischen Kirche von Anfang an gängig waren. Wenn die Gemeinde nicht wusste, dass die Lieder „von dem Erzketzer" (ibid., 2) herrührten, konnte sie den Inhalt der meisten Lieder nicht gerade antikatholisch finden. Natürlich waren da einige Ausnahmen wie z.B. das „Kinderlied zu singen wider die zween Erzfeinde Christi und seiner heiligen Kirchen, den Papst und Türken: *Erhalt uns, Herr, bei deinem Wort und steur des Papsts und Türken Mord."* (ibid.)[11] Weiter wurde das evangelische Kirchenlied als Zeugnis für die vom kirchlichen Gesetz vertretene religiöse Individualität beurteilt, was letztendlich jedoch nicht stimmt. Es wird im Gegenteil behauptet, dass die klassische Periode des evangelischen Kirchenliedes, durch den Namen Luther gekennzeichnet, nicht von der Auswirkung des religiösen Individualismus geprägt, sondern eher eine Epoche des objektiven Bekenntnisliedes sei. „Nicht die einzelne Person mit ihrem ,Ich' trete auf, sondern nur die Kirche mit ihrem ,Wir'". (ibid., 4.)

Spitta (1905: 5) führt diese Theorie fort und stellt fest, dass die weitere Entwicklung des evangelischen Kirchenliedes nach der Zeit der Reformation als ein Herabsinken des objektiven Bekenntnisliedes zum subjektiven Glaubens-

[10] Vgl. Zwischenbericht des betreffenden Ausschusses (*Virsikirjauudistuksen periaatteet: osamietintö*, 19).
[11] Mehr in Kapitel 7.

lied betrachtet worden sei. Aus diesem Gesichtspunkt heraus sei dann auch der Lieblingsdichter der evangelischen Kirche, Paul Gerhardt, zu einem Beispiel kirchlicher Degeneration kategorisiert worden.

Besonders das „alte Gesangbuch" der finnischen Kirche von 1701, das fast 190 Jahre offiziell verwendet wurde (vgl. oben), soll einen starken Einfluss auf das Weltbild der Finnen ausgeübt haben, da es neben den Liedern schließlich auch viel nützliches Wissen, wie z.B. Erzählungen aus den Evangelien und der Weltgeschichte enthielt. Später kamen auch ein Kalender (*Calendarium perpetuum*) und ein handbuchartiger Anhang mit Texten u.a. zur Liturgie und kirchlichen Amtshandlungen dazu (Vapaavuori 2008). Daher ist es kein Wunder, dass dieses Buch Mitte des 19. Jh. widersprüchliche Stellungnahmen in den Synoden weckte. Einige hielten es für altmodisch – sowohl inhaltlich als auch sprachlich –, einige wiederum für eine Grundlage echten Glaubens. Dies zieht sich wie ein roter Faden durch die Protokolle der Synoden von 1876 und 1886 (vgl. auch Vapaavuori 2008). Das nützliche Wissen in diesem Buch beruhte auf den Auffassungen der Aufklärung im 18. Jahrhundert, nach denen die alten religiösen Formulierungen durch vernünftige Anweisungen der natürlichen Moral hätten ersetzt werden müssen. Daher kamen auch menschliche Tugenden wie Hilfsbereitschaft und Sparsamkeit sowie nützliche Tätigkeiten wie Kindererziehung und Landwirtschaft als Themen in die Kirchenlieder. (Colliander nach Niemi 1954: 6.)

Im 19. Jahrhundert wurden wiederum die Gefühle innerhalb der großen religiösen Bewegungen in Europa und durch die Ära der Romantik betont, die den Rationalismus der Aufklärung gedämpft hatten. Dazu kamen noch das Erwachen des Nationalismus und die Anfänge der Industrialisierung, die damals für die neuen Strömungen innerhalb des geistlichen Lebens bahnbrechend aber zur Zeit der Reformation und der Veröffentlichung des Gesangbuches von Jacobus Finno noch entweder unbekannt waren oder außerhalb des Bereichs des religiösen Denkens lagen. (Niemi 1954: 27.) Dagegen wurde schon im 19. Jahrhundert die Rolle der Jugend (auf den ersten beiden Synoden 1876 und 1886) betont, aber auch die Wichtigkeit der Berücksichtigung neuer Berufe und neuer Menschengruppen, die in die Städte gezogen waren, sowie der neuen Rolle der Familie, der Kindererziehung und der Volksbildung, von der Mission ganz zu schweigen[12].

[12] vgl. *Meidän linnam' on Jumal' taivaast'* d.h. die damalige Version von *Ein feste Burg ist unser Gott*, womit die ersten finnischen Missionare 1868 auf den Weg gesandt wurden (Väinölä 2008: 182).

Der für die Erarbeitung des 1986 erschienenen Gesangbuchs eingesetzte Ausschuss der finnischen Kirche hob 1976 neben der wieder gestiegenen Bedeutung des Gesangs bei der Vermittlung von Ideologien – auch der christlichen Ideologie – die internationalen Bemühungen in den Nachkriegsjahren hervor, die Kirchenlieder zu erneuern, und zwar als eine der wichtigsten Bestrebungen im liturgischen Bereich.[13] Diese Entwicklung war kennzeichnend für den gesamten evangelischen Raum. Nach den Jahrhunderten der Zerstreuung wurden wieder Gemeinsamkeiten der protestantischen Richtungen und Bekenntnisse gesucht und gefunden, die nach der Reformation schon verloren gegangen waren. Es wurde nach Einheitlichkeit gestrebt. Diese Richtung der Erneuerungen wurde Restaurationsrichtung genannt, und sie wurde besonders in den 40er und 50er Jahren auch in Kirchenliedern berücksichtigt. Der deutsche Vorläufer und zugleich die deutlichste Auswirkung der Restaurationsgedanken wurde das gemeinsame Vorhaben der deutschen evangelischen Landeskirchen, die Herausgabe des *Evangelischen Kirchengesangbuches* (1950), „von dessen 394 Liedern nur dreizehn Texte und sieben Melodien aus dem 20. Jh. stammen." (ibid.; Helin 2010: 245.) Diese Richtung wurde überall in der protestantischen Welt verfolgt. Diese „Traditionsrichtung" wurde später in den 60er Jahren durch die „Begegnung mit der Welt" ersetzt, wobei die „alten und isolierten" Äußerungsformen durch andere ersetzt wurden, die die vom Glauben Entfremdeten erreichen und das Evangelium in einer frischen, verständlichen und säkularisierten Weise weitergeben sollten.

### 3.4 Schlusswort zum Kapitel 3

Wenn wir vor dem Reformationsjahr 2017 die historische und gesellschaftliche Entwicklungen und Ereignisse in Europa und in der Welt während der vergangenen 500 Jahre betrachten, kommen wir nicht umhin, uns zu wundern, dass die modernen Gesangbücher noch so viele Lieder aus der Zeit der Reformation enthalten, und dass sich sogar 27 deutsche Lieder seit dem ältesten finnischen Gesangbuch bis zum heutigen Tag in beiden Sprachen behauptet haben. Auch wenn sie modifiziert oder neu übersetzt wurden, haben sie sich sprachlich, inhaltlich und ideologisch zweifellos als beständig erwiesen.

[13] *Virsikirjauudistuksen periaatteet: osamietintö, 9.*

# 4
# Die Rolle des Menschen im Kirchenlied

## 4.1 Ichbezogenheit, Individualismus oder christliche Gemeinschaft – hat sich die menschliche Natur verändert?

Die menschliche Ichbezogenheit wird wohl jeweils als ein Phänomen der Gegenwart betrachtet. Jedes Zeitalter kennt „Rufer in der Wüste"[1], die die Massen beschuldigen, nicht mehr an ihre Mitmenschen zu denken, die kritische Lage und die Armut anderer Völker zu vergessen oder sich nicht genug um die ältere oder um die jüngere Generation zu kümmern. Diese Behauptungen sind auch heute in den Medien und in den öffentlichen Diskussionen keine Seltenheit. In dem vergangenen Jahr 2016 mussten besonders die Europäer sich mit der Tatsache abfinden, dass über die Grenzen der EU Hunderttausende von Flüchtlingen aus Kriegsgebieten kamen und vor Verfolgungen flohen und immer noch kommen und fliehen, um hier Schutz und Hoffnung auf eine Zukunft zu finden. Es ist offensichtlich, dass nicht alle von uns als einzelne oder als ganze Gesellschaften bzw. Nationen bereit sind, diese fremden Leute mit offenen Armen oder überhaupt zu empfangen.

Waren aber die früheren Generationen wirklich weniger selbstbezogen als wir, dachten sie freundlicher an die armen Mitmenschen fern und nah? Oder gehört die Behauptung der unvorhergesehenen Selbstzentriertheit zur selben Kategorie wie die bekannte Floskel über die Verdorbenheit der „heutigen" Jugend, die schon seit Jahrtausenden von jeder Generation wiederholt wird? Historiker oder Soziologen haben Werkzeuge und Methoden für die Ermittlung der Antwort auf diese Fragen. Als Übersetzungsforscherin und Linguistin wollte ich im Zusammenhang mit Kirchenliedern herausfinden, ob auch mit meinen Werkzeugen eine plausible Lösung vorzuweisen sei, d.h. ob rein linguistische und übersetzerische Vorgehensweisen bei der Untersuchung der Neuübersetzungen alter Kirchenlieder geeignet wären, die Entwicklung des menschlichen Wesens zur Selbstbezogenheit zu bestätigen oder zu widerlegen. Oder könnten wir diese Entwicklung nur individualistisch nennen?

[1] Vgl. Kapitel 8 (Neue Kirchenlieder).

## 4.2 Quantitativer Ausgangspunkt zum Thema

Die quantitative Analyse[2] ergab 152 Strophen und 1068 Verse in den alten ins Finnische übersetzten Texten und 162 Strophen und 1105 Verse in ihren alten deutschen Ausgangstexten. Ihre entsprechenden neuen Versionen dagegen enthalten 15 Strophen und 62 Verse weniger im finnischen, 19 Strophen und 97 Verse weniger im deutschen Gesangbuch (EKG 1981). Das Vergleichsmaterial besteht wiederum aus 34 Liedern in beiden Sprachen, genauer gesagt aus 150 Strophen und 826 Versen auf Finnisch, 161 Strophen und 868 Versen auf Deutsch. Wir sehen sofort, dass die Lieder mit der Zeit deutlich kürzer geworden sind. Wenn vor 400 Jahren ein deutsches Kirchenlied im Durchschnitt 41 Verse und ein finnisches 39,5 Verse enthielt, haben die modernen deutschen durchschnittlich nur knapp 26 und die finnischen 24 Verse. Ob dieser Vergleich im Hinblick auf das Thema dieses Kapitels etwas bedeutet, werden wir später sehen.

## 4.3 Qualitativer Ausgangspunkt

Die alten deutschen Lieder habe ich in mehreren Quellen gefunden,[3] und daher können die Hauptabschnitte des Gesangbuchs, denen die frühen Texte zugeordnet waren, nicht miteinander verglichen werden, obwohl die finnische Quelle, das Gesangbuch von Jacobus Finno, schon mit einer Einteilung[4] versehen war, die aber von der heutigen abweicht. Dagegen kann ich feststellen, dass die entsprechenden heutigen Versionen und Abschnitte sich situativ recht gut entsprechen. Das moderne finnische Kirchengesangbuch besteht aus fünf Abschnitten, die wiederum in 48 Subkategorien unterteilt worden sind. Diese Einteilung wurde also zum Ausgangspunkt genommen. In welchen Abschnitten die alten und neuen Lieder gefunden bzw. ausgewählt wurden, zeigt die Tabelle 4 im Kapitel 1.

---

[2] Vgl. Kapitel 1.

[3] Im Literaturverzeichnis unter 11.1.1 jeweils mit Kleinbuchstaben versehen.

[4] I – IIIv Muutamat Kijtoswirdhet wdhest Testamentist [‚Einige Danklieder über das Neue Testament'] V – XIX Muutamat Dauidin Psalmit wirsixi tedhyt [‚Einige Psalmen Davids zu Liedern gemacht'] XIX – XXV Muutamat Euangeliumit wirsixi tedhyt [‚Einige Evangelien zu Liedern gemacht'] XXVII – XXXVIv Cathecismus wirsixi techty [‚Katechismus zu Liedern gemacht'] XXXVIII – XLIv Messu virdhet [‚Lieder der Messe'] XLII – LXII Seurauat nyt muutamat wirdhet erinoimaist Juhla päiuist [‚Es folgen jetzt einige Lieder über extraordinäre Feiertage'] LXIII – LXXXIX Seurauat nyt wirdhet muutamist Christilisen opin Cappaleist [‚Es folgen Lieder über einige Kapitel der christlichen Lehre']

Um ein wissenschaftlich messbares Vergleichsmaterial zu bekommen, war mein Ziel, auch die modernen Kirchenlieder möglichst in denselben Abschnitten zu suchen, in denen das jahrhundertelang existierende Material sich heute befindet. Dies ist leider nicht völlig gelungen, denn der Hauptabschnitt III des EG (1990), *Biblische Gesänge,* war sehr knapp und enthielt kaum neue Texte. Deshalb war ich gezwungen, die gewählte Anzahl der neuen Lieder zu tauschen. Daher wurden nur vier im Abschnitt III und neun im Abschnitt IV, *Glaube, Liebe, Hoffnung,* gesucht und ausgewählt. Außerdem hat das neue finnische Gesangbuch auch einen Hauptabschnitt V, *Tod und Ewigkeit,* aber er enthält keine Lieder des ersten Gesangbuches. Deshalb wurden darin auch keine neuen Lieder gesucht und ausgewählt.

Schon im Kapitel 1 wurden die Tabellen über die lexikalischen Elemente gezeigt, die in den Liedern und ihren Strophen und Versen gesucht und gezählt wurden. Hier betrachten wir näher die Belege, die auf das Verhältnis der Texte zu den menschlichen Eigenschaften und Einstellungen zu Gott und den Mitmenschen hinweisen.

Tabelle 17. Themenbereiche der alten und neuen Lieder in den neuen Gesangbüchern

| **Alte dt. Lieder, finnisches Gesangbuch 1986** | | **Alte Lieder, EKG 1981** | | **Neue finnische Lieder 1986** | | **Neue deutsche Lieder, EG 1990** | |
|---|---|---|---|---|---|---|---|
| I Kirchenjahr | 10 | I Kirchenjahr | 11 | I Kirchenjahr | 13 | I Kirchenjahr | 13 |
| II Gottesdienst | 8 | II Gottesdienst | 7 | II Gottesdienst | 8 | II Gottesdienst | 8 |
| III Leben in Christus | 7 | III Psalmen/Bitt- und Lobgesänge für jede Zeit | 9 | III Leben in Christus | 9 | III Biblische Gesänge | 4 |
| IV Leben in Welt Gottes | 2 | IV Lieder für besondere Zeiten und Anlässe | 0 | IV Leben in Welt Gottes | 4 | IV Glaube, Liebe, Hoffnung | 9 |

## 4.4 Quantitative Analyse der Ausgangs- und Zieltexte sowie des Vergleichsmaterials in Hinsicht auf das Thema des Kapitels

Die Antwort auf die Frage „Ichbezogenheit oder eher nur Individualismus?" wurde anfangs in den alten Personenbezeichnungen und ihren neuen Modifikationen gesucht. Dabei wurde festgestellt, dass in den finnischen Texten die Belege für Sg1 (= 1. Person Singular) sich ein wenig vermehrt hatten, während sie für Sg1 im Deutschen und Pl1 (= 1. Person Plural) in allen Fällen zurückgegangen waren. Dieser Rückgang kann teilweise mit dem Ausfall von Strophen und Versen zu erklären sein, während die Zunahme der Sg1 im Finnischen einen anderen Grund haben muss, nach dem wir später vor dem historischen und gesellschaftlichen Hintergrund suchen werden. Das finnische Vergleichsmaterial bestätigt in dieser Hinsicht die Behauptung, dass die Menschen ichbezogener geworden sind, und zwar durch die in den Liedern festzustellende Entwicklung in Richtung der Zunahme von Sg1. In den neuen finnischen Liedern wurden 182 Belege für Sg1 gefunden, während im deutschen Material nur die Hälfte davon feststellbar war. Bei Pl1 dagegen hat das moderne deutsche Material fast dreifach so viele Belege wie das finnische. Wie kann dieser große Unterschied zwischen den 1. Personen Singular und Plural entstanden sein und welche Zustände konnten in beiden Sprachen in eine gegensätzliche Richtung geführt haben?

Tabelle 18. Entwicklung der Personalformen im Material

| Numerus | Finno 1583 | Alte dt. Lieder | Finno 1986 | dt. 1981 | Neue fi. 1986 | Neue dt. 1990 |
|---|---|---|---|---|---|---|
| Sg1 | 55 | 102 | 62 | 97 | 182 | 97 |
| Sg2 | 152 | 204 | 166 | 187 | 126 | 210 |
| Sg3 | 107 | 184 | 67 | 174 | 53 | 152 |
| Pl1 | 253 | 229 | 249 | 226 | 111 | 310 |
| IMPSg/Pl2 | 123 | 95 | 118 | 96 | 81 | 158 |
| IMP Sg3 | 24 | 30 | 24 | 21 | 2 | 9 |
| IMP Pl1 | 35 | 8 | 5 | 6 | 1 | 6 |

(IMP = Imperativ)

Wenn wir die obige Tabelle betrachten, liegt nahe, statistisch begründet zu behaupten, dass die finnischen Neuübersetzungen (Sg1 = 62, Pl1 = 249) und die deutschen Neubearbeitungen (Sg1 = 97, Pl1 = 226) bezüglich des Themas miteinander äquivalenter seien als die frühesten Versionen. Weiter können wir feststellen, dass die deutschen Bearbeitungen eher durch Weglassen der Strophen und Modernisierung der Orthographie als durch textuelle oder inhaltliche Änderungen geprägt sind. Übersetzungstheoretisch[5] liegt daher nahe, anzunehmen, dass der finnische Neuübersetzer dem Ausgangstext treuer war als der ursprüngliche Übersetzer. Als

[5] Neuübersetzungen sind nach Meinung der Übersetzungforscher und Translatologen immer dem ursprünglichen Text treuer als die ersten Übersetzungsversionen; vgl. Helin 2005b.

Beispiel bestätigt eine genauere Analyse der Übersetzungen des Luther-Liedes *Ein feste Burg ist unser Gott* diese Annahme. Das heißt trotzdem nicht, dass die Übersetzungen von Finno schlechter gewesen wären, sondern dass er andere Ziele bei seiner Arbeit gehabt hat, als wortgetreu zu übersetzen[6]. Er hatte auch fast keine sprachlichen Vorlagen oder Paralleltexte für seine Arbeit, um die richtigen Ausdrücke für die von ihm verwendete Terminologie aus der schriftlichen Tradition der Zielsprache zu schöpfen. Allerdings hatte er z.B. für das erwähnte Lied auch den Text[7], den Agricola (Häkkinen 2010: 101) in seinem *Psalter* übersetzt und 1551 herausgegeben hatte.

Weiter hat der finnische Neuübersetzer – anders als der Bearbeiter der alten deutschen Lieder – das Auftreten der Personenbezeichnung für Sg1 in die gegensätzliche, steigende Richtung geführt. Noch deutlicher kommen aber die Kulturunterschiede und die allgemeine Entwicklung der finnischen Kultur in den modernen Texten zum Vorschein. Darin steht die individualistische Auffassung der Finnen über die absolute Privatisierung der Religion im deutlichen Widerspruch zu der kollektiven Zusammengehörigkeit der Deutschen. Es gab aber im 19. Jahrhundert auch andere Stimmen unter den Mitgliedern des Ausschusses, der 1876 von der Synode der finnischen evangelisch-lutherischen Kirche gewählt worden war, um ein neues finnisches Kirchengesangbuch herauszugeben. Hier ein Beispiel aus den Diskussionen, in denen ein Mitglied sich beklagt, dass im Lied 20 statt Pl1 nun Sg1 verwendet wird, obwohl im 14. Kapitel des Kolosserbriefes vom *wir* und nicht vom *ich* die Rede ist:

> Virressä 20 on se yleinen puute, että muutetaan koko virren asema ja pannaan monikon ensimmäisen personan sijaan yksikön ensimmäinen persona, vaikka ehtoollinen on kommunioni ja siis tarkoittaa monta, ja paitsi sitä Colossilais-epistolan toisen luvun neljännessätoista värsyssä, johon virren toinen väsy perustaikse, puhutaan *meistä* eikä minusta. Minä sanoin toiseksi, että raamatun puheen-partten pitää tuleman virsikirjassa välttämättömästi ilmi. [‚Das Lied 20 leidet unter dem allgemeinen Mangel, dass die ganze Situation im Lied verändert wird, indem die erste Person Plural durch die erste Person Singular ersetzt wird, obwohl das Heilige Abendmahl eine Kommunion ist und so eine Gruppe bedeutet, und außerdem wird im vierzehnten Vers des zweiten Kapitels im Kolosserbrief, das der zweiten Strophe des Lieds zugrunde liegt, über *uns* und nicht über *mich* gesprochen. Weiter sage ich, dass die Redewendungen der Bibel im Kirchengesangbuch unbedingt zum Vorschein kommen müssen.' I.H.] (*Turussa istuneen Suomen*

[6] So auch die Skopos-Theorie der heutigen Translationswissenschaft, von Reiß / Vermeer 1984 formuliert, die davon ausgeht, dass der Skopos einer Übersetzung sich von dem des Ausgangstexts oft unterscheidet.
[7] Betr. Psalm 46.

*ensimmäisen seurakunta-kokouksen protokollat* [Protokolle der 1. Synode der Kirche Finnlands] 1876: 566)

Weiter behauptete der emeritierte finnische Erzbischof Jukka Paarma (Mainio 2005), dass die universale Selbstzentriertheit schuld daran sei, dass Mitglieder aus der evangelischen Kirche ausscheiden. Alles werde in Geld gemessen, und es werde gefragt, was die Mitglieder dafür bekommen, dass sie ihre Kirchensteuern zahlen. Dabei gehören in Finnland noch etwa 76 % der Bevölkerung zur evangelischen Kirche, obwohl die Anzahl jährlich eher schrumpft als wächst. Elf Jahre später stellt Salminen (2016) fest, dass der Neoliberalismus die Krankheit unseres Zeitalters ist, und zwar besonders seine äußerste Form, der Libertarismus (bzw. Libertarianismus), die Lehre des russisch-amerikanischen Denkers Aun Rand, die keine soziale Unterstützung akzeptiert, sondern verlangt, dass jeder allein und mit seinen eigenen Mitteln erfolgreich ist oder eben untergeht. Auch die marxistische Kritik des Kapitalismus der 1960er Jahre ist heute nur ein dröhnender Rausch für die individuellen Freiheiten geworden. Die Ideologie des Individualismus schreit gegen „meine" Überwachung im Verkehr, gegen Facebook, Twitter usw. wo „ich" ausspioniert werde, um Auskunft über „mich" für die Werbeagenturen zu sammeln. Auch von der Kirche wird verlangt, Mittel für die individuelle, geistliche Entwicklung jedes Einzelnen anzubieten, sonst werde sie erheblichen Schwierigkeiten ausgesetzt sein. Das Internet mit seiner virtuellen Interaktion macht den Gegensatz zwischen dem Einzelnen und der Welt um ihn herum noch schärfer. Salminen (ibid.) nimmt noch Klaus Ove Knausgård als Beispiel, einen Schriftsteller mit norwegischer Herkunft, der als einer der wichtigsten Autoren unserer Zeit gilt und dessen Roman *Min kamp (Mein Kampf)* von mehreren tausend Seiten ein kämpferisches Bekenntnisbuch voll von lauter Offenbarung der eigenen Person in Textform ist.[8]

Historisch gesehen war das Christentum in der Antike eine Stadtreligion und die Christen waren urbane Menschen, wogegen im Mittelalter, d.h. vor der Reformation, das katholische Christentum in Europa agrarisch geprägt und die Christen eher Objekte für seelsorgerliche Betreuung als glaubende Individuen waren (vgl. Ohlig 2001:21). Als Objekt ist man nicht sofort geneigt, das „Ich" hervorzuheben, sondern bleibt lieber in der Sicherheit seiner Gemeinschaft, seines Kollektivs.

[8] Dt. Übersetzung des sechsbändigen Romans unter den Einzeltiteln *Spielen, Träumen, Lieben, Leben, Kämpfen* und *Sterben* (München 2011-2017).

In dieser Hinsicht waren die Finnen seit eh und je ein widersprüchliches Volk. Die finnische Gesellschaft war bis Anfang des 20. Jahrhunderts nicht in einem souveränen Staat organisiert, da Finnland bis 1809 zu Schweden, danach bis 1917 zu Russland gehörte und erst 1917 ein selbständiger Staat wurde. Andererseits teilten alle Einwohner Finnlands die Freiheiten der Bürger des schwedischen Reichs, insbesondere die Bauern waren rechtlich frei und hatten politische Beteiligungsrechte. Auch konnte Finnland besonders während des 19. Jahrhunderts im Russischen Reich relativ autonom leben (es erlangte nach und nach eine eigene Währung, eine eigene, obwohl vom Zaren abhängige Volksvertretung und eine eigene Armee). Damit verbunden war ein allmählicher Zuwachs des Selbstbewusstseins und Selbstvertrauens, das durch das nationale Erwachen und den Nationalismus noch verstärkt wurde[9]. Wie früher schon erwähnt, waren und sind Finnen eher Einzelgänger als an das Gemeinwohl denkende Mitglieder der Gesellschaft, was auch dazu geführt haben kann, dass die 1. Person Singular die finnischen Kirchenlieder und ihre Übersetzungen beherrscht!

Dagegen übten in Deutschland die Städte schon im Mittelalter (Hanse, Innungen usw.) einen stärkeren Einfluss auf die Gesellschaft, Kultur und Religion aus. Luther hat seinerzeit gegen die dunkleren Seiten des städtischen Geschäftslebens gekämpft. Er zeigte eine kompromisslose Haltung gegenüber der Kapitalakkumulation, die sich auf „eigennützige Käufe" gründete, wodurch die Betreiber dieser Akkumulation die Ökonomie der Fernhandelsgesellschaften diskreditierten. Dies stärkte das Selbstbewusstsein der städtischen Gewerbe durch die Unterscheidung von Eigennutz und Gemeinnutz. (Vollhardt 2001: 225) Andererseits konnte Luther an der Schwelle zum neuzeitlichen Erwerbsdenken später nicht umhin, zu erklären, dass der Eigennutz der Kaufleute durchaus auch dem Gemeinwohl dienen könne – wie ja z.B. in Augsburg die Fugger eine Wohnsiedlung für mittellose Bürger der Stadt gründeten (ibid., 227).[10] Dies war aber kein Grund für ihn, das „Ich" in seinen Liedern einzubauen, sondern eher das Gemeinschaftsgefühl durch das „Wir" zu verstärken.[11]

[9] Dies gilt z.B. für den zivilen Widerstand gegen Versuche Russlands, die Autonomie einzuschränken, in den sog. Jahren der Unterdrückung in Finnland um die vorige Jahrhundertwende, die Erlangung der staatlichen Unabhängigkeit 1917 (trotz des Rückschlags durch die Spaltung der Gesellschaft im von vielen als Freiheitskampf verstandenen Bürgerkrieg 1918) und den Abwehrerfolg im Winterkrieg 1939-1940 gegen die Sowjetunion; weitere Beispiele s. unten Kap.7.3.10.

[10] Ausführlicher hierzu unten Kap. 7.1.2.

[11] Ohne tiefer in die Diskussion einzusteigen seien hier zwei wichtige Gründe genannt, derentwegen Luther auch aus theologischen Gründen das „Wir" wichtig war: der Tod Christi zur Erlösung von „unseren" Sünden (nicht nur von denen der Würdigen) und seine Präsenz in der Gemeinde, die durch die Versammlung mehrerer in seinem Namen konstituiert wurde. (Vgl. Daniel 2004, insbes. 27f.)

Besonders die ländlichen finnischen Erweckungsbewegungen im 19. Jahrhundert sind von der Schwermut der Finnen geprägt. Auf dem Lande wurde getrunken, geprügelt und in der Wut leicht getötet, so dass das Bekenntnis der *Sünden* wichtig war, zur Bekehrung führte, aber auch täglich wiederholt werden musste. Und aus diesem Grund war es für jeden notwendig, sein Herz zu prüfen und seine eigene Nichtigkeit einzusehen. Dadurch sind aber auch die Lieder dieser Bewegungen durch das „Ich" geprägt:

> *Minä vaivainen vain* (S1), *mato matkamies vaan, kun kuljen mä* (S1) *maisilla teillä...*
> [‚Ich bin nur ein elender, armer Wurm von Wandersmann, der auf den irdischen Wegen wandert...'] (Vk 622, 1.)

Väinölä (2008: 639) schreibt, dass dieses Lied auch *das Kampflied von Lapua* genannt wird, womit man den siegreichen Kampf der finnischen Truppenkontingente des schwedischen Heeres gegen die Russen im schwedisch-russischen Krieg 1808 bei Lapua meint. Doch es handelt darin nicht um *Kampf* oder gar *Sieg*, sondern um die Nichtigkeit des Lebens und die Hoffnung auf das ewige Leben. Daher gehört das Lied heute zum Abschnitt *Tod und ewiges Leben* im neuen finnischen Gesangbuch. Mit dem *Wurm* wird auf Psalm 22, 7 hingewiesen, aber schließlich ist der Mensch, das „Ich", nicht ganz hoffnungslos, sondern „sinne kiirehdin (Sg1), missä on toivoni (Sg1) maa" [‚ich eile dorthin, wo sich das Land meiner Hoffnung befindet'].

Bei der Bearbeitung des neuesten finnischen Gesangbuches 1986 hat der dafür gewählte Ausschuss zielbewusst versucht, die Melancholie der Lieder zu vermindern. Doch als von den Ausschussmitgliedern vorgeschlagen wurde, dass die große Zahl von 200 der alten Lieder ausgeschieden werden sollte, reagierten die Menschen so heftig, dass diese Menge stark reduziert werden musste (Teinilä 2001). Immerhin ist bei der Bearbeitung des neuen Buches die Anzahl von der 1. Person Singular bei den völlig neuen Liedern viel höher als bei den ältesten weiter beibehaltenen, obwohl auch bei ihren Modifikationen bzw. Neuübersetzungen das „Ich" eher verstärkt als geschwächt wurde.

### 4.5 Lexikalische Analyse – zentrale Begriffe und Benennungen in Ausgangs- und Zieltexten sowie im modernen, kontrastiven Vergleichsmaterial

Die folgenden aus den Tabellen des 1. Kapitels ausgewählten Begriffe und Benennungen beziehen sich im christlichen Glauben auf das Individuum und sein persönliches Verhältnis zu Gott und zu den christlichen Grundsätzen. Es ist für die Gemeinschaft wichtig zu wissen, ob Gott „mein" oder „unser" ist, oder ob Christus für „meine" oder „unsere" Sünden am Kreuz gestorben ist. Hierzu gehören auch weitere christliche Grundauffassungen über Erbsünde, kollektive Schuld im allgemeinen, kollektive Versöhnung oder z.B. die Taufe der Neugeborenen[12].

Der Bischof und Theologe Augustinus (354-430) versucht, den Unterschied zwischen Individualismus und Kollektivismus zu erklären, indem er darüber schreibt (Augustinus 2004: 123): Obwohl Gott will, dass *jeder Mensch* gerettet wird, meint er nicht mit diesem Begriff, dass wirklich *jedes Individuum* gerettet werden kann, sondern der Begriff *jeder Mensch* steht für alle Menschentypen, die dann in viele Gruppen[13] geteilt werden können. Aus jeder *dieser Gruppen* möchte Gott einige Menschen seinem eigenen Willen nach durch seinen Sohn retten. Sprachlich und linguistisch gesehen wird auch hier nicht klar, ob dabei das Individuum wichtiger ist als die Gruppe. Die theologischen Fundierungen überlasse ich lieber denen, die dafür Experten sind.

Tabelle 19. Einige zentrale und individualismusbezogene christliche Begriffe und ihre Benennungen im untersuchten Material

| **Begriff/Benennung** | **Finno 1583** | **Alte dt. Lieder** | **Finno-Lieder im finn, Gesangbuch 1986** | **Alte dt. Lieder EKG 1981** | **Neue fi. Lieder 1986** | **Neue dt. Lieder EG 1990** |
|---|---|---|---|---|---|---|
| Gott/Vater/Herr/Schöpfer | 126 | 143 | 138 | 145 | 108 | 150 |
| Christus/Jesus/Gottes Sohn/Vaters Sohn | 78 | 72 | 75 | 69 | 80 | 78 |
| Jungfrau | 5 | 9 | 5 | 7 | - | - |
| Sünde/sündig/sündigen | 41 | 29 | 30 | 24 | 24 | 14 |
| Gnade/gnädig/erbarmen/ Barmherzigkeit | 32 | 30 | 56 | 28 | 29 | 4 |
| Dank/danken/dankbar | 17 | 11 | 24 | 6 | 33 | 11 |
| Teufel/Satan/Feind | 18 | 11 | 2 | 10 | - | 3 |

[12] Vgl. Helin 2005a.

[13] "Es gibt Herrscher und Untertanen, Adel und Pöbel, Berühmte und Gewöhnliche, Gelehrte und Ungelehrte, Gesunde und Kranke, Begabte und Dumme, Reiche, Arme und Mittelständige, Männer und Frauen, Kleinkinder, Kinder, Jugendliche, junge Erwachsene, Erwachsene, Alte. Es gibt alle Sprachen, alle Kulturen, alle Künste, alle Berufe, endlose Mengen von unterschiedlichen Willen und Gewissen und allen anderen menschlichen Unterschieden..." (Augustinus 2004: 123, Übers. I.H.)

Die Kulturunterschiede werden durch den Wortschatz in den alten und neuen Liedern weiter betont. Einerseits haben der gesellschaftliche Kontext und das Menschenbild im Allgemeinen darauf Einfluss ausgeübt, dass die alten Texte nochmals übersetzt bzw. umgearbeitet wurden. Andererseits steht aber auch fest, dass alle analysierten 27 alten Lieder noch einen Platz sowohl im deutschen als auch im finnischen Gesangbuch haben, und das bildet eigentlich den Hintergrund zu dieser Arbeit. Die Beständigkeit dieser Texte in beiden Sprachen und beiden Kulturen muss im Inhalt und natürlich auch in seinem Wechselspiel mit der Melodie liegen, obwohl die erfolgten Änderungen eher den Text als die Musik betreffen. Dass die Musik und die alten finnischen Übersetzungen genauso gut im Einklang standen wie die Musik und der heutige, moderne Text, werden wir noch im Kapitel 6 genauer sehen.

Viele später geschaffene und übersetzte Texte sind dagegen inzwischen schon (wieder) aus den Liederbüchern beider Sprachen verschwunden.

### 4.5.1 Gott, Vater und Sohn

*Gott* als Begriff ist in den alten und neuen Liedern relativ einheitlich repräsentiert. Nur bei den neuen Liedern zeigt das finnische Korpus einen Rückgang in diesem Begriffsfeld. Der Vergleich der Kohyponyme *Gott, Herr, Vater* und *Schöpfer* dagegen bestätigt die Tatsache, die die Analyse der Bibelübersetzungen von Kela (1996) schon festgestellt hat, nämlich, dass Finnen geneigt sind, die zentralste Benennung *Gott* zu vermeiden und zu umschreiben[14]. Für Liedermacher ist natürlich *armo* [‚Gnade'] mit zwei Silben leichter und praktischer dem Reim und dem Rhythmus anzupassen als *Jumala* [‚Gott'] mit drei Silben. Für die eigentliche Benennung *Gott* bzw. *Jumala* haben die deutschen Texte jeweils mehr Belege (64, 77 und 91) als die finnischen (47, 32 und 24). Abgesehen von den ältesten Liedern haben die finnischen dagegen jeweils mehr Belege für *Herr* (78 und 67) und *Vater* (25 und 11) als die deutschen (41 und 49 bzw. 25 und 9). In seinem Alltag fühlt der Finne sich scheu, das feierliche Wort *Jumala* auszusprechen, während *Herra* und *Isä* [Herr; Vater] und besonders *Luoja* [Schöpfer] dem Individuum näher zu kommen scheinen. *Luoja* bzw. *Schöpfer* sowie *taivaan*

[14] Oft wird *Gott* mit *Gnade* umschrieben; vgl. Kela 2005 und Helin 2005.

*Isä, Vater im Himmel, Korkein, der Allerhöchste* können (dagegen) (schon) zu den Umschreibungen oder sogar Euphemismen kategorisiert werden. Dem Individuum kommen sie auf jeden Fall leichter über die Lippen.

Die Benennung *Gott* ist jedoch im Deutschen stilistisch bzw. im normalen Sprachgebrauch nicht so gehoben wie im Finnischen. Die deutsche Sprache kennt immer noch mehrere alltägliche Ausdrücke, in denen *Gott* einen Teil bildet, wie z.B. „Grüß Gott", „Gott sei Dank"[15], „Ach du lieber Gott", „oh Gott, oh Gott, oh Gott". Betrachtet man aber gereimte und komponierte Liedertexte, darf nicht, wie oben schon erwähnt, übersehen werden, dass *Gott* im Deutschen nur eine, *Jumala* im Finnischen immerhin drei Silben hat, was das Einbauen des Wortes in ein Lied mit begrenzten Reim- und Rhythmusmöglichkeiten schwieriger macht. Wiederum ist der Unterschied zwischen *Herr* und *Herra* (d.h. von einer Silbe auf zwei) bzw. *Vater* und *Isä*, (dieselbe Silbenzahl) nicht so groß. Trotzdem können wir aus der Tabelle ersehen, dass die entsprechende Anzahl der Benennungen des Begriffsfeldes *Gott* in den deutschen Liedern durch die Erneuerungen gestiegen ist, während die finnischen Äquivalente schon im 16. Jahrhundert im Rückstand waren, und der Unterschied bei den neuesten Liedern noch stärker zum Vorschein kommt. Rein linguistisch gesehen ist es eigentlich systemwidrig, dass im Finnischen die Benennung *Kristus* von finnischen Liedermachern nach wie vor häufiger innerhalb des Begriffsfeldes *Christus/Jesus/Gottes Sohn/Vaters Sohn* verwendet wird als *Christus* von den Deutschen, obwohl die finnische Phonotaxe normgemäß keine doppelten Anfangskonsonanten akzeptiert.[16] Dafür wäre ja *Jeesus* eine systemgemäßere Variante.

Was die Ichbezogenheit des heutigen Menschen betrifft, gibt es auch in der Lexik bestätigendes Material sowohl dafür als auch dagegen. Hierbei geht es um Wörter, die die Beziehung des Menschen zu *Gott* beschreiben und betonen. Einige sind in der Tabelle aufgelistet, nämlich die Wortfelder *Sünde, Gnade* und *Dank*. Hierzu gehört noch die Beziehung des Menschen zum *Bösen*, dem *Teufel*, und zu den Begriffen des Glaubensbekenntnisses, in der Tabelle also zur *Jungfrau*.

---

[15] Dieser Ausdruck wird täglich in Medien und von z.B. Politikern in der Öffentlichkeit verwendet, ohne dass sie den Inhalt näher verinnerlicht haben. Er ist eigentlich nur eine Paraphrase für *zum Glück*.

[16] So wurde z.B. das Wort „Propst" als „rovasti" ins Finnische übernommen; erst in neuerer Zeit erfolgten Übernahmen mit Doppelkonsonanz, z.B. „professori".

### 4.5.2 Sünde und Gnade

In diesem Abschnitt werfen wir noch einen Blick auf die Begriffe *Sünde* und *Gnade* in den alten und neuen Kirchenliedern. In der Tabelle 20 sehen wir die jeweilige Anzahl, die in den Texten gefunden wurde. Vom Korpus wurden jeweils drei Beispiele der Übersetzungen alter Lieder ausgesucht, wo Dichter und Übersetzer diese Themen behandelt haben. Bei den alten Liedern (Tabellen 20 und 21) handelt es sich um Übersetzungen Finnos aus dem Deutschen, aber bei den neuen Versionen (Tabellen 22 und 23) sind es keine finnischen Übersetzungen desselben deutschen Ausgangstextes, sondern die Beispiele wurden nur im selben Themenbereich gesucht. Die Tabelle 20 zeigt zuerst die alten deutschen Versionen mit dem Beleg *Sünde* [‚synti'], ihre neuen Modifikationen und den alten und neuen finnischen Zieltext.

Tabelle 20. Sünde (alt)

| Deutsch, alt | EKG 1980 | Finno 1583 | Finno 1986 |
|---|---|---|---|
| (n) Hat dir dein **Sünd** vergeben<br>und heilt dein Schwachheit groß | Hat dir dein **Sünd** vergeben<br>und heilt dein Schwachheit groß<br>EKG 188 | **Synnit** andex anda aina<br>Heikot hän tekepi wahuax F15 | Anteeksi kaikki **synnit**<br>hän antaa armossaan<br>Vk 323 |
| (n) und hilf ihm aus der **Sünden** Not,<br>erwürg für ihn den bittern Tod<br>und laß ihn mit dir leben. | und hilf ihm aus der **Sünden** Not,<br>erwürg für ihn den bittern Tod<br>und laß ihn mit dir leben.<br>EKG 239 | Pääst heitä **synnist** ia hädhäst<br>Nijn mös sen ruman pirun kädhest<br>Ja anna sun cansas elä.<br>F77 | Hän kuolee, hukkuu **synneissään**,<br>vaan lähde sinä kärsimään<br>nyt hänen kuolemansa<br>Vk 261 |
| (a) Da wolt er stifften uns ein Bad,<br>Zu waschen uns von **sünden**, | Da wollt er stiften uns ein Bad, zu waschen uns von **Sünden**, EKG 146 | Silloin Caste ia pudhistos Säättin ia wahuistettin<br>F33 | Hän meille kasteen asetti puhtaiksi tullaksemme<br>Vk 214 |

Bei den ersten zwei Beispielen hat sowohl Finno als auch der moderne finnische Übersetzer Wort und Begriff *Sünde* beibehalten, während sie sich im Tauflied (EKG 146, F33 und Vk 214) nur in der modernen deutschen Version befindet, aber in beiden finnischen Übersetzungen weggelassen worden ist. Die Bedeutung der Taufe, die im deutschen Text durch ‚waschen von Sünden' ausgedrückt wurde, hat in den finnischen Modifikationen ihren Ausdruck durch das Resultat vom Waschen, das Gereinigtwerden erhalten: *pudhistos* bzw. *puhtaiksi tullaksemme* [‚Reinigung' bzw. ‚damit wir rein werden']. An und für sich ist die Übersetzung dem Ausgangstext relativ treu, denn auch in beiden deutschen Strophen wird die Taufe mit einem Bad verglichen, wo der Mensch („wir") von Sünden gewaschen wird. Durch Waschen wird der Schmutz, hier also die Sünde weggespült, obwohl sie im finnischen Text nicht explizit genannt wird, wogegen aber die *Taufe* [‚kaste'] mit dem Gereinigtwerden paraphrasiert wird.

Tabelle 21. Gnade (alt)

| Deutsch, alt | EKG 1980 | Finno 1583 | Finno 1986 |
|---|---|---|---|
| (a) Der durch seyner **gnaden** glantz erleucht unser hertzen gantz; der sünden nacht ist vergangen. | Der durch seiner **Gnaden** Glanz erleucht' unsre Herzen ganz; EKG 76 | Hän Auringo kirkas on Quin synnin ia mös salan työn Ilmei saatta caicki tyni F60 | Aina keskellämme on valo **armon** auringon. Pois väistyi yö. Halleluja, halleluja! Vk 96 |
| (a) Der alte saurteig nicht sol seyn bey dem wort der **gnaden**. | Der alte Saurteig nicht soll sein bei dem Wort der **Gnaden**. EKG 76 | Hapoin taikin pois heittäkäm Quin meis temma pahal taual F60 | Pois perkaa hapantaikina, pois saasta sydäntemme. Vk 96 |
| (n) Es ist das Heil uns kommen her von güt' und lauter **gnaden** | Es ist das Heil uns kommen her von **Gnad** und lauter Güte; EKG 242 | Jumala suurest hyuydhest **Armons** cans meitä edzi F76 | On hyvyydessään Jumala jo meitä **armahtanut** Vk 262 |

Im ersten Beispiel hat Finno statt über *Gnade* [armo] über *Sünde* [‚synnin' GEN.] singen lassen, während der moderne Übersetzer dem originalen Text entsprochen hat und dabei trotzdem auch *Gnade* benutzt. Finno hat die originale *sünden nacht* als Material für seine Lösung genommen [‚Er ist die helle Sonne, die die Sünde und heimliche Taten ins Tageslicht bringt'], während die heutige Version nur über das Vergehen der Nacht [*pois väistyi yö.*] spricht. Im zweiten Beispiel enthält keine der finnischen Versionen die *Gnade*, sondern betont das Böse (alt) bzw. das Faule (neu) im Herzen des Menschen (hier jedoch *meitä* [‚uns'], d.h. 1. Person Plural). Im dritten Beispiel sind in allen vier Versionen sowohl die *Gnade* als auch die *Güte Gottes* vorhanden. Dabei verwendet die alte deutsche Version die Wortfolge „von Güte und lauter Gnaden" und die neue wiederum „von Gnad und lauter Güte", die letztere scheint rhythmisch geeigneter zu sein.

Nach der Tabelle 20 wurden also bei den alten Liedern 29 bzw. 24 deutsche und 41 bzw. 30 finnische Belege für *Sünde / synti* und 30 bzw. 28 deutsche und 32 bzw. 56 finnische Belege für *Gnade / armo* gefunden. Wie diese Tabelle weiter zeigt, war die *Gnade* (4 Belege) im Korpus der neuen deutschen Lieder nicht mehr so oft zu finden, während Belege für die *Sünde* (14 Belege) noch häufiger waren. Die finnischen Zahlen zeigen jedoch 24 Belege für *synti* und sogar 29 für *armo.* Die Befunde müssen nicht zwangsläufig bedeuten, dass die neuen deutschen Kirchenlieder im allgemeinen weniger Belege für diese zwei Begriffe hätten als die finnischen, sondern nur dass sie in meinem Material knapp sind. Später unten werden noch vergleichshalber die Resultate einer Computersuche in den Texten der heutigen finnischen Kirchenlieder vorgelegt, um ein realistisches Bild über den Wortschatz in dieser Hinsicht zu erhalten.

Vorher nehmen wir uns von den neuen Belegen in der Tabelle 20 wieder jeweils drei Beispiele vor. Im Gegenteil zu den alten Belegen handelt es sich hier nicht um Lieder und ihre entsprechenden Übersetzungen, sondern nur um Korpusbeispiele in zwei Sprachen. Hier wieder zuerst die *Sünde*:

Tabelle 22. Sünde / synti (modern)

| **Quelle** | **finnisch 1986** | **deutsch 1990** |
|---|---|---|
| Vk 104<br>EG 104 | Alas **syntiimme** armo kumartuu.<br>Läpi lukkojenkin<br>Herra Jeesus tulla voi.<br>Kuolleista hän noussut on. | **Sünd** und **Schuld** bleiben ohne Kraft<br>wenn die Seel am Wort Gottes haft', |
| Vk 288<br>EG116 | Silmäisi eteen, Jeesus,<br>nyt **syntieni** taakan tuon<br>ja ikävöivän katseen luon<br>silmiisi helliin, Jeesus. | **Sünd** ist vergeben, Halleluja!<br>Jesus bringt Leben, Halleluja! |
| Vk 276<br>EG 96 | Hän mun **syyni** suuret<br>poisti verellään,<br>otti **synnin** orjan<br>armoon, elämään, | Für unsre **Sünden** musstest du bezahlen<br>mit deinem Leben. |

In den finnischen Beispielen sind beim ersten und beim dritten Beispiel Sünde und Gnade parallel erwähnt. Dem sündigen Menschen, dem Sklaven der Sünde wird die Gnade zukommen. Im zweiten Lied bringt der Mensch die Last seiner Sünden vor die Augen Jesu. Die Musik des zweiten und des dritten Liedes steht in Moll, um die Bedrücktheit zu betonen. Dagegen stehen die deutschen Lieder in Dur, zuversichtlicher trotz der Bekennung der Sünden.

Tabelle 23. Gnade / armo (modern)

| **Quelle** | **finnisch 1986** | **deutsch 1990** |
|---|---|---|
| Vk 125<br>EG 292 | Kosketa minua, Henki!<br>Herätä kiittämään,<br>sinun lähelläsi<br>**armosta** elämään. | Das ist mir lieb,<br>dass du mich hörst<br>und dich in **Gnaden** zu mir kehrst, |
| Vk 191<br>EG 292 | Vaan laupias on Jumala<br>**armoa** etsiville,<br>suo pelkäävilleen lahjansa,<br>**armonsa** tuhansille. | Mich banden Höllenangst und Tod, ich kam im Jammer und in Not, da rief ich deinen Namen, Herr, errette mich **Barmherziger**. |
| Vk 219<br>EG 360 | Kasteen kirkas vesi on<br>niin kuin lähde pohjaton,<br>siinä virtaa siunaten<br>**armo** Herran Jeesuksen. | Lass deine **Gnade**, Herr, vor Recht ergehen;<br>von gestern und von morgen sprich uns los. |

Im Gegensatz zur Einstellung der *Sünde* gegenüber scheinen für die *Gnade* im finnischen Kulturbereich die Freude und die Demut andere Gefühle zu erwecken als bei der Anwendung des Begriffs *Sünde*, denn die finnischen Lieder stehen hier in Dur. Dagegen stehen die seltenen Belege für Gnade bzw. Barmherzigkeit in den modernen deutschen Liedern sprachlich und musikalisch eher in einem melancholischen Kontext. Bei der *Sünde* hatten wir vorher Belege für deutsche Dur-Melodien gesehen.

### 4.5.3 Sünde statt Gnade in alten finnischen Übersetzungen

Tabelle 24. Sünde vs. Gnade

| **Finno 1583** | **Finno 1986** | **Deutsch 1981** |
|---|---|---|
| 1) Hän Auringo kirkas on<br>Quin **synnin** ia mös salan työn<br>Ilmei saatta caicki tyni F60<br><br>2) Quin itä on lännest eritet<br>Nijn hän meist **synnit** pois<br>heittä. F15 | Aina keskellämme on valo<br>**armon** auringon.<br>Pois väistyi yö. Halleluja! Vk 96<br><br>Niin kaukana kuin länsi<br>on aina idästä,<br>niin äärtä vailla kantaa<br>myös Herran **armo** ihmistä.<br>Vk 323 | 1) Er ist selber die sonne,<br>der durch seyner **gnaden**<br>glantz (a); heute: EKG 76)<br><br>2) So fern der Ost vom Abend<br>ist unsre **Sünd** dahin (n); heute:<br>EKG 188) |

Hier sind zwei Textbeispiele für die Modifikation zwischen *Sünde* und *Gnade* in den finnischen Übersetzungen. Im Beispiel 1) hat Finno die Gnade im deutschen Text mit der Sünde im finnischen kompensiert, während die Neuübersetzung wieder das Äquivalent des originalen Begriffs aufgenommen hat. Im Beispiel 2) wiederum hat Finno treu *Sünd* mit *synnit* übersetzt und nur den deutschen Singular mit der Pluralform des Finnischen kompensiert. Dafür hat der finnische Neuübersetzer statt des Wegwerfens der Sünde durch Gott „so fern der Ost vom Abend" bzw. „niin kaukana kuin länsi on aina idästä" (*ist unsre Sünd dahin*) eine Modifikation gewählt und statt über die Sünde über die Gnade des Herrn gesprochen, die den Menschen unermüdlich trägt[17].

### 4.5.4 Erweitertes Korpus

Nach den Resultaten der Analyse unserer begrenzten Menge von Kirchenliedern verglich ich sie noch mit den Gesamtzahlen, die eine Computeranalyse der gesamten Textmenge des neuen finnischen Gesangbuchs bezüglich dieser zwei Begriffe ergeben hat. Dabei wurde nach Belegen in allen finnischen Flexionsformen gesucht[18]. Der Umfang der neuesten Version des Kirchengesangbuchs (evl.fi/Virsikirja.nsf/virret) beträgt 856 (davon sind 632 eigentliche Kirchenlieder und 224 kurze Lieder der Gemeinde, die während der Liturgie verwendet werden):

Tabelle 25. Zusammenfassung der elektronisch gesuchten finnischen Belege für Sünde und Gnade

| | | | |
|---|---|---|---|
| synti/syntinen/tehdä syntiä<br>[Sünde/sündig/sündigen] | 432 Belege | armo/armollinen/armahtaa<br>[Gnade/gnädig/erbarmen] | 416 Belege |

Im Gegenteil zur obigen Tabelle 19, die uns zeigte, dass das Wortfeld für *Sünde* in den finnischen Liedern geschrumpft (41-30-24) und das für *Gnade* nach der anfänglichen Situation im Vergleich damit gewachsen (32-56-29) ist, müssen wir nun feststellen, dass die *Sünde* doch letztendlich die *Gnade* im Leben des modernen finnischen Menschen nach Häufigkeit des Wortes besiegt, wenn man die Kirchenlieder als maßgebend betrachtet. Für die Deutschen ist die Richtung schon aus der Tabelle zu ersehen (29-24-14 bzw. 30-28-4; s. unten den Ausschnitt aus der Tabelle 19), obwohl es für beide Begriffe in den heutigen Versionen weniger Belege gibt als früher. Die deutschen Gesangbücher waren nicht als maschinenlesbares Korpus zugänglich, so dass ich den Vergleich mit allen Liedern der neuesten Schicht nicht durchführen konnte.

[17] [...] so unendlich weit trägt die Gnade des Herrn den Menschen.
[18] Der Wortstamm von armo bleibt in allen Formen unverändert, während derjenige von synti in den Formen synt- oder synn- erscheinen kann, z.B. syntinen [‚sündig'] und synnissä [‚unter der Sünde'].

| Sünde/sündig/sündigen | FI 41 | DE 29 | FI 30 | DE 24 | FI 24 | DE 14 |
|---|---|---|---|---|---|---|
| Gnade/gnädig/erbarmen/ Barmherzigkeit | 32 | 30 | 56 | 28 | 29 | 4 |

Typisch für die finnische Art des Christseins ist die Schwermut, eine bestimmte Melancholie, die den Finnen auch allgemein vorgehalten wird (Howard 2004:149). Es ist aber auch eine Art Ichbezogenheit, ein mehr oder weniger individualistisches Insichwenden, das schon in den alten Übersetzungen bekräftigt wurde. *Sünde* (Subst.) und *sündig* (Adj. sind Begriffe desselben Wortfeldes, und wie wir schon sahen, wurden im gesamten finnischen Material, sowohl bei den Übersetzungen (41 und 30) als auch bei den neuen Liedern (24) mehr Belege dafür gefunden als in den deutschen Originalliedern (29 und 24) oder den modernen deutschen Liedern (14). Demgemäß war, wie schon tabelliert und erwähnt, auch das Wortfeld der *Gnade* in den modernen finnischen Versionen der Übersetzungen doppelt (56) so oft vertreten wie in den deutschen Bearbeitungen (28). Ein noch auffälligerer Unterschied ist beim Vergleich der modernen 34 Lieder zu finden: 29 Belege in den finnischen, nur 4 Belege in den deutschen Texten. Die Benennung *Gnade* (29) wird in den neuen finnischen Texten sogar mehr verwendet als die Benennung *Gott* (24). Dies lässt sich dadurch erklären[19], dass sowohl in den finnischen Kirchenliedern als auch in den finnischen Bibelübersetzungen die *Gnade* als Umschreibung für *Gott* verwendet wird (vgl. Kela 2005). Auch das Wortfeld des *Dankens* wird in den finnischen Übersetzungen (17 und 12) mehr verwendet als in den deutschen Ausgangstexten (11 und 6).

Interessant ist auch die Verwendung vom Begriffsfeld des *Teufels*, das das Böse und eigentlich die extremste Form des Egoismus repräsentiert. In den deutschen Versionen hat sich nichts zwischen dem alten (11) und dem neuen Text (11) verändert. In den finnischen dagegen wurde das finnischsprachige Äquivalent im älteren Text fast doppelt (18) so oft verwendet wie im deutschen Korpus, davon waren 14 Belege für *piru* [‚Teufel'] und 4 Belege für die universale Benennung *Satan* vorhanden. Doch im neuen Gesangbuch ist dieses Wesen mit dem volkstümlichen Namen *piru* gar nicht mehr zu finden. Alle 14 Belege sind umformuliert oder gelöscht worden. Die Benennung hat während der Jahrhunderte ihre Ausdruckskraft verloren und auch die Stilebene ist gesunken. Statt ein böses, gefürchtetes Wesen zu repräsentieren

[19] Vgl. z.B. Kela 2005.

wird die Benennung eher zur Karikatur, sogar zum Humoristischen bagatellisiert. Es wird aber auch vermieden, das Böse im Herzen der Menschen oder die begangenen Sünden zu erwähnen, in der Angst davor, dass die Menschen der Religion den Rücken zuwenden, wenn ihr böser Wille, ihre bösen Taten oder ihr Selbstzentriertheit beim richtigen Namen genannt werden.

Für *Satan* sind in beiden Sprachen noch jeweils 2 Belege zu sehen. In Luthers *Ein feste Burg ist unser Gott,* worauf wir noch zurückkommen, wird im 16. Jahrhundert der *Teufel* bzw. *piru* in beiden Sprachen erwähnt. Der deutsche Text hat sich nicht verändert, doch im finnischen Text steht heute dafür ein Euphemismus, „der Engel der Lüge".

### 4.6 Themenbereiche für Individualismus bzw. Ichbezogenheit

In den heutigen Gesangbüchern gibt es Themenbereiche, die in den alten fehlen, so dass sie zu ihnen auch keine alten Lieder enthalten. Solche sind vor allem *Mission, Kinder, Jugend, Konfirmation, Nächstenliebe, Natur* und *Heimat.* Auch diese Themen hatten ihren Keim im Mittelalter und in den Anfängen der Neuzeit. Dieser Keim wurde durch die Renaissance der aristotelischen Erkenntnistheorie ins Leben gerufen, die Thomas von Aquin energisch vertrat, obwohl die Theologie damals noch die platonisch-augustinische Deduktion vorzog. Die erkenntnistheoretische Wende führte aber zur Entstehung der Naturwissenschaften[20] und dadurch zum Zuwachs einer neuen Autonomie der menschlichen *subjektiven* Erkenntnistätigkeit. Das Interesse für die Weltwirklichkeit richtete sich dann auf Gesellschaft und Staat (Ohlig 2001: 31) als neue Objekte von Betrachtungsweisen und Forschungen. Wenn wir z.B. daran denken, welche Bedeutung die Jugend heute hat und welche Ausmaße ihre Kultur in den letzten Jahrzehnten angenommen hat, ist es wohl kein Wunder, dass auch kirchliche Gesangbücher Lieder für die Jugend enthalten müssen. Doch schon im 19. Jahrhundert haben sich die Mitglieder der Synode in Finnland darüber Gedanken gemacht, wie sie das neue Gesangbuch für die Jugend attraktiver machen könnten. Einige diskutierten über die Sprache der Lieder, die der Unterrichtssprache in den Schulen entsprechen sollte, andere wiederum über den christlich

[20] Vgl. auch Rossi 1997.

und moralisch tragfähigen Inhalt der Texte.[21] Die Naturwissenschaften und die Soziologie (z.B. das Lebenswerk Max Webers) haben den Menschen in einer völlig anderen Weise ihre Umgebung (Mitmenschen, Natur, Dritte Welt) bewusst gemacht, als dies in der Zeit der Reformation der Fall war. In der Theorie hätte dieses Bewusstsein die Menschen eigentlich weniger selbstbezogen machen sollen.

Die modernen kirchlichen Liedautoren beziehen sich auf die Mystik, auf das Insichgekehrtsein des Menschen, die Beobachtung des Ich, um dadurch Verständnis für den Mitmenschen und die ihn umgebende Welt zu schaffen. Die quantitative linguistische Analyse ergibt, wie wir gesehen haben, eine hohe Frequenz der 1. Person Singular, d.h. Belege für eine angenommene Ichbezogenheit, obwohl die Absicht des Dichters wohl das Gegenteil ist. Auch die Persönlichkeit der Autoren kann eine Rolle spielen, zumal oft nur eine einzelne Person einen großen Teil der Lieder einer Neuauflage schafft, bearbeitet oder übersetzt. Im neuen finnischen Gesangbuch (insgesamt 632 Lieder ohne Lieder der Messliturgie) stammen sogar 17 völlig neue Lieder und 84 weitere, umformulierte Lieder aus der Feder einer einzigen Dichterin, die sich an der christlichen Mystik orientiert hat und die Lieder entweder teilweise oder ganz bearbeitet, erneuert und (neu)übersetzt hat, also mehr als irgendein anderer Autor bzw. eine andere Autorin der heutigen finnischen Kirchenlieder (Teinilä 2001:87.)[22].

Die Mystik ist natürlich keine neue Strömung im Christentum und seiner Auffassung über den Individualismus. Luther hat dagegen gekämpft und das Selbst nicht als das feststehende Zentrum des Bewusstseins verstanden, oder den Effekt des Abendmahls nicht als Selbsterkundung, sondern als vermittelte Erfahrung erklärt. Der Effekt wurde dadurch hervorgerufen, dass es sich nach Luthers Lehre bei den Sakramenten tatsächlich um Leib und Blut Christi handelte (Warren Sabean 2001:149). Dieser Sachverhalt entkleidete das Sakrament der Mystik und erhöhte das Gefühl eines gemeinsamen Mahles. Diese Gemeinsamkeit hat Luther auch regelmäßig in seinen Liedern hervorgehoben, indem er sie im Pl1 statt Sg1 schrieb: *Unser,* nicht nur *mein Gott.*

[21] Wegen der Alkoholprobleme der ruralen Bevölkerung hatte z.B. ein Mitglied Angst, dass das Lied, in dem darüber gesprochen wird, wie Jesus Wasser zum Wein verwandelt hat, oder dasjenige, wo über das „nasse" Fest die Rede ist, das der Vater für den verlorenen Sohn gab, der Jugend schlechte Vorbilder geben könnte. (*Turussa istuneen Suomen ensimmäisen seurakunta-kokouksen protokollat* [Protokolle der 1. Synode der Kirche Finnlands] 1876: 577-579)

[22] Vgl. den Hinweis in Kap. 3 zu den heftigen Debatten im 19. Jahrhundert in der Kirchenvollversammlung über die für manche zu prominente Rolle von Elias Lönnrot bei der damaligen Erneuerung des Kirchengesangbuches .

## 4.7. „Ein feste Burg ist unser Gott“, „Vår Gud är oss en väldig borg“, „Jumala ompi linnamme“[23]

Dieses Lied ist wohl das meist erforschte Kirchenlied der Reformation. Es wird als Psalmlied kategorisiert (Väinölä 2008: 181f.), obwohl es keine Paraphrase des 46. Psalms ist, sondern Martin Luther nur einen Satz vom Anfang des Psalms als Grundlage seiner Dichtung verwendet hat (Ps. 46, 2), der darüber hinaus noch zweimal im Text anklingt.[24] Dagegen stammt der „altböse Feind“, der sich sofort am Anfang des Liedes drohend hervorhebt, nicht aus diesem Psalm. Väinölä (ibid.) schreibt weiter, dass das Lied auf Christus ausgerichtet ist und für Luther persönlich ein Kampflied war, obwohl es heute nicht mehr nachvollziehbar ist, woran er beim Dichten gedacht haben mag. Die neueste Forschung bestätigt, dass Luther „recht wahrscheinlich“ das Lied sowohl komponiert als auch vertextet hat. Wo die Grenze zwischen selbständig und unselbständig bei einer Melodie liegt, ist in diesem Fall eine nutzlose Frage. Auf jeden Fall bilden hier Text und Melodie eine feste und wirkungsvolle Gesamtheit, die von Martin Luther geschaffen worden ist.

Der neue finnische Text dieses Luther-Liedes scheint aus mehreren sprachlichen Gründen wirklich eine Neuübersetzung zu sein, die an manchen Stellen dem Ausgangstext nähersteht als die erste. Der alte finnische Text von Finno hat sowohl übersetzerische als auch eigene kreative Merkmale. Bei den Übersetzungsmerkmalen ist es nicht schwierig, auch Einflüsse aus der schwedischen Version festzustellen. Martin Luther hatte dieses Lied als „das eigentliche Reformationslied, Losung und Feldgeschrei der Evangelischen im Streit wider die römische Kirche, das Reichsbanner“ geschaffen. (Jenny 1985: 249) Den „altbösen Feind“ sah er im Satan und im Papst. Im Laufe der Zeit haben sowohl die Deutschen als auch die Schweden und Finnen „den Feind“ mit weiteren Assoziationen verbunden (vgl. Lönnroth 1978: 115–117), wobei die Zusammengehörigkeit und das „Wir“-Gefühl immer noch eine Rolle spielen, so dass die Neuübersetzer die ursprünglichen Personalformen kaum verändert haben.

Zum Vergleich der alten und neuen deutschen, schwedischen und finnischen Versionen wurde die folgende Tabelle der Personalformen analog zur allgemeinen Statistik der Untersuchung generiert. In einem früheren

[23] Der vollständige Text dieses Liedes in den drei Sprachen findet sich in Kap. 5, Tab. 28.
[24] Ps. 46,3 in Str. 3, V. 1-3 und Ps. 46, 8 bzw. 12 in Str. 2, V.7.

Artikel (Helin 2008: 79) habe ich besonders die Entwicklung des „Ich" bzw. des „Wir" anhand der alten Kirchenlieder und ihren alten Übersetzungen, Neuübersetzungen und Modifikationen betrachtet. Ich wollte sehen, ob die gesellschaftlichen und kulturellen Änderungen in der Welt und in kleineren Gemeinschaften genauso in den religiösen Liedern zu finden sind, und ob die möglichen Änderungen in den Liedern Einfluss auf die Auffassungen von der Rolle des Menschen in der Welt und in seinem eigenen Leben ausgeübt haben.

Tabelle 26. Ähnlichkeiten und Unterschiede in Personalformen, Deutsch, Schwedisch, Finnisch

| Numerus | Deutsch, alt | Schwedisch, alt | Finnisch, alt | Deutsch, neu | Schwedisch, neu | Finnisch, neu |
|---|---|---|---|---|---|---|
| Sg1 | - | - | - | - | - | - |
| Sg2 | 1 | - | - | 1 | 1 | - |
| Sg3 | 21 | 18 | 22 | 21 | 16 | 16 |
| Pl1 | 12 | 18 | 14 | 12 | 18 | 13 |
| IMPSg2/Pl2 | 1 | - | - | 1 | - | - |
| IMPSg3/Pl3 | 1 | 4 | 2 | 1 | 2 | 3 |
| IMPPl1 | - | - | - | - | - | - |

Auf dem Niveau der Personalformen ist also der deutsche Ausgangstext unverändert geblieben. Wie schon früher festgestellt wurde, beruhen die Änderungen in deutschen Kirchenliedern hauptsächlich auf Erneuerungen in der Orthographie und in einigen einzelnen Fällen in der Lexik. Die Tabelle zeigt auch deutlich, wie beständig der Inhalt eines Kirchenliedes bleiben kann. Einerseits wurde in die neue schwedische Version die Frage in der 2. Person Singular[25] des Ausgangstextes aufgenommen, die in der älteren sowie in beiden finnischen Versionen fehlt: „Fragst du, wer der ist?" Andererseits ist der Rückgang der Belege für die 3. Person Plural im Finnischen teilweise darauf zurückzuführen, dass, wie schon erwähnt, der *Teufel* durch „die Engel der Lüge" ersetzt wurde, was natürlich zu Pluralformen des Verbs führt (IMPPl3).

[25] Frågar du vad namn han bär?

Die interessantesten Änderungen der Lexik finden sich in den finnischen und schwedischen Übersetzungen der zweiten und dritten Strophe. Die Übersetzer haben sich Gedanken über die richtige Benennung für den *Herrn Zebaoth* gemacht, die im deutschen Text unverändert geblieben ist. Die alten Übersetzer haben den Internationalismus verwendet, *herren zebaoth* (schw.) und *Herra Zebaot* (fi.), aber für die neuen Versionen wurde in beiden Sprachen schon eine nicht so kriegerische einheimische Variation für den Herrn der himmlischen Heere ausgesucht: *Herren Gud, Som klädd i segerskrud* (schw.)[26] bzw. *Kristus, kuningas, on voitonruhtinas* (fi.)[27]. Weitere direkte Euphemismen finden wir hier für den *Teufel*, der nach wie vor auch den Übersetzern Kopfzerbrechen verursacht zu haben scheint. Als Beispiel betrachten wir den Anfang der dritten Strophe.

> (dt. alt) *Vnd wenn die welt vol Teuffel wer*
> (dt. neu) *Und wenn die Welt voll Teufel wär*
> (schw. alt) *Wore oss än hela werlden gram*
> (schw. neu) *Och vore världen än så stor / Och full av mörkrets härar.*
> (fi. alt) *Waick coko mailm wastam olis*[28]
> (fi. neu) *Jos täyttyisikin maailma / nyt valheen enkeleistä*[29]

Die schwedischen und finnischen Übersetzer des 16. Jahrhunderts konnten den *Teufel* dem originalen Versmaß entsprechend in einem einzigen Vers durch den Ausdruck „die ganze Welt"[30] ersetzen, obwohl Finno ihn zwar explizit schon an das Ende der zweiten Strophe als *piru* gesetzt hatte. Dagegen haben die modernen Übersetzer zwei Verse verwenden müssen, damit sie implizit sprechen und nur auf die „Heere der Finsternis" (schw.) bzw. die „Engel der Lüge" (fi.) verweisen konnten. Der deutsche Euphemismus später in derselben Strophe, *der Fürst dieser Welt*, wurde im 16. Jahrhundert mit *hennes forman* (schw.) bzw. *hänen päämiehens* (fi.)[31] anders, aber einander ähnlich übersetzt und mit *hennes* bzw. *hänen* auf *die Welt* hingewiesen. Während die schwedische Version heute *världens furste*, „der Fürst der Welt" lautet, begnügt die finnische sich mit dem pluralen Personalpronomen *ne*, ‚sie', da sie ja früher von den Engeln der Lüge gesprochen hat.

Eine stärkere Änderung der Neuübersetzungen in Richtung der modernen Auffassung über die Rolle des Bösen im Leben eines Individuums finden wir am Ende der ersten Strophe.

[26] Herr Gott, der im Siegesgewand
[27] Christus, König, ist Siegesfürst
[28] Auch wenn die ganze Welt gegen uns wäre (schw. alt und fi. alt)
[29] Und wenn die Welt voll von den Engeln der Lüge wär
[30] Auch wenn die ganze Welt gegen uns wäre (schw. und fi.)
[31] ihr Vorgesetzter (schw. und fi.)

(dt. alt) *auff erd ist nicht seins gleichen.*
(dt. neu) *auf Erd' ist nicht seinsgleichen.*
(schw. alt) *på iorden är ey hans lijke.*

(schw. neu) *Likväl vi oss ej frukte.*[32]
(fi. alt) *Eij löytä hänen wertans.*
(fi. neu) *Vain Herra hänet voittaa.*

Die alten schwedischen und finnischen Versionen sind äquivalent mit dem deutschen Ausgangstext, obwohl im finnischen Text *die Erde* wahrscheinlich aus Platzgründen weggelassen worden ist: ‚Es gibt keinen seinesgleichen'. Dagegen wird in den beiden neuen Übersetzungen zuerst mit finsteren Worten ein Bild vom Feind der Welt bzw. *mörkrets furste* (schw.)[33] und *vanha vainooja* (fi.)[34] gemalt. Um den Menschen danach nicht in ängstlicher Stimmung zu lassen, wird schließlich getröstet: *Likväl vi oss ej frukte* bzw. *Vain Herra hänet voittaa.*[35]

Ein unterschiedliches Weltbild der Bewohner im Nordeuropa kommt zwangsläufig am Ende des Luther-Lieds sowohl in den alten als auch den neuen Übersetzungen zum Vorschein. Während Luther explizit auflistet, was der Teufel dem Menschen nehmen kann: *Leib, Gut, Ehr, Kind und Weib,* bleiben die nordischen Übersetzer impliziter und nennen nur Materielles (Güter) und Immaterielles (Ehre, Leben, Glück):

(schw. alt) *wort gots lijf ock så* [unsere Güter, Leben und so(lches weitere)]
(schw. neu) *gods, och ära, liv och allt* [Güter und Ehre, Leben und alles]
(fi. alt) *hengen ja tauarat* [Leben und Güter]
(fi. neu) *henkemme, osamme, onnemme.* [unser Leben, Los und Glück]

In den nordischen Ländern, besonders im Schwedischen Reich mit seinem Landesteil Finnland, war das individualistische Menschenbild sowie auch die Auffassung über die Freiheit eines Individuums schon vor der Reformation anders als in den südlicheren Teilen Europas. Im hohen Norden war die Leibeigenschaft unbekannt. Ein Mensch konnte den anderen nicht besitzen und so konnte einem auch keiner genommen werden. Obwohl die finnischen hyperonymen Übersetzungen mit der Wortlänge und Möglichkeiten des Reimens erklärt werden könnten, beweist das kürzere Schwedisch, dass es

[32] trotzdem fürchten wir uns nicht (schw. neu; alle anderen wie dt.)
[33] Fürst der Finsternis
[34] alter Verfolger
[35] Nur der Herr kann ihn besiegen. – Dabei sind diese Inhalte aber nicht frei gegriffen, sondern nehmen Gedanken aus anderen Stellen des Originals auf.

sich hier nicht um Probleme in der Übertragung handelt, sondern um kulturbedingte, unterschiedliche Auffassungen über den Individualismus trotz der gemeinsamen Religion. (Helin 2008: 80f.)
Interessant sind die Lösungen der finnischen und schwedischen Übersetzer vom 16. und 20. Jahrhundert in dieser Hinsicht auch darum, dass sie als Beweis für die Auffassung von der Rolle der Frau und ihrer Stellung in der Gesellschaft betrachtet werden können. Die Frau war im Norden schon früh eine selbständige Person und kein Besitz des Mannes, was dazu geführt hat, dass die Frauen in nordischen Ländern nach wie vor als mindestens gleichwertige Partner in jedem Teilgebiet der gesellschaftlichen und wissenschaftlichen Arbeit agieren. Sie üben auch einen ständig wachsenden Einfluss auf alle Bereiche der gesellschaftlichen Tätigkeit aus. In den Höheren Schulen Finnlands, den Gymnasien, bilden Mädchen und junge Frauen seit langem die Mehrheit - und heute auch zunehmend in den Universitäten. Finnland hatte 2000 bis 2012 eine Präsidentin, und die Regierung wurde bisher schon zweimal von einer Frau geführt. Man war sogar so weit, dass mindestens die politischen Parteien 2011 den Wunsch äußerten, das nächste Staatsoberhaupt sollte ein Präsident, also „zur Abwechslung", ein Mann sein, was dann auch geschah.

## 4.8 Resultate

Wenn die Statistik der untersuchten Kirchenlieder betrachtet wird, muss festgestellt werden, dass sie auf einen stärkeren Zuwachs der Ichbezogenheit bzw. des Individualismus in der finnischen Gesellschaft hinweist, während in der deutschen Gesellschaft das „Wir"-Gefühl immer noch maßgebend ist. Dieser Unterschied ist schon in den Neuübersetzungen und Modifikationen der alten deutschen Kirchenlieder ins Finnische zu sehen. Doch wird er besonders deutlich, wenn die neuesten deutschen und finnischen Lieder miteinander verglichen werden. Außerdem gehört zu dem finnischen Individualismus, dass die Finnen Angst haben, religiöse Sprache und religiöse Benennungen und Redewendungen zu verwenden. Sie greifen eher zu Umschreibungen als direkten Begriffen[36]. Der Individualismus hat natürlich auch Wurzeln in der Vergangenheit, was durch die Emanzipation der finnischen Frauen positiv zum Vorschein kommt. Andererseits aber fehlt es den Finnen

[36] Vgl. die deutsche und finnische Übersetzung des norwegischen Taufliedes, näher erläutert in Kapitel 9 und in Helin 2005a: 53-64.

in kritischen Situationen und vor dem gemeinsamen Feind der Nation nicht am kollektiven Gefühl, das oft durch das zentrale Lied in diesem Kapitel ausgedrückt wurde.[37] Daher ist es kein Wunder, dass der Neuübersetzer die Personalform nicht hat verändern wollen. Das Publikum hätte es letzten Endes auch nicht zugelassen.

Auf jeden Fall wären ausführlichere Untersuchungen noch nötig, bevor man eine wissenschaftliche Antwort auf die Frage, geben kann, ob der moderne Mensch ichbezogener bzw. der Individualismus in der modernen Welt maßgebender ist als früher. Die bisherige linguistische Betrachtung schließt allerdings die allgemeine Behauptung der wachsenden Selbstzentriertheit nicht aus. Salminen (2016) gibt dafür als Beispiel und Symbol das Videospiel FPS[38], wo der Spieler als „Ich" durch die Augen dieses „Ich" sieht, gegen die ganze Welt als einziges Subjekt kämpft und blind um sich schießt. Es gibt nur das zusammengeschmolzene Ich gegen alle - Ichbezogenheit pur.

[37] Vgl. auch Väinölä 2008: 182.
[38] First Person Shooter

# 5
# Dialekt in alten und neuen Kirchenliedern und ihren Übersetzungen

## 5.1 Einleitung

Wie wir schon früher in diesem Buch gesehen haben, fehlte beiden Sprachen noch die normierte Standardvariante, als Martin Luther und Mikael Agricola sowie Jacobus Finno ihre Schreib- und Übersetzungstätigkeit begannen. Als die ältesten finnischen Kirchenlieder nach der Reformation im 16. Jahrhundert gedruckt wurden, suchte die finnische Schriftsprache erst bzw. noch ihre eigenen Formen, Normen und Formulierungen. Jacobus Finno hat „nach seinem Ohr" geschrieben, und er hat seinen mangelhaften Text selbst bedauert, sich aber doch verteidigt und vorgeschlagen, dass andere frei seien, besser zu schreiben, wie wir schon gesehen haben. Auch die deutsche Standardsprache stammt aus demselben Zeitalter, dem 15. und 16. Jahrhundert (vgl. z.B. von Polenz 2000). So wie Luther sowohl der Reformator als auch der Schöpfer der einheitlichen deutschen Sprache genannt wird, gilt dieselbe Bezeichnung also auch für den Finnen Agricola für Finnland und die finnische Sprache. Es ist also kein Wunder, dass z.B. die Schreibweisen dieser zwei Sprachen in der Ära der Trennung von katholischer und evangelischer Kirche noch nicht festgelegt waren, sondern sogar innerhalb einunddesselben Textes variierten. In diesem Kapitel geht es jedoch nicht darum, diese Abweichungen zu analysieren, sondern es werden hier dialektale Formen und Ausdrücke in den alten Texten gesucht und analysiert.

## 5.2 „Teufel & Co." - eine kleine Begriffsanalyse

Hier nehmen wir nochmals eine Tabelle der wichtigsten Wörter und Begriffe[1] in den alten Texten und der Änderungen ihrer Anzahl im Laufe der Zeit durch Modifikationen und Neuübersetzungen (einschließlich der

[1] Jedoch nur mit jeweils einer Variante.

Weglassung von Strophen) auf, um die quantitative Entwicklung zu sehen, die diese Benennungsfelder im Laufe der Zeit durchlaufen haben. Die Tabelle bildet den Hintergrund für die Betrachtung der dialektalen Elemente in den Kirchenliedern. Das Wort- und Benennungsfeld von *Teufel* wurde schon im vorigen Kapitel in Verbindung mit dem bekanntesten Luther-Lied – „Ein feste Burg ist unser Gott" - kurz behandelt. Darauf kommen wir unten nochmals und ausführlicher zurück.

Tabelle 27. Kernbegriffe und ihre Variationen

| **Einheit** | **Alte dt. Gesänge** | **Finno 1583** | **EKG 1981** | **Finno 1986** |
|---|---|---|---|---|
| Gott<br>*Jumala* | 64 | 47 | 77 | 32 |
| Christus<br>*Kristus* | 30 | 39 | 26 | 31 |
| Jungfrau<br>*neitsyt* | 9 | 5 | 7 | 5 |
| Sünde/sündig<br>*synti/syntinen* | 29 | 41 | 24 | 30 |
| Gnade/erbarmen<br>*armo/armahtaa* | 30 | 32 | 28 | 56 |
| Dank/danken<br>*kiitos/kiittää* | 11 | 17 | 6 | 24 |
| Teufel<br>*piru* | 10 | 21 | 10 | - |

Als dialektal, doch in den meisten finnischen Dialekten bekannt, wurde in der obigen Tabelle das finnische Wort *piru,* die archaische und volkstümliche Benennung für die Personifikation des Bösen, aufgenommen, der im Deutschen die Benennung *Teufel* entspricht. Finno hat sie mit *piru* übersetzt und die Benennung dabei sogar mehr als doppelt (21) so oft verwendet, als sie im Ausgangstext (10) belegt war und ist. Das finnische Wort *piru* gehört aber nicht mehr zum modernen kirchlichen Sprachgebrauch, sondern wird immer mit Euphemismen umschrieben. Wie die Tabelle zeigt, ist es aus den heutigen Übersetzungen völlig verschwunden, obwohl *Teufel* in den deutschen Liedern immer noch gängig ist. Mit einigen entsprechenden Umschreibungen gehen wir in den folgenden Textabschnitten zu weiteren dialektalen Merkmalen über. Es handelt sich wieder um 4 Strophen[2] des Luther-Liedes aus der ältesten deutschen Version, aus EKG und aus den ältesten und neuesten finnischen Gesangbüchern. Die betrachteten dialektalen Merkmale wurden unterstrichen.

[2] Im vorigen Kapitel haben wir auch schon das ganze Lied betrachtet.

**Tabelle 28. Strophen 1 bis 4 des Liedes „Ein feste Burg ist unser Gott“. Versionen Luther 1524 (a) und Finno 1583; EKG 1981 und Vk 1986**

| Luther 1524: | Finno 1583: |
| --- | --- |
| 1. Ein feste burg ist unser Gott/ Ein gute wehr und waffen./<br>Er hülfft unns freu aus aller not,/ die uns ytzt hat betroffen./ Der altböse feind,/ mit ernst er ytzt meint,/ gros macht un viel list/ sein grausam rüstung ist;/ auf erd ist nich seins gleichen. | Meidhän linnam on Jumal taivast/<br>Meidän kilpem ja otam/<br>Hän autta meitä hädhäst ia waiuast/ Quin usein päälläm cootan/ Meidhän wiholisem on hirmulinen/ Neuuos monis ia pahois iuonis/ Eij löytä hänen wertans. |
| 2. Mit unser macht ist nichts gethan/ wir sind gar bald verloren./ Es streit fur uns der rechte man,/ den Gott hat selbs erkoren./ Fragstu wer der ist?/<br>Er heist Jhesu Christ,/ der Herr Zebaoth,/ Und ist kein ander Gott;/ das felt mus er behalten. | Händä wastan omast woimast/ Eij toctin yxikän mennä/<br>Sil Isän Jumalan suomast/ Christus sotan tuli tenne/ Herra Zebaot /<br>häld voiman pois ott/<br>Se ialo sangar /<br>ia töisäns angar/<br>Sai woiton ylitzen pirun. |
| 3. Und wenn die welt vol Teuffel wehr/ unnd wolt uns gar verschlingen,/ So fürchten wir uns nicht zu sehr./ Es sol uns doch gelingen./ Der Fürst dieser welt,/ wie saur er sih stellt,/ thut er unns doch nicht,/ das macht, er ist gericht./ Ein wörtlin kan yhn fellen. | Waick coko mailm wastam olis/<br>Ja pärät meit cadhotta tadhois/<br>Eij quitengan edhes tulis/<br>Eick matcan sais mitä aicois/<br>Hänen päämiehens/ osottacan wäkens/ Hänen iuonens cans/<br>pyytää meit ansan/ Idzep hän cuoppan lange. |
| 4. Das wort sie sollen lassen stahn/ unnd kein danck dazu haben./ Er ist bey unns wol auff dem plan/ mit seinem geist und gaben./<br>Nemen sie den leib,/ gut, ehre, kind unnd weib,/ las faren dahin;/ sie habens kein gewin;/ das reich mus uns doch bleiben. | Rauhan he meil pitä suoman/<br>Waick ouat kiuckus ia hullun/ Sill Christus on meidhän woiman/<br>Hän on meit aiutaman tullut/<br>Jos he meild pois temmauat/<br>Hengen ia tauarat/ Olcon se heil/ iäp quitengin meil/ Jumalan waldacunda. |

EKG 1981:

1. Ein feste Burg ist unser Gott/ Ein gute Wehr und Waffen./ Er hilft uns frei aus aller Not,/ die uns jetzt hat betroffen./ Der altböse Feind,/ mit ernst ers jetzt meint,/ groß Macht und viel List/ sein grausam Rüstung ist;/ auf Erd' ist nicht seinsgleichen.

2. Mit unser Macht ist nichts getan/ wir sind gar bald verloren./ Es streit' für uns der rechte Mann,/ den Gott hat selbst erkoren./ Fragst du wer der ist?/ Er heißt Jesus Christ,/ der Herr Zebaoth,/ Und ist kein andrer Gott;/ das Feld muß er behalten.

3. Und wenn die Welt voll Teufel wär/ und wollt uns gar verschlingen,/ So fürchten wir uns nicht so sehr./ Es soll uns doch gelingen./ Der Fürst dieser Welt,/ wie saur er sich stellt,/ tut er uns doch nicht;/ das macht, er ist gericht'./ Ein Wörtlein kan ihn fällen.

4. Das Wort sie sollen lassen stahn/ und kein' Dank dazu haben;/ er ist bei uns wohl auf dem Plan/ mit seinem Geist und Gaben./ Nehmen sie den Leib,/ Gut, Ehr, Kind und Weib:/ laß fahren dahin,/ sie habens kein' Gewinn,/ das Reich muß uns doch bleiben.

Vk 1986:

1. Jumala ompi linnamme/
ja vahva turva aivan,/
on miekkamme ja kilpemme/
ajalla vaaran, vaivan./ Se vanha vainooja,/ kavala kauhea,/
on kiivas, kiukkuinen/ ja julma, hirmuinen./ Vain Herra hänet voittaa.

2. On turha oma voimamme/
vääryyden valtaa vastaan./
Me turman vallat voitamme/
Herrassa ainoastaan./ Hän Kristus, kuningas,/ on voitonruhtinas,/
lyö joukot helvetin,/
ne tallaa jalkoihin/
ja voiton meille saattaa.

3. Jos täyttyisikin maailma/
nyt valheen enkeleistä,/
niin pimeys ei voittoa/
kuitenkaan saisi meistä./
Ne olkoot raivoissaan/
ja syöskööt kiukkuaan./
Nyt valheen vallat on/
jo saaneet tuomion./
Ne yksi sana kaataa.

4. Se sana seisoo vahvana,/
ne ei voi sitä kestää./
Kun kanssamme on Jumala,/
ken meiltä voiton estää?/
Jos veis he henkemme,/
osamme, onnemme,/
ne heidän olkohon,/ vaan meidän iät on/ Jumalan valtakunta.

Betrachten wir zuerst die Benennung *Teufel*, sehen wir, dass sie im Luther-Text nur einmal vorkommt und ein weiteres Mal mit der Kollokation *Fürst dieser Welt* paraphrasiert wird. Im alten finnischen Text finden wir auch nur einmal den oben genannten alten Ausdruck *piru*, dagegen aber in der neuen Übersetzung 6-mal einen Euphemismus bzw. eine Paraphrase: *vääryyden valta* [‚die Macht des Unrechts'], *turman vallat* [‚die Mächte des Todes'], *joukot helvetin* [‚die Truppen der Hölle'], v*alheen enkelit* [‚die Engel der Lüge'], *pimeys* [‚die Finsternis'] und *valheen vallat* [die Mächte der Lüge']. In der ersten Strophe spricht Luther weiter über den *altbösen Feind*, den Finno mit *meidhän wiholisem* [‚unser Feind'] dialektal[3] übersetzt. Die neue Version wiederum hat die Kollokation *se vanha vainooja* [‚der alte Verfolger'] und beschreibt ihn noch weiter mit mehreren negativen Adjektiven: *kavala, kauhea, kiivas, kiukkunen, julma, hirmuinen* [‚listig', ‚furchtbar', ‚heftig', ‚böse', ‚grausam', ‚schrecklich'], während Finno sich nur mit *hirmulinen*[4] [‚schrecklich'] begnügt. *Grausam* ist seine Rüstung auch nach Luther damals und heute. Der Begriff wird also in den Übersetzungen durch mehrere Alternativen wiederholt, obwohl er im Ausgangstext nur einmal explizit genannt, dagegen aber später nur impliziert wird.

In allen diesen Strophen sind auch weitere dialektale Merkmale vorhanden. Im Deutschen handelt es sich zunächst um dialektale Schreibweisen sowie z.B. die damals noch schwankende Wahl zwischen der Groß- und Kleinschreibung des Substantivs. In Strophe 2 haben wir das niederdeutsche Diminutiv *wörtlîn* statt des hochdeutschen *Wörtlein* – sowie die Schreibweise des Verbs *fellen* statt *fällen.* Im Finnischen ist die Neigung zu den west- und südwestfinnischen Dialekten deutlich (vgl. schon oben Fußnoten 4 und 5). Die Endung *-i* des finnischen Präteritums und der Endvokal *-i* des Konditionalmorphems *-isi* werden weggelassen: *pois ott*, [‚weg nahm'] statt *pois otti* bzw. *olis* [‚wäre'] statt *olisi*, *tadhois* [‚möchte'] statt *tahtoisi* usw. Eine typisch südwestfinnische Form ist auch die gekürzte Negation *eij toctin* statt *ei tohtinut -> ei uskaltanut* [‚wagte nicht'], in der die Endung [-nut] der Negationskonstruktion im Präteritum zum Negationsverb + [n] gekürzt wird. Eine weitere für diese Regionalität typische Kürzung ist der kurze Vokal [a] statt eines langen in 3. Sg. wie z.B. *autta* statt *auttaa* [*er hilft uns*][5] oder eines Infinitivs wie *cadhotta*,

[3] Hier wurde der alten südwestfinnischen Dialektform gemäß die vollständige Possessivendung –*mme* der Standardsprache auf nur –*m* reduziert.

[4] Mit der vollständigen Adjektivendung –*nen*, obwohl Finno oft die dialektale Form –*ne* verwendet.

[5] Es handelt sich sprachgeschichtlich um die sog. Kontraktionsverben, *auttaδa, vgl. den *ma*-Infinitiv des Estnischen.

[‚verlieren'] statt *kadottaa -> saattaa kadotukseen* [‚in die Hölle jagen'] [*und wolt uns gar verschlingen*]. Außer dem Verb *toctia -> tohtia*, das schon oben erwähnt wurde, dem Relativpronomen *quin* [‚die'] statt *jonka* [*die uns jetzt hat betroffen*] ist auch das Adverb *pärat* [‚sogar'] -> *peräti* -> *jopa* ein Beispiel für die westfinnische dialektale Lexik in den alten finnischen Kirchenliedern. Im neuen finnischen Text dieses Luther-Liedes sind diese Ausdrücke durch andere Formulierungen ersetzt worden. Dabei sind auch die Dialektmerkmale durch die standardsprachliche Normierung verschwunden.

### 5.3 Weitere Merkmale der finnischen Dialekte in den alten aus dem Deutschen übersetzten Liedern[6]

Mit der kurzen Analyse der obigen Strophen sind wir schon auf das Gebiet des Dialekts im Korpus übergegangen. Im finnischen Zieltext handelt es sich besonders um Morphologie der west- und südwestfinnischen Dialekte, sowie um Syntax und Lexik, die in den Texten ausschlaggebend sind. In den analysierten deutschen Ausgangstexten spielen die Schreibweise und die Lexik eine wichtige Rolle in dialektalen Ausdrücken. Wir haben auch einmal sowohl eine hoch- als auch eine niederdeutsche Version[7] eines ins Finnische übersetzten Liedes und werden sie später betrachten. Gemeinsam für die deutschen und finnischen Versionen ist, dass die dialektalen Merkmale aus den heutigen Texten durch Modifikationen und Modernisierungen der Sprache beseitigt worden sind.

#### 5.3.1 Morphologische und syntaktische Merkmale

##### 5.3.1.1 Merkmale der südwestfinnischen Dialekte in Verbformen

Im Folgenden werden einige der meistbelegten Merkmale für den Dialekt in den alten finnischen Kirchenliedern behandelt. Am meisten kommen dabei dialektale Verbformen vor. Im 16. Jahrhundert war Turku als Hauptstadt des finnischen Teils des schwedischen Königreichs das Zentrum des geistlichen, kulturellen und materiellen Lebens in Finnland, und dadurch

[6] Vgl. ausführlicher Helin 2009; in diesem Abschnitt sind die Belege aus dem gesamten alten finnischsprachigen Teil des Kernkorpus entnommen.
[7] O Lamm Gottes unschuldig.

waren auch die südwestfinnischen Dialekte maßgebend bei der Normierung der finnischen Standardsprache (Hovdhaugen et al. 2000: 46), obwohl heutzutage der Turkuer Dialekt oft als der hässlichste in Finnland gescholten wird. Neben der Intonation, die im schriftlichen Material natürlich nicht analysiert werden kann, sind die gekürzten Endungen und Vokale die urtypischen dialektalen Merkmale im alten Korpus. Im neuen Korpus sind sie nicht mehr zu finden – als Folge des „Dialektkampfes" und der in den Debatten der kirchlichen Synoden in Finnland in der Mitte des 19. Jahrhunderts erstrittenen Lösungen. Sie sind entweder normiert oder völlig modifiziert worden. In der Dichtung können weibliche Reime für Reimungszwecke durch Kürzung des Endvokals in vielen Sprachen in männliche Reime geändert werden, aber auch dies ist im neuen finnischen Korpus vermieden worden.

**(i) Imperativ: Schwund des Endvokals** */a/*

Ein typisches Merkmal des südwestfinnischen Dialekts außerhalb der eigentlichen Stadt Turku[8] ist bis zu den heutigen Tagen der Schwund des Endvokals im Imperativ der 2. Person Singular. Dafür gibt es im alten Korpus mehrere Beispiele:

> *carckot* [->karkota, ‚jage weg']
> *an* [-> anna, ‚gib']
> *lodhut* [-> lohduta, ‚tröste']
> *totut* [-> totuta, ‚lass gewöhnen']

Die Anfänge der Normierung der finnischen Schriftsprache stammen also aus der Zeit der Reformation, d.h. aus dem 16. Jahrhundert, aus dem auch das Kirchengesangbuch von Jaakko Finno ist. Bei dieser frühen Phase gab es damals natürlich Schwankungen sowohl in der Schreibweise als auch in der Normierung der Sprache – die erste Grammatik der finnischen Sprache wurde um 1640 von Henricus Crugerus veröffentlicht (Hovdhaugen et al. 2000: 75). Genauso war die Situation auch in der deutschen Sprache, wie wir schon gesehen haben. Ein Beispiel für die Schwankung des Finnischen finden wir unter den Belegen für den oben genannten Imperativ Sg2, und zwar wurde in der hier folgenden Stelle die heute normierte Form mit dem

[8] Den Turkuer Stadtdialekt nennt man oft *turunmurre* und man versucht oft und vielfach erfolglos, ihn nachzuahmen.

Endvokal verwendet:

*sytytä* [,zünde an'].

Auch die Kopula behält regelmäßig und somit „dialektwidrig" ihre Endung im IMP Sg2, obwohl sie in südwestfinnischen Dialekten auch oft verschwindet (d.h. *ol*):

*Ole* kijtet [-> ole kiitetty, ,sei bedankt']

**(ii) Negation und Perfekt, Kürzung der Endung** *(–nUt)* **auf** *(-n)*

Eine Besonderheit der finnischen Sprache ist, wie auch schon erwähnt, das in dieser ausgeprägten Form in vielen anderen finnougrischen Sprachen praktisch unbekannte Negationshilfsverb: bei der Negation wird nicht das Verb selbst sondern das Negationsverb nach der Person im Singular oder Plural konjugiert. Die Form des verneinten Verbs selbst ist dabei in der Regel im Präsens der schwache Stamm des Infinitivs, die homonyme Form mit dem Imperativ im Singular[9], in den anderen Tempora dagegen das zweite Partizip Sg. *(nUt)*[10] bzw. Pl. (*neet).*

Beispiel für *lukea* [,lesen']:

minä **en** lue (,ich lese nicht') Präs. Sg1
he **eivät** lue (,sie lesen nicht') Präs. Pl3
minä **en** luke**nut** (,ich las nicht') Prät. Sg1
he **eivät** luke**neet** (,sie lasen nicht') Prät. Pl3
minä **en** ol**lut** luke**nut** (,ich hatte nicht gelesen') Plusq. Sg1
he **eivät** ol**leet** luke**neet** (,sie hatten nicht gelesen') Plusq. Pl3

Die südwestlichen Dialekte reduzieren immer noch die Partizipendung auf *-n*[11] im Präteritum. Dieses Phänomenon ist in den alten Kirchenliedern bei den Negationen dokumentiert worden:

*eij toctin* [-> ei tohti**nut** -> ei uskalta**nut**, ,wagte nicht']

[9] Sg2
[10] Aufgrund der sog. Vokalharmonie nimmt die Endung nach einem Stamm mit hellen Vokalen (ä,ö,y) die Form *–nyt* an, ansonsten heißt sie *–nut.* Die Schreibweise in Großbuchstaben wird auch im Folgenden verwendet, wenn Varianten aufgrund der Vokalharmonie existieren.
[11] Heute öfter auf –nu/ny.

Auch Belege für diese Kürzung waren im Perfekt vorhanden:

*on syndyn* [-> on synty*nyt*, ,ist geboren']

Andererseits konnte auch ein Beispiel für die Schwankung der Konjugation des Negationshilfsverbs zwischen Singular und Plural noch gefunden werden.

Sielut *eij* laulu kiellä [-> Sielut ei**vät** laulua kiellä, ,die Seelen verweigern sich nicht zu singen']

**(iii) Infinitiv: Schwund bzw. Kürzung des Endvokals** */a:/* **und des langen Vokals im 3. Infinitiv** ***(-mA)***

Nach dem obigen Muster wurden und werden in den südwestlichen Dialekten die infinitiven Endungen mit einem langen Vokal */a:/* auf */a/* gekürzt[12]. In den alten Liedern wird diesem Muster regelmäßig gefolgt:

*cadhotta* [-> kadottaa, ,verlieren']
*anda* [-> antaa, ,geben']
*canda* [-> kantaa, ,tragen']
*pitämän* [-> pitämään, ,zu halten']
*rippuman* [-> riippumaan, ,zu hängen']

**(iv) Indikativ und Konditional Pl1: Schwund der Endsilbe des Morphems** ***(-mme)***

Im Pl1 wird der Konsonant */m/* nach dem Stamm bzw. dem Konditionalmorphem verdoppelt. In westlichen Dialekten wird dann die Endsilbe weggelassen und nur der durch Verdoppelung entstandene Nasal ausgesprochen. Diesem Muster scheinen die Kirchenlieder regelmäßig zu folgen.

*halam* [-> halua**mme**, ,wir wollen'],[13]
*me lähenem* [-me lähene**mme**, ,wir kommen näher']
**madhaisim** [-> mahtaisimme, ,wir möchten']

---

[12] Vgl. oben Anm. 5 zu Kontraktionsverben.
[13] Eine weitere Form wäre *halajam*, ebenfalls ein Kontraktionsverb.

Derselbe Schwund erfolgt auch im Imperativ Pl1:

*weisatcam* [-> veisatkaa**mme**, ‚lasst uns singen']
*riemutcam* [-> riemuitkaa**mme**, ‚lasst uns jubeln / uns freuen']

**(v) Präteritum, Schwund der Endung (-*i*); Konditional, Schwund des Endvokals /*i*/**

Ein typisches Merkmal für den dialektalen Vokal /*a:*/ war die Kürzung zum kurzen Vokal /*a*/. Dagegen weist der Endvokal /*i*/ eine Tendenz zum Schwund auf. Auch hier ist eine Schwankung zu sehen. Die Endung des Präteritums ist nachhaltiger als der Endvokal des Konditionals. Ein Grund dafür kann das Beibehalten der Endung des Präteritums im Turkuer Dialekt sein, obwohl diese Endung kein /*i*/, sondern ein /*s*/ ist, das allerdings in den alten Liedern nicht vorkommt.

Es wurden also sowohl
hän *tacto* [-> hän tahtoi, ‚er wollte']
als auch
*tadhoi* tulla [-> tahtoi tulla, ‚wollte kommen'] und
*syndyi* [-> syntyi, ‚geboren wurde']

belegt. Dagegen sind keine Beispiele für das Bestehen des Endvokals im Konditional vorhanden, sondern er wird regelmäßig weggelassen:

*olis* [-> olisi, ‚wäre']
*tadhois* [-> tahtoisi, ‚möchte'].

**(vi) Kurzer Vokal in der Passivendung: (-*tin*) bzw. (-*tan*) statt (–tiin/-taan); Schwund der Endsilbe im Partizip 2**

Die Vokale /*i:*/ und /*a:*/ sind im alten finnischen Text für dialektale Modifikationen, in analogen Positionen auch /*o:*/, empfindlicher als die anderen. Die folgenden Beispiele sind Präteritumformen:

*pijnattin* [-> piinattiin, ‚wurde(st) gefoltert']
*pilcattin* [-> pilkattiin, ‚wurde(st) verhöhnt']

Genauso wie im Partizip 2 Aktiv die Endung[14] weggelassen wurde, geschieht es auch im Passiv des Partizips 2:

Ole *kijtet* [-> ole kiitet**ty**, ‚sei bedankt']

### 5.3.1.2 Südwestfinnische Nominalformen

Die modernen Linguisten haben in ihren Forschungen festgestellt, dass Mikael Agricola 6000 bis 8500 unterschiedliche Wörter in seinen Übersetzungen verwendet hat, von denen noch heute 4450 bis 5350 im Gebrauch sind (Hovdhaugen et al. 2000: 47). Es ist also kein Wunder, dass einerseits auch die heutigen Leser der alten Texte sie recht gut verstehen können und dass andererseits der Schwerpunkt der sprachlichen Änderungen sowohl im Finnischen als auch im Deutschen auf dem Feld der Morphologie und Syntax festgestellt werden kann. Dies haben wir schon bei den Verben und Verbformen gesehen, und auch bei Nomina sind die Unterschiede zur Standardsprache eher phonologisch und grammatisch als lexikalisch. Die lexikalischen Änderungen in den Liedertexten haben ja eher kulturelle und ideologische als rein sprachlich bedingte Gründe.

#### (i) Vokalverbindungen: */i/* statt */e/*

Ein auffallendes dialektales Merkmal ist der Silbenendvokal /i/ statt des standardsprachlichen /e/. Dieser Unterschied gilt noch heute für die südwestfinnischen Dialekte und wird weiter oft bei der Aussprache durch Verdoppelung des vorangehenden Konsonanten verstärkt.

*makia* [-> mak**e**a, ‚süß']
*sokia* [-> sok**e**a, ‚blind']
*pimiä* [-> pim**e**ä, ‚dunkel, finster']

#### (ii) Schwund der Endsilbe (-*me*) im Pl1 und des Endvokals (-*i*) im Sg2 des Possessivsuffixes

Wie schon in obigen Abschnitten festgestellt wurde, ist der Schwund der Endungen und besonders der Endvokale ein typisches Merkmal für die südwest-

[14] [n]Ut bzw. [nU]

finnischen Dialekte. In den vorigen Abschnitten wurden Verben und Verbendungen analysiert, hier handelt es sich um Possessivsuffixe, eine sprachliche Besonderheit des Finnischen (neben dem Negationsverb, vgl. oben), die in einer Reihe anderer finnougrischer Sprachen (z.B. Estnisch) nicht vorkommt. Die heutige gesprochene Sprache verwendet sie nur selten, hauptsächlich im Singular, und Linguisten haben als Vermutung geäußert, dass sie in den nächsten Jahrzehnten völlig aus der finnischen Sprache verschwindet.

In diesen dialektalen Beispielen ist das Suffix aber nicht verschwunden, sondern gekürzt. Als Zeichen dafür steht beim Pl1 das von der Verdoppelung gebliebene /m/ und beim Sg2 das /s/.

> *meidhän päälläm* [-> meidän päälle**mme** -> meitä, 'uns' = erbarm dich unser]
> *meidhän turuam* [-> meidän turva**mme**, ‚unser Schutz']
> *armos* [-> armo**si**, ‚deine Gnade']
> *armollas* [-> armolla**si**, ‚durch deine Gnade']
> *woimallas* [-> voimalla**si**, ‚mit deiner Kraft']

**(iii) Schwund der morphemischen Endsilbe und Kürzung des morpheminneren Vokals im Lokalkasus**

In den finnougrischen Sprachen werden ursprünglich Kasus (Fälle) und Kasusendungen statt präpositionaler Wendungen verwendet. In den südwestfinnischen dialektalen Lokalkasus ist das oben schon mehrmals erwähnte Phänomenon des Schwunds zu sehen.

> *oman äitinsä parmas* [-> oman äitinsä parma**ssa** = sylissä, ‚im Schoß seiner Mutter']
> *murhes* [-> murhe**essa**, ‚im Kummer']
> *pantin soimen* [-> pantiin soim**een** = seimeen, ‚wurde in die Krippe gelegt']
> *neidzestä puctast* [-> puhta**asta** neitsyestä, ‚aus der reinen Jungfrau']
> *taiuasen* [-> taivaas**een**, ‚in den Himmel']

Der Schwund findet aber nur dann statt, wenn das Kasusmorphem am Ende der Worteinheit steht, d.h. keine weitere Endung noch dazu kommt, bzw. der Rhythmus es nicht verlangt wie im vierten Beispiel *neidze**stä** puctast*. Das zeigen die zwei letzten Beispiele bei (ii), nämlich *armo**llas*** bzw. *woima**llas***, wo das Possessivsuffix nach dem Kasusmorphem [*–lla*] steht und daher das Kasusmorphem selbst vollständig bleibt, während beim Possessivsuffix wiederum das Endphonem den Schwund erfährt. Die Schwankung bei *neidzestä puctast* betont die Rolle des Dialekts in den Liedern, obwohl die Verwendung der längeren, weiterverbreiteten Form in bestimmten Umgebungen aufweist, dass auch sie dem Übersetzer bekannt gewesen sein muss.

### 5.3.1.3 Südwestfinnische Pronominalformen

Die südwestfinnischen Dialekte haben noch heute das Relativpronomen wie die ostseefinnischen Sprachen im allgemeinen von den Stämmen ke- / mi- (hier also *quin* [-> joka, 'der', 'welcher'], im Estnischen z.B. *kes* ‚der'), während die finnische Standardsprache als Relativpronomen *joka* vorzieht. Die alten Übersetzungen der Kirchenlieder zeigen, dass es schon im 16. Jahrhundert Schwankungen gab, da beide Pronomen in den Liedern verwendet wurden. An und für sich sind die Relativkonstruktionen dieser Art kein altes Phänomen in der finnischen Sprache, sondern früher wurde die *ma*- bzw. *va*- Endung des Verbs statt eines Relativsatzes verwendet.[16]

> *sinä yön quin* [-> sinä yönä, jolloin, ‚in der Nacht, wo']
> *auringon koi, quin* [->auringon koi, joka, ‚das Morgenrot, das']

Es gibt aber auch Belege für *joka*:

> *jonga* synnit [-> jonka synnit, ‚dessen Sünden']
> *jong* mailm [-> jonka maailma, ‚dessen Welt']

Weitere Kasusformen, die von *quin* abgeleitet sind und heute noch einigermaßen bekannt bzw. in der Dichtung verwendet sind, vertritt hier

> *cusa* [-> kussa = jossa, ‚wo', ‚in welchem'],

[16] Z.B. *johtaMA* ‚von dem etwas geleitet wird' bzw. *johtaVA* ‚der etw. leitet', bzw. ‚der irgendwohin führt'.

dessen Stamm noch z.B. in einem Adventslied zu finden ist:

> Autuas kansa, kaupunki, *kuhunka* Jeesus tuleepi [‚Selig das Volk und die Stadt, *wohin* Jesus kommt']

Als eine weitere Bemerkung können wir gemäß diesen Beispielen feststellen, dass das Graphem <k> also im Laufe der Zeit den Platz von <q>, <c> und einigen weiteren Alternativen wie z.B. <gh> in der finnischen Schriftsprache übernommen hat.

## 5.3.2 Lexik

Wie schon erwähnt wurde, hat sich die finnische Sprache lexikalisch nicht so sehr verändert, dass die alten Texte für die modernen Menschen unlesbar wären. Daher werden hier nur einige Beispiele für lexikalische Besonderheiten in alten Liederübersetzungen gegeben. Es handelt sich dabei auch oft um alte Schreibweisen, aber auch Interferenzen durch den Ausgangstext sind zu sehen, da die Zielsprache noch in der Entwicklungsphase als Schriftsprache stand.

> *neidzökäinen* [-> neitsyt, ‚Jungfrau'] steht für Jungfrau Maria. Ihre Schreibvarianten in den Texten sind in den Kasusformen für *neidzyt,* d.h. *neidzestä* [-> neitseestä, ‚aus der Jungfrau'] und *neidzön* [-> neitsyen, ‚der (Gen) Jungfrau'] zu finden.
>
> *wapattaja* [-> Vapahtaja, ‚Heiland']. Die alte Schreibweise mit dem Doppelkonsonanten <tt> wird später analog zu weiteren Formen mit <ht> geschrieben und damit auch ausgesprochen.
>
> *Cuningan piha* [-> kuninkaan hovi, 'Königshof'] ist eine Interferenz aus dem Deutschen, denn für das Wort *Hof* gibt es im Finnischen zwei Übersetzungsmöglichkeiten, und zwar ‚hovi', wenn es sich um den Königshof, die ganze Umwelt eines Königs handelt, und ‚piha', wenn der konkrete Platz gemeint ist (‚Schulhof', ‚Hinterhof', ‚auf dem Hof' usw.). Hier wurde also die falsche Alternative, ‚piha' statt der richtigen gewählt. Es sollte also *cuningan hovi* [heute: *kuninkaan hovi*] heißen.

*hapoin taikin* [-> hapantaikina, 'Sauerteig'] schwankt nur in der Schreibweise, da der Endvokal bei *taiki**na*** fehlt, das Adjektiv eine alte Form hat und die Kollokation heute als Kompositum[16] geschrieben wird.

*päälläm* [-> päällemme, ‚auf bzw. über uns’]. Dieser Beleg wurde schon oben analysiert. Hier steht er aber für eine weitere Interferenz, da das Finnische statt Postpositionen Kasusendungen vorzieht, aber hier die Äquivalenz für *auf + Akk*, d.h. *päälle* [‚auf den Kopf’] usw. verwendet wurde. Daher sollte die Übersetzung für *Erbarme dich über uns* hier ‚armahda *meitä’* (Partitiv für *me*, ‚wir’) heißen. Analog hätte schon damals die Präpositionskonstruktion *auf den Sohn* mit ‚poikaan’ (Illativ für *poika*, ‚Sohn’) statt *poian pääl* übersetzt werden sollen.

*wähä* ist ein interessantes Wort, dass im heutigen Finnischen eigentlich als Adverb *vähän* [‚ein wenig’] oder in der Bedeutung für *pieni* [‚klein’] verwendet wird. Diese Verwendung finden wir auch in den alten Liederübersetzungen: *O Jesu wähäinen* [-> Oi Jeesus pienoinen, ‚O kleiner Jesu’]. In den südwestfinnischen Dialekten hat es aber analog zum z.B. Estnischen *väga* immer noch auch die entgegengesetzte Bedeutung als Adverb, d.h. ‚sehr’[17]. Auch für diese Verwendung gibt es Belege im Korpus, z.B. *wähä kaunis* [-> hyvin kaunis, ‚sehr schön’]. Interessant dabei ist, dass genau diese Bedeutung sich in der modernen Jugendsprache verbreitet[18].

*tyghös me lähenem* [-> luokse**si** me tulemme ‚wir kommen näher zu dir’] ist noch ein Beispiel für die Verwendung der dialektalen Ausdrücke in den alten Übersetzungen. *Tykö*[19] war und ist die westfinnische Form für *luokse*, ‚zu jmdm’, wobei *tykö* sich besonders in feierlichen und religiösen Texten auch in der finnischen Schriftsprache lange behauptet hat[20]. Beide müssen mit einem Possessivsuffix versehen werden, wie es auch in diesem Beleg der Fall ist.

---

[16] D.h. *hapantaikina.*
[17] Z.B. "On se maar *vähä* kamala juttu" (Das ist weiß Gott eine *sehr* üble Geschichte).
[18] Z.B. "*vähän* cooli"
[19] Schwedisch *till*, Deutsch *zu*
[20] In der Alltagssprache gibt es noch die Komposita *tyköistuva* [‚eng geschnitten’] für Bekleidung und *tykötarpeet* [‚Zubehör’], auch sogar *tilpehööri*, Schwedisch: *tillbehör*.

Oben wurden einige Beispiele für die alten dialektalen Ausdrücke und Formen in den finnischen Zieltexten analysiert, und in den folgenden Abschnitten werfen wir noch einen kurzen Blick auf ihre Ausgangstexte und die entsprechenden dialektalen Merkmale.

Im Allgemeinen konnten keine Belege dafür gefunden werden, dass die Übersetzer der alten Kirchenlieder systematisch oder gar absichtlich dialektale Ausdrücke des Ausgangstextes mit Entsprechungen aus einem Dialekt der Zielsprache hätten übertragen wollen, sondern alle Verfasser scheinen versucht zu haben, eine für den damaligen Menschen verständliche und belehrende Sprache zu sprechen. Dies lehnt die Lokalisierung nicht ab, obwohl manchmal das Reimen der Verständlichkeit vorgezogen wird. Auf jeden Fall steht fest, dass hier die Dialektübersetzung im engeren Sinne, so wie wir es verstehen, nicht im Vordergrund steht und nicht bewusst verfolgt wird. Daher wurden die dialektalen Belege nicht kontrastiv betrachtet, sondern beide Texte für ihre dialektalen Befunde gesondert analysiert.

### 5.3.3 Deutsch, niederdeutsche Merkmale

Wie schon gewähnt, wird die alte Schreibweise in den deutschen Texten hier im Allgemeinen außer Acht gelassen (z.B. *gemütte* [-> Gemüt], *unschüldig*, [-> unschuldig], *düldig* [-geduldig], *wie wol* ([-> wie wohl], *yamer tal* [-> Jammertal], *süs* [-> sonst], *Osterfladen* [-> süßes Brot], da es davon sehr viele Variationen gibt (vgl. von Polenz 2000: 147 ff.). Im Korpus ist aus praktischen Gründen meistens nur eine Version des alten Textes vorhanden, so dass auch dies das Erhalten eines dialektologisch bzw. linguistisch richtigen Bildes verhindern würde. Für uns stehen die Übersetzungen im Mittelpunkt, nicht die Grammatik des Ausgangstextes. Außerdem sind im deutschsprachigen Raum zahlreiche unterschiedliche Gesangbücher in mehreren Dialekten herausgegeben worden (vgl. Jenny 1985). Um jedoch die Rolle der Dialekte in deutschen Kirchenliedern nach der Reformation zu erleuchten, wurde hier beispielshalber ein Text gewählt, für den im Korpus sowohl die hoch- als auch die niederdeutsche Version vorhanden war. Schon diese zeigen, wie groß die Unterschiede gewesen sein konnten.

### 5.3.3.1 Diphthonge

Nach von Polenz (2000: 148-150) werden im Vokalsystem des Deutschen zwischen Mittel- und Neuhochdeutsch Diphthongierung, Monophthongierung und Dehnung sowie später Zusammenfall von Phonemreihen als ‚neuhochdeutsche' Lautveränderungen eingestuft. In meinem deutschen Korpus sind zahlreiche Beispiele dafür vorhanden. Da es sich eigentlich nicht (oder nicht nur) um Dialekt handelt, werden hier nur „Stichproben" der noch schwankenden Schreibweisen aufgelistet:

1) Durch Diphthongierung wandeln sich die mitteldeutschen engen Langvokale (geschrieben <i>, <u>, <u/iu>) in die neuhochdeutschen steigenden Diphthonge (geschrieben <ei/ai/ey>, <au/aw>, <eu/ew>): *hereyn* [herein], *sey* [sei];

2) Durch Monophthongierung der mittelhochdeutschen fallenden Diphthonge (geschrieben <ie>, <uo>, <ue> zu den neuhochdeutschen Monophthongen (<i/ie/ih>, <u/uh>, <u/ü/üh>): *ligt* [liegt], *gieb* [gib], *liecht* [Licht];

3) Die Dehnung des /e:/ zeigt sich im Korpus durch die Doppelschreibung des Vokalgraphems bzw. die niederdeutsche Schreibweise im Beleg *geet* [geht];

4) Schließlich sehen wir noch die alte Schreibweise des mitteldeutschen engen Langvokals <i> in der Monophthongform im Beispiel *kindlîn* [Kindlein] aus dem Korpus.

### 5.3.3.2 Lexik

Zum Schluss vergleichen wir, wie oben erwähnt, noch den Text eines Liedes aus dem Schumannschen Gesangbuch von 1539, wo er sowohl auf hochdeutsch als auch auf niederdeutsch abgedruckt wurde. In Norddeutschland (von Polenz 2000: 169) wurde die überregionale Schreibweise und Schreibentwicklung durch die Hanse und ihren Fernhandel gefördert. Dies gilt besonders für die Rechts- und Verwaltungssprache, aber zeigt sich auch in den Kulturbeziehungen (z.B. in Estland und Finnland sind noch beachtenswert viele Dokumente der Hanse in den alten Archiven zu finden.) Nach von Polenz (ibid.) liegt die „Blütezeit" des Mittelniederdeutschen zwischen ca. 1370 – ca. 1530 und es wird verallgemeinert „Hansesprache" genannt.

| (hochdeutsch) | (niederdeutsch) |
|---|---|
| O Lamb Gottes(i) unschüldig<br>am stam des Creutzes(ii)<br>geschlachtet(iii),<br>All zeit(iv) gefunden düldig,<br>wie(v) wol du wurst(vi)<br>verachtet(vii);<br>All sund hastu(viii) getragen(ix),<br>sons moeste(x) wir(xi)<br>verzagen(vii),<br>erbarm dich(xii) unser O Jhesu. | O Lam gades (i) unschüldich<br>am stam des cruetzes(ii)<br>geslachtet(iii),<br>All tydt(iv) gevunden düldich,<br>wi(v) wol du wordest(vi)<br>vorachtet(vii),<br>All sünd heffstu(viii) gedragen(ix),<br>süs moste(x) wy(xi) vortzagen(vii),<br>Erbarm dy(xii) unser, o Jesu! |

Im folgenden werden die phonologischen und graphematischen Unterschiede anhand Besch (2000: 1422 ff.) zwischen der hoch- und niederdeutschen Lexik betrachtet. Dabei wird auch die niederdeutsche Lexik mit dem modernen Schwedisch verglichen.

Bei (i) hat das Niederdeutsche statt des stimmlosen Doppelklusils einen stimmhaften, und dadurch hat sich der Vokal der offenen Silbe auch geöffnet. Dagegen ist der heutige schwedische Vokal /u:/ in *gud* noch geschlossener als im Hochdeutschen, obwohl der Auslaut stimmhaft wie im Niederdeutschen ist. Statt des Diphthongs /oi/ bei (ii) hat das Niederdeutsche einen Monophthong /ü/. Im Schwedischen hat hier ein Bedeutungswandel stattgefunden, und zwar bedeutet *kryss* im heutigen Sprachgebrauch ‚Kreuzworträtsel' bzw. ‚Ankreuzung', während für das Kreuz Christi die Benennung *kors* steht. Die Schreibweise bei (iii) weist auf das Fehlen des stimmlosen Reibelauts <sch> im Niederdeutschen hin. (iv) ist ein Beispiel dafür, dass das Niederdeutsche keine initialen Affrikaten kennt und wieder als Auslaut (vgl. (i)) einen stimmhaften Klusil hat, und dass dem Diphthong /ai/ meistens ein langer Monophthong /i:/ entspricht (hier <y>). Das schwedische Äquivalent ist *tid.* Unterschiedliche Schreibweisen haben wir auch bei (v), (x), (xi) und (xii). Der

Vokal wird graphematisch anders ausgedrückt (lang: <ie> bzw. <i>; kurz: <oe> bzw. <o>) (Besch 2000: 1424), der Auslaut fällt aus bei (xi) (vgl. *vi* im Schwedischen) und bei (xii), wobei er im Schwedischen nicht verschwindet (*dig*), sondern als Reibelaut stimmhaft statt stimmlos wird (/j/) (von Polenz 2000: 155). Bei (viii) haben wir in beiden Fällen eine dialektale Form, *hastu* (‚hast du') im Hochdeutschen bzw. *heffstu* im Niederdeutschen. Merkmale dieser Form sind noch im schwedischen Partizip *haft* vorhanden. (ix) ist ein weiteres Beispiel für die regelmäßigen Unterschiede in der Verwendung der stimmlosen und stimmhaften Klusile im Hoch- und Niederdeutsch (vgl. auch Philipp 1980: 29). Bei (vii) handelt es sich nicht um eine Variation der Schreibweise, sondern um eine niederdeutsche Variante (<vor>), die die Richtung des heutigen Schwedischen (<för>) vorauszeigt: *förakta* bzw. *försäga* (veränderte Bedeutung).

## 5.4. Zum Schluss dieses Kapitels

Die Dialekte und die Dialektübersetzung bilden einen wichtigen Teil in meiner Untersuchung und deren Ziel, herauszufinden, wie die Entwicklung und Veränderung der Gesellschaft auf die Kirchenlieder gewirkt hat und ob man andersherum durch deren Analyse diese Veränderungen interpretieren kann. Die Analyse gilt also, wie am Anfang des Kapitels schon betont wurde, nicht für die Äquivalenz zwischen dialektalen Ausdrücken dieser zwei Sprachen, sondern für das Verhältnis der Ausgangs- und Zielsprache zur umgebenden Gesellschaft im 16. Jahrhundert und heute. Das zentrale Ziel dieser Arbeit ist es ja, herauszufinden, ob die Entwicklungsrichtungen innerhalb der westeuropäischen Kultur durch die Neuübersetzungen der alten Kirchenlieder zu ersehen sind. Aus dem „dialektalen Blickwinkel" kann man auf jeden Fall sehen, dass die mundartlichen Ausdrücke und Formen in beiden Sprachen aus den heutigen Versionen der alten Lieder verschwunden sind und der Standardsprache haben weichen müssen. Durch jedes dieser alten gemeinsamen Lieder der Deutschen und Finnen öffnet sich eine ganze Welt, deren sprachliche, kulturelle und gesellschaftliche Betrachtung eine eigene, spannende Reise in die Vergangenheit und Gegenwart anbietet. Sowohl Martin Luther als auch Jacobus Finno kannten keine Theorien und Formen der Dichtung, da die Übertragung der aus der Antike überkommenen Lehren zur Poetik auf die Volkssprache erst zögernd begann. Trotzdem haben beide beständige und heute noch beliebte Texte geschaffen, die sich nicht nur zwischen den Deckeln der Kirchengesangbücher gehalten haben, sondern wichtigen Einfluss auf die ganze Kultur ausgeübt haben. Beide Dichter sind noch heute in Gedichtanthologien vertreten, Finno leider nur mit einem Gedicht, dessen deutsche Übersetzung ich an den Schluss dieses Buches gestellt habe. Und die dialektalen Merkmale bei ihnen sind ein wichtiges Gewürz und Begleiter auf dem Weg durch die fünf Jahrhunderte nach der Reformation, die ausschlaggebend für das gemeinsame Singen in der Kirche und die Entstehung einer vielseitigen Kirchenmusik war. Und was wäre die Musik und Musikgeschichte ohne Bach und Händel oder die Kunst des Liedes ohne Luther, Schütz und viele andere Größen der Musik und Dichtung!

# 6
# Translationsstrategien in alten finnischen Übersetzungen deutscher Kirchenlieder[1]

## 6. 1 Zum Thema

Das älteste finnische, nur fragmentarisch erhalten gebliebene Kirchengesangbuch von Jacobus Finno enthielt wahrscheinlich nur sieben echt finnische, von ihm selbst verfasste Lieder, in der Mehrzahl aber übersetzte Liedtexte. Insgesamt waren es 101, wie wir schon gesehen haben. Im Unterschied zu Agricola hatte Jacobus Finno schon einige finnischsprachige Texte, die er als Paralleltexte verwenden konnte, z.B. den Psalter und das Neue Testament, die Agricola ins Finnische übersetzt hatte. Die ersten drei Lobgesänge in seinem Gesangbuch hatte er direkt aus Agricolas Neuem Testament zitiert und dazu noch den Lobgesang *Te Deum* doppelt verwendet, und zwar zuerst wörtlich nach Agricola und dann in seiner eigenen gereimten Version. (Kurvinen 1929: 86.) An früheren finnischen Übersetzungen hat Finno insgesamt 17 aufgenommen, davon waren drei aus dem Griechischen, neun aus dem Lateinischen, vier aus dem Deutschen und eine aus dem Schwedischen ins Finnische übersetzt worden. Modifikationen weiterer Lieder oder nur deren Themen hatte er insgesamt elfmal aus weiteren Sprachen in sein Buch übernommen: acht mit deutschem und die übrigen mit schwedischem bzw. schwedisch-deutschem Ursprung. (ibid., 87.) Selbst hat Jacobus Finno also sieben Lieder verfasst. Davon sind noch vier im modernen finnischen Kirchengesangbuch erhalten. Übersetzungen im engeren Sinne hat Finno laut Kurvinen (ibid., 88) insgesamt 65 erstellt, darunter von 35 deutschen, 21 schwedischen und 8 lateinischen Ausgangstexten sowie einem Hybridtext (*In dulci jubilo*, lateinisch und deutsch). Direkt aus dem Deutschen hat er jedoch nur 6 bis 8 und aus dem Schwedischen 41 Lieder übersetzt, für die weiteren hat er eine Drittsprache als Ausgangssprache verwendet oder wenigstens zur Hilfe herangezogen (Kurvinen 1929: 89f.). Während seines Studiums in den 60er Jahren des 16. Jahrhunderts in Wittenberg und Rostock hatte er sich besonders die Grundauffassungen von Philipp Melanchthon, dem Mitstreiter Luthers, angeeignet. Diese reformatorischen Ideen und Gedanken sowie der Einfluss des gemeinsamen, volkssprachigen Kirchengesangs auf die

[1] Vgl. auch Helin 2011: 121-132.

Gemeinde haben Zusammensetzung und Inhalt seines Gesangbuchs deutlich geprägt. (Lempiäinen 1988: 361.)

Da die Mehrzahl der Lieder Übersetzungen sind, betrachten wir in diesem Kapitel die Übersetzungsarbeit Finnos noch näher unter translatologischen Gesichtspunkten, und zwar im Hinblick auf die Translationsstrategien in der Form, in der sie von den heutigen, modernen Translationstheorien präsentiert werden. Zuerst werfen wir jedoch einen Blick auf seine eigenen Auffassungen vom Übersetzen, die er 1583 im Vorwort seines Gesangbuchs erörtert hat.[2] An die anfängliche Bedeutung des Lateins erinnert Finno seine Leser und betont, dass die ersten Christen diese Sprache im Gottesdienst und beim Lesen der Bibel brauchten, weil sie damals in Rom noch Latein als Muttersprache sprachen. Später, als das Christentum sich verbreitete und die neu getauften Christen kein Latein konnten, hat nach Finno der Teufel es mit Freude verhindert, dass die jeweilige Landessprache hätte verwendet werden können. So verstanden die Völker nicht mehr, was gelehrt wurde, und konnten das Christentum nicht mit dem Herzen annehmen. Erst Jahrhunderte später veranlasste Gott Martin Luther in Deutschland und andere fromme Männer in anderen Ländern, die Bibel und die Kirchengesänge in ihre eigene Sprache zu übersetzen. So konnte nach Finno „das Volk das Leben und das Werk Christi sowie die ganze christliche Lehre kennen lernen, und die Melodien im Gottesdienst erhielten einen fruchtbaren Text". Diese klugen und frommen Männer im Ausland waren nach dem Vorwort für Finno Vorbild und ihre Reime Muster gewesen, als er die Liedtexte mit der Begabung übersetzte, die Gott ihm gegeben hatte. Nach seinem Text zu urteilen scheint er wegen der Kritik ziemlich beleidigt gewesen zu sein, die ihm schon entgegengebracht wurde, bevor das Gesangbuch überhaupt erschienen war. Auf jeden Fall sind seine Bemerkungen der älteste finnische Beitrag zur Übersetzungswissenschaft!

Später in diesem Kapitel nehmen wir einige alte Melodien auf und analysieren, wie erfolgreich Finnos Übersetzungen und Modifikationen in den Augen der heutigen Leser und Sänger der alten Notenschrift entsprechen.

Wie wir in früheren Kapiteln gesehen haben, war die Rechtschreibung in den zwei Sprachen, Deutsch und Finnisch, die wir hier betrachten, damals

[2] Das Vorwort ist erhalten geblieben und als Faksimile zugänglich (Lempiäinen 1988); die Passage zum Übersetzen S. 11-13.

noch nicht festgelegt und normiert, sondern es gab Varianten sogar innerhalb desselben Textes. Wie im vorigen Kapitel analysieren wir auch jetzt nicht die grammatische Entwicklung des Deutschen oder des Finnischen, sondern suchen diesmal nach Anzeichen für moderne übersetzungstheoretische Strategien. Könnte es sein, dass der gelehrte und sprachlich begabte, aber gleichzeitig recht bescheidene und selbstkritische Schulmeister, Pfarrer und Lektor Finno trotz seines eigenen Zweifels systematischen Sprachregeln beim Verfassen und Übersetzen folgte? Auf jeden Fall war seine Begabung am königlichen Hof bekannt, denn eine seiner offiziellen Aufgaben war doch „einige notwendige Bücher ins Finnische zu übersetzen." (Lempiäinen 1988: 362.)

Übersetzerisch betrachtet sieht die Kombination der Tabellen 1 und 2 im Kapitel 1 für unsere Zwecke folgendermaßen aus:

Tabelle 29. Neue Kombination der Tabellen 1 und 2 im Kapitel 1

| **Gesangbücher** | **Lieder im Korpus** | **Strophen** | **Verse** |
|---|---|---|---|
| Finno, alte finnische Übersetzungen von 1583 | 27 | 152 | 1068 |
| Deutsche Originaltexte aus unterschiedlichen Quellen | 27 | 162 | 1105 |
| Neue finnische Übersetzungen 1986 | 27 | 137 | 1006 |
| Dieselben deutschen Gesänge im EKG 1981 | 27 | 143 | 1008 |

Eine quantitative Analyse zeigt also eine Kürzung der betreffenden Texte, wie wir schon im Kapitel 1 gesehen haben. Aus den finnischen Übersetzungen sind mit der Zeit insgesamt 14, von den deutschen 19 Strophen weggelassen worden. Betroffen sind allerdings nur jeweils einige Lieder. Zum Beispiel schrumpfte Paul Speratus' Lied *Es ist das Heil uns kommen her* im Cellischen Gesangbuch von 1696 (Nr. 178, in (n)[3], Seite 155) schon von den ursprünglichen 19 auf 16 Strophen; das heutige Lied (EG 342) umfasst nur noch 9 Strophen, EKG 242 enthielt immerhin noch 12.

## 6.2 Einteilung des Materials

Es wurde schon früher in diesem Buch festgestellt, dass die alten deutschen Kirchenlieder aus mehreren Quellen stammen (vgl. z.B. Helin 2008, 2009a,

[3] Kleinbuchstaben bei den alten deutschen Liedern beziehen sich auf die Liedquellen im Literaturverzeichnis.

2011). Daher können die Hauptabschnitte der Gesangbücher (vgl. unten Tabelle 30), in denen sich die frühen Texte befanden, nicht mit denen der finnischen verglichen werden, obwohl unsere alte finnische Quelle durchaus mit einer Einteilung versehen war. Dagegen entsprechen sich die heutigen Versionen und Abschnitte situativ recht gut (Tabellen 4 und 6 im Kapitel 1). Das Ziel dieser Untersuchung war auch, ein wissenschaftlich messbares Vergleichsmaterial zur Verfügung zu stellen, d.h. es wurden die modernen Kirchenlieder[4] möglichst in denselben Abschnitten gesucht, wo das seit Jahrhunderten bestehende Material in den modernen Quellen gefunden worden war. Leider wurde das Ziel letztendlich jedoch nicht völlig erreicht (vgl. Tabellen 5 und 7 im Kapitel 1).

Tabelle 30. Stellen der alten Lieder des Korpus in neuen Gesangbüchern

| **Das finnische Gesangbuch 1986** | | **EKG 1981** | |
|---|---|---|---|
| I Das Kirchenjahr | 10 | I Das Kirchenjahr | 11 |
| II Der Gottesdienst | 8 | II Der Gottesdienst | 7 |
| III Das Leben in Christus | 7 | III Psalmen/Bitt- und Lobgesänge für jede Zeit | 9 |
| IV Das Leben in der Welt Gottes | 2 | IV Lieder für besondere Zeiten und Anlässe | 0 |

## 6.3 Textlinguistische Analyse vor der translatorischen Betrachtung

Bevor wir alte (oder neue) Übersetzungen analysieren können, bedürfen sowohl Ausgangstexte als auch Zieltexte einer linguistischen bzw. textlinguistischen Betrachtung, um feststellen zu können, wie, wann und wo der Text entstanden ist, welche stilistische und grammatikalische Merkmale er hat usw. Rein pragmatisch braucht der Forscher die Antwort auf die Frage, wer im Text, in diesem Beitrag oder im Liedertext der Sender ist und welche Empfänger er konkret oder potentiell im Auge hatte (vgl. z.B. Greule 1999). Außerdem muss die Intention (bzw. der Skopos) des Senders herausgefunden werden, sowie seine eigene Einstellung dem Gesagten gegenüber. Sie wird mehr oder weniger explizit erörtert. Eine morphologische und syntaktische Beispielanalyse hatten wir schon für einige alte Lieder im vorigen Kapitel. Hier und in den folgenden zwei Kapiteln betrachten wir die Lieder und ihre Übersetzungen nun aus dem textlinguistischen und pragmatischen sowie aus dem translatorischen Gesichtspunkt. Die Besonderheit dieses Kapitels

[4] Vgl. auch Angaben und Tabellen in Kapitel 1.

sind die translatorischen Textfunktionen und Strategien sowie das Verhältnis zwischen Text und Melodie bei Originaltexten und ihren Übersetzungen. Die Melodie spielt auch eine wichtige Rolle in den nächsten zwei Kapiteln.

## 6.4 Übersetzungsstrategien

In der 3000-jährigen Geschichte des Übersetzens und der Translationswissenschaft wechseln sich die Auffassungen über Methoden und Strategien ab, wie man übersetzen bzw. dolmetschen sollte. Im Anbetracht der Geschichte könnte eigentlich behauptet werden, dass die Methoden einen Kreislauf haben, d.h. von den wortwörtlichen Übersetzungen geht man Schritt für Schritt zum „freien" Muster über, wonach dann wieder die Richtung „wörtlich" aufgenommen wird. Außerdem wird seit Jahrhunderten bzw. sogar Jahrtausenden darüber gestritten, ob die Übersetzung den Autor näher zum Leser (Domestizierung) oder den Leser näher zum Autor (Verfremdung) bringen sollte. Die erste eigentliche Dissertation über die Translationstheorie von Friedrich Schleiermacher 1813 behandelt genau dieses Thema, aber darüber wurde auch schon in der Antike diskutiert. In den letzten Jahrzehnten wird behauptet (z.B. Venuti 1995), dass in der Übersetzung zu sehen sein darf oder sogar muss, dass es sich um eine Translation handelt, während es davor seit Nida (z.B. 1964) und der von ihm vertretenen dynamischen Äquivalenz wichtig war, eine möglichst authentische Zielsprache zu verwenden. Heutzutage sieht man also nach der Phase der funktionalen Übersetzungstheorien (von Nida an) und Skopos-Theorien (Reiß und Vermeer, z.B. 1991) sowie der Theorie des translatorischen Handelns (Holz-Mänttäri 1984) wieder ein, dass eine Übersetzung (vgl. also Venuti) einigermaßen auch verfremdende Merkmale beibehalten kann oder soll, damit dem Leser klar wird, dass er eine Übersetzung liest.

Was wiederum die deutschen sowie die finnischen Kirchenlieder betrifft, so waren sie in der mittelalterlichen Sprache verwurzelt, die noch stark regional geprägt war und der eine einheitliche Standardnorm fehlte. Da deutsche regionale Mundarten und Sprachformen auch in geschriebener Form zu finden und zu analysieren sind, haben natürlich die Dokumentierung und die territoriale Ausbreitung der deutschen Varietäten völlig andere Dimensionen als die des Finnischen. Daher stehen auch die dem Forscher gestellten

Herausforderungen auf einem höheren Niveau was die mittelalterlichen und frühneuzeitlichen Sprachvarietäten des Deutschen betrifft. (Vgl. auch Helin 2013.) Und wenn wir wissen, dass zahlreiche in der Tradition verwurzelte Kirchenlieder im Laufe der Geschichte angepasst und umgestaltet worden sind, schon um den Wandel der Zeiten und Auffassungen zu überleben, muss der Sprachforscher in der Lage sein, die sprachliche Entwicklung im Extremfall über mehr als 1000 Jahre hinweg beschreiben zu können. Da auch die Melodie oft mit dem Text verbunden ist, und wenn der Text älter als die Melodie ist, braucht auch die Musikforschung nach Greule (1999: 64) sprachliche Kriterien, „die zur Beurteilung eines Liedes allgemein und im Hinblick auf seine Verwendung in einer konkreten liturgischen Situation beitragen." Er schreibt weiter: „Auf diese Forderung kann der Sprachwissenschaftler dadurch reagieren, daß er die Grundlagen für eine entsprechende Kriteriologie schafft, aus der zusammen mit den anderen Disziplinen ein in der Praxis handhabbarer Kriterienkatalog zu formen wäre." (ibid.)

Finno und seine Zeitgenossen haben zweifellos nicht wortwörtlich übersetzt, oder hätten eventuell nicht einmal so übersetzen können, sondern eher den ursprünglichen Text (und daneben vielleicht auch die betreffende Melodie) nur als Vorlage verwendet (vgl. Skopos-Theorie und translatorisches Handeln), um einen für ihre Landsleute verständlichen Liedtext schaffen zu können. Es erscheint daher angebracht, hier zuerst einen Exkurs zur Interferenz (und Transferenz) einzufügen um danach von den übersetzerischen Strategien von Vinay und Darbelnet (1958) ausgehend auch die Auffassungen von der dynamischen Äquivalenz bei Nida (1989) und von den Textfunktionen bei Reiß (1989) zu berücksichtigen.

### 6.4.1 Interferenz

*Interferenz* ist keine Übersetzungsstrategie im engeren Sinne, aber sie kann bei der Analyse alter Übersetzungen nicht übersehen werden. Interferenzen darin sind oft darauf zurückzuführen, dass die Systemdiskrepanz, d.h. die unterschiedliche Struktur der Ausgangs- und Zielsprache nicht berücksichtigt wurde. Während der frühen Phase der Entwicklung einer Schriftsprache kommen interferentielle Ausdrücke natürlich öfter vor als später, wenn die Grammatiknormen der Zielsprache schon festgelegt und dem Textproduzenten bekannt sind. Es gibt in einer Sprache aber auch Formulierungen, die ursprünglich Interferenzen der jeweiligen Ausgangssprache waren, aber später als normierte Formen oder Lexik in der Zielsprache geblieben sind. Solche Phänomene werden *Transferenz* genannt.

Tabelle 31. Interferenz und Transferenz

| **Interferenz** | **Transferenz** |
|---|---|
| • Synchronisches Phänomenon<br>• Okkasionelle Entlehnungen, "Ausrutscher", überraschende Strukturen (z.B. Anglizismen)<br>• Destruktives, dezeptives Phänomenon, stößt gegen die Normen der Zielsprache<br>• Forschungsobjekte: z.B. Falsche Freunde (faux amis) und Zweisprachigkeit | • Diachronisches Merkmal<br>• Usuelle Lehnwörter, Lehnübersetzungen und strukturelle Entlehnungen<br>• Konstruktives, rezeptives Phänomenon<br>• Forschungsobjekte der Transferenzlinguistik: Entstehung der Gemeinsamkeiten in unterschiedlichen Sprachen. |

Wörtliche Übersetzungen sind jeweils eine typische Form der Interferenz. Für die Translationsforscher alter Texte sind sie in der Hinsicht hilfreich, dass man dadurch relativ leicht zur Ausgangssprache hingeleitet wird. Wenn jedoch solche Anfangsinterferenzen in der Zielsprache mit der Zeit usualisiert und normiert werden, d.h. im Text- und Sprachvergleich Merkmale der Transferenz aufweisen, können sie aber später z.B. in einer puristischen Phase als strukturwidrig bezeichnet werden und eine völlige oder teilweise Umformulierung erfahren. Als Beispiel könnten wir hier die finnische Postposition *edestä* (bei Finno oft *edhest*) nennen, die eine Übersetzung der deutschen Präposition *für* ist, die sowohl diachron als auch synchron polysem ist. In der Zeit der Reformation wurde die Phrase *für uns* ins Finnische z.B. mit *meidän edhestäm* übersetzt, wo *für* eher ‚vor' bedeutet(e). Die Formulierung ist jedoch in der finnischen Sprache als Transferenz (*meidän edestämme*) bis zu den heutigen Tagen geblieben, und zwar im kirchlichen Sprachgebrauch, besonders beim Abendmahl. Erst im 21. Jahrhundert wurde diese Kollokation zu *meidän puolestamme* modifiziert, die nach wie vor mit für uns zu übersetzen ist. Außerdem wurde die Konfirmation im Volksmund (südwestliche Dialekte) *edestpääsy*[5] genannt. Dieser Ausdruck ist auf den schwedischen Ausdruck *läsa för prästen* [‚für den Pfarrer lesen'] zurückzuführen, der für den Konfirmationsunterricht steht. Heute wird der Terminus auch im Finnischen *konfirmaatio* genannt.

[5] Die ursprüngliche Bedeutung dieses Kompositums (wörtl. ungefähr „davon Freikommen, vor jemanden hingestellt zu sein") könnte möglicherweise entweder darin liegen, „nicht mehr etwas für den Pfarrer lernen zu müssen" oder aber "nach dem Lernen des Christentums von Gott ‚freigesprochen' zu werden".

Tabelle 32. Interferenz bei Finno (vgl. Helin 2012a)

| | |
|---|---|
| (1) *nach*<br>straft nicht *nach* unsrer Schuld | (1) *iälkin*<br>Eick ansion *iälkin* rangaitze meit. (F15) |
| (2) *auf, an, über*<br>Wie unser hoffnung zu dir steht./<br>*Auff* dich hoffen wir lieber Herr/<br>Inn schanden las uns nimer mehr (k) | (2) *päällä*<br>Sijnä olem me aina toiuos/ Sun *päälläs*<br>Herra mös luotam/ Älä häpiät *päälläm*<br>tuota. (F4.) |
| (3) Gleich wie das Gras zur rechten,/ ein Blum und fallend Laub:/ der Wind nur *drüber* wehet,/ so ist es nimmer da, (n) | (3) Me olem werdhatut ruohon/ Quin haia ia cukoistu puctast/ Cosk tuuli sen *pääl* puhele/ Cocta se lacastu. (F15.) |
| (4) *Passivkonstruktion*<br>Sie leren eytel falsche list,/ was aygen witz erfindet./ Ir hertz nit eines sinnes ist/ in Gottes wort gegründet. (a) | (4) *Agent im finnischen Passiv<br>Mailmas nyt edhes pidhetän/ Petos ia Ihmisten iuttu/ Totus mös *iocaidzeld hyliätän/* Pyhän kirian moni suuttu. (F81.) |

Bei den ersten Übersetzern ins Finnische können natürlich zahlreiche Interferenzen gefunden werden. Sie hatten ja nur den Ausgangstext in schriftlicher Form zur Verfügung, wenn sie ihren zielsprachlichen Text anfertigten. In der Tabelle 32 wurden einige Beispiele der Interferenz in den Übersetzungen von Finno aufgelistet, um das Phänomenon weiter zu illustrieren. Es ist also oft dort zu finden, wo nach dem finnischen Sprachsystem eher ein Fall als eine Postpositionskonstruktion zu verwenden wäre. Die gewählten Postpositionen sind *jälkeen = nach* und *pääl = auf*. Das Beispiel (1) bezieht sich auf eine wörtliche Übersetzung der deutschen Präposition *nach* ins Finnische, obwohl sie jedoch in der Zielsprache die systembezogene postnominale Stellung erhalten hat. Im Finnischen wäre aber auch eine fallbezogene Lösung, d.h. Elativform des Substantivs, *ansiostamme*, d.h. *ansio*+Elat+PossPl1 bzw. eine postpositionale Konstruktion *ansiomme mukaan* [‚nach unserer Schuld'] möglich und typischer gewesen. Außerdem wurde das temporale Äquivalent [‚iälkin' -> ‚jälkeen'] der deutschen Präposition gewählt, obwohl sie in diesem Beispiel keine temporalen Merkmale zeigt und wie oben schon erwähnt, heute mit dem konzessiven *mukaan*[6] übersetzt würde.

Im Beispiel (2) wurden die deutschen Präpositionen *auf, an* und *über* durch Interferenz mit dem finnischen spatialen Äquivalent *päällä* übersetzt, obwohl der finnische Satzbau dadurch systemwidrig wird. Finno hat diese Postposition auch dann verwendet, wenn der deutsche Text aus einer weiteren Formulierung besteht, wohl aus dem Grund, dass er die Sprache gut beherrsch-

[6] Eikä ansiomme *mukaan* rankaise meitä.

te, und sie ihm sogar als Satzbaumuster diente. *Auf dich hoffen wir* wurde von ihm durch *Sun päälläs* [‚auf dich'], d.h. PossPronSg2+*pää*+Adess+Sg2, übersetzt, obwohl das von ihm verwendete Verb *luottaa* [‚sich auf jmdn verlassen'] eine Illativkonstruktion[7] hätte haben sollen. *Dasselbe gilt für inn schanden las uns nimer mehr -> häpiät päälläm* [‚Schande auf uns'], also *häpeä*+Part+*pää*+Adess+Pl1, wobei diese Phrase mit einer Allativform[8] *hätte konstruiert werden müssen. Im Beispiel (3) der Wind nur drüber wehet* wurde von Finno auch beim Übersetzen die Postposition *pääl* gewählt, obwohl *über* genauso die äquivalente Bedeutung *ylitse* hat und hier die richtige Lösung gewesen wäre. Das Beispiel (4) enthält im Finnischen eine interferentielle Passivform mit einem Agenten, obwohl das finnische Passiv systemmäßig mit keinem Subjekt versehen werden kann.[9] Der deutsche Text wurde mit Aktivformen formuliert: *Sie lehren eitel falsche List.* Die finnische Phrase *totus mös jocaidzeld hyliätän* [‚die Wahrheit wird auch von jedem zurückgewiesen'], d.h. *Totuus*+Nom+*myös* Adv.+*jokainen*+Ablat+*hylätä*+PassPräs, wäre auch mit einer Aktivform übersetzbar gewesen: *jokainen myös hylkää totuuden* [‚auch jeder weist die Wahrheit zurück'].

### 6.4.2 Übersetzungsstrategien im engeren Sinne

Die grobe Kategorisierung der Übersetzungsstrategien im engeren Sinne10 besteht aus Transposition (Änderung der Wortklasse usw.), Modulation (Änderung des Blickwinkels), vollständiger syntagmatischer Veränderung (z.B. wegen der Struktur der Zielsprache) und Adaptation (wenn der Begriff oder die Benennung der Ausgangssprache in der Zielsprache fehlt). Die Quellen der folgenden Beispiele wurden nach Finno benannt, d.h. F + Nummer des Liedes.

#### 6.4.2.1 Transpositionen

Die Transposition wird in der Übersetzungswissenschaft als die Strategie der Übersetzung einer ausgangssprachlichen Einheit durch eine zielsprachliche

---

[7] *Sinuun* me, Herra, myös luotamme.
[8] Älä *meille* häpeää tuota.
[9] Die Struktur finnischer Passiv-Sätze entspricht eher einer deutschen unpersönlichen Konstruktion mit „man": ein Agent wird nicht genannt, das Verb behält seine Rektion.
[10] Interferenz und Transferenz sind, wie gesagt, keine beabsichtigten Übersetzungsstrategien, sondern eher unbewusste Verwendungen einer ausgangssprachlichen Formulierung oder sonstige sich in der Zielsprache befindende Formulierungen mit einem fremden Ursprung.

Einheit definiert, wenn diese zu einer anderen sprachlichen Kategorie gehört (Wortklasse, Verbform, Sprachebene usw.), wobei jedoch die Bedeutung des Ausdrucks selbst nicht verändert wird. Auf der Systemebene finden wegen der unterschiedlichen Sprachstruktur regelmäßig Änderungen dieser Art im Translationsprozess statt (vgl. Helin 2011: 14).

Im meinem alten Finno-Korpus sind insgesamt 40 Verse und Strophen vorhanden, die eine Transposition aufzeigen. Finno war sprachlich begabt und auch des Finnischen so sehr mächtig, dass er diese Methode sprachbewusst und geschickt verwendet zu haben scheint, obwohl er selbst seine Sprachkenntnisse und dichterische Begabungen eher kritisch betrachtet hat. Typisch für diese Strategie ist die Verwendung eines Adjektivs statt eines Substantivs oder umgekehrt bzw. die Ersetzung eines Pronomens durch ein Substantiv, wenn die natürliche bzw. später normierte Zielsprache dies verlangt oder mindestens benötigt. Es können auch Nomina gegen ein Verb sowie eine Verbform gegen eine andere getauscht werden (Person, Tempus und Modus). Vgl. Modulation (Abschnitt 6.4.2.2).

#### 6.4.2.1.1 Substantiv versus Adjektiv versus Pronomen

Von diesem Abschnitt an werden die Tabellen nicht mehr nummeriert, sondern die jeweiligen deutschen und finnischen Texte nur nebeneinander in Kästchen gesetzt.

| 1 | |
|---|---|
| a) Dich Vater *inn ewigkeit* (a)<br>b) Sey uns *gnedig* O Herre Gott<br>Sey uns *gnedig* inn aller not (a)<br>c) und stewr *des Bapsts und Türcken* mort, (a)<br>d) der *dich* in Trübnis trösten soll (n)<br>e) und hilf *ihm* aus der Sünden Not (n) | Sinul *ijancaickinen* Isä (F4)<br>Tee *laupius* cansam Jumala<br>*Armollas* puolem cumardha.(F4)<br>*Nijdhen* woima mös lyö alas. (F86)<br>Joca *maa* murhes lodhutta. (F77)<br>Pääst *heitä* synnist ia hädhäst. (F77) |

Im Beispiel 1a wurde das Substantiv *Ewigkeit* durch das entsprechende Adjektiv *ijancaickinen* [‚ewig'] ins Finnische übersetzt. Die Form bzw. Wortklasse wurde also definitionsgemäß verändert, aber die Bedeutung beibehalten: *Vater in Ewigkeit-> ewiger Vater*. Im Beispiel 1b dagegen wurde das Adjektiv *gnädig* in die Substantive *laupius* [‚Barmherzigkeit'] und *armo* [‚Gnade'], d.h. *armo*+Adess+PossSg2] transponiert. (Vgl. auch Helin 2011: 125.)

Weiterhin wurden im Beispiel 1c die Substantive durch das Pronomen *nijdhen -> niiden* [‚deren'], also *ne*+GenPl ersetzt,[11] im Beispiel 1e wurde das Personalpronomen Sg3+Dat (*ihm*) mit Pl3+Part, *heitä*, [‚sie'] übersetzt, und in 1d das Objekt der Anrede *dich* durch das neutrale Substantiv *maa* [‚Erde'] transponiert, das grammatisch im Kasus Partitiv sein sollte, *maata*, d.h. *maa*+Part. Finno hat das Objekt im Nominativ gelassen, was eine systemwidrige Lösung ist.

#### 6.4.2.1.2 Substantiv vs. Verb

Das Finnische ist reich an Verben, und es ist deshalb kein Wunder, dass die deutschen Substantive mit einer finnischen verbalen Konstruktion übersetzt wurden und werden. Die Beispiele 2a bis c stellen diese Kategorieänderung dar, und zwar wurde im Finnischen das deutsche Substantiv *Furcht* zum Verb *pelätä* [‚fürchten'], d.h. *in seiner Furcht -> händ pälkäuät* [‚ihn fürchten'], *hän*+Part+*pelätä*+PräsPl3. *Gib uns gedult inn leidens zeit* hat Finno mit der Bitte *Aut että me sinua cuulisim* wiedergegeben [‚Hilf, dass wir dir gehorsam wären']. Das Substantiv *Geduld* wurde mit dem Verb *kuulla* [‚hören'] ersetzt, was darauf zurückzuführen ist, dass das Adjektiv *kuuliainen* [‚gehorsam'] von diesem finnischen Verb abgeleitet wurde, eigentlich nach dem Muster des Deutschen *hören -> gehorsam.* Den *Glanz* des Morgensterns hat Finno mit dem Verb *valaista* [‚leuchten'] übertragen *se koitäcti quin meitä walaiseman echti* [‚der Morgenstern, der sich beeilte, uns zu beleuchten'], *valais*+e+IVInf+Illat. Das Verb *echti* [‚sich beeilte'] dürfte gewählt worden sein, um sich mit *täcti* [‚Stern'] zu reimen.

| 2 | |
|---|---|
| a) die steht in seiner *Furcht* bereit, (n)<br>b) Gib uns *gedult* inn leidens zeit,(a)<br>c) Er ist der morgen sterne<br>*seyn glentze* streckt er ferne (c)<br>d) Gott heilger Geist, du *Tröster* werd,<br>*Steh bey uns* in der letzen *Not*<br>*Gleit uns ins Leben* aus dem *Tod* (a) | Nijt wastan quin *händ pälkäuät* (F15)<br>Aut että me sinua *cuulisim* (F31)<br>Hän on se koitäcti<br>Quin meitä *walaiseman* echti (F54)<br>Pyhä hengi meit *lodhuta*<br>*Tuskista* meitä kiruota<br>Ja *cuolemasa wiruota.* (F86) |

[11] Dieses Pronomen weist kataphorisch auf die später – auch im deutschen Text - erwähnten Kräfte hin, die Jesus von seinem Thron stürzen wollen; deren Identifizierung mit „Papst und Türken" wird aber nicht übersetzt, sondern durch das Pronomen „neutralisiert".

Das Beispiel 2d enthält drei Transpositionen in einer einzigen Strophe. Davon ist die Modifikation von *Tröster* zum finnischen Verb *lohduttaa (lodhuta)* [‚trösten'] eine Einworttransposition vom Substantiv zum Verb im Imperativ, *lohdu*+ImperatSg2, während die anderen ausgangssprachliche Verbkollokationen bilden, und zwar *Steh bei uns* und *Gleit uns ins Leben.* Im Finnischen wurden diese verbalen Kollokationen mit einem einfachen Verb übertragen und zwar im Vers 2d2 *steh bei uns* durch *kirvottaa* (‚lösen aus der Not'] und im Vers 2d3 *gleit uns ins Leben* durch *virvottaa* [‚erquicken im Tod'] übersetzt. In beiden Sprachen ist der Modus jeweils der Imperativ, so dass nur die Struktur der Verbphrase systembezogen im Translationsprozess verändert wurde. (ibid.)

### 6.4.2.1.3 Änderungen der Verbform

In den folgenden Beispielen für Übersetzungen sind zuerst Modalkonstruktionen mit einer Indikativform (3a), *auf Gott will hoffen ich* und *auf ihn mein Herz soll lassen sich* ins Finnische übersetzt worden, und zwar mit *unhotan* [‚ich vergesse'] und *otan* [‚ich nehme']. Der Konjunktivmodus *Geheiliget werd der Name dein* ist mit dem Imperativ (3b) *anna* (An) [‚lass' (hier in seiner optativen Bedeutung)] übertragen worden. Weiter wurde die Personalform Pl2, *So hört und mercket alle wol* geändert (3c): *tiedhä ia ymmärdä* [‚wisse und verstehe' d.h. Sg2] Im Beispiel (3d) wurde das Tempus *ist kommen* (Perfekt) zum Präteritum *oli* [‚war'] ausgewechselt.

| 3 | |
|---|---|
| a) Darum *auf* Gott *will hoffen ich,* [Modalverb Sg1+Inf.]<br>auf ihn mein Herz *soll lassen sich* [Modalverb Sg3+Inf.] (n) | Sentädhen työni *wnhotan* [Ind.Präs.Sg1]<br>Ja Jumalas turuan *otan* [Ind.Präs.Sg1] (F21) |
| b) Geheiliget *werd* der Name dein. [Konj.I Sg3] (a) | *An* aina nimes pyhittä [Imp.Sg2] (F31) |
| c) So *hört* und *mercket* alle wol, [Imp.Pl2] (a) | Sijs *tiedhä* ia *ymmärdä* nyt [Imp.Sg2] (F33) |
| d) Er *ist* auff erden *kommen* arm, [Ind. Perf.Sg3] (a) | Köyhä hän *oli* mös tällä [Ind.Prät.Sg3] (F47) |

#### 6.4.2.1.4 Andere Änderungen der Kategorie

Eine Änderung in der Kategorie kann auch der übersetzerisch verwirklichte Wechsel zwischen Ort, *an allem Ort*, und Zeit, *monin kerran*, [‚vielmals'] bedeuten, wie im Beispiel 4a, wo der spatiale Hinweis auf den allmächtigen und überall anwesenden Gott zum temporalen Zeugnis verändert wurde. Ein weiteres Beispiel ist der Übergang von direkter Rede im Sg1, *ich* und *mein*, mit der Anrede im Sg2, *dein* und *dir* zur erzählten Rede im Sg3 in der finnischen Übersetzung wie im Beispiel 4b, mit der Ausnahme in Zeile 3: *mein Lehrer*. Im deutschen Text wird der Mensch vom Christus direkt angesprochen, während der finnische Text eine Geschichte weitererzählt: *Er (Christus) ging wieder in das Haus seines Vaters, nachdem er seine Aufgabe erfüllt hatte. Dort will er mein Lehrer sein und seinen heiligen Geist schicken.* Außerdem fehlen im finnischen Text die im deutschen in der direkten Rede mit Jesus als Sprechendem viermal notwendigen Personalpronomina; die Übersetzung ist als Bericht gestaltet, setzt ein für alle Mal Jesus als Subjekt und vermeidet die dadurch entbehrlichen Pronomina.[12]

| 4 | |
|---|---|
| a) Mein Seel soll auch vermehren<br>sein Lob *an allem Ort*. (n) | Mun sielun mös aina kijttä<br>Jumalata *monin kerran*. (F15) |
| b) Gen Himmel zu dem Vater *mein*<br>fahr *ich* von diesem Leben; [Ind.Präs.Sg1]<br>da *will ich* sein der Meister *dein*,<br>den Geist will *ich dir* geben, [2x Modalverb Sg1+Inf.] (n) | *Meni* iällens *Isäns* maijan [Ind.Prät.Sg3]<br>Quin *täyttänyt oli* tekons [Ind.Plusq.Sg3]<br>Siel *tacto olla mun* opettaian [Modalverb Sg3+2 Inf.]<br>Ja *lähettä* pyhän hengens (F77) |

### 6.4.2.2 Modulation

In der Übersetzungswissenschaft versteht man unter Modulation den Wechsel des ausgangstextlichen Blickwinkels durch die Übersetzung. Dabei kann es sich um antonymartige und metonymähnliche Lösungen handeln, wie z.B. Wechsel zwischen dem Konkreten und dem Abstrakten, dem Ganzen und dem Teil, zwischen den Teilen oder zwischen der Methode und dem Resultat. 43 Verse und Strophen aus dem Korpus können zu dieser Kategorie der Strategien zugerechnet werden. Sie ist also relativ frequent und ist oft

[12] Alle vier Sätze der Übersetzung beinhalten das implizite Subjekt *Jesus Christus*, während im Originaltext *Christus* selbst den Menschen, den Sänger des Liedes anspricht.

auf systembezogene Aspekte zurückzuführen, aber auch auf bedeutungsbezogene Merkmale bzw. Lücken im Bedeutungsfeld der Zielsprache (vgl. Panasiuk 2005). Von den Beispielen werden hier vier näher betrachtet.

| 5 | |
|---|---|
| a) Ein feste burg ist *unser Gott* (a)<br>b) Mit *unser macht* ist nichts gethan,<br>*wir* sind gar bald verloren (a) | *Meidhän linnam* on Jumal taiuast (F11)<br>Händä wastan *omast woimast*<br>Eij toctin *yxikän* mennä (F11) |
| c) Wie sich ein *Mann* erbarmet<br>ob seiner jungen Kindelein (n) | Quin *Isä* lastans armacta<br>Heidhän nuctens vnhotta pian (F15) |
| d) Da *wolt er stifften* uns ein *Bad,*<br>Zu waschen uns von sünden, (a) | Silloin Caste ia pudhistos<br>*Säättin* ia *wahuistettin.* (F33) |

Im deutschen Text ist *unser* Gott eine feste Burg, während der „Besitz" in der finnischen Übersetzung von Gott zur Burg geht (*meidhän linnam*, ‚unsere Burg'). Im Beispiel 5b wird wiederum das explizite Pronomen *wir* in der Übersetzung mit dem indefiniten *yxikän* [-> *yksikään*, ‚keiner' (‚keiner kann ihm entgegentreten')] moduliert; aus *unser macht* wird indefinit, also ohne Personalpronomen „neutral" *omast woimast [aus eigener Kraft].*

Im Beispiel 5c ist aus dem deutschen *Mann* im finnischen Text *Isä*, [‚Vater'] geworden, die typisch christliche Familienmetapher, die die inhaltliche Distanz zum Empfänger verkürzt. Als Kuriosität in dieser Hinsicht könnte man noch erwähnen, dass der *Vater* im Text von Finno in der modernen Version des finnischen Gesangbuches in *äiti*, [‚Mutter'] umgewandelt wurde! Im Beispiel 5d wurde wiederum im finnischen Text das Subjekt durch das Passiv (*säättin ia wahuistettin*,wurde gestiftet und bestätigt') versteckt und die Distanz vergrößert, während es im ersten deutschen Vers erscheint (*er*, d.h. Gott].

### 6.4.2.3 Vollständige syntagmatische Veränderung

Besonders in Liedertexten und in der Poesie überhaupt ist eine vollständige Veränderung des Ausdrucks nichts Ungewöhnliches. Ein Grund dafür ist die unterschiedliche Sprachstruktur der Ausgangs- und Zielsprache, die unterschiedliche Lösungen notwendig macht, wenn z.B. der Reim oder der Versfuß erhalten werden soll. Dafür gibt es im Korpus 35 Belege. Hier wurden nur zwei als Beispiele aufgenommen und mit einer deutschen Rückübersetzung versehen.

| 6 | |
|---|---|
| a) Er ist allein der gute Hirt,<br>der Israel erlösen wird<br>aus seinen Sünden allen (n) | Hän meitä synnist päästepi<br>['Er erlöst uns von der Sünde']<br>Ja riettaudhest pesepi<br>['Und wäscht uns **rein** von den Lastern']<br>Olcon hänen ainoan kijtos.<br>['Sei er einzig bedankt'] (F21) |
| b) Sölchs hat er uns beweiset klar<br>Mit Bildern und mit Worten. (a) | Tutkistelcam mös melkiäst<br>[,Lass uns auch fleißig studieren']<br>Mitä christuxen castes tapact.<br>[,Was in der Taufe Christi geschah'] (F33) |

### 6.4.2.4 Adaptation

Adaptation wird in der Übersetzung verwendet, wenn in der Zielsprache der ausgangssprachliche Begriff oder seine Benennung unbekannt ist. Zu den Methoden der Adaptation gehören z.B. Hinzufügung bzw. eine erklärende Übersetzung – die in einem Lied natürlich ausgeschlossen ist –, Streichung bzw. Auslassung, Verwendung eines Teiläquivalents oder eines weiteren Ausdrucks aus demselben Bedeutungsfeld und Änderung der Reihenfolge. In dieser Kategorie sind im Korpus 45 Belege zu finden, einige davon längere Strophen, deren Verse im zielsprachlichen Text in einer völlig anderen Reihenfolge wiedergegeben werden.

| 7 | |
|---|---|
| a) *so fern der Ost vom Abend,*<br>ist unsre Sünd dahin. (n) | *Quin itä on lännest eritet*<br>Nijn hän meist synnit pois heittä. (F15) |

In der deutschsprachigen Kultur sind die gegensätzlichen Begriffe *Morgenland* und *Abendland* völlig bekannt und brauchbar, während die finnische nur die Benennungen *itä ja länsi*, ‚Ost und West' kennt. Im deutschen Text wurde auf diese Begriffe mit *Ost* und *Abend* hingewiesen, und dieser Ausdruck wurde durch die einzige finnische Alternative *quin itä on lännest eritet* [-> niin kaukana kuin itä on lännestä, ‚so fern wie Ost vom Westen ist'][13] übersetzt.

[13] Vgl. auch Kapitel 4.

Das Beispiel 7b ist an und für sich eine direkte Übersetzung, nur die Versordnung wurde verändert.[14]

| (7b und c) | |
|---|---|
| b)<br>1) Ihr starken Engel, *waltet*<br>2) seins Lobs und dient zugleich<br>3) dem großen Herrn zu Ehren<br>4) und *treibt sein heiligs Wort!*<br>5) Mein Seel soll auch vermehren<br>6) sein Lob an allem Ort. (n) | 1) Te Engelit *hänen käskyläisens*<br>2) Teidhän mös ylistämän pitä<br>3) Luotudhen cans HERra<br>4) Quin *saarnat woimalisest*<br>5) Mun sielun mös aina kijttä<br>6) Jumalata monin kerran. (F15) |
| c) der *frei Will* haßte Gotts Gericht,<br>er war zum Gutn erstorben; (n) | c) Eick *oma iärki* eli toimi<br>Woinut sijt vlos saata (F77) |

Im Beispiel 7c wurde der freie Wille des Menschen mit *eigene Vernunft [oma iärki -> oma järki]* übersetzt. Eine interessante Entscheidung, die in der Philosophie eine rege Diskussion hätte entfachen können. Im weiteren Sinne ist diese Adaptation in der Übersetzung schon eine Vorahnung der Aufklärung, deren Blütezeit damals noch in einer fernen Zukunft lag.

### 6.4.3 Dynamische Äquivalenz

Die dynamische Äquivalenz wird in der Translationwissenschaft immer mit Eugen Nida verknüpft, der als erster die Reaktionen des Zieltextempfängers als außersprachliche Funktionen der Übersetzung betrachtete. Nach ihm ist eine Übersetzung mit dem Ausgangstext äquivalent, wenn die Reaktionen in der zielsprachlichen Gemeinschaft denen der ausgangssprachlichen Empfänger entsprechen. (Nida 1989: 95.) Nach Vehmas-Lehto (1999: 56) stecken die revolutionären Merkmale der dynamischen Äquivalenz darin, dass sich beim Übersetzen neben der sprachlichen Form auch die Bedeutung oder die Denotation im Zieltext verändern darf, wenn dabei die Übersetzung näher zur Zielkultur gebracht wird. Betrachtet man aber alte Bibelübersetzungen aus dem 16. Jahrhundert, kann festgestellt werden, dass

[14] Die einzelnen Zeilen lauten in wörtlicher Übersetzung:
1) [‚Ihr Engel seine Diener']
2) [‚Auch ihr müsst loben']
3) [‚mit der Schöpfung den Herrn']
4) [‚die kräftig predigt']
5) [‚auch meine Seele danket immer']
6)[‚Gott vielmals']

c) [‚und die eigene Vernunft oder Tat']
[‚konnte es nicht zum Ausdruck bringen']

diese Strategie noch unbekannt war. Trotzdem konnten im Liederkorpus 41 Belege für diese Kategorie gefunden werden, was natürlich eher auf die poetische Freiheit als auf eine bewusste Strategie zurückzuführen ist.

*Loben, danken* und *ehren* sind Verben, die für Finnen immer noch unbequem sind. Daher ist es kein Wunder, dass auch der Übersetzer des 16. Jahrhunderts sie eher gedämpft als hervorgehoben hat. Sie bereiten immer noch Probleme bei der Übertragung religiöser Texte ins Finnische, wenn eine Übertreibung vermieden werden soll. (Beispiele 8 a und b)

| 8 | |
|---|---|
| a) Herr Gott dich *loben* wir<br>Herr Gott wir *dancken* dir (k)<br><br>b) Teglich Herr wir *loben* dich<br>Und *ehren* deinen Name stetiglich (k)<br><br>c) Nemen sie den *leib,*<br>*gut, ehre, kind unnd weib,* (a)<br><br>d) Und was ein Christen glauben sol,<br>Zu meiden *Ketzer hauffen* (a) | O Jumal sinua *kijtäm* [‚wir danken dir']<br>Sinua HERra *cunnias pidhäm.* [‚wir halten dich in Ehre'] (F4)<br>Jocapäiuä me sua *kijtäm* [‚wir danken dir täglich']<br>Sun nimes alat *ylistäm.* [‚wir loben immer deinen Namen'](F4)<br>Jos he meild pois temmauat<br>*Hengen* ia *tauarat* (F11)<br><br>Quin pois pyhki *halut häiyt*<br>Ja Jumalan lapsix luopi (F33) |

Im Lutherlied *Ein feste Burg ist unser Gott* werden Dinge aufgelistet, die dem Menschen (Mann) (8c) entzogen werden können. In der finnischen Übersetzung ist die Liste auf *Leben und Dinge* abgekürzt worden, was mehr den nordischen Verhältnissen entsprach und entspricht (Kapitel 4 und Helin 2008). Auch der *Ketzerhaufen* ist im Beispiel 8d zur *bösen Lust* [*halut häiyt* (Pl.) -> pahat halut] abgestumpft worden.

### 6.5 Textfunktionen als Übersetzungsstrategie

Es wurde die folgende Anzahl von Belegen für Textfunktionen in den alten Übersetzungen gefunden:

- Informative Funktion: 1
- Expressive Funktion: 10
- Appellative Funktion: 15
- Poetische Funktion: 44

Besonders die Skopostheorie hebt die translatorischen Textfunktionen hervor. Diese Theorie bezieht sich auf den Skopos des Textes und der Translation und hält die Äquivalenz nur für eine der mehreren Funktionen, die eine Translation und ein Translat haben können. Die herkömmlichen Textfunktionen werden besonders von Reiß und Vermeer (1986) im Rahmen der Skopostheorie behandelt und spezifiziert. Hier werden einige Beispiele für solche Textfunktionen der alten deutschen Kirchenlieder aufgenommen, die auch in den finnischen Übersetzungen ähnlich geblieben sind. Weiter wurde noch die poetische Funktion betrachtet (Vehmas-Lehto 1999: 73), die für Lieder wichtig und auch in allen Kategorien vorhanden ist. Die Belege wurden so gewählt, dass sie die Kriterien der reinen poetischen Funktion der Übersetzung erfüllen.

### 6.5.1 Informative Funktion

Die informative Textfunktion ist eher untypisch für Gedichte und Lieder. In den alten Kirchenliedern wurde jedoch ein Lied (Beispiel unten) gefunden, das sogar ein direktes Zitat enthielt. Dabei steht die Redeeinleitung in der Übersetzung so weit entfernt, dass die direkte Rede viel stärker als im Original die informative Textfunktion betont. Bei der relativ direkten Übersetzung macht der Vers 6 eine Ausnahme, dessen sachlicher Ausdruck durch einen emotionalen [‚er will euch nicht verführen'] modifiziert wurde.

| | |
|---|---|
| Des Vaters stim man offenbar<br>Daselbs am Jordan horte.<br>Er *sprach*: „Das ist mein liebe Son,<br>An dem ich hab gefallen.<br>DEN wil ich Euch befohlen han,<br>*Das jr IN höret Alle*<br>Und folget seinem Leren." (a) | Isä *huuti* taiuast selkiäst<br>Ett se maan päällä caiact<br>Täm on minun racas poican<br>Joka minun mielen tietä<br>Händä cuulcat eli aican<br>*Eij hän teit tadho wiettä*<br>Seuratcat hänen oppins. (F33) |

### 6.5.2 Expressive Funktion

Die expressive Textfunktion wird besonders in der Dichtung jeder Art gefunden. In der Translationswissenschaft wird sie von der poetischen Funktion unterschieden, die sich mit poetischen Werkzeugen wie Reimen und Versfuß beschäftigt, während hier expressive Ausdrucksweisen durch einen adäquaten (oder sogar übertriebenen (b)) Ausdruck übersetzt werden.

| | |
|---|---|
| a) Der heilig Geist er nider fert<br>in *Taubenbild verkleidet*, (a) | *Kyhkyisen muodholla* leten<br>[‚in Form einer Taube geflogen']<br>Pyhä hengi tuli edhes.<br>[‚kam der heilige Geist nieder'] (F33) |
| b) *Sie* leren *eytel falsche list*,<br>was *aygen witz* erfindet.<br>Ir hertz *nit eines sinnes* ist<br>in *Gottes wort* gegründet. (a) | *Mailmas* nyt edhes pidhetän<br>[‚in der Welt wird vorgezogen']<br>*Petos* ia *Ihmisten iuttu*<br>[‚Betrug und Sachen der Menschen']<br>Totus mös *iocaidzeld* hyliätän<br>[‚auch die Wahrheit wird von jedem aufgegeben']<br>*Pyhän kirian* moni *suuttu*<br>[‚viele werden böse auf die heilige Schrift'] (F81) |

### 6.5.3 Appellative Funktion

Die appellative Funktion ist typisch für die Textarten der religiösen und ideologischen Sphäre. Im Korpus wurden 15 Belege dafür gefunden. Das Beispiel a) unten ist ein Gebet, das an Gott appelliert, während das Beispiel b) zu einem besseren Leben aufruft.

| | |
|---|---|
| a) Das wir hie mugen *schmecken*<br>*deyn sussickeyt* ym hertzen<br>und *dursten stet nach dir.* (c) | *An* meidhän iälkes *himo*<br>*Wilpi meist poies kimmo*<br>Ja racasta totutta.<br>[‚Gib uns die Lust nach dir,<br>die Lüge aus uns treibe.<br>Und lass uns die Wahrheit lieben.'] (F54) |
| b) Dem *Teufel* ich gefangen lag,<br>im *Tod* war ich *verloren*, (n) | *Perkel* oli mun saanut *sahrans*<br>[‚der Teufel hatte mich gefangen']<br>Ja *tuonen nuoral solmust*<br>[‚und mit der Todesschnur festgeknotet'] (F77) |

### 6.5.4 Poetische Funktion

Finno hatte natürlich Schwierigkeiten, das Reimen in einer Sprache, dem die normierten Formen noch fehlten, so zu schaffen, dass es parallel zum Verlauf der Melodie gehen konnte. Außerdem war es für ihn wichtig, möglichst viel von der Botschaft der Texte zu übersetzen und weiterzugeben. Die heutigen Übersetzer und Liederdichter haben eine völlig andere kulturelle Voraussetzung für ihre Arbeit. Sie können relativ sicher sein, dass das Grundwissen und die Grundbegriffe des Christentums dem großen Publikum geläufig sind, und können deshalb eher die Stimmung bzw. die Mystik des Christentums in die Texte einbauen und das Belehren der Gemeinde in den Hintergrund treten lassen.

Die poetische Funktion einer Übersetzung bezieht sich auf eine dem Ausgangstext adäquate Wirkung. In den alten finnischen Kirchenliedern wurde danach gestrebt, dass die Verse sich jedenfalls reimen. Von den 15 Belegen des Korpus wurden hier einige aufgenommen. Beispiele a) und b) stehen für eine gezwungene Lösung im Reimen, während der Reim in den Beispielen c) und d) vortrefflich gelungen ist.

| | |
|---|---|
| a) Dich Vater inn *ewigkeit*<br>Ehret die welt weit und *breit* (k) | Sinul ijancaickinen *Isä*<br>[‚dir ewiger Vater']<br>Caick mailma cunniat *lisä*<br>[‚von aller Ehre der Welt mehr'] (F4) |
| b) Auch Cherubim und Seraphim<br>Singet imer mit hoher stim (k) | Sust Cherubin ia Seraphin<br>[‚von dir Cherubim und Seraphim']<br>Lackamat huutauat *ynnä näin*<br>[singen dauernd und so'] (F4) |
| c) An dir gilt nichts denn Gnad und *Gunst*,<br>die Sünde zu *vergeben*;<br>es ist doch unser Tun *umsonst*<br>auch in dem besten *Leben*. (n) | Jos me sis synnistäm *tadhom*<br>[‚wenn wir von der Sünde wollen']<br>wapax ia puctax *tulla*<br>[‚frei und rein werden']<br>Sijhen eij madhu *ansiom*<br>[dafür reichen unsere Dienste nicht']<br>Saaman sen pitä *muulla*<br>[‚es muss anders erhalten werden'] (F21) |
| d) daß dein arm *Christenheit*<br>leb in Fried und *Einigkeit*. (n) | Että rauhas *Christicundas*<br>[‚dass deine Christenheit im Frieden']<br>Waelda sais sun *waldacundas*.<br>[‚wandern dürfte in dein Reich'] (F36) |

### 6.5.4.1 Gezwungene poetische Funktion in der alten Übersetzung

Wir betrachten noch genauer die Lösungen des Textautors, zuerst die weniger gelungenen Reimbildungen.

| Deutsch, alt | Finno 1583 | Finno 1986 |
|---|---|---|
| a) Dich Vater inn ewigkeit<br>Ehret die welt weit und breit. (k) | Sinul ijancaickinen Isä<br>Caick mailma cunniat *lisä* (F4) | Sinua, Jumalaa,<br>kansasi kumartaa. (Vk320) |
| b) Auch Cherubim und Seraphim<br>Singet imer mit hoher stim. (k) | Sust Cherubin ia Seraphin<br>Lackamat huutauat *ynnä näin* (F4) | Enkelit, taivaan sankarit,<br>ja kerubit ja serafit<br>(kiitosta Herran laulavat ja lakkaamatta huutavat;)<br>(Vk320) |
| c) Wer nicht gleubt dieser grossen Gnad,<br>der bleibt in seinen Sünden<br>und ist verdampt um ewigen Tod<br>tief in der Hellen grunde. (a) | Joca näit ei tadho *vsco*<br>Hän synnisäns aina *pysy*<br>Pahus ja cuoleman *pusco*<br>Hänen heluettin aija ja *sysi*.<br>[‚Wer dies nicht glauben will,<br>der bleibt immer in seinen Sünden,<br>das Böse und eine tödliche Krankheit<br>treiben und stoßen ihn in die Hölle.']<br>(F33) | (Vk214) Diese Strophe fehlt in der neuen Übersetzung, das Lied hat heute nur 3 Strophen. |

Gegen die deutschen Reime ist eigentlich nichts einzuwenden, während Finno darauf gezielt zu haben scheint, dass das jeweilige Lied mit der ursprünglichen Melodie gesungen werden kann. Im ersten Beispiel reimt er *Isä* [‚Vater'] mit *lisä*[15] [d.h. *lisää*, ‚vermehrt'], d.h. dass „die ganze Welt dem Vater die Ehre vermehrt", was sich nicht ganz natürlich als Wortfolge anhört. Im Beispiel b) kann der Ausdruck *ynnä näin* nicht wirklich als Reim zum Seraphin angesehen werden und im Beispiel c) wiederum wird *usko* [‚Glaube'] mit *pusco* gereimt, das ein altes Wort für *tauti* [‚Krankheit'] ist. Eigentlich ist das vortrefflich so, aber *pysy* [‚bleibt'] und sysi [d.h. *sysää*, ‚stößt'] sind eine weniger gelungene Kombination von Reimen.

### 6.5.4.2 Gelungene poetische Funktion in der alten Übersetzung

| Deutsch, alt | Finno 1583 | Finno 1986 |
|---|---|---|
| a) Christus wil die koste seyn<br>und speysen die seel alleyn;<br>der glaub wil keyns andern leben. (a) | Christus meitä *rauitcon*<br>Ja sielul tarpens *taritcon*<br>Eip vsco muita kärsi (F60) | Anna meille *itsesi*<br>aina sielun *ruoaksi*,<br>niin elämme. Halleluja, halleluja (Vk96) |

[15] Vgl. die Bemerkungen zum westfinnischen Dialekt in Kapitel 5.

| b) Nun freut euch, lieben Christen g'mein<br>und laßt uns fröhlich springen,<br>daß wir getrost und all in ein<br>mit Lust und Liebe singen. (n) | Nyt caicki Christityt *ilotcat*<br>Wahual vscol ia *mielel*<br>Ja aina Jumalast *weisatcat*<br>Sekä sydhämel että *kielel*<br>(F77) | Oi iloitkaa, te *kristityt*,<br>veisatkaa hartain *mielin*<br>kiitosta Jumalalle *nyt*<br>niin sydämin kuin *kielin*<br>(Vk261) |
|---|---|---|
| c) Aleyn Gott in der höhe sei ehr<br>und danck für seine gnade<br>Darumb das nun vn nimmermehr<br>vns rüren kan eyn schade. (h) | Alnoan Jumalan *korkeudhes*<br>Kijtos ia cunnia *olcon*.<br>Hänen armons edhest ia *rackaudhens*<br>Joll ey coskan loppu *tulcon*.<br>(F39) | Ainoan Herran *Jumalan*<br>ylistys, kiitos *olkoon*<br>armonsa tähden *avaran*,<br>se omaksemme *tulkoon*.<br>(Vk128) |

Die obigen Strophenabschnitte sind Beispiele für gelungene Reimbildungen in beiden Sprachen. Beim ersten hat Finno das *Speisen* im deutschen Text gereimt, und zwar mit *ravitcon = ravitkoon* [IMP Sg3, ‚er soll nähren'] und *sielun tarpens taritcon = tarjotkoon* [IMP Sg3, ‚er soll den Bedarf der Seele (uns) anbieten'], und den dritten Vers ohne Paar gelassen genauso wie in der deutschen Strophe. Dem modernen finnischen Text ist noch *Halleluja* hinzugefügt worden. Im zweiten Beispiel hat Finno dasselbe Reimpaar abab verwendet wie im deutschen Text = *iloitcat* + *mielel* und *veisatcat + kielel* [IMP Pl2 + Adess ‚freut euch + mit (frohem) Sinne'] bzw. [IMP Pl2 + Adess. ‚singet + mit der Zunge']. Den Inhalt hat er beibehalten, indem er jeweils das Verb mit einem Substantiv gereimt hat, während im Deutschen das Verb im ersten Reimpaar in der Mitte des ersten Verses (nun *freut* euch) und am Ende des zweiten Verses (lasst uns fröhlich *springen*) steht. Im zweiten Reimpaar bildet das Endwort (*singen*) damit den Reim. Die moderne finnische Version hat nach dem alten deutschen Muster das Verb des ersten Reimpaars in die Mitte geschoben (*iloitkaa*) und von den Christen (*kristityt*) den ersten Teil des Reimpaars gemacht. Im dritten Beispiel hat Finno aus den deutschen abab -Paaren *ehr* + *gnade* und *nimmermehr* + *schade* den Inhalt des Textes wiedergegeben aber auch hier andere Ausdrücke für die Reimpaare gewählt: *korkeudhes* + *olcon* und *rackaudhens* + *tulcon* [Iness + IMP Sg3, ‚in der Höhe + soll sein'] und [Gen + IMP Sg3, ‚seiner Liebe + soll kommen']. Die finnische Neuübersetzung schiebt sich näher zum Original mit der Reimbildung, die Gott Ehre und Dank für seine „umfangreiche" Gnade entbietet, die uns zu eigen kommen soll.

## 6.6 Liedermelodien und Übersetzungsstrategien

In diesem Abschnitt kehren wir nochmals auf die obigen Textfunktionen zurück und betrachten sie im Zusammenhang mit den betreffenden Melodien.

Dafür nehmen wir die entsprechenden neuen Versionen der finnischen Übersetzungen als Vergleichsmaterial. In diesem Teil versuche ich herauszufinden, ob und wie gut Finno schon damals seinen Text zur Melodie anpassen konnte und ob die heutigen Lieder doch besser die melodischen Anforderungen erfüllen können. Die Resultate haben mich überrascht.

### 6.6.1 Text und Melodie

Heiner (1995: 15) betont, dass die christliche Kirche immer eine singende Gemeinschaft gewesen ist. Gesungen wurde im Gottesdienst und bei Gebetstunden und „singend gingen die Märtyrer der ersten Jahrhunderte in den Tod". Am Anfang wurde das älteste Liederbuch, der über 2500 Jahre alte Psalter aus der Bibel (ibid., 7) aber auch liturgische Weisen verwendet. Aus dem Mittelalter kennt man den Gregorianischen Choral, der vor einigen Jahren durch die Tonaufnahmen spanischer Mönche eine Zeitlang sogar oben auf den Top-Ten-Listen stand. Als dann lateinische Lieder ins Deutsche übersetzt wurden, nahm man die Melodien dafür oft aus Volksliedern und anderen weltlichen Melodien. So wurde auch bei der Reformation vorgegangen und die neue Lehre durch die für die Gemeinde bekannten Melodien verbreitet. Auch in Finnland kennt man Lieder aus der Zeit vor der Reformation (vgl. Kap. 2.1), gesungen auf Lateinisch, aber später auch auf Finnisch, so dass die Schüler Lieder in beiden Sprachen lernen mussten, um sonntags in den Messen singen zu können (vgl. Helin 2016).

Heiner (1995: 16-33) nennt einige Lieder lateinischen Ursprungs, die sich heute noch in deutschen Kirchengesangbüchern befinden, und wir betrachten in den nächsten Abschnitten von den von ihm erwähnten Liedern die Beispiele, die auch für Finnen bekannt sind. *Allein Gott in der Höh' sei Ehr* (EKG 131, Vk 128) wird später in diesem Kapitel mit Noten analysiert. Es ist ein Lied aus der ältesten Zeit der Christenverfolgung, das schon Plinius gekannt haben soll. Hilarius, der Bischof von Poitiers, soll es um 350 auf Latein – *Gloria in excelsis Deo* – in die westliche Kirche verpflanzt haben. Ins Deutsche wurde es von Nikolas Decius Ende des 13. bzw. Anfang des 14. Jahrhunderts übersetzt. Auf den Text und die Melodie kommen wir also nochmals zurück. Das *Te Deum laudamus* (EKG 346 und 137, Vk 320 und 321) wurde schon im Kapitel 6.4.1[16] genannt und näher von Helin (2012b) in einem Artikel analysiert.

[16] Tabelle 32, Beispiel 2 dt.

Auch darauf kommen wir noch später, wenn wir die Texte mit der Melodie vergleichen. Das Lied geht wohl auf Bischof Ambrosius von Mailand (335-397) zurück. Man kennt seine deutschen Übersetzungen schon aus dem 9. Jahrhundert; die wohl bekannteste Version von Balthasar Resinarius stammt aus Luthers Lebenszeit. Weiter stellt Heiner (1995: 21) fest, dass Luther es 1529 neu übersetzt, dabei in Reime gebracht und der alten Melodie angepasst hat. Für Luther sei es ein drittes Glaubensbekenntnis nach dem Apostolischen und dem Nizäischen gewesen. Das Lied wird schon seit der Reformation in zwei Versionen gesungen, sowohl auf Deutsch als auch auf Finnisch. Im finnischen Kirchengesangbuch aus 1986 stammt auch die Melodie für Lied 320 aus dem Mittelalter; sie ist aber relativ kompliziert und für die Gemeinde schwierig, so dass meistens das Lied 321 mit seiner bekannten Melodie vorgezogen wird.

Im Kapitel 5 haben wir schon die dialektalen Unterschiede in dem *Agnus Dei*-Lied (EKG 55 bzw. Vk 65)[17] betrachtet. Auch dieses Lied, *O Lamm Gottes, unschuldig* stammt aus den Anfängen des Christentums und wurde schon im 7. Jahrhundert sonntags und bei Abendmahlsfeiern auf Latein gesungen. Genau wie das oben genannte *Gloria in excelsis Deo* hat auch dieses Lied Nikolaus Decius vor der Reformation ins Deutsche übersetzt.

Selbst das bekannte Pfingstlied *Nun bitten wir den Heiligen Geist* (EKG 99, Vk 113) stammt aus dem Mittelalter und wurde von dem Franziskaner Bernhold von Regensburg im 13. Jahrhundert aufgeschrieben[18]. Im Mittelalter gehörte dieses Lied zu einer Zeremonie, bei der man eine Taube, lebendig oder aus Holz, durch die Kirche fliegen ließ. Im Gesangbuch von Finno ist die Anmerkung *Saarnan edhel weisu* zu lesen, d.h. das Lied wurde vor der Predigt gesungen. Von der Taube, die ja das Symbol des Heiligen Geistes ist, ist freilich im Text nicht die Rede.

*Christ lag in Todesbanden* (EKG 76, Vk 96)19 ist ein Osterlied aus dem 12. Jahrhundert und eines der ältesten Lieder, die auf Deutsch gesungen wurden. Bis dahin konnte das Volk auch den lateinischen Text auswendig singen, aber da die meisten diese Sprache nicht beherrschten, verstanden sie den Inhalt nicht. Trotzdem war Latein für die Geistlichen eine heilige

[17] *O Lam gades unschüldich; O Lamb Gottes unschüldig* bzw. *O Pudhas Jumalan caritza* (Finno 41, 1583)
[18] *Nun bitten wir den heylgen geyst* bzw. *O Pyhä hengi tule nyt tän* (Finno 42, 1583)
[19] *Christ lag ynn todes banden* bzw. *Christus quin cuoletettin* (Finno 60, 1583)

Sprache, und sie wollten nicht, dass die Lieder in die Volkssprache übersetzt werden. Doch seit 1382 wurde dieses Lied als Wechselgesang während der Messe gesungen und im 15. Jahrhundert zu einem dreistrophigen Choral erweitert. Im 16. Jahrhundert hatte es schon 6 Strophen, und sie sind in den modernen deutschen und finnischen Gesangbüchern alle erhalten. Für Luther war das Lied sehr wichtig, und er hat die Melodie dem erneuerten Text im Sinne der Reformation angepasst (Heiner 1995: 29.) Zu diesem Lied folgt unten noch mehr mit Notenbeispielen[20]. Wie man sehen wird, wird auch die Erneuerung der Melodie im neuen Gesangbuch Luther zugeschrieben. Im modernen finnischen Kirchengesangbuch ist das Lied bei den Übersetzungen von Martin Luther kategorisiert worden, während die Melodie „aus dem Mittelalter, Deutschland 1524", stammen soll. Zu den eigenen Liedern von Luther werden wir noch genauer im Kapitel 7 zurückkommen.

### 6.6.2 Übersetzung nach Noten

Pajamo (2012: 98) stellt fest, dass in Finnland die Melodien alter Kirchenlieder hauptsächlich importiert worden waren und auf mittelalterlichen Hymnen, deutsche Choräle der Reformationszeit und schwedische Melodien zurückgingen. Sie wurden manchmal sogar in jedem Dorf ziemlich unterschiedlich gesungen, bevor sie im 19. Jahrhundert im Zusammenhang mit der Erneuerung des finnischen Gesangbuches revidiert und von Kirchenmusikern vereinheitlicht wurden. Im Zuge dieser Arbeit wurde festgestellt, dass in Finnland sogar drei verschiedene Choralbücher im Gebrauch gewesen waren. Jetzt wenden wir uns vier alten, von Finno übersetzten Liedern mit Noten zu und vergleichen den deutschen Text mit den alten und neuen finnischen Übersetzungen. Zwischen den Notenzeilen wurden im ersten Beispiel die letzten drei Verse der letzten Strophe geschrieben. Nun betrachten wir, wie die erste Strophe des erwähnten Liedes *Christ lag in Todesbanden* sich in beiden Sprachen an den Rhythmus und die Notenlänge angleicht oder nicht angleicht und ob die alten Dichter sich der Anforderungen der Melodie bewusst waren.

[20] Die durch Finnos Text notwendigen Abweichungen von der Melodie im EG 1990 sind durch umgekehrte Halsierung, kleinere Type und Einklammerung gekennzeichnet..

Christ lag in Todesbanden

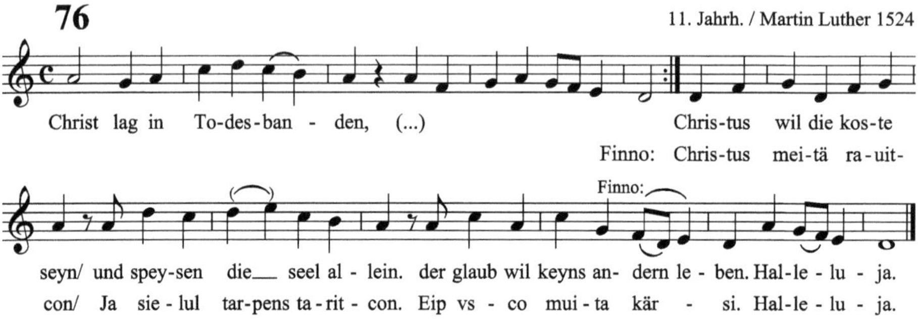


### 6.6.2.1 Christ lag in Todesbanden

| (a) Christ lag in Todes Banden S. 194-196 | (b)[21] 13. Der Lobgesang: | Finno alt (60): | Finno modern (Vk 96): |
|---|---|---|---|
| 1. Christ lag ynn todes banden 7<br>fur unser sund gegeben. 7<br>Der ist widder erstanden 7<br>und hat uns bracht das leben.7<br>Des wir sollen frolich seyn. 7<br>Gott loben und danckbar seyn 7<br>und singen: Alleluja.7<br>Alleluja. 4 | Christ ist erstanden. S. 29-32<br>Christ lag in Todesbanden, 7<br>für unsre Sünd gegeben, 7<br>der ist wieder erstanden 7<br>und hat uns bracht das Leben: 7<br>Des wir sollen fröhlich sein, 7<br>Gott loben und dankbar sein 7<br>und singen Hallelujah,7<br>Hallelujah. 4 | Christus quin cuoletettin 7<br>Caickein synnisten tädhen 7<br>Hän iällens ylös nostettin 8<br>Ja saatti älämän meidhän 8<br>Sijs me nyt caicki iloitcam 8<br>Jumalat mös aina cunnioitcam 9<br>Ja weisatcam Haleluia 8<br>Haleluia. 4 | 1. Kuoleman kahleet murtanut 8<br>on Kristus voitollansa, 7<br>elämän portin aukaissut 8<br>haudasta noustessansa. 7<br>Siis nyt kaikki riemuitkaa, 7<br>Herraa kunnioittakaa. 7<br>Hän voiton sai. Halleluja, 8<br>halleluja! 4 |

Hinter jedem Vers wurde die Silbenzahl hinzugefügt. Das Lied steht im 4/4-Takt, und die Zahl der Noten pro Takt beträgt 7 bzw. 8, wobei an insgesamt 4 Stellen[22] Noten unterschiedlicher Tonhöhe mit einem Bogen bzw. als Achtelnoten mit einem Balken verbunden sind, weil auf sie nur eine Silbe gesungen wird. An einigen Stellen hat Finno diese aber wieder als unverbundene Einzelnoten nutzen müssen, um die Silbenzahl pro Vers singbar

[21] Die Buchstaben weisen hier und auch später in diesen Abschnitten auf die Liederquellen, die im Literaturverzeichnis aufgelistet worden sind.
[22] Die Wiederholung der Melodie zählt in diesem Zusammenhang mit.

zu erhalten, oder er hat zwei Silben auf eine lange Note verteilt, so dass diese als zwei kurze Noten gesungen werden musste. Nur im 6. Vers hat er sogar zwei Silben mehr für seine Übersetzung benutzt als der ursprüngliche Textautor bzw. Luther. Trotzdem ist Finno dem Ausgangstext relativ treu gefolgt und hat dadurch den Gemeindemitgliedern den vielseitigen Inhalt besser übermitteln können als die Neuübersetzung, die sich eher durch künstlerische Wiedergabe und dichterische Wendungen auszeichnet: *Die Bande des Todes hat Christus durch seinen Sieg gebrochen, die Tore des Lebens durch seine Auferstehung geöffnet. So freut Euch alle, ehret den Herrn. Er hat gesiegt. Halleluja, halleluja.*

#### 6.6.2.2 Nun freut Euch, lieben Christen gmein

Die Melodie dieses alten Liedes stammt auch aus der Zeit vor der Reformation, wahrscheinlich aus dem 15. Jahrhundert, obwohl sowohl der Text als auch die Melodie im EKG Martin Luther 1523 zugeschrieben worden ist. Im EG 1990[23] steht jedoch „15. Jahrh. /geistlich Nürnberg 1523". Im neuen finnischen Gesangbuch steht für die Melodie „Deutschland 1523", d.h. der Name des Komponisten wurde nicht genannt. Nach Hallio (1936: 402, 403) hat Finno genauso wie früher der Schwede Olavus Petri den Text sehr frei übertragen. Finno hat die 7. Strophe sowie die letzte (10.) aus Luthers Fassung weggelassen und sowohl den Text Luthers als auch den von Olavus Petri als Ausgangstext verwendet, wobei er die letzte Strophe aus Petris Text übersetzt hatte. Seine eigenen abweichenden Formulierungen kann man auch schon in der ersten Strophe sehen, die wir hier näher betrachten, obwohl man einräumen muss, dass seine Version aus dem heutigen translationswissenschaftlichen Gesichtspunkt gesehen weit von einer freien Übersetzung entfernt ist. Dagegen hat die moderne finnische Version nur die hoffnungsvolle Stimmung des alten Liedes beibehalten, um den Text besser der Melodie und dem Rhythmus anzupassen. Im Notenbeispiel ist nur ein Teil der Melodie zu sehen, und zwar mit dem neuen deutschen Text und seinen alten und neuen finnischen Übersetzungen.

[23] Vgl. auch unten Kap. 7.3.1.

Nun freut euch, lieben Christen gmein

**239** 15. Jahrh. / geistlich Nürnberg 1523

Hier sehen wir sofort, dass die finnische Neuübersetzung der Silbenzahl des Ausgangstextes treu zu bleiben versucht hat, während Finno auch in diesem Lied eine möglichst genaue Wiedergabe seines Inhalts produzieren wollte. Dabei hat er bei Rhythmus und Tonlänge Einbußen hinnehmen müssen. Dies zeigt sich besonders in den Versen 1, 3, 4 und 6 bei den Wörtern *christityt* [‚Christen'], *Jumalast* [‚von Gott'], *sekä* [‚sowohl'] und *osottanut* [‚gezeigt']. Trotzdem sollen die längeren Wörter auch früher keine Schwierigkeiten beim Singen verursacht haben, denn das Verteilen mehrerer zusätzlicher Silben auf dieselbe, entsprechend häufiger und kürzer gesungene Note schadet weder der Melodie noch dem Rhythmus. Betont man die erste Silbe wie normgemäß im Finnischen, entstehen die Formen *chris-tityt, Ju-malast, sekä* bzw. *osot-ta-nut*. Dabei helfen auch die für den Ausgangstext mit einem Bogen versehenen Noten verschiedener Tonhöhe, d.h. es kann *syd-hä-mel* [‚mit dem Herzen'] mit drei Silben und dem richtigen Rhythmus gesungen werden. Von der Version Finnos hat die moderne Neuübersetzung den Ausdruck *sekä sydhämel että kielel* übernommen: *niin sydämin kuin kielin* [‚sowohl mit dem Herzen als auch mit der Zunge'], während im Ausgangstext von „Liebe und Lust" die Rede ist. Weiter ist die deutsche *Wundertat* zum *poians* [‚seinen Sohn'] bzw. explizit *Kristuksessa* [‚in Christus'] geworden. Da in den Noten für den 7. Vers auch ein Bogen zwischen der dritt- und zweitletzten Note ist, wobei auf Deutsch *er-wo-or-ben* und in der neuen finnischen Version *Kris-tuk-se-es-sa* gesungen wird, hat die Gemeinde im 16. Jahrhundert Finnos letzten Vers mit *Hänen* statt *hä-nen* [‚seinen'] gesungen um dann auch den Bogen zu „berücksichtigen" und zum Schluss dann *ka-aut-ta* [‚durch'] ausdehnen zu können. Das würde auch rhythmisch passen.

| (m) Luther 1523, S. 400 - 404: | EKG 341: | Finno 77 alt: | Finno modern (Vk.261) |
|---|---|---|---|
| Nu frewt euch lieben Christen gmeyn, 8<br>Vnd last vns frolich springen, 7<br>das wyr getrost vnd all ynn eyn, 8<br>Mit lust vnd liebe singen, 7<br>Was Gott an vns gewendet hat. 8<br>Vnd seyne susse wunder that, 8<br>Gar thewr hat ers erworben.7 | Nun freut euch, lieben Christen g'mein, 8<br>und laßt uns fröhlich springen,7<br>daß wir getrost und all in ein 8<br>mit Lust und Liebe singen, 7<br>was Gott an uns gewendet hat 8<br>und seine süße Wundertat; 8<br>gar teu'r hat er's erworben. 7 | NYt caicki Christityt ilotcat9 Wahual<br>vscol ia mielel 7<br>Ja aina Jumalast weisatcat 9<br>Sekä sydhämel että kielel 9<br>Sen suuren rackadhen tädhen8<br>Jong hän on osottanut meidhän9<br>Hänen pyhän poians cautta 8 | 1. Oi iloitkaa, te kristityt, 8<br>veisatkaa hartain mielin 7<br>kiitosta Jumalalle nyt 8<br>niin sydämin kuin kielin 7<br>suuresta rakkaudesta, 8<br>kun antanut hän armonsa 8<br>on meille Kristuksessa. 7 |

### 6.6.2.3 Allein Gott in der Höh

*Das Gloria in excelsis* ist ein frühchristliches Lied mit einer sehr alten Melodie schon aus dem Mittelalter, die dann Nikolaus Decius 1522[24] erneuert hat[25]. Er hat den lateinischen Ausgangstext zu dem umfangreicheren deutschen Kirchenlied übersetzt und umformuliert, das wir heute als *Allein Gott in der Höh* kennen. Wir wissen, dass die ersten Christen dieses Lied in schwierigen und gefährlichen Situationen und unter Verfolgung gesungen und Gott trotz allem gepriesen haben. Es ist eigentlich kein Wunder, dass es die Zeit und unzählige Schicksalsschläge überstanden hat und auch die modernen Christen es gern singen, nicht nur zu Pfingsten[26]. Im Hintergrund steht aber der Engelgesang zu Weihnachten (Lutherbibel 1912, Luk. 2: 13,14): *Ehre sei Gott in der Höhe und Frieden auf Erden und den Menschen ein Wohlgefallen.* Es war als *Hymnus angelicus* und als eines der wichtigsten Lieder der ersten Christen bekannt, und zwar als *Dankeslied von Hilarius.* Er hatte es auf Latein, *Gloria in excelsis Deo,* gedichtet, aber auch seine Version war eine Übersetzung aus dem Griechischen. Hallio (1936: 154) schreibt, dass in Finnland schon Mikael Agricola 1549 das Lied für sein Messbuch übersetzt bzw. übernommen hat, doch begonnen hat er mit dem Text sofort nach dem „Engelsvers", und zwar mit *Laudamus te, benedicimus te...* Eine finnische Übersetzung kennt man schon aus der Zeit vor Agricola; sie ist in den Texten

[24] Einige Quellen, z.B. EG 1990, geben für die Melodie die Jahre 1523 bzw. 1539 und für den Text 1523 an.
[25] Siehe oben in diesem Kapitel, Abschnitt 6.6.1..
[26] Die Melodie, die Decius erneuert hat, stammt aus einer Ostermesse des 10. Jh. (EG 1990).

von Mathias West 1540 gefunden worden[27]. Durch Agricolas Messbuch blieb diese Übersetzung fast wortwörtlich bis zu unseren Zeiten ein wichtiger Teil des Gottesdienstes, damals vor dem Abendmahl, heute als *Gloria* nach dem Sündenbekenntnis: *Wir danken Dir. Wir segnen Dich. Wir beten Dich an. Wir loben und ehren Dich...*[28] Die Version von Agricola ist im heutigen Gesangbuch unter 126 zu finden, während Finnos Übersetzung *Ainoan Jumalan korkeudhes* bzw. *Ainoan Herran Jumalan* das Lied Nr. 128 ist. Was die Melodie betrifft, wird das von Finno aus dem deutschen und schwedischen Text übersetzte Lied mit der mittelalterlichen, von Decius modifizierten Melodie gesungen, während die heutige der *Gloria* -Hymne von dem Komponisten Richard Faltin von 1889 stammt. Sie wurde 1938 ins damalige neue Gesangbuch aufgenommen und wird weiter verwendet.[29]

Gloria in excelsis

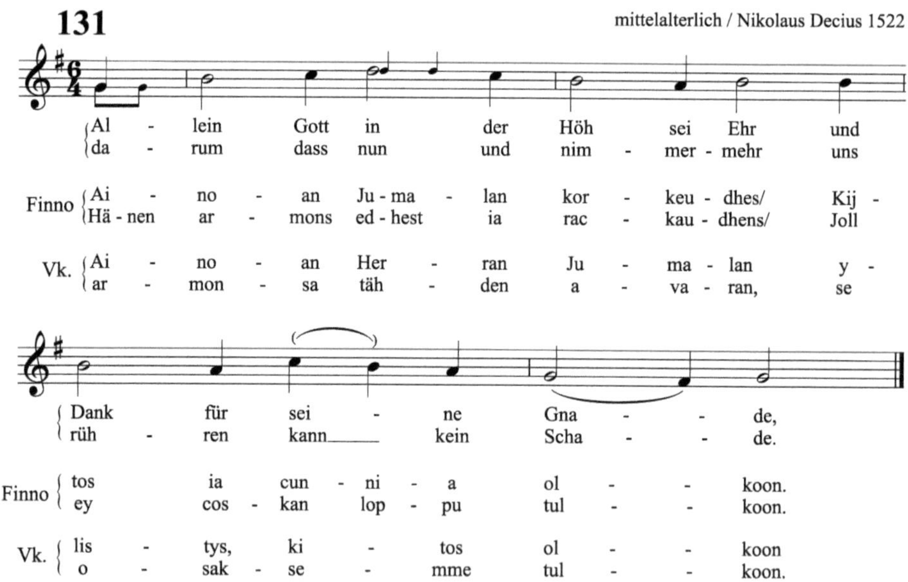


[27] Textquellen nach den Angaben im finnischen Kirchengesangbuch 1986 zum Lied 126.

[28] Agricola: Me kijtem sinua. Me hyuestisiuqnama sinua. Me sinua rucolema. Me ylistem ia cunnioitam sinua. Me sinua kijtem sinu swren cunias tedhen...
Heute: Me kiitämme sinua. Me sinua rukoilemme. Me ylistämme ja kunnioitamme sinua. Me sinua kiitämme sinun suuren kunniasi tähden...

[29] Vgl. auch EG 1990, 180.1 mit einer Melodie aus Straßburg 1524, auch zu den liturgischen Gesängen gehörend.

| Deutsch, alt<br>(h) IIII *Gloria in excelsis Deo* | Deutsch, neu, EKG 131 | Finno, alt:<br>Gloria in Excelsis Deo. | Finno modern (Vk 128): |
|---|---|---|---|
| Aleyn Gott in der höhe sei ehr 9<br>und danck für seine gnade 7<br>Darumb das nun vn nimmermehr 8<br>vns rüren kan eyn schade 7<br>Eyn wolgefallen Gott an vns hat 9<br>nu ist groß fris on vnterlaß 8<br>all fehde hat nu eyn ende. 8 | Allein Gott in der Höh sei Ehr 8<br>und Dank für seine Gnade, 7<br>darum daß nun und nimmermehr 8<br>uns rühren kann kein Schade. 7<br>Ein Wohlgefalln Gott an uns hat; 8<br>Nun ist groß Fried' ohn' Unterlaß, 8<br>all Fehd hat nun ein Ende. 7 | Alnoan Jumalan korkeudhes 9<br>Kijtos ia cunnia olcon. 8<br>Hänen armons edhest ia rackaudhens 10<br>Joll ey coskan loppu tulcon. 8<br>Nyt on suuri rauha tapactun maas 10<br>Jumal on Ihmisten ystäuä taas 10<br>Sijt olcon he suuresta ilos. 9 | 1. Ainoan Herran Jumalan 8<br>ylistys, kiitos olkoon 7<br>armonsa tähden avaran, 8<br>se omaksemme tulkoon. 7<br>Me saimme rauhan riemuisan 8<br>ja ystäväksi Jumalan. 8<br>Iloitkoon ihmiskunta! 7 |

Hier müssen wir sofort feststellen, dass Finno Schwierigkeiten gehabt hat, seinen gewollten Text der Melodie anzupassen, die ja Decius schon ein halbes Jahrhundert vorher erneuert hatte. Jeder seiner Verse hat ein bis zwei mehr Silben mehr als der Ausgangstext, der auch die Bögen zwischen Noten mit unterschiedlicher Tonhöhe in den Versen 2, 4 und 7 berücksichtigt, obwohl auch er beim ersten und fünften Vers je eine zusätzliche Silbe hat. Wahrscheinlich hat man diese Verse so gesungen, wie der Text auch heute ausgeschrieben ist, nämlich *Höh* statt *höhe* und *Wohlgefalln* statt *wohlgefallen*. Der heutige finnische Text hat eine identische Silbenzahl mit dem modernen deutschen, aber wie es der Gemeinde im 16. Jahrhundert gelungen ist, den Text beim Singen zusammenzuziehen, kann man nur vermuten. Den Text und den Rhythmus gilt es immerhin z.B. auf folgende Weise in Einklang zu bringen, indem man entweder zwei Silben zu einer verschliff oder die Note mehrmals sang (so in den Notenbeispielen):

1. Vers *Juma-la* statt *Ju-ma-la* [‚Gott']
3. Vers *Hänen* statt *Hä-nen* und *edhest* statt *e-dhest* [‚seine'; ‚für']
4. Vers *jollei* statt *joll ei* [‚die kein' (Ende hat)]
5. Vers *nyton* statt *nyt on* und *tapac-tun* statt *ta-pac-tun* [‚jetzt ist'; ‚geschehen']
6. Vers *ihmis-ten* statt *ih-mis-ten* und *ystä-vä* statt *ys-tä-vä* [‚der Menschen'; ‚Freund']
7. Vers *olcon* statt *ol-con* [‚möge sein']

Wie schon betont, hat Finno immer versucht, möglichst viel Inhalt aus dem Ausgangstext in seine finnischen Übersetzungen zu übertragen, und das ist auch hier der Fall gewesen. Dagegen haben die modernen Übersetzer es für wichtiger gehalten, der Melodie das Hauptgewicht zu geben. Dabei mussten sie bei Inhalt und Text Zugeständnisse machen. Die Rückübersetzung der ersten Strophe des modernen Liedes lautet: *Dem einzigen Herrn Gott / sei Lob und Dank / für seine große Gnade / sie möge unsere werden. / Wir erhielten einen fröhlichen Frieden / und Gott als unseren Freund. / Die Menschheit soll sich freuen!*

Wir nehmen noch ein Lied - auch einen frühchristlichen Gesang - das eventuell neben Luthers *Ein feste Burg ist unser Gott* zu den beliebtesten und meist gesungenen Liedern des Christentums gehört, das *Tedeum*, das schon früh seinen Titel nach dem lateinischen *Te Deum laudamus* eingedeutscht erhalten hat.

### 6.6.2.4 Das *Tedeum; Te Deum laudamus*

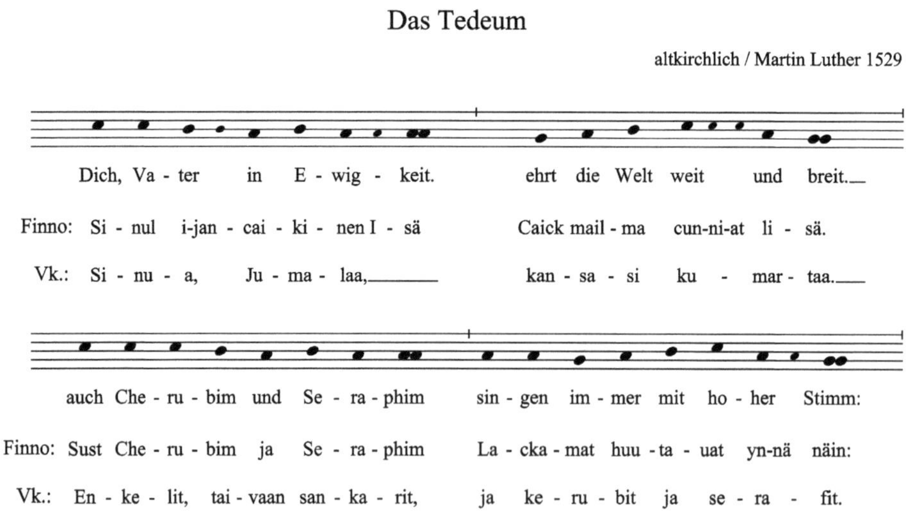


Dieses Lied ist im EG 191, im EKG 346 und 137, sowie im Vk 320 und 321 zu finden. Die Melodie ist altkirchlich. Der Text wird meist Bischof Ambrosius von Mailand zugewiesen, der ihn selbst gedichtet oder zumindest aus dem

Griechischen ins Lateinische übersetzt haben soll.[30] Eigentlich ist es aber wohl ein uraltes Abendlied gewesen, das in der morgenländischen Kirche gesungen wurde und wie ein Puzzle zusammengesetzt worden war. Es soll auch eines der frühesten Lieder sein, die ins Deutsche übersetzt worden sind. Es wurde nachweisbar durch Balthasar Resinarius (1480/85-1544/46) ins Deutsche übertragen. Das Lied war ursprünglich ohne Reime, aber in Verspaaren wie in den Psalmen abgefasst. Balthasar Resinarius hat zwar schon Reime verwendet, doch erst Martin Luther hat das Lied 1529 sorgfältig gereimt. Danach, also seit dem Anfang des 16. Jahrhunderts, ist der deutsche Text kaum – ausschließlich orthographisch – verändert worden. Das Lied hat drei Teile: Der erste endet mit dem Lob der Dreieinigkeit (*Te per orbem terrarum sancta confitetur ecclesia, patrem immensae maiestatis, venerandum tuum verum unicumfilium, sanctum quoque paracletum spiritum*), der zweite Teil ist christologisch (*Tu rex gloriae Christus, tu patris sempiternus es filius*), und der dritte Teil ist zum alltäglichen Gebet vorgesehen. (*Per singulos dies benedicimus te, et laudamus nomen tuum*)[31]. In Finnland hat Mikael Agricola das Danklied von Ambrosius ungereimt für sein Gebetbuch (1544) übersetzt, und Finno hat zwei Übersetzungen angefertigt, eine ungereimt nach dem Text von Agricola und eine gereimt (1583). Für meinen Artikel (Helin 2012b) habe ich 13 verschiedene deutsche, schwedische und finnische Übersetzungen des Liedes mit dem lateinischen Text verglichen. Hier nehmen wir nur einen kleinen Teil vom Anfang der ersten Strophe dieses liturgischen Gesanges vor, von dem schon früher in diesem Kapitel die Rede war, und vergleichen diese Verse miteinander. Oben in der Notenschrift sind die Verse 3, 4, 7 und 8 zu sehen, aber für den Vergleich sind in der Tabelle die Verse 1 bis 8 vorhanden, und zwar wieder die alte deutsche Übersetzung (Balthasar Resinarius), die neue deutsche Version (EKG 1981), die gereimte finnische Version von Jaakko Finno und die entsprechende finnische Neuübersetzung aus 1986. Die beiden deutschen Texte sowie die alte Übersetzung von Finno sind möglichst wörtliche Übertragungen aus dem lateinischen Ausgangstext, während die neue finnische Übersetzung (321) von allen stark abweicht, und es wäre wohl nicht ganz falsch zu fragen, ob man hier überhaupt von einem Translat sprechen kann, obwohl die „Cherubim und Seraphim" auch heute noch im Lied „mitsingen" dürfen. Daher ist dieser Text nur als Kuriosität in der Tabelle enthalten. Es wird der Text vom Lied 320 mit den anderen verglichen.

[30] Daher auch in Finnland allgemein *Ambrosius' Danklied* genannt; in Deutschland spricht man eher vom *Ambrosianischen Lobgesang.*

[31] Vgl. auch Helin 2012b.

Werfen wir aber schon im Voraus einen kurzen Blick auf die Variationen in den Übersetzungen (vgl. Helin 2012b). Der dritte Vers der ersten Strophe (siehe unten) hieß auf Latein *te aeternum patrem omnis terra veneratur,* den Balthasar Resinarius in die Form *die Welt weit und breit* und Luther in *der Weltkreis weit und breit* verdeutscht haben, wobei die ältere Form sich bis heute bewährt hat[32]. Agricola hat seinerseits direkt übersetzt: *caiki maailma,* sowie auch Finno *caicki mailma* ja *caick mailma* [,alle Welt']. Die Liste der Himmelswesen in den Versen 4 und 5 [*tibi*] *omnes angeli,* [*tibi*] *coeli et universae potestates* haben die Übersetzer ins Deutsche regelmäßig in die Form *All Engel und Himmelsheer* übertragen, während Agricola wieder wörtlich übersetzt hat: *caiki engelit taijuat ja caikinaiset wallat* [,alle Engel, Himmel und allerlei Mächte']. Diese Formulierung hat Finno in seiner ungereimten Version wiederholt, doch in seinem gereimten Text nimmt er die deutsche Version als Muster auf: *Engelit ja taiuan woimat* [,Engel und die himmlischen Mächte']. Das neueste finnische Kirchengesangbuch (1986) macht in der Nr. 320 die Engel zu *taivaan sankarit* [,Helden der Himmel'] und die Nr. 321 ersetzt die himmlischen Mächte mit *vallat korkeat* [,hohe Mächte'].

| **Te Deum Laudamus. Balthasar Resinarius. (k):CXXII** | **EKG 1981 137 Das Tedeum** | **Jacobus Finno 4, alt Se sama Rimixi techty [,dasselbe gereimt']** | **Jacobus Finno, modern (Vk 320 und 321)** |
|---|---|---|---|
| Herr Gott dich loben wir 6<br>Herr Gott wir dancken dir 6<br>Dich Vater inn ewigkeit7<br>Ehret die welt weit und breit. 7<br>All Engel und himels hehr 7<br>Und was dienet deiner ehr 7<br>Auch Cherubim und Seraphim 8<br>Singet imer mit hoher stim 8 | Herr Gott, dich loben wir, 6<br>Herr Gott, wir danken dir. 6<br>Dich, Vater in Ewigkeit, 7<br>ehrt die Welt weit und breit. 7<br>All Engel und Himmelsheer 7<br>und was dienet deiner Ehr, 7<br>auch Cherubim und Seraphim 8<br>singen immer mit hoher Stimm: 8 | O Jumal sinua kijtäm8<br>Sinua HERra cunnias pidhäm. 10<br>Sinul ijancaickinen Isä9 Caick mailma cunniat lisä. 8<br>Engelit ia taiuan woimat 8<br>Sull kijtoxen aina tuouat . 8<br>Sust Cherubin ia Seraphin 8<br>Lackamat huutauat ynnä näin 9 | Sinua, Jumalaa, 6<br>kansasi kumartaa. 6<br>Maan piiri kiittää sinua,8<br>Isäämme iankaikkista.8<br>Enkelit, taivaan sankarit, 8<br>ja kerubit ja serafit 8<br>kiitosta Herran laulavat8<br>ja lakkaamatta huutavat: 8<br><br>1. Sinua, Jumala, kansasi tunnustaa, eteesi polvilleen maanpiiri lankeaa. Kerubit, serafit ja vallat korkeat taivaassa läti kiitosta laulavat |

[32] Genauso wie übrigens im schwedischen Text aus dem 16. Jahrhundert: *werlden wijdt och breedt.*

Wie wir schon wissen, wird das Lied in Finnland heute fast ausschließlich mit dem obigen zweiten Text gesungen, da die Melodie viel leichter und einfacher ist als die von Martin Luther umgearbeitete Version aus 1529 bzw. 1533. Im modernen finnischen Gesangbuch wird die Melodie für Nr. 320 als „aus dem Mittelalter, in Deutschland 1533" stammend angegeben. Für den Text aus dem 4. Jahrhundert wird hier die vielfach bestrittene Verfasserschaft des Nicetas von Remesiana ins Spiel gebracht; Luther soll ihn aus den früheren deutschen Versionen umgearbeitet haben. Schließlich wurde, wie schon erwähnt, das Lied von Mikael Agricola, ungereimt, und von Jacobus Finno, sowohl ungereimt als auch gereimt, ins Finnische übersetzt, und danach noch mehrmals von anderen überarbeitet. In der heutigen finnischen Formulierung stammt der Text aus 1938. Da die Melodie für Nr. 320 diejenige aus dem Mittelalter ist, vergleichen wir hier ebenso den Text von 320 mit den früheren deutschen und finnischen Verarbeitungen. Die „leichtere Version", Nr. 321, hier nur für den weiteren sprachlichen Textvergleich gewählt, hat eine finnische Melodie, von Ilmari Krohn 1903 komponiert. Der Text wurde nach dem gereimten Finno-Lied 320 ab Mitte des 19. Jahrhunderts mehrmals modifiziert und neubearbeitet, zuletzt für das allerneueste Gesangbuch von 1986. Wie außerdem schon im Übertitel genannt, gibt es für dieses Lied auch auf Deutsch zwei Versionen. Sogar im lettisch-deutschen Gesangbuch von 1892 sind diese beiden unter Nr. 20 und 21 vorhanden.

Da es sich um eine alte liturgische Melodie handelt, folgen die beiden obigen deutschen Texte bei der Silbenzahl genau dem Notenbild, während es besonders für Finno, aber auch den Neuübersetzer schwierig gewesen ist, die längeren finnischen Wörter einzubauen. Zum Beispiel hat Finno beim 2. Vers die Silbenzahl mit 4 Silben überschritten. An und für sich kann seine Lösung bei dieser Melodieform verteidigt werden, denn da die Tonhöhe sich kaum verändert, kann man „monoton" auch mehrere Silben an einer Note singen. Trotzdem weicht die finnische Melodieversion der Nr. 320 nur wenig von der heutigen deutschen ab, im gewählten Abschnitt nur beim Vers 3 (1 Silbe bzw. 1 Note) und 4 (2 Silben bzw. 2 Noten) bzw. bei den Versen 7 und 8, die in beiden Sprachen jeweils mit derselben Tonfolge gesungen werden. Die Silbenzahl der anderen neuen finnischen Version wurde nicht angezeigt, aber sie würde viel leichter auch zur alten Melodie passen, da jeder Vers aus 6 Silben besteht.

Als ein Teil der Liturgie wurde das *Tedeum* laut Tuppurainen (2016) traditionell in den Morgengottesdiensten gesungen. Außerdem hatte es in Schweden und Finnland eine besondere Rolle in staatlich angeordneten Gottesdiensten aus besonderen Anlässen gehabt, und sogar die Einweihung der Turkuer Akademie 1640 und der Sieg über die Russen 1701 sind durch dieses Lied gekrönt worden. Heute befindet sich im finnischen Gesangbuch neben den zwei betrachteten Versionen noch eine dritte Version, und zwar im Anhang für den Gottesdienst Nr. 802, die noch näher zum Original getextet worden ist: *Sinua, Jumala, me ylistämme* [‚Dich, Gott, loben wir'].

## 6.7 Zum Schluss dieses Kapitels

Laien kennen die Kirchenlieder besser und lieben sie mehr als alle anderen kirchlichen Texte. Deshalb ist z.B. in Finnland das offizielle Gesangbuch im Laufe der Jahrhunderte öfter neu bearbeitet und neu übersetzt worden als die Bibel selbst. In den 80er Jahren des 20. Jh. waren beide gleichzeitig in Arbeit, wobei die Erneuerer des Gesangbuchs ihre Vorschläge wegen des allgemeinen Widerstands öfter zurückziehen mussten als die Bibelübersetzer ihre Textabschnitte, die sie zur Kritik veröffentlichten. So haben sich im neuen finnischen Gesangbuch einige Lieder (z.B. Luthers *Vom Himmel hoch*) noch unverändert und in der Version erhalten, die für das vorige Gesangbuch (1938) akzeptiert worden war.

Für diese Festhalten am Hergebrachten lassen sich folgende Gründe anführen. Die finnischen Reformatoren wurden ja in Deutschland ausgebildet; der Bischof von Turku, der für die Reformation gestimmt hatte, finanzierte das Studium begabter junger Männer z.B. bei Luther in Wittenberg. Auch Finno wurde - ein wenig später als z.B. Agricola - nach Norddeutschland geschickt, um dort zu studieren. Die Kirchenmusik hatte damals durch die Reformation neue Höhen erreicht, es wurden überall Kirchenlieder für die Gemeinde zum Singen komponiert und gedichtet. Die Druckkunst ermöglichte, Gesangbücher zu veröffentlichen, manchmal hatte jede Gegend ihr eigenes Kirchengesangbuch. Zuerst wurden auch Flugblätter mit nur einem oder ein paar Liedern gedruckt und verteilt[33]. Die Gemeinde konnte nun in ihrer eigenen statt in lateinischer Sprache singen. Der Trend betraf auch

[33] Vgl. auch Jenny 1985.

Finno, der nach seiner Rückkehr von dem damaligen schwedischen König Johann III. den Auftrag bekam, einige wichtige Bücher ins Finnische zu übersetzen. So ist auch das erste finnische Kirchengesangbuch entstanden. Davon sind leider nur Fragmente erhalten geblieben, aber mithilfe der gefundenen Dokumente hat man das Buch (Lempiäinen 1988) stückweise als Faksimile sowie als Neudruck des ursprünglichen Textes und der ihn ergänzenden Manuskripte drucken können.

Die Reformation, deren 500-jähriges Jubiläum wir 2017 feiern, ist eng mit Luther und seinen Mitstreitern sowie mit dem deutschsprachigen Raum verbunden, auch was Lieder und Musik betrifft. Daher ist es kein Wunder, dass eine hohe Anzahl der alten deutschen Kirchenlieder immer noch in den nordischen, nicht nur finnischen evangelischen Kirchengesangbüchern vorhanden sind und auch oft gesungen werden. Die Völker der Nordischen Länder werden oft oder mindestens bis in unsere Zeit als die lutherischsten Völker der Welt bezeichnet. Vor ein paar Jahren wurde sogar ein Sammelband mit Beiträgen aus allen Nordischen Ländern über „Luthers Psalmen" in diesem Raum herausgegeben, und zwar von dem *Nordisk institut för hymnologi, Nordhymn. Projektet Lutherpsalm: Martin Luthers psalmer i de nordiska folkens liv.* (Selander / Hansson 2008) Es handelt sich um ein Projekt des gesamtnordischen Forschungsnetzes *Nordhymn* und es gibt einen umfangreichen Einblick in die Welt der Lutherschen Lieder und Melodien, die im Norden seit der Reformation gesungen sowie erforscht worden sind und immer noch gesungen und erforscht werden. Außerdem werden die unterschiedliche Bedeutung der Lieder Luthers für die nordischen Völker im Laufe der Geschichte und die unterschiedlichen Schicksalsschläge geschildert, die diese Völker getroffen haben. Ebenso wird die Wichtigkeit des Liedes *Ein feste Burg ist unser Gott* für die Finnen in dem Buch stark betont (vgl. hier Kapitel 4, 5 und 7). Es ist interessant zu betrachten, wie viel mehr die finnischen Texte sich nach zahlreichen Bearbeitungen gegenüber ihren Ausgangstexten verändert haben, was natürlich auf die Sprachentwicklung und bewusste Sprachpolitik zurückzuführen ist (vgl. Kapitel 3). Die ersten Übersetzer der Lieder wollten die Botschaft in möglichst hohem Maße beibehalten, obwohl sie manchmal mehrere Versionen in mehreren Sprachen vor sich hatten, wie z.B. Finno, der *Ein feste Burg* offensichtlich mehr aus dem Schwedischen als aus dem ursprünglichen Deutschen übertragen hat. Da aber heute zum ursprünglichen Text zurückgekehrt wird, ist die Neuübersetzung regelmäßig mit der Originalfassung äquivalenter als die erste Version. Das können wir auch bei diesem Lutherlied sehen, das man immer mit derselben Luther-Melodie hat singen können. Die Lutherlieder werden im Kapitel 7 noch näher untersucht.

# 7 Martin Luther als Dichter und Komponist von Kirchenliedern mit nachhaltiger Botschaft

Wir betrachten zu Beginn Luthers Einfluß auf andere Bereiche neben den Kirchenliedern, denn auch hier ist Hintergrundwissen angebracht, um seine Dichtungen und sein Komponieren besser zu verstehen.

## 7.1 Luther als Erneuerer in mehreren Lebensbereichen

In den früheren Kapiteln wurde schon mehrmals der Reformator Martin Luther in unterschiedlichen Zusammenhängen erwähnt. An seiner Gestalt kommt man nicht vorbei. Durch seinen Willen und seine Tatkraft, aber zuallererst durch seinen Glauben war er selbst fest darin verankert, dass alle Menschen berechtigt waren, Gott direkt anzubeten und die christliche Botschaft in ihrer eigenen Sprache zu lesen und zu hören. Die polemische Publizistik um die Kirchenreformation und den blutigen Kampf der Bauern um die Wiederherstellung ihrer Rechte im Bauernkrieg (1524/25) bewirkten daher auch für die deutsche Sprache einen gesamtgesellschaftlichen Entwicklungsschub, der selbst in den industriegesellschaftlichen Sprachwandlungen des 19. und 20. Jh. sich durch Parallelen und Wiederaufnahmen niederschlägt. Zwar kann nach von Polenz (2000: 229) der damalige Slogan „Deutsch für jedermann" natürlich weder Luther allein noch nur der Kirchenreformation zugeschrieben werden, aber trotzdem gebührt in dieser Hinsicht Martin Luther „der hervorragende erste Platz". Natürlich brauchte er bei der jahrelangen Arbeit an der Übersetzung der Bibel die Hilfe eines Mitarbeiterstabes, in dem Philipp Melanchthon eine bedeutende Rolle einnahm. Für das Neue Testament hat Luther sowohl den griechischen Text als auch die lateinische Vulgata als Ausgangstexte verwendet. Zwar hat Luther die neuhochdeutsche Sprache nicht erfunden, aber mit Meisterschaft gehandhabt. An die sächsische Kanzleisprache konnte er anknüpfen, aber Luthers sprachliches Feingefühl lag auf einem weit höheren Niveau. Auf jeden Fall hat die Verbreitung der Lutherbibel (mehrere hundert Drucke in den Jahrzehnten nach 1522) die Vereinheitlichung der deutschen Sprache beschleunigt (Kantzenbach 1972: 53f.).

Luther war stark davon überzeugt, dass das menschliche Leben und der Alltag eine einheitliche Welt Gottes sind, obwohl es dem Menschen allein unmöglich ist, Gottes Willen zu folgen. Daher veröffentlichte er am Anfang der 1520er Jahre Schriften über Angelegenheiten des täglichen Lebens wie Ehe, weltliche Obrigkeit und Gehorsamkeit ihr gegenüber sowie auch Schriften über Schulwesen, christliche Gemeinde und Ordnung des Gottesdienstes (ibid., 54). Da er außerdem starke Stellungnahmen liebte und neben seinen pointierten Meinungen noch einen heftigen Charakter hatte, den auch wir heute in seinen Gedanken, Schriften und Liedern, wie sie in dieser Arbeit betrachtet und analysiert wurden und werden, noch nachspüren können, ist es kein Wunder, dass Streit mit den Obrigkeiten die Folge war.

### 7.1.1 Der Mensch als Mitglied der Gesellschaft

Einiges haben wir schon im Kapitel 4.6 und 4.7 behandelt, kommen aber jetzt zu Luthers Überzeugungen nochmals zurück. Sabean (2001: 157-162) betont Luthers Auffassung, dass der Mensch, der nicht wiedergeboren war,[1] keine persönliche Konsistenz und keine Basis hatte, um sein Verhalten zu kontrollieren. Dieser Mensch konnte auch keinen Mittelpunkt haben, „um den herum sein Bewußtsein organisiert werden konnte" (ibid., 157). Selbst die Wiedergeborenen mussten sich innerlich auf jede Weise kontinuierlich – insbesondere in der Vorbereitung auf das regelmäßige Abendmahl – disziplinieren. Dabei verstellte ihnen allerdings die lutherische Theologie mit der Betonung der vollkommenen Sündhaftigkeit des Menschen die Möglichkeit, einen Dialog mit ihrer Vergangenheit zu führen und so den Grund für eine neue Persönlichkeit oder ein Fundament für ein wirkliches Selbst zu legen.[2] Sabean (ibid.) zitiert Luthers Bemerkung über die Handhabung des Lebens als einer „ethisch unmethodischen Sequenz diskreter Akte" und legt nahe, dass Luther mit seinem Hinweis auf das oben erwähnte „inkonsistente Selbst" nicht nur eine theologische Abstraktion meinte, sondern beschreiben wollte, wie er Personen um sich herum selbst wahrnahm.

[1] Diese „neue Geburt" („Wiedergeburt" ist der aus dem Englischen übersetzte Ausdruck Sabeans), ohne die dem Menschen nach Joh. 3, 3-8 nicht möglich sei, „das Reich Gottes zu sehen", konnte sich nach Luthers Auffassung durch Vergebung der Sünden allein durch den Glauben, aufrichtige Buße und die Verheißung, im Abendmahl den heiligen Geist zu empfangen, vollziehen.
[2] Letzteres sieht Sabean in den Abendmahlsvorbereitungsvorschriften im angelsächsischen Raum.

Was wiederum das sog. Doppelgebot der Liebe betrifft, betont Vollhardt (2001: 222-224), dass Luther nicht derselben Meinung war wie Augustinus, der „die Selbstliebe zum Maß unserer Zuwendung zum anderen und damit zur Grundlage der Liebesethik erklären (kann), von der die Gottes- und Nächstenliebe ausgehe". Nach Luther könne der Mensch seine Ichbezogenheit nur beherrschen, wenn Gott ihm zur Selbstentzogenheit helfe. Dies sei die „Freiheit eines Christenmenschen". Die Schrift entstand 1520, als der Papst gegen ihn den Bann verhängt hatte. Damit nahm bei Luther der Begriff der Selbstliebe das Gegenteil der bisherigen, seit Augustinus verwendeten – im Grunde positiven – Bedeutung an.

Spitta (1905: 3) erörtert die Bedeutung der evangelischen Kirchenlieder für die Entwicklung des westlichen Menschen, indem er die Äußerungen des gläubigen Individualismus mit der Objektivität der dogmatischen und liturgischen Formen der katholischen Kirche vergleicht. Nach ihm stimmt die Beurteilung des evangelischen Kirchenliedes als eine kirchlich „erlaubte" religiöse Individualität nicht mit der Beurteilung der Hymnologen überein. Eher sei die klassische Periode des evangelischen Kirchenliedes, d.h. die Zeit Luthers, die Epoche des objektiven Bekenntnisliedes, wobei die einzelne Person, das „Ich" nicht auftrete, sondern die Kirche und das „Wir". Dies wird bei den folgenden, näher betrachteten Liedern nochmals aufgenommen. Es gibt jedoch Beispiele für das „Wir" oder das „Ich" schon in Lutherliedern: *Aus tiefer Not schrei ich zu dir*[3] betont den persönlichen Glauben, während *Ein feste Burg ist unser Gott* die Gemeinschaft der Christen hervorhebt, um nur einige zu nennen. Von dem letztgenannten Lied wird sowohl gesagt, die individuellen Beziehungen seien darin abgestreift, oder aber auch, dass es eigentlich kein Gemeindelied sei, sondern nur ein Gelegenheitsgedicht Luthers um sein Herz zu erleichtern.[4]

Nolte (1991: 91) analysiert Luthers europäische Bedeutung im Lichte der Aufklärung und zitiert dabei aus Hegels Vorrede zu den „Grundlinien einer Philosophie des Rechts" von 1820:

> Es ist ein großer Eigensinn, der Eigensinn, der dem Menschen Ehre macht, nichts in der Gesinnung anerkennen zu wollen, was nicht durch den Gedanken ge-

[3] Zwar gibt auch der Wortlaut des zugrundeliegenden Psalms die Sg1 vor, aber beim Umformen von Psalmtexten in Kirchenlieder ist oft genug in solchen Punkten abgewichen worden.
[4] Vgl hier 7.3.10.

> rechtfertigt ist, und dieser Eigensinn ist das Charakteristische der neueren Zeit, ohnehin das eigentümliche Prinzip des Protestantismus. Was Luther als Glauben und im Zeugnis des Geistes begonnen, es ist dasselbe, was der gereifte Geist im Begriffe zu fassen, und so in der Gegenwart sich zu befreien und dadurch in ihr sich zu finden bestrebt ist.

Mit diesen Sätzen habe Hegel „alle Register über die Tendenzen und Motive der außertheologischen Luther-Rezeption seit der Aufklärung angeschlagen". Auch Hegel (ibid., 95) spreche in höchsten Tönen von Luther und dem lutherischen Glauben. Laut Hegel beginne erst mit Luther die Freiheit des Geistes im Kerne, und mit diesem Wissen könne auch das ganze gigantische System der Philosophie Hegels begriffen werden. Laut Nolte (ibid.) sei sowohl die deutsche Philosophie des Idealismus als auch die Dichtung der deutschen Klassik mit ihren Urteilen über Luther und seine Reformation von dem Lutherbild des 19. Jahrhunderts geprägt, und ihre Bewertung Luthers sei bis in die Gegenwart hinein davon beeinflusst. Der Kantianer Schiller sei mit seinem Lutherlob zurückhaltender geblieben als „der in dieser Frage nicht hinter dem Berge haltende Goethe", denn noch kurz vor seinem Tod gebe Goethe zu verstehen (zitiert ibid., 96):

> Wir wissen gar nicht, was wir Luther und der Reformation im allgemeinen alles zu danken haben. Wir sind freigeworden von den Fesseln geistiger Borniertheit, wir sind in Folge unserer fortwachsenden Kultur fähig geworden, zur Quelle zurückzukehren und das Christentum in seiner Reinheit zu fassen. Wir haben wieder den Mut, mit festen Füßen auf Gottes Erde zu stehen und uns in unserer gottbegabten Menschennatur zu fühlen.

Nolte (ibid.) schreibt, dass dieses Zitat des im Sterben begriffenen Goethe „das Resümee der idealistischen und rationalistischen Luthervorliebe" darstelle, die bereits damals historisch und sachlich durch die Romantik bestritten gewesen sei und von nachkommenden Philosophen und Denkern[5] noch mehr kritisiert wurde.

Meinungen und Ansichten ändern sich im Laufe der Zeit, aber bisher konnte auch die gesellschaftliche Bedeutung Luthers noch nicht geleugnet werden. Dies können wir auch in seinen Liedern sehen. Die Botschaft ist dieselbe geblieben, obwohl z.B. die finnischen Neuübersetzungen manche weitgehende Veränderungen aufweisen.

[5] Besonders zu nennen sind hier Marx und Engels, während Max Weber oft als Verteidiger der protestantischen Arbeitsethik bezeichnet wird.

Wir wollen nicht Stellung dazu nehmen, ob Luthers Haltung dem Bauernkrieg gegenüber richtig oder falsch war, da unser Hauptgegenstand die lutherschen Kirchenlieder sind, betrachten aber noch kurz, wie Kantzenbach sich dazu geäußert hat. Nach seiner Ansicht (1972: 59f.) wollte Luther zuerst „zwischen Bauern und Bauern" unterscheiden, wurde aber damals nicht verstanden. Er wollte als Theologe, nicht als Politiker, prüfen und warnen und war kein „Fürstenknecht", wie behauptet wurde, wollte aber am „gottgegebenen Verhältnis von Obrigkeit und Untertanen ... unentwegt festhalten" (ibid., 59.)[6] Außerdem kamen Luthers Schriften zum Bauernkrieg in Anbetracht der Ereignisse des Krieges zu spät heraus und konnten sie daher nicht mehr beeinflussen. Darüber hinaus sah Luther in den Ereignissen eine eschatologisch-apokalyptische Deutung und versuchte deshalb, keine sozialethischen Antworten auf die dadurch gestellten Fragen im Evangelium zu finden, sondern klarzustellen, dass das Evangelium, so wie man es reformatorisch verstand, nicht mit einer sozialpolitischen Ideologie zu verwechseln war. Er wandte sich nicht aus Konservatismus oder persönlichem Entsetzen gegen die Bauern, sondern weil seine Auffassung über die „christliche Freiheit" auf einer höheren Ebene lag als die der kämpfenden Bauern. (Kantzenbach 1972: 60.)

### 7.1.2 Der Mensch im Wirtschaftsleben

Friedrich Vollhardt (2001: 224-228) betrachtet Luthers Auffassungen über das Handeln des gewöhnlichen Menschen im Alltag und z.B. in der Wirtschaft. Wie wir im vorigen Abschnitt gesehen haben, widersprach Luthers Auslegung des neutestamentlichen Liebesgebots der augustinischen ‚caritas ordinata' schon von Grund auf. Der Mensch könne seine egozentrischen Begierden nur „in einer von Gott gewollten Selbstentzogenheit" beherrschen. Darin bestehe die „Freiheit eines Christenmenschen". So hatte sich Luther 1520 verteidigt. Weiter wurde in einer gleichzeitig verfassten Glaubensunterweisung (*Eyn kurcz form der zcehen gepott*) „die positive Deutung der Selbstliebe in ihr Gegenteil verkehrt, wobei Luther seine Antithese unter Berufung auf Augustinus formuliert." (ibid., 225.) Da Luther schon früh sah, dass der wachsende Handelsverkehr nicht nur ein Hinweis auf die Gnade

[6] Kantzenbach nennt Luthers Haltung zwar verständlich, fragt aber, ob er eventuell zu stark nur auf das geltende Recht verwies und den Bauern nicht zubilligte, sich auf das Evangelium zu berufen. Er hätte wohl eher ihren Kampf zum Durchsetzen der Gerechtigkeit unterstützen müssen und sie nicht zu schnell beschuldigen dürfen, mit dem Teufel im Bunde zu sein.

Gottes war, appellierte er in seiner Schrift „Von Kaufshandlung und Wucher" (1524) an die Obrigkeit, dass Gesetze und Regeln notwendig waren, um die durch die Preispolitik der Monopolgesellschaften und das Kreditwesen entstandenen Missstände zu unterbinden. Luther relativierte das grundsätzliche Problem des Gebots der Liebe im wirtschaftlichen Handeln, wobei das Ziel normalerweise ein Profit ist, durch den Vergleich mit der in der Ehe befriedigten sexuellen Begierde, die Gott ebenfalls durch die Finger sieht, weil sie doch notwendig ist. „Die Parteigänger Luthers haben die Motive von Sündenfall und Selbstliebe, Eigennutz und Geiz vielfach behandelt und dabei alle Gattungen der moraldidaktischen Literatur genutzt." (ibid.) Doch Luther verhielt sich kompromisslos der auf Eigennutz gegründeten Kapitalakkumulation gegenüber, deren Betreiber es laut ihm nicht wert waren, sich als Menschen zu bezeichnen. Dadurch wurde die Ökonomie der neuen Fernhandelsgesellschaften diskreditiert und das Selbstbewußtsein der städtischen Gewerbe gestärkt, und ‚Eigennutz' und ‚Gemeinnutz' wurden zu unterscheidenden Kriterien. Auch hier wendete sich Luther wieder gegen die Gleichsetzung des reformatorisch verstandenen Evangeliums mit einer sozialpolitischen Ideologie. (Kantzenbach 1972: 60.)

Das Fundament der auf das Gemeinwohl gebauten Ordnung des gemeinen Nutzens und der neuen Geldwirtschaft in der Reformationszeit sollte nach den Darlegungen des Melanchthon-Schülers Johannes Eisermann (1485/86 –1558) theoretisch die Gerechtigkeit bilden, und seine Schriften betonen die Polarität von Eigennutz und Gemeinwohl (Vollhardt 2001: 226). Doch schon Luther hatte in seiner Schrift aus dem Jahr 1524 dieses Thema behandelt, indem er sich auch mit den Handelsgesellschaften und Großunternehmern auseinandersetzte. Dabei lautete sein Hauptargument, das das Überschreiten der Schwelle zum neuzeitlichen Erwerbsdenken zeigte, dass der so geschmähte Eigennutz der Kaufleute jedoch in Wahrheit dem Gemeinwohl diente. Es ist wohl nicht zufällig, dass diese Apologie des Eigennutzes in Augsburg entstand. Die Stadt war der traditionsreiche Verlagsort altökonomischer Literatur und wurde nun das erste Finanzzentrum des Reiches. Das städtische Milieu sollte einerseits durch das „Selbstbewusstsein der wohlhabenden Vertreter des neuen Bank- und Kreditwesens" und andererseits durch „die großen caritativen Leistungen der Fernhandelsgesellschaften" geprägt worden sein. Bekannt ist dort auch die von den Fuggern gegründete Wohnsiedlung für mittellose Bürger der Stadt (ibid. S. 227f.).

### 7.1.3 Der Mensch als Mitglied der Kirche

Trotz der von ihm ausgelösten Reformation und der von ihm aufgezeigten Missstände in der katholischen Kirche hat Luther sich leidenschaftlich dagegen gewehrt, die Herrschaft Christi auf eine Konfessionskirche einzuengen (Kantzenbach 1972: 86). Bei dem was er wirklich getan hat, ist zwischen dem geistlichen und weltlichen Regiment zu unterscheiden. Das weltliche sei eine „sanctitas generalis", während das geistliche Regiment des Wortes unter der Gnade Gottes stehe. Beide Regimenter seien verschieden und dürften nicht miteinander vermischt werden. Im weltlichen herrschten weltliche Gerechtigkeit und Macht, im geistlichen die Liebe, jedoch könne das Reich Christi in der irdischen Welt ohne das weltliche Regiment nicht bestehen. Darüber hinaus müsse das Predigtamt dem weltlichen Regiment den Willen Gottes beibringen (ibid., 88). Beide Regimenter seien nach Luther Gottes Ordnung und in seinem Dienst, wenn sie gehorsam den Auftrag erfüllten, den Gott ihnen gegeben hat. Sie könnten aber auch den bösen Mächten dienen, zumal wenn eines von beiden die Aufgaben des anderen übernehme oder versuche, sie zu übernehmen (ibid. S. 89). Der Christ sei nach Luther total im Bereich der Herrschaft Jesu Christi, und könne nicht Bürger zweier Reiche sein, sondern habe einem Herrn zu gehorchen. Da er aber auch im Reich der Welt leben müsse, müsse er auch die Gesetze beachten, die zur Erhaltung der gesetzten weltlichen Ordnungen verabschiedet worden seien. Dabei sei er immer an das Gebot der Gottes- und Nächstenliebe gebunden (ibid., 90).

Beutin (1993: 145f.) stellt fest, dass die frühe Neuzeit „eine Klimax" der Religiosität mit sich brachte, aber auch andererseits die gewisse Entkirchlichung anfing, indem die „sichtbare Kirche" im Alltag allmählich weniger sichtbar wurde. In seinen *Ablaßthesen* (1517) verurteilte Luther die Errichtung der neuen Kirche St. Peter in Rom, aber 1520 verblieb für ihn in der Schrift *Von der Freiheit eines Christenmenschen* „als Maßstab für Religiosität nur noch die Gütergemeinschaft". Als *christliche Freiheit* verstand Luther etwas Anderes und Höheres als z.B. die Bauern in ihrem Kampf, und wandte sich deshalb gegen ihre Volkserhebung, nicht aus Konservatismus oder persönlichem Entsetzen (Kantzenbach 1972: 60)[7]. Im Einflussbereich der Reformation gab es ab 1525 bald auch außerhalb des deutschen Raums die Tendenz zur Säkularisation des weltlichen Besitzes der Kirche. Wie schon erwähnt wur-

[7] Vgl. Abschnitt 7.1.1.

de, beruhte auch im hohen Norden die positive Haltung des schwedischen Königs Gustav Wasa zur Reformation darauf, dass er die Reichtümer der katholischen Kirche in staatlichen Besitz überführen wollte. In diesem Fall bedeutete die Gier der Machthaber Gutes für die Bevölkerung und ihre Rolle als Gemeindemitglieder: Die Volkssprache wurde zur Kirchensprache, das Volk durfte oder musste sogar lesen lernen. Es brauchte sich nicht mehr die christliche Lehre durch Bilder an den Wänden der Kirche anzueignen, sondern alle konnten selbst, wenn sie die benötigten Mittel für ihre Anschaffung hatten, die Bibel und weitere Schriften lesen, was natürlich durch das Erfinden des Buchdrucks ebenfalls erleichtert wurde. Den Katechismus mussten sie lesen und sogar auswendig können – das wurde von den Pfarrern kontrolliert, bevor die Leute heiraten durften. Dieser Einsatz der Kirche für die Elementarbildung ist ein wichtiger Hintergrundfaktor für die Errungenschaft, dass in Finnland seit langem der Prozentsatz der Analphabeten der niedrigste in der Welt ist.

Weil aber in der Zeit Luthers und durch die Veränderung des Status der sichtbaren Kirche der Niedergang der Glaubenslehre und Bildung drohte, veröffentlichte Luther Schriften wie *An die Ratsherrn aller Städte* (1524), seine *Katechismen* (1529) sowie *Unterricht der Visitatoren* (Beutin 1993: 146). Obwohl viel Glaubenseifer in den Gemeinden vorhanden war, entfaltete sich Skepsis bei Eliten, sogar bei Luther selbst. Er hat in einem solchen Moment das Bekenntnis geäußert, dass niemand sich nach dem künftigen Leben sehnen würde, wenn die diesseitige Welt gut geordnet wäre. Unter den Gemeindemitgliedern kontrastierte Glaubenserweckung durch Geschichten, Visionen und Dichtung mit Skepsis und Glaubensverlust. Wirksame Propagandisten hatten die Welt- und Sinneslust gefunden und weitergegeben, zwar noch nicht in der religiösen Vorstellung, aber in der Kunst, am schönsten in der Malerei. Die Gebildeten setzten erneut der Lehre, die Erde sei ein einziges Jammertal, die Freude am Diesseits entgegen. (ibid.) Es vergingen nicht viele Jahrzehnte seit dem Beginn der Reformation, bis die Religiosität sich schon mit Gewalt verband. Bereits in Luthers Zeiten geschah der erwähnte Bauernaufstand von 1524/25, und ein Jahrhundert später verursachte 1618 – 1648 der Dreißigjährige Krieg abertausende Opfer und gewaltige Verluste. Weiter führte die Aufhebung des Edikts von Nantes 1685 in Frankreich zur Zwangsbekehrung von einer Million Hugenotten (ibid., S.147), die mit unerhörter Grausamkeit vorgenommen wurde. Auch Hexenprozesse waren bis ans Ende des 18. Jahrhunderts und sogar noch später keine Seltenheit. Der Fanatismus blieb bei den gewöhnlichen Gemeindemitgliedern am Leben. Protestanten drohten den Katholiken und umgekehrt, und erst in unseren Tagen kennt man die Ökumene und das friedliche Beisammensein der Christen[8]. Beutin (ibid.) betont, dass der Fanatismus auch der Hauptgegner der Aufklärer war. Aber nur wo Toleranz die wichtigste Parole sei und die Duldung walte, habe das Individuum genügend Spielraum und könne gedeihen. Noch heute wird selbst unter den westlichen Völkern noch um diesen Standard gerungen.

In der Tat scheint aufrichtige Toleranz heute noch rar zu sein, obwohl ein oberflächlicher Toleranzbegriff in der Politik und in den öffentlichen Gesprächen gang und gäbe ist. Begegnet ein „Toleranter" jemanden mit einer anderen Auffassung als seiner, ist es leicht vorbei mit der „Toleranz". Das haben wir in den letzten Monaten im Hinblick auf die Flüchtlingsströme gesehen. Sehr schnell ist unter der Bevölkerung, auch unter den heutigen Christen, die Toleranz vergessen. Ein Beispiel: Vor der Fußball-Europameisterschaft 2016 in Deutschland sagte ein Politiker über einen prominenten deutschen Fußballer, dessen Vater Ghanaer ist: „Die Leute finden ihn als Fußballspieler gut. Aber sie wollen einen Boateng nicht als Nachbarn haben."[9] Diese Äußerung erntete jedoch laute Entrüstung.

### 7.1.4 Kritische Stimmen

Um einen vielseitigeren Einblick in die Epoche der Reformation und ihre Folgen zu erhalten, betrachten wir noch kurz die kritischen Stimmen, die die Bedeutung der damaligen Ereignisse für die Entwicklung der Gesellschaft und den Lauf der Geschichte bestreiten oder herunterspielen. Dafür nehmen wir nochmals die Gedankengänge von Nolte (1991: 107-109) auf. Er betont, dass allein die europäische Bildungsbewegung des Humanismus, der auch Luther tief verpflichtet war, älter und stärker sei als „die fraglos intensive Bildungsbereitschaft, welche von der deutschen Reformation ausgeht". Weiter meint er, dass die großen kulturellen Strömungen in Wissenschaft und

[8] Als kurioses Beispiel könnte ich erwähnen, dass unsere Nachbarn in Frankreich 1991 wissen wollten, welcher Konfession wir seien, und als sie erfuhren, dass wir evangelisch-lutherisch sind, meinten sie, sie könnten das akzeptieren und uns trotzdem gern haben! Selbst waren sie ja bekennende Katholiken.
[9] Frankfurter Allgemeine Sonntagszeitung, 29.5.2016

Bewusstseinsbildung sowie die sozialen und ökonomischen Veränderungen der Reformationszeit eine Süd-Nord-Richtung hatten[10]. Auch die Erfahrung des Frühkapitalismus neben der neuen Arbeitsauffassung und dem Bewusstsein einer zu sich selbst befreiten Subjektivität sei eher in den italienischen Stadtrepubliken und in den süddeutschen Reichsstädten – und zwar lange Zeit vor der Reformation entstanden. Demgemäß habe nach seiner Meinung die sozialistische Reformationskritik mit ihrem historischen Argument recht, dass sozialer und ökonomischer Fortschritt nicht das Merkmal der lutherischen Fürstenstaaten sei, sondern eher „das Kennzeichen der calvinistischen Gebiete in Europa".

Ähnlich verhalte es (ibid.) sich mit dem lange kulturtheoretisch und ideenpolitisch vertretenen Anspruch des Kulturprotestantismus, dass die Reformation Luthers das moderne Staatswesen erheblich befördert und bis zum Rechts- und Pflichtstaat hochentwickelt habe. Nolte stellt weiter fest, dass eben Preußen, von dem in seinem Werk die Rede war, sich nicht einseitig der politischen Theologie des Luthertums verdanke, sondern bereits in katholischer Zeit seine Wurzeln habe. Er ist sogar der Meinung (S. 109), dass „eine kultur- und geisteshistorische Linie von der Kolonial- und Missionsbewegung des Deutschen Ordens und der Zisterzienser über die calvinistische Arbeitsethik hin zum preußischen Pflicht- und Beamtenstaat hingeht", und dass Luther und das Luthertum beim Entstehen des modernen Machtstaates eher eine abbremsende Wirkung ausgeübt hätten.

Ohnehin sei (ibid.) die moderne Staatlichkeit nicht einfach ein Säkularisat der Reformation, sondern der neuzeitliche Staat gehorche eigenen Entwicklungen und Strukturen. Nach Meinung Noltes (ibid.) sei das oft besprochene Arbeits- und Berufsethos des durch Luthers Reformation geprägten Menschen von dem kulturprotestantischen Wunsch bzw. dem historischen Befund auseinander zu halten. Insgesamt müsse gesagt werden, dass die Reformation Luthers keinen sehr starken Modernisierungsschub in der europäischen Kulturgeschichte ausgelöst habe, sondern die einzelnen, längst vorhandenen Tendenzen des Humanismus und der zunehmenden Innerlichkeit sich in ihr verstärkt und verbreitet hätten. Nolte behauptet sogar, dass die Reformation Luthers eher fortschrittshemmend gewesen sei und z.B. etwa im sozialen Bereich und auch in der Entwicklung zu Demokratie und

[10] Vgl. auch Arffman 1996.

Industriegesellschaft ausgesprochen konservative Züge trüge. Dafür (ibid., 110) sei das rationalistisch-idealistische Lutherbild „nicht von Luthers eigener Weltsicht geprägt, sondern vom Zeitgeist des 18. und 19. Jahrhunderts". Wie wir wissen, hat Luther selbst seine religiöse Weltsicht über den apokalyptischen Horizont, die Vergänglichkeit der Welt und die Vorläufigkeit des Lebens nicht verdrängt. In den politischen und sozialen Kulturbildungen sieht er nur „die vorletzten Dinge", die es „im Glauben und im Wissen um das nahe Weltende zu bestellen gilt". (ibid)[11]. Trotzdem verhielt Luther sich dem apokalyptischen Omen gegenüber nicht pessimistisch, sondern in voller Erwartung. Er soll ja gesagt haben, dass er ein Apfelbäumchen pflanzen würde, auch wenn er wüsste, dass am nächsten Tag die Welt unterginge.

In metahistorischer Eigenverantwortung (ibid.) könne hinzugefügt werden, dass Luthers Geschichts- und Weltverständnis in den heutigen geistes- und realpolitischen Verschärfungen nicht mehr der kirchlich-besorgten Allegorese bzw.der theologisch-gekonnten Entmythologisierung bedürfe, sondern diese Weltansicht in einem realen Sinn relevant geworden sei. Gleichwohl würden heute, wo nicht nur der Zustand und die „Verbesserbarkeit" der europäischen Kultur, sondern ihre „Fortsetzbarkeit" überhaupt in Frage stehe, „von Luther her Einsichten und Ermutigungen frei, die sich im Lebensweg so verschiedener Lutheraner wie Paul Gerhardt, Johann Sebastian Bach und Dietrich Bonhoeffer bewährt haben". Laut Nolte (1991) wird im Lebenszeugnis dieser aufs höchste mit Luther vertrauten Männer christliche Kulturfähigkeit im europäischen Maßstab sichtbar. Im Wissen um das drohende Ende der Welt werde diese Welt dennoch nicht zum Teufel geschickt, sondern „in Widerstand und Ergebung, in getroster Verzweiflung und festem Glauben" werde die „Kontrapunktik" einer christlichen Existenz in apokalyptischer Zeit gewagt. (Dinzelbacher et al.1993: 163.)

Für mich als Lutherforscherin ist es gut zu sehen, wie auch hier schließlich der Wert von Luther und der Reformation verstanden wird. Kantzenbach (1972: 94) zitiert den katholischen Theologen Albert Brandenburg, dessen Auffassung sich eignet, hier wiedergegeben zu werden: „Luther ist heute mit den Urelementen seines theologischen Denkens lebendiger denn je". Hiermit können wir zum eigentlichen Thema, den Kirchenliedern Luthers und seiner Zeit- und Reformationsgenossen übergehen, die seitdem nicht

[11] Vgl. auch Kantzenbach 1972: 60.

nur in Deutschland oder Finnland, sondern auch in mehreren anderen Ländern sowie von Menschen unterschiedlicher Konfessionen gesungen werden. Es handelt sich bei ihnen nicht nur um Musik oder Textinhalte, sondern auch um Elemente weiterer Bereiche der Kultur und des Lebens.

## 7.2 Luther als Liederschöpfer

Wie Jenny (1985: 36f.) betont, war Luther nicht der erste Schöpfer des für die Gemeinde gedachten Kirchengesangbuches, denn das erste gedruckte Gesangbuch in der Volkssprache war schon 1501 von den *Böhmischen Brüdern* herausgegeben worden; mit Noten erschien es 1519. Das erste deutsche Gemeindegesangbuch, das *Erfurter Enchiridion,* erschien zwar 1525, aber obwohl es viele Lieder von Luther enthielt, schien Luther sich selbst nicht daran beteiligt zu haben, obwohl er einige Jahre später dafür ein Vorwort schrieb! (Siehe unten.) Danach folgten in den nächsten Jahren deutschsprachige Kirchengesangbücher, die je nach Erscheinungsort ziemliche Unterschiede aufwiesen. Auch das Wittenberger Gesangbuch von 1524 gehört in diese Reihe. Erst 1529 erschien das zweite Wittenberger Gemeindegesangbuch, und dieses ist nachweislich eine Arbeit von Luther. Es enthielt wahrscheinlich 53 oder 54 Lieder und war in demselben Format und mit einem Teil des Bildeschmucks wie in Luthers beiden Katechismen und seinem Betbüchlein gedruckt, die in demselben Jahr erschienen. Für beide Wittenberger Gesangbücher (1524 und 1529) hat Luther das Vorwort geschrieben, doch zuerst für die neuere Version, dann für die ältere (ibid., 40).

Der Feuertod von Luthers Anhängern Heinrich Vos und Johan van der Eschen in Brüssel am 1. Juli 1523 soll den „poetisch-musikalischen Brunnen“ Luthers zum Fließen gebracht haben. Es entstand das Lied *Ein neues Lied wir heben an* und ein wenig später das balladenartige Lied über seine eigenen reformatorischen Erfahrungen *Nun freut euch, lieben Christen g'mein*[12]. Damit setzten alle Gesellschaftklassen für die Gestaltung des Lebens ihre Hoffnung auf Luther: das Lied brachte ein neues Gemeinschaftsgefühl auf, und der Sieg der evangelischen Bewegung war nicht mehr aufzuhalten (Kantzenbach 1972: 54f.). Eventuell sind diese Lieder als Flugschriften erschienen, waren aber nicht für die Gemeinde zum Singen gedacht. Die

[12] Nr. 77 bei Finno: *Nyt caicki Christityt ilotcat*; EG 341.

liturgisch-musikalische Arbeit von Thomas Müntzer war dann ein weiterer Anstoß für Luther, der zwar das mittelalterliche deutsche Liedgut schätzte, es aber nicht ohne Modifikationen in seine eigenen Lieder aufnahm. Später hat Luther jedoch drei Hymnen bearbeitet, *Nun komm, der Heiden Heiland*[13], *Komm, Heiliger Geist, Herre Gott* und *Christum wir sollen loben schon,* die aber bei den evangelischen Kirchenliedern verglichen mit anderen keine so zentrale Rolle gespielt haben (Jenny 1985: 12)

So wie Luther nicht als Herausgeber der ersten volkssprachigen Gemeindegesangbücher betrachtet werden kann, kann er auch nicht als Vater des deutschen oder aber des evangelischen Kirchenliedes angesprochen werden. Das haben wir schon im Kapitel 6 bei einem genaueren Blick auf die ältesten Kirchenlieder gesehen. Dagegen ist seine Rolle als Erfinder des modernen Psalmliedes (Jenny 1985: 13) unbestritten, obwohl man nicht weiß, wie er dazu gekommen ist. Eventuell wollte er die Psalmlieder zur Propagierung der neuen Lehre oder auch zur Erneuerung des Gottesdienstes dichten und komponieren. Für die Frage, warum er zuerst die Bußpsalmen aufgenommen hat, hat man bisher keine Erklärung gefunden (ibid.).

In seinem Werk erörtert Jenny (1985: 14ff) natürlich[14] auch das melodische Schaffen Luthers. Aufgrund einer Melodie[15], die zwar verschwunden ist, aber urkundlich als seine Schöpfung belegt wurde, und einer anderen[16], die er selbst aufgezeichnet hat, so dass es sich kaum um eine Abschrift handeln kann, muss er wirklich auch als Melodienschöpfer bezeichnet werden[17]. Dichter war er ja ohnehin. Bei den Dichtern jener Zeit muss man jedoch davon ausgehen, dass sie nicht unbedingt metrische Texte oder regelmäßige Strophen schrieben. Luther scheint nach Jenny (ibid.) singend geschrieben zu haben, also dabei eine Vorstellung gehabt zu haben, wie das Lied zu singen ist. Das bedeutet, dass er gleichzeitig sowohl die Melodie als auch den Text schrieb, oder den Text einer existierenden Melodie unterlegte, die entweder das Verständnis des Textes beim Singen erleichterte oder für ihn

[13] Erst im sog. alten finnischen Kirchengesangbuch (1701) enthalten, aber schon von Hemminki Maskulainen am Anfang des 16. Jahrhunderts übersetzt (Hallio 1936: 15): *Tule toivottu turva tänn'.*

[14] Er war ein bekannter Hymnologe und hymnologischer Fachberater sowie Herausgeber ökumenischer Liederbücher (EG 1990: 957).

[15] *Jesaia, dem Propheten, das geschach*

[16] *Vater unser ym hymelreich*

[17] Auch Kantzenbach (1972) hat seinem Buch ein Faksimile vom Anfang des Liedes *Ein feste Burg ist unser Gott* hinzugefügt, das Luthers eigene Handschrift unter den Noten zeigt, was bedeutet, dass Luther den gedruckten Stimmenband selbst benutzt hat.

selbst oder für die Gemeinde aus den weltlichen Gesängen bekannt war[18]. Bei den ausgewählten Liedern, die wir in diesem Kapitel noch betrachten, werden wir außerdem untersuchen, ob Luther Komponist war oder ob er die Melodie aus der Umwelt aufnahm. Natürlich sind die Melodien dann später von anderen modifiziert oder umgearbeitet worden. Es ist zu bedauern, aber verständlich, dass keines der ersten 18 Lieder Luthers als Urdruck erhalten ist (ibid., 17), jedoch sind fünf aus dem Chorgesangbuch Walters 1524 in den Wittenberger Druck übernommen worden, und von den weiteren 13 können Einzeldrucke irgendwo vorhanden sein, aber das ist nach Jenny (ibid.) nicht sicher.

Höchstwahrscheinlich ist das erste Gesangbuch, in dem alle 18 Luther-Lieder enthalten sind, das *Enchyridion geistlicher gesenge und psalmen fur die leyen,* das in Erfurt 1525 gedruckt wurde. Über das vier Jahre spätere Wittenbergische Gesangbuch hat Luther in seinem Vorwort geschrieben, dass er das Gesangbuch revidiert und „aufs Neue übersehen" habe, also müssen seine Lieder schon früher unter seiner eigenen Mitwirkung erschienen sein (ibid., 29).

Die weiteren kulturellen Auswirkungen werden wir im Zusammenhang mit den betreffenden Liedern behandeln.

## 7.3 Lutherlieder als alte und neue finnische Übersetzungen

Im Folgenden nehmen wir die Lieder auf, die Luther gedichtet oder übersetzt und umgearbeitet hat, und die von Anfang (1583) an und immer noch in den finnischen, sowie auch seit dem 16. Jahrhundert in den deutschen Kirchengesangbüchern enthalten sind. Wir nehmen sie in der Reihenfolge auf, wie sie Jenny (1985: 55ff.) aufgelistet hat. In seiner Liste sind die Lieder 25, 27 und 29 liturgische Lieder, und die Lieder 43 bis 45 sind in Vergessenheit geraten. Die Quellen werden jeweils in den Abschnittsüberschriften erwähnt, wobei der Kleinbuchstabe wie oben auf die alte deutsche Quelle hinweist.[19] Hinzu kommen auch einige Lutherlieder, die noch nicht von Finno, sondern erst von seinen Nachfolgern ins Finnische übersetzt wurden. (Sie werden aber erst

[18] Auf dieselbe Weise muss auch ein Übersetzer, in unserem Fall schon Jacobus Finno, gearbeitet haben und immer noch arbeiten. Das Resultat spiegelt dann die jeweilige Auffassung wider, ob man mit Rücksicht auf die Melodie frei übersetzen oder eine möglichst wörtliche Übersetzung und die Melodie irgendwie aneinander anpassen soll.
[19] S. unter 11.1.1 im Literaturverzeichnis.

im nächsten Kapitel unter 8.3.1 und 8.3.4 behandelt.) Einen zentralen Platz dabei hat das Weihnachtslied *Vom Himmel hoch.* Es wird jeweils zuerst der Anfang des deutschen Liedes genannt, dann die Stelle in Finnos Gesangbuch, danach die alte deutsche Quelle und dann die Nummern des Liedes in neuen deutschen (EKG und EG) und im neuen finnischen Kirchengesangbuch (Vk).

### 7.3.1 *Nun freut euch lieben Christen gmein*: Finno 77, (n), EKG 239, EG 341, Vk 261

Dieses Lied hat Luther selbst 1523 sowohl geschrieben als auch komponiert, und Jenny (1985: 56) weist nach, dass davon sogar ein Ausburger Nachdruck von 1524 erhalten ist. Wir hatten es schon im vorigen Kapitel als Beispiel für die „Zusammenarbeit" zwischen dem Text und der Melodie betrachtet, was auch für die Übersetzung gelten kann. Es ist eines von Luthers ersten Liedern (vgl. oben in diesem Kapitel). Es hat heute noch in den neuen deutschen Gesangbüchern die 10 Strophen, die Luther geschrieben hat. Finno hat für sein Liederbuch sowohl direkt aus dem Lutherschen Text als auch aus dem Schwedischen[20] frei übersetzt, indem er die deutscheStrophe 7 völlig veränderte, Strophe 10 wegließ und dafür die letzte (10.) Strophe aus der Übersetzung von Olavus Petri übernahm. Damit kam er ebenfalls auch zu 10 Strophen in seinem Lied. Auf diese Weise sind die finnischen Neuübersetzer auch verfahren. Hallio (1936: 404) ist sogar der Meinung, das finnische Lied sei so reicher geworden als der ursprüngliche Text. Im modernen finnischen Gesangbuch (Vk 261) gingen die Verfasser, wie bei mehreren weiteren alten Liedern auch, möglichst zurück zum ursprünglichen Ausgangstext und verfassten die neue Übersetzung[21] nach Luthers eigenem Text, d.h. die 7. Strophe wurde seinem Text gemäß bearbeitet. Darüber hinaus hat man auch die 10. Strophe von Luther übersetzt und eingegliedert und die 10. Strophe von Finno als 11. Strophe der Neuübersetzung hinzugefügt. Dadurch hat das finnische Lied nun 11 Strophen!

Statt des Versprechens Jesu *ich bin dein und du bist mein*[22] in der deutschen Strophe 7 (und auch ihrer schwedischen Fassung) schreibt Finno informativ in Sg3:

[20] Übersetzung von Olavus Petri 1536.
[21] Sie ist ein Werk des Gesangbuchausschusses.
[22] Vgl. Väinölä 2008: 274

| 7. Annoi sitt werens wuodhatetta<br>Jol synnin vluos pyhki<br>Ja pyhän ruumins cuoletetta<br>Jol tuonen cauuas nyhki/<br>Hän cuolesans kärmen pään polki<br><br>Ja syuän heluetin ouen sulki/<br>Taiuan meidhän etem auais . | *Er ließ sich verbluten*<br>*Und dadurch die Sünde versöhnen.*<br>*Und seinen Körper ließ er töten,*<br>*Wodurch der Tod weggejagt wurde.*<br>*Beim Sterben hat er den Kopf der Schlange zertreten*<br>*Und die Tür der tiefen Hölle geschlossen.*<br>*Den Himmel hat er uns eröffnet.* (IH). |
|---|---|

Die 10. Strophe von Luther wurde von Finno durch ein Loblied ersetzt:

| 10. Isä sijs suurest kijttäkäm<br>Tämän armonsa tädhen<br>Ja händä aina ylistäkäm<br>Että poians annoi meidhän<br>Joca meit päästä pirun ridhast<br>Synnist ia mös cuoleman kidhast<br>Olcam sijs iloisam aina | *Dem Vater sollen wir herzlich danken*<br>*Für diese seine Gnade.*<br>*Und ihn immer dafür loben,*<br>*dass er uns seinen Sohn gegeben hat,*<br>*der uns aus Teufels Falle gerettet hat,*<br>*wie auch aus dem Maul des Todes.*<br>*So lasst uns immer fröhlich sein.* (IH). |
|---|---|

Die nunmehr 11. Strophe des modernen finnischen Liedes ist nach der 10. Strophe von Finno neubearbeitet. Hier zuerst die alte deutsche 10. Strophe mit der heutigen finnischen „offiziellen" Übersetzung sowie ihre Rückübersetzung:

| 10. Was ich gethan hab vnd gelert,<br>Das sollstu thun vnd leren,<br>damit das reych Gotts werd gemert,<br>Zu lob vnd seynen ehren,<br>Vnd hutt dich fur der menschen satz,<br>Davon verdirbt der edle schatz,<br>das las ich dyr zu letze. | 10. Tuo tekoni ja sanani<br>nyt julki rohkeasti,<br>näin kasvaa valtakuntani,<br>se kestää ikuisesti.<br>Vaan karta ihmisoppeja,<br>ne vievät aarteen sinulta,<br>vain sanassani pysy." | *Meine Taten und meine Worte,*<br>*lehre mutig überall,*<br>*so wächst mein Reich*<br>*und bleibt ewiglich.*<br>*Doch meide die Menschenlehren,*<br>*Sie nehmen dir den Schatz ja fort,*<br>*nur bleib bei meinem Wort.* (IH) |
|---|---|---|

Und nochmals die zusätzliche 11. Strophe[23] und ihre Übersetzung:

| 11. Siis kiitän Isää armosta,<br>kun Poikansa hän antoi,<br>ja kiitän aina Jeesusta,<br>kun syntini hän kantoi.<br>Hän minut kuolon kidasta<br>ja pahan hengen pauloista<br>näin auttoi tielle taivaan. | *So danke ich dem Vater für seine Gnade,*<br>*weil er seinen Sohn uns gab,*<br>*und ich danke immer Jesu Christ,*<br>*weil er meine Sünden getragen hat.*<br>*So hat er mir aus dem Maul des Todes*<br>*und der Falle des bösen Geistes*<br>*auf den Weg gen Himmel geholfen.* (IH) |
|---|---|

[23] Also die 10. Strophe bei Finno.

Wenn wir die Texte der 10. Strophe von Finno mit der modernen 11. Strophe vergleichen, stellen wir fest, dass der moderne finnische Text, statt Pl1 wie Finno, nun Sg1 verwendet, also von „wir“ zu „ich“ übergangen ist, und können darin ein weiteres Beispiel dafür sehen, dass in unseren Tagen Individualismus der Gemeinschaft[24] vorgezogen wird. Auch finden wir hier denselben Euphemismus wie in *Ein feste Burg ist unser Gott:* der *Teufel* („piru“) hat „bösen Geistern“ weichen müssen.

Die Melodie von Luther wird immer noch in beiden Sprachen verwendet. Auf Deutsch wird jedoch in F-Dur, auf Finnisch in Es-Dur gesungen, d.h. eine Sekunde tiefer, wie es sehr oft bei den alten Liedern der Fall ist. Im deutschen Buch wird sowohl der Text als auch die Melodie Luther zugeschrieben, im finnischen Buch steht zur Melodie nur „Deutschland 1524“.

### 7.3.2 *Gott sei gelobet und gebenedeiet*: Finno 36, (i)[25], EKG 163, EG 214, Vk 227

Für dieses Abendmahlslied hat Luther die Strophen 2 und 3 geschrieben. Seine Strophen sind die Erweiterung eines spätmittelalterlichen Liedes, von dem im Zisterzienserinnenkloster Medingen[26] um 1350 die erste Strophe gedichtet worden war. Auch die Melodie stammt aus derselben Zeit. Die erste Strophe war als eine volkssprachliche Ergänzung zur lateinischen Fronleichnamssequenz *Lauda Sion salvatorem* geschaffen worden. Luther bezeichnet das Lied in seiner *Deutschen Messe* im Allgemeinen als ein Sakramentslied, weshalb Jenny (1985: 59) meint, dass Luther die genannten zwei Strophen zu der Zeit geschrieben hat, als er sich mit den Problemen des Gemeindegesangs während der Messe beschäftigte.

Hallio (1936: 291f.) beschreibt das Lied als reines Lutherlied. Es sei eine Modifikation/Korrektur durch Luther selbst, wobei dieser auch die erste Strophe „in diesem seinem Lied“ beibehalten habe. Finno hat dieses Lied für sein eigenes Gesangsuch nicht einmal übersetzt, sondern auch nur modifiziert. Es gab schon vor ihm eine finnische Version, wahrscheinlich aus 1575, geschrie-

[24] Hierzu bereits ausführlich in Kapitel 4.
[25] Wackernagel 1841: 146, in Hallio (1936: 291).
[26] Medingen war ein Zisterzienserinnenkloster bei Lüneburg; dort wurden 1320 bis 1460 handschriftliche liturgische Stundenbücher mit einzelnen deutschen geistlichen Liedern produziert (EG 1990: 957).

ben auf die letzten Seiten des Messbuches von Paulus Juusten: *Kijttekem herra Jumald ylhäld taiuast.*[27] Dagegen wird im modernen finnischen Gesangbuch dieselbe Meinung wie von Jenny (1985: 59) vertreten, dass Luther nur die zwei letzten Strophen geschrieben habe. Nach Wackernagel (1841: 146, in Hallio 1936: 291) habe das mittelalterliche Lied 5 Strophen enthalten, während Luther nur drei gedichtet habe. Finno dagegen hatte die drei Strophen des Liedes in sechs Strophen geteilt, und zwar mit jeweils vier Versen, aber im 19. Jahrhundert wurden die Strophen wieder zusammengesetzt, so dass alle heutigen Versionen drei Strophen beinhalten. Inhaltlich ist Finno dem Ausgangstext genau gefolgt, hat aber auch geschickt gereimt, z.B. am Ende: *Että rauhas Christikuntas / Waelda sais sun waldacundas* [‚dass deine Christenheit in Frieden / In dein Reich wandern dürfe.']

Nehmen wir hier die dritte Strophe als Vergleichsbeispiel, und zwar die von Luther[28], die von Finno[29] und die aus dem heutigen finnischen Gesangbuch mit entsprechender Übersetzung:

<table>
<tr>
<td>3. Gott geb vns<br>allen seyner gnaden<br>segen<br>das wyr gehen auff<br>seynen wegen<br>Inn rechter lieb und<br>bruderlicher trewe<br>das vns die speys<br>nicht gerewe<br>Kyrieleison.<br>Herr deyn heylig<br>geyst vns nymer las<br>der vns geb zu<br>halten rechte mas<br>Das deyn arm<br>Christenheyt<br>leb ynn frid vnd<br>eynicheyt<br>Kyrieleyson.</td>
<td>5. Nijt tämän<br>herkun cansa meitä<br>wahuist<br>Vscol ia rackaudhest<br>caunist Että me<br>sinun päälläs<br>vscaltaisim<br>Ja risti welien aina<br>racastaisim . Kyrie.<br><br>6. Älä meile pyhä<br>henges pois ota<br>Joca oikean tien<br>meillä osotta<br>Että rauhas<br>Christicundas<br>Waelda sais sun<br>waldacundas .<br>Kyrie.*</td>
<td>3. Vahvista, Herra,<br>ehtoollisellasi<br>uskoamme,<br>toivoamme,<br>niin että, Jeesus,<br>aina turvissasi<br>toisiamme<br>rakastamme.<br>Oi Herra, armahda!<br>Anna Pyhän<br>Hengen johdattaa,<br>meitä rauhan tietä<br>kuljettaa,<br>että kristikuntasi<br>kunniaasi pääsisi.<br>Oi Herra, armahda!</td>
<td>Bestärke, Herr, durch dein<br>Abendmahl<br>unseren Glauben, unsere<br>Hoffnung, so dass, Jesus,<br>wir uns von dir beschützt<br>immer einander lieben<br>würden.<br>Oh Herr, erbarme dich<br>über uns!<br>Lass den Heiligen Geist<br>uns begleiten,<br>uns den Weg des Friedens<br>entlang leiten,<br>so dass deine Christenheit<br>kommen würde in deine<br>Ehre.<br>Oh Herr, erbarme dich<br>über uns! (IH)</td>
</tr>
</table>

*5. Mach auch uns stärker mit diesen Köstlichkeiten / Mach uns schöner durch den Glauben und die Liebe / So dass wir uns auf Dich verlassen / Und unsere Brüder in Christus immer lieben würden. / Kyrieleis.
6. Nimm uns Deinen Heiligen Geist niemals weg / Der uns den richtigen Weg zeigt / So dass Deine Christenheit friedlich / in Dein Reich einwandern könnte. / Kyrieleis.

[27] Das entsprechende Exemplar des Messbuchs liegt als Faksimile vor: Juusten, Paulus Petri: *Se pyhä messu: Somen kielen ei pauin mutta pyhän euangeliumin ia christilisen seuracunnan tauan iälken.* Näköispainos. Alkuteos julkaistu: Stockholmis, 1575. Toimittanut ja jälkikirjoituksella varustanut Martti Parvio. Helsinki: Suomalaisen kirjallisuuden seura, 1978.
[28] In (m) durch Hallio zitiert.
[29] Strophen 5 und 6.

Hier wie in den meisten in dieser Arbeit behandelten Liedern sind im deutschen Text die Modifikationen orthographisch bedingt, während für die finnischen Übersetzungen sowohl inhaltliche als auch sprachliche Änderungen gemacht worden sind. Wo im deutschen Text für das Abendmahl das Hyperonym *Speise* verwendet wird, spricht Finno von *herkku* [,Leckerbissen'] und die moderne finnische Version explizit von *ehtoollinen* [,Abendmahl']. *Kyrieleison* bzw. *Kyrie* ist auch in der modernen Version explizit ausgeschrieben worden: *Oi Herra, armahda!* [,Oh Herr, erbarme Dich über uns!'][30] Nach Hallio (1936: 293) fand diese Umformulierung schon im 19. Jahrhundert statt. Oben wurde auch schon das von Finno gereimte Ende der Strophe erwähnt, in der er eigentlich nur die *Einigkeit* wegen des musikalischen Rhythmus hat auslassen müssen. Die moderne Version hofft statt in das Reich [,valtakunta'] „in die Ehre Gottes kommen zu dürfen". Die Melodie ist in beiden Sprachen die gleiche, und wird auch in derselben Tonhöhe gesungen. Nach Väinölä (2008: 240) hat Luther die Melodie zusammen mit dem Text aus dem erwähnten mittelalterlichen Lied übernommen, was den Angaben im EG („Mainz um 1390, Wittenberg 1524") und in Vk („aus dem Mittelalter / in Deutschland 1524") entspricht.

### 7.3.3 *Gelobet seist du, Jesu Christ*: Finno 47, (a) und (b), EKG 15, EG 23, Vk 22

Von diesem Lied ist nach Jenny (1985: 60) ein altes Liedblatt erhalten, dies ist allerdings kein Urdruck. Sowohl EG (1990) als auch Hallio (1936: 24f.) stellen fest, dass der ersten Strophe eine alte lateinische Weihnachtssequenz als Vorlage diente und schon 1370 eingedeutscht wurde.[31] Genauso erwähnt Heiner (1995: 43) diesen lateinischen Weihnachtsgesang, der nach ihm vom St. Gallener Mönch Notker (900) oder „sogar von Papst Gregor dem Großen verfasst" worden sein kann. Bei diesem Gesang durfte die Gemeinde beim Wechselgesang mit den deutschen Worten *Gelobet seist du Jesu Christ!* mitwirken. Jenny (1985: 60) ist anderer Meinung und behauptet, es handle sich bei diesem Lied nicht um einen verdeutschten Hymnus, sondern eher „um die Erweiterung einer spätmittelalterlichen Vorlage". Auf jeden Fall war die erste Strophe schon vorhanden, und Luther hat sie unverändert gelassen, als er dazu sechs neue Strophen schrieb. Diese insgesamt sieben Strophen hat das Lied heute noch sowohl in den deutschen als auch in den finnischen Ge-

[30] So auch Väinölä 2008: 240.
[31] EG: „1. Strophe Medingen um 1380".

sangbüchern. Die Melodie, die immer noch in beiden Sprachen in derselben Tonhöhe gesungen wird, stammt, wie also eventuell auch die erste Strophe, aus Medingen 1460[32]. Finno hat dieses Lied in sein Gesangbuch übernommen, aber nicht das echte Lutherlied *Vom Himmel hoch*, das erst für das zweite finnische Gesangbuch von Hemminki Maskulainen übersetzt wurde. Heute ist *Vom Himmel hoch* das bekannteste und beliebteste kirchliche Weihnachtslied in Finnland, und als der Gesangbuchausschuss 1986 versuchte, einiges in der Wortfolge umzuformulieren, war der öffentliche Protest so laut, dass er von den Änderungen hat Abstand nehmen müssen (vgl. z.B. Helin 2016). Wir kommen später in diesem Kapitel darauf zurück.

Die Texte sind sich überraschend ähnlich; auch im Finnischen hat man keine großen Umformulierungen vorgenommen. Da heute *Jungfrau* und *Maria* in den ganz neuen Liedern nicht mehr zu finden sind, nicht mal in neuen Weihnachtsliedern, nehmen wir hier als Beispiel für dieses Lied die dritte Strophe wie sie bei Luther, Finno und im neuen finnischen Liederbuch steht:

| 3. Den aller welt kreyß nye beshloß,<br>der ligt in Marien schoß,<br>Er ist ain kindlein worden klain,<br>der alle ding erhelt allain. Kyrieleys | 3. Jota ei mailma wetänyt<br>On neidzön codhus leuänyt<br>Se laps on heicko caickein edhes<br>Jong mailm on quitengin kädhes . Kyrie.* | 3. On Herra taivaitten ja maan<br>Marialla helmassaan.<br>Alentui Herra köyhäksi<br>tullakseen köyhän turvaksi.<br>Kyrieleis! | *Den Herrn der Himmel und der Erde hat Maria im Schoss.*<br>*Der Herr erniedrigte sich und wurde arm um der Schutz des Armen zu werden.*<br>*Kyrieleis!* (IH) |
|---|---|---|---|

* 3. Den die Welt nicht gefasst hat / Hat in Marias Mutterleib gelegen / Das Kind ist schwach vor allen / Doch liegt ihm die Welt in der Hand. / Kyrieleis

Finno hat die Feststellung von Luther, dass die gesamte Welt den Herrn Jesus Christus in seiner unendlichen Größe nicht umfassen könne, genau übertragen, während die moderne finnische Version dieses starke Bild des Kontrastes zu dem kleinen Kind Jesus nicht aufnimmt, sondern die gängige Formel vom *Herrn der Himmel und der Erde* wählt. Während sowohl Luther als auch das moderne finnische Lied die Mutter Jesu *Maria* nennt, die das Kind im Schoß hält, spricht Finno von *neidzöt,* d.h. *neitsyt* [‚Jungfrau'], die das Kind noch in der Gebärmutter trägt [‚codhus' d.h. ‚kohdussa']. Das Kind war für Luther *klein,* für Finno *heicko* d.h. *heikko* [‚schwach'] und für den heutigen Menschen *köyhä* [‚arm'].

[32] EG: Melodie Medingen um 1460, Wittenberg 1524

### 7.3.4 *Jesus Christus, unser Heiland*: Finno 35, (m), EKG 154, EG 215, Vk 222

Dieses Lied hat Luther mindestens teilweise aus dem mittelalterlichen Hymnus *Jesus Christus nostra salus* umgearbeitet, das Johann von Jenstein vor dem 15. Jahrhundert geschrieben hatte. Die Melodie stammt aus Hohenfurt 1410[33] und wurde in Erfurt 1524 abgeschrieben und gedruckt (EG 1990: 957). Hallio (1936: 288-290) hält das Lied sogar für noch älter und nennt den böhmischen VorreformatorJohann Hus (1373-1415) als den ursprünglichen Autor des lateinischen Textes. Ein Beweis dafür sei, dass die ersten Buchstaben der Strophen des lateinischen Textes den Vornamen „Johannes" bilden, und die ersten Buchstaben der Verse der letzten Strophe den Familiennamen „Huss". Väinölä (2008: 234) ist nicht derselben Meinung, sondern verweist auf die neueren Forschungen, die als den wahren Verfasser den Erzbischof von Prag, Johannes von Jenstein (1347-1400) bezeichnen. Dem folgt EG 1990, indem es „teilweise nach dem Hymnus ‚Jesus Christus nostra salus' des Johann von Jenstein vor 1400" neben Martin Luther als Verfasser des Liedes 215 angibt. Als Vorbild[34] hat das von Luther bearbeitete Lied auf jeden Fall auch das kürzere *Jesus Christus unser Heiland, der von uns den Gottes Zorn wand,* das Luther sowohl geschrieben als auch komponiert hat. (z.B. EG 1990: 102, vgl. auch Jenny 1985: 72). Es hat drei Strophen, steht aber nicht mehr im finnischen Gesangbuch. Die neuen Versionen des hier aufgenommenen Liedes haben 8 Strophen im EG 1990 und 9 im finnischen Vk 1986.

Luther hatte 10 Strophen gedichtet, und in Finnos Gesangbuch seinerseits stand das Lied mit 12 Strophen. Das Lied, *Jesus Christus Lunastajam,* ist eines der ältesten ins Finnische vor Finno übersetzten Kirchenlieder. Es ist schon in der Messe von Mikael Agricola (1549) enthalten, damals jedoch noch in schwedischer Sprache, *Jesus Christus är vår helsa.* Seine 12 Strophen hatte Finno ziemlich genau nach dem schwedischen Text formuliert (evl.fi, ges. 2016, Lied 222). Daher ist der Vergleich mit dem deutschen Ausgangstext schwierig und weniger fruchtbar. Die Melodie (EG 215, Vk 222, Melodie a) stammt aus „Hohenfurt 1410, Erfurt 1524", und so ist anzunehmen, dass Luther auch daran gearbeitet hat. Es war von Anfang an ein Abendmahlslied und ist heute noch sehr beliebt in Finnland, besonders wegen der schönen

[33] Handschrift aus der Zisterzienser-Abtei Hohenfurt in Böhmen.

[34] Auch dieses Lied wurde von Jacobus Finno ins Finnische übersetzt: *Jeesus Christus sielun turva, Cuoleman myös surma.* Das Lied war neben dem längeren im Gesangbuch 1583 enthalten und blieb im finnischen Gesangbuch bis 1986, wurde aber aus dieser neuesten Version weggelassen. Jenny (1985:72) meint über das kürzere Lied, dass "Luther für ein ganz neues Lied diesen Formtyp [i.e. den des Leis, I.H.; s. ausführlicher unter 7.3.7] verwendet haben könnte. Näher liegt allerdings die Vermutung, es handle sich hier um ein spätmittelalterliches Leis von dem bisher keine mittelalterliche Überlieferung bekannt wurde."

Melodie; auch hier findet sich sowohl dieselbe Melodie als auch dieselbe Tonart in beiden Sprachen[35]. Zu dem finnischen Lied gibt es auch eine alternative Melodie; sie stammt ebenfalls aus dem Mittelalter, b) ist sogar älter als a) (vgl. Fußnote 36).

Für die heutige Version wurden die Botschaften Luthers und Finnos modifiziert und verkürzt, aber der Kern ist geblieben. Luthers stark belehrende und die Demut betonende Tonlage ist auf jeden Fall vorhanden. Das deutsche Lied enthielt im EKG bis 1954/75 zehn Strophen; bei der Zusammenstellung des EG wurden 1990 die dritte und sechste Strophe Luthers weggelassen.[36] Finnos siebte Strophe entspricht der dritten von Luther, in beiden wird über die Sinneslage des Abendmahlempfängers gesungen:

| 3. Wer sich will zu dem Tisch machen<br>Der hab wohl acht auf seine Sachen.<br>Wer unwürdig hinzu geht<br>Für das Leben den Todt empfängt. | 7. Cukin idzens täsä tutkican<br>Ja nijn tätä ruoca nautican<br>Joca mahdhotoin sitä otta<br>Se cadhotuxen päälläns tuotta.* |
|---|---|

* 7. Jeder soll sich hier selbst prüfen / Und so diese Speise genießen / Wer sie unwürdig einnimmt / Holt sich die ewige Verdammnis. / Kyrieleis.

Bei den heutigen Versionen sind die Strophen 6 bzw. 4 am ähnlichsten:

| 6. Hättest du dir was 'konnt erwerben,<br>was braucht ich für dich sterben?<br>Dieser Tisch auch dir nicht gilt,<br>so du selber dir helfen willt. | 4. Kukin tänne käydessänsä<br>koetelkoon itseänsä.<br>Itsevarman mahdoton<br>turvata Herran armoon on. |
|---|---|

Beide tragen die Botschaft in sich, dass es dem Menschen nicht nützt, zum Abendmahl zu gehen und an Christus zu glauben, wenn er bewusst an sich selbst glaubt und sicher ist, sich selbst helfen zu können.[37] Der Mensch hat sich seit Luthers Zeiten offenbar kaum verändert.

[35] Im 16. Jahrhundert wurden zwei Melodien verwendet, mit der älteren Tenorstimme wurde eine Diskantstimme verbunden. Zuerst wurde das Lied in Finnland mit der Diskant-Melodie gesungen, aber seit 1986 ist die Tenorstimme als Melodie a und die Diskantstimme als Melodie b im Gesangbuch vorhanden, also dieselbe Melodie wie in Deutschland.

[36] Strophe 3 ist im Textvergleichsbeispiel wiedergegeben; Strophe 6 hielt man z.B. für redundant, weil sie in ihrer entstehungszeitlich bedingten Pointierung noch ein weiteres Mal die Werkgerechtigkeit ablehnte; vgl. Hahn / Lauterwasser 2015: 15-18.

[37] Allerdings fasst die finnische Version wegen ihrer allgemein kürzeren Ausdrucksweise diesen Gedanken in den letzten beiden Versen zusammen, während die ersten beiden den Gedanken aus der gerade oben angeführten Strophe 3 bzw. 7 wiedergeben.

### 7.3.5 *Ach Gott, vom Himmel sieh darein*: Finno 81, (a), EKG 177, EG 273, Vk 187

Wahrscheinlich wurde auch dieses Lied, wie fast alle frühen Lieder Luthers, zunächst als Flugblatt verbreitet. Nach Jenny (1985: 62f.) scheint dem Nürnberger Drucker Jobst Gutknecht „ein solches mit den drei Psalmliedern Nr. 8, 9 und 11 (ohne den Namen des Verfassers) vorgelegen zu haben." Alle drei relativ düsteren Psalmen sollen wegen ihrer österlichen Getrostheit inhaltlich recht nahe zu Psalm 12 stehen, der dem Lied zu Grunde liegt. Die Melodie stammt eindeutig von Luther. Das bestätigen alle meine Quellen[38]. Väinölä (2008: 198) stellt außerdem fest, dass das finnische Liederbuch zwar keine Melodien von W.A. Mozart enthält, aber Mozart die Melodie dieses Lutherliedes in seiner Oper *Zauberflöte* verwendet hat: in der Oper singen zwei geharnischte Männer einen Text, der an die fünfte Strophe des Lutherliedes erinnert.

Luther hat sein Lied mit sechs Strophen versehen, die es heute noch enthält. Finno wiederum, der es aus dem Schwedischen übersetzt hat, brauchte sieben Strophen. Laut Hallio (1936: 218) hat er die siebte Strophe selbst gedichtet und damit die Botschaft abgerundet. Hallio (ibid., 219) zitiert diese Strophe, und sie ist auch bei Lempiäinen (1983) genannt, aber seit dem 19. Jahrhundert enthält die finnische Version auch nur sechs Strophen. Es gab sogar einen Vorschlag, die sechste Strophe von Luther / Olavus Petri / Finno wegzulassen und durch die siebte Strophe von Finno zu ersetzen. Dazu ist es jedoch nicht gekommen. Heute enthält die letzte finnische Strophe Gedanken aus beiden Versionen und weicht recht stark von der entsprechenden deutschen Strophe ab, obwohl der Inhalt beider Lieder sonst leicht auszumachen ist. Ihre Botschaft ist klar und zeitlos: die stürmischen Zeiten der Reformation sind genauso gut mit denen in Psalm 12 geschilderten zu vergleichen wie die heutigen auch.

Nehmen wir hier die zweite Strophe als Beispiel:

[38] Jedoch wird auf Finnisch eine Sekunde tiefer gesungen; die Melodie steht in der hypophrygischen Kirchentonart – in EG 1990 auf E, mit einem B als Vorzeichen, was an G-moll erinnert, in Vk auf D, was ähnlich wie F-moll klingt und zwei B vorgezeichnet hat.

| 2. Sie leren eytel falsche list, was aygen witz erfindet. Ir hertz nit eines sinnes ist in Gottes wort gegründet. Der welet diß, der ander das; sie trennen unns on alle maß unnd gleyssen schon von aussen. | 2. Mailmas nyt edhes pidhetän Petos ia Ihmisten iuttu Totus mös iocaidzeld hyliätän Pyhän kirian moni suuttu Me näemme sijs edhesäm Ett couat aiat on kädhesäm Joist Christus sanonut oli * | 2. Nyt ihmisoppi erheineen hallitsee maailmassa, ei ota sanaa ohjeekseen, on vääryys kasvamassa. Yö lieneekö jo edessä ja vaivan aika käsissä, tuo ennen ennustettu? | *Nun herrscht in der Welt die menschliche Lehre mit ihren Irrtümern, sie nimmt das Wort nicht zum Rat, das Unrecht wächst die ganze Zeit. Steht die Nacht schon vor uns sowie die schweren Zeiten, die schon früh prophezeiet wurden? (IH)* |
|---|---|---|---|

* 2. In der Welt werden jetzt / Betrug und alles Menschliche vorgezogen / Auch die Wahrheit wird von jedem aufgegeben / Die Heilige Schrift wird von vielen verachtet / So sehen wir vor uns / Dass schwierige Zeiten in unseren Händen liegen / Worüber Christus gesprochen hatte.

Diese Strophe des Lutherliedes wurde im Laufe der Zeit nur orthographisch verändert, während die letzte so anders formuliert ist, dass ich unten beide in die Tabelle aufgenommen habe. Oben wurde schon erwähnt, dass Finno das Lied aus dem Schwedischen übersetzt hat, und dadurch der Inhalt ein wenig anders, aber immerhin vergleichbar ist. Jedoch prophezeit Finno schwere Zeiten, die die Menschen schon sehen können, die bald wahr werden, und die auch Christus vorausgesagt hat. Diese Prophezeiung fehlt bei Luther, der nur über die zahlreichen weltlichen Wünsche und Bedürfnisse der Leute spricht. Doch diese Prophezeiung von Finno / Olavus Petri wurde von den finnischen Neuübersetzern in die zweite Strophe übernommen, und auch sie schreiben über die nahende Nacht und die schweren Zeiten, die uns bevorstehen.

Hier noch die sechste Strophe des alten deutschen Liedes, die sechste und siebte Strophe von Finno, die sechste Strophe aus EG 1990 und die sechste Strophe der heutigen finnischen Version, wieder mit ihrer Übersetzung:

| | | | | |
|---|---|---|---|---|
| 6. Das wölstu,<br>got bewaren rein<br>für disem argem<br>geschlechte.<br>Und laß uns dir<br>befolhen sein,<br>da sichs in uns nit<br>flechte.<br>Der gotloß hauff<br>sich umbher findt<br>wo dise lose<br>leüte seind<br>in deinem volck<br>erhalten. | 6. Mutt kijtet ole Jesu<br>Christ<br>Quin armadhit<br>meidhän päälläm<br>Ja kiruotit meit pirun<br>iuonist<br>Saatit mös oickial<br>tielläm<br>Wielä nytkin meitä<br>auta Sinun pyhän<br>sanas cauta<br>Sen caualan hengen<br>iuomist<br><br>7. Sanas HErra aina<br>wahuista<br>Ja cunnias idze wasta<br>Älä meit tykös pois<br>adhista<br>Ett me sua madhaisi<br>lasta ¶ Coria köyhä<br>Christicundas¶ Wariel<br>aina seuracundas<br>Saat händä taiuan<br>ilon .* | 6. Ehr sei Gott<br>Vater und dem<br>Sohn<br>und auch dem<br>Heiligen Geiste,<br>wie es im Anfang<br>war und nun,<br>der uns sein Hilfe<br>leiste,<br>daß wir sein<br>Wort behalten<br>rein,<br>im rechten<br>Glaubn<br>beständig sein<br>bis an das Ende.<br>Amen. | 6. Vahvista<br>seurakuntaasi<br>ja kunniaasi<br>puolla.<br>Jos emme turvaa<br>sanaasi,<br>niin meidän<br>täytyy kuolla.<br>Siis kansaasi nyt<br>varjele<br>ja kirkkoasi<br>suojele.<br>Vie meidät<br>riemuun kerran. | *Mach deine<br>Gemeinde stark,<br>und wehre deine<br>Ehre.<br>Wenn wir uns<br>nicht auf dein<br>Wort verlassen,<br>so müssen wir<br>sterben.<br>Daher behüte<br>nun dein Volk<br>und schütze<br>deine Kirche.<br>Bring uns am<br>Ende in die<br>Herrlichkeit.*<br>(I.H.) |

* 6. Aber gelobet seist Du Jesu Christ / Der Du Dich über uns erbarmet hast / Und uns erlöstest aus den Listen des Teufels / Leitetest uns auf unserem richtigen Weg / Hilf uns heute noch / Durch Dein Heiliges Wort / Hinweg von den Getränken jenes betrügerischen Geistes.
7. Verstärke immer, Herr, Dein Wort / Und nimm selbst Verantwortung für Deine Ehre / Jage uns nicht weg von Deiner Nähe / So dass wir Dich verschmähen würden / Sammle zusammen Deine arme Christenheit / Behüte immer Deine Gemeinde / Bringe sie in die Himmlische Freude.

Die letzte deutsche Strophe ist heute liturgisch umformuliert worden, während Luther sie noch als Bitte formuliert um Gehorsamkeit Gott gegenüber, um Bewahrung vor dem Bösen und vor den gottlosen Leuten, die den Christen umgeben. Finno dankt Jesus Christus für seine Gnade, die Befreiung von dem Bösen und die Führung auf dem richtigen Weg. In seiner eigenen siebten Strophe setzt Finno den Dank fort und bittet den Herrn, sein Wort und seine Ehre deutlicher zu machen und die Seinen nicht weg zu jagen, die Gemeinde zu behüten und die Herrlichkeit des Himmels einmal sehen zu lassen.

Es ist nicht schwierig zu sehen, dass die neue finnische Version die beiden Strophen Finnos beinhaltet. Auch hier wird um Verstärkung der Gemeinde und die Ehre Gottes gebetet sowie die Wichtigkeit betont, Gottes Wort zu folgen, damit man am Ende die Herrlichkeit des Himmels sehen darf. So hat auch Finno gebetet. Für die heutige finnische Version hat Niilo Rauhala die schon erwähnte fünfte Strophe direkt aus Luthers Text neuübersetzt, so dass auch sie die von Luther betonte Botschaft enthält, dass Gottes Wort genauso bewährt ist wie das Silber, das sieben Mal durch das Feuer der Versuchung gegangen ist. Diesen Inhalt enthält teilweise auch die Opernarie Mozarts (Väinölä 2008: 199).

### 7.3.6 *Aus tiefer Not schrei ich zu dir*: Finno 21, (m), EKG 195, EG 299, Vk 267

Heiner (1995: 44) stellt fest, dass Luther dieses Lied sieben Jahre nach dem Thesenanschlag in Wittenberg schrieb, und zwar im selben Jahr (1524), in dem er die Psalmen ins Deutsche übersetzte. Jenny (1985: 68-70) bezeichnet dieses Lied als die berühmteste unter den eigentlichen Psalmbereimungen Luthers (1523/24). Es bezieht sich auf den Psalm 130. Jenny (ibid.) nimmt an, dass der Reformator diese Umdichtung des Psalms zusammen mit derjenigen der Psalmen 12 (oben im vorigen Abschnitt 7.3.5) und 14 (*Es spricht der Unweisen Mund wohl*)[39] geschaffen hatte. Dies ist daran zu erkennen, dass schon in der Erfurter Version 1524, im sog. *Achtliederbuch,* der Text mit einer eigenen Melodie versehen wurde, „die ihrer ganzen Faktur nach von der gleichen Hand stammen muss" (ibid.), wie das in derselben Quelle erstmals auftauchende und oben behandelte Lied *Ach Gott, vom Himmel sieh darein*. Jenny (ibid.) ist auch sicher, dass der Melodieschöpfer Luther selbst sein muss. Im EG gibt es aber auch eine zweite Melodie von Wolfgang Dachstein (~1484-1553) aus Straßburg (1524), wo dieser als Organist und Reformator wirkte.[40] In Finnland wird aber nur auf die Melodie Luthers gesungen, obwohl im Liederbuch vorsichtig nur „in Deutschland 1524" für die Melodie steht. Auch hier singt man in Finnland eine Sekunde tiefer, in der – einer Molltonart ähnlichen – phrygischen Kirchentonart auf D statt auf E. Außerdem sind zu diesem Lied zwei Textfassungen vorhanden. In den ältesten Quellen wurde eine vierstrophige Fassung gefunden, während seit Johann Walters Version 1524 eine fünfstrophige belegt ist, die dann zur Normalform wurde. Die vierstrophige muss älter sein, was Luthers Briefwechsel mit Spalatin beweist, aber auch die Tatsache, dass die ältesten Erfurter Versionen die Melodie Luthers dem vierstrophigen Text zuordnen. Doch schon kurz danach muss Luther die fünfte Strophe gedichtet haben, denn Hallio (1936: 380) bezeichnet in seinem Buch das Lutherlied, das zum Ausgangstext für Olavus Petri 1530[41] diente, als

[39] Nicht ins Finnische übersetzt.
[40] Drömann 2009: 24f., 29f.
[41] Gemäß Vk 267, nach Hallio (1936: 380) jedoch 1536.

fünfstrophig. Finno hat seine Übersetzung auf der Grundlage beider Texte angefertigt, und zwar auch fünfstrophig, was bis heute gilt.

Luthers Nachdichtung des Psalms 130 (Heiner 1995: 44) zeigt etwas von seiner inneren Not – Bedrängnisse und Anfechtungen plagten ihn. Die Erfahrung, sich in der Wartburg 1521/22 in scheinbarer Gefangenschaft des Kurfürsten Friedrichs des Weisen vor seinen Feinden verbergen zu müssen, und seine Erkenntnis, dass die Gnade allein genügt, ist in der letzten Strophe zu erkennen. Das Lied wurde anlässlich seines Todes gesungen, und zwar in der Liebfrauenkirche in Halle, „als er in der Sakristei aufgebahrt war" (ibid.). Nach Väinölä (evl.fi, ges. 2016) und ähnlich Heiners Auffassung macht Luther die Vergebung der Sünden zum Mittelpunkt dieses Liedes, und zwar so, dass sich in diesem Lied das Alte und das Neue Testament begegnen. Der Hilferuf am Anfang des Liedes und des Psalmes wird nämlich mit dem Grundsatz des Neuen Testaments beantwortet: „So halten wir nun dafür, daß der Mensch gerecht werde ohne des Gesetzes Werke, allein durch den Glauben" (Röm. 3,28). Hier war Luther also beim Kern der Reformationsbotschaft. So endet das Lied, das mit einem Hilferuf anfing, mit einer Siegesstrophe:

> 5. Ob bei uns ist der Sünden viel,
> bei Gott ist viel mehr Gnade
> sein Hand zu helfen hat kein Ziel,
> wie groß auch sei der Schade.
> Er ist allein der gute Hirt,
> der Israel erlösen wird
> aus seinen Sünden allen.

oder in der finnischen Strophe auf Deutsch übersetzt:

> 5.Vaikka on suuret syntini, [‚obwohl meine Sünden groß sind']
> suurempi armos vielä. [‚ist deine Gnade noch größer']
> On hätääntynyt sieluni, [‚obwohl meine Seele in großer Angst ist']
> vaan armoas et kiellä. [‚verweigerst du ihr nicht deine Gnade']
> Mua synneistäni puhdistat, [‚Du erlösest mich aus meinen Sünden']
> mua murheellista lohdutat. [‚Du tröstest mich in meiner Traurigkeit']
> Vain sinun kiitos olkoon!" [‚Nur dir gehört mein Danken!']

Nach Luther ist die christliche Gerechtigkeit also nichts weiter als die Vergebung der Sünden, und das Reich Gottes das Reich der Gnade und Vergebung. Das betont er in seinem Katechismus und das betont er in diesem Lied.

Als gereimter Psalmtext hat dieses Lied sich im Laufe der Zeit sehr wenig verändert. Wo Olavus Petri oder Finno im 16. Jahrhundert freier übersetzt haben, haben die Neuübersetzer eher zu Luthers Ausgangstext gegriffen und eventuell auch die Bibel zu Hilfe genommen. Im Großen und Ganzen sind die übertragenen Lieder im Gegensatz zu einigen anderen, die wir hier behandelt haben, vom Inhalt und auch vom Text her gut als Parallele zum Ausgangstext zu erkennen. Wir vergleichen hier noch die erste Strophe als Beispiel für die Vertextung und Reimung des Psalmes 130, wieder also zuerst den alten deutschen, dann den alten finnischen Text, dann den neuen finnischen Text mit seiner Übersetzung:

| | | | |
|---|---|---|---|
| 1. Aus tieffer not schrey ich zu dyr<br>Herr Gott erhor meyn ruffen.<br>Deyn gnedig oren ker zu myr<br>und meyner bitt sie offen.<br>Den so du willt das sehen an<br>was sund vnd vnrecht ist gethan<br>Wer kann Herr fur dyr bleyben? | 1. Sinun tyghös Herra tulen<br>Ja huudhan syuäs waiuas<br>Aua koruas änen cule<br>Älä must erkane cauuas<br>Jos sinä syndi tutkistel<br>Ja wäärytt tadhot luieskel<br>Cuca woij sinun edhesäs pysy * | 1. Sua syvyydestä avuksi<br>nyt huudan, Jumalani.<br>Korviisi ota huutoni<br>ja auta sieluani.<br>Jos syntejäni muistelet<br>ja luet syyksi vääryydet,<br>en kestä edessäsi. | *Aus der Tiefe schrei ich nach deiner Hilfe, mein Gott.*<br>*Nimm dir mein Rufen ans Ohr*<br>*und hilf meiner Seele.*<br>*Wenn du dich an meine Sünden erinnerst,*<br>*und mich mit meinen Ungerechtigkeiten belastest,*<br>*kann ich nicht vor dir bleiben.* (IH) |

*1. Zu Dir, mein Herr, komme ich / Und schreie in tiefer Not / Öffne Deine Ohren und erhöre meine Stimme / Entferne Dich nicht weit weg von mir / Wenn Du die Sünden erwägen / Und uns mit der Ungerechtigkeit belasten möchtest / Wer könnte dann vor Dir bleiben.

Das beliebte Lied wird, wie oben schon erwähnt, in beiden Sprachen zu derselben Melodie gesungen, und zwar zu der, die im EG 1990 als *Erste Melodie* genannt wird und also von Luther stammt, allerdings auf verschiedenen Tonhöhen. Nach Heiner (1995: 44) war diese Melodie ursprünglich für die Gemeinde zu schwierig zu singen, und so fügte man eine weitere, eine *Zweite Melodie* (EG 1990: 299) für das Lied hinzu, die Wolfgang Dachstein 1524 komponiert hatte. Die *Erste Melodie* scheint heute nicht mehr als schwierig empfunden zu werden. Von der zweiten Melodie wird in finnischen Quellen nicht gesprochen.

### 7.3.7 *Christ lag in Todes Banden*: Finno 60, (a), EKG 76, EG 101, Vk 96

Dieses Lied hat Luther laut Jenny (1985: 71) nicht lediglich als einen verbreiteten mittelalterlichen Osterleis[42] übernommen, sondern hat es selbst verbessert bzw. dichterisch entfaltet. Es ist nach Text und Melodie seine selb-

[42] Leis ist die Bezeichnung für volkssprachliche Kirchenlieder, die die Gemeinde seit dem 10. Jh. meist nach dem *Kyrie eleison* sang.

ständige Liedschöpfung, der jedoch teilweise[43] die Sequenz *Victimae paschali laudes*[44] des Wipo von Burgund (vor 1048; EG 1990: 101) und einige weitere mittelalterliche Texte und Melodien[45] sowie das deutschsprachige Leis, das neben diesem Osterleis gesungen wurde[46], zugrunde liegen, woraus Luther einzelne Motive übernommen hat. Die Überschrift hat Luther nach Jenny (1985: 71) absichtlich unverändert lassen wollen um damit zu erklären, dass er die Botschaft des alten Liedes in neuen Worten weitergeben wollte. Jenny (ibid.) erörtert weiter, ob die leichter zu singende Zweitfassung von Luther selbst oder von Johann Walter stammt. Da Walter die ursprüngliche Melodiefassung nicht ersetzt hat, nimmt er an, sie sei von Luther und die andere von Walter selbst: „Aus Achtung vor dem Melodieschöpfer wurde dessen Fassung beibehalten und ebenfalls mit einem Satz versehen." (ibid.) Anscheinend hat Luther hier ein Lied mit 7 Strophen, mit jeweils 7 Versen und die wiederum mit 7 Silben schaffen wollen, was aber nur in der ersten Strophe gelungen ist: *und singen: Alleluja. Alleluja*[47]. In allen weiteren Strophen hat der letzte Vers acht Silben (und darauffolgend *Alleluja* in Klammern). So kann die Fassung a der Melodie besser zu singen sein, während nach Jenny (ibid.) die Fassung b stärker auf die erste Strophe Rücksicht nimmt, was bedeuten kann, dass „die Fassung a vom Textdichter stammt und die Fassung b nach Vorliegen des Textes und dann vermutlich von Johann Walter, der die erste Strophe vertonte, geschrieben wurde." (ibid.)

Es ist also ein Osterlied mit der fröhlichen Botschaft, dass Christus auferstanden ist. Luther hat die Ostergeschichte der alten Sequenz mit einigen erklärenden Teilen erweitert und entfaltet. Zur letzten Strophe hat er auch ein Abendmahlgebet hinzugefügt (Tuppurainen, evl.fi, ges. 2016). Finno hat den Text ins Finnische übersetzt, und zwar aus dem schwedischen Ausgangstext, dem wiederum die aus 1529 stammende dänische Übersetzung des ursprünglichen Liedes als Quelle diente. Dabei waren die Strophen 1 bis 7 des dänischen Liedes Übersetzungen aus dem Text von

[43] Dies betrifft die ersten acht Verse (Hallio 1936: 107).

[44] *Victimae paschali Laudes immolent christiani. Agnus redemit oves, Christus innocens patri reconciliavit peccatores. Mors et vita duello conflixere mirando: dux vitae mortuus regnat vivus.* (Hallio 1936: 107) – Deutsche Übersetzung (nach Wörner 1993: 61): *Weiht dem österlichen Opfer Lobgesänge, ihr Christen. Lamm, das erlöst die Schafe: Christus, schuldlos, dem Vater zur Versöhnung hat gebracht die Sünder. Tod und das Leben rangen seltsam wild miteinander: der als Lebendiger starb, herrscht nun lebend.*

[45] EG 1990: 99: Text: Bayern / Österreich 12. bis 15. Jh; Melodie: Salzburg 1160/1433, Tegernsee 15. Jh, Wittenberg 1529.

[46] *Crist ist Erstanden von der Marter banden. des sollen wir alle fro sein, Christ wil vnser Trost sein. Kyrie eleeson. Were Er nicht Erstanden, so were die Welt zergangen, weil er aber Erstanden ist, so loben wir den HErren Jhesum Christ. Kyrie eleeson.* (Hallio 1936: 107.)

[47] Das zweite "Alleluja" zählt nicht zum Vers und hätte wie in den folgenden Strophen eigenlich in Klammern gesetzt werden müssen.

Luther, während der Übersetzer selbst die Strophen 8 und 9 noch dazugedichtet hatte. Auf Schwedisch erschien das Lied 1567, jedoch nur mit 7 Strophen wie bei Luther, und daraus hat Finno dann 1583 das Lied ins Finnische übertragen (Hallio 1936: 108). Die Sequenz selbst mit den Kehrreimen wurde laut Tuppurainen (ibid.) schon vor Finno ins Finnische übersetzt. Die Strophen 1–3, 5, 6 und 8, die von Wipo von Burgund stammen (siehe oben), sind in der Handschrift von Mathias Westh aus den 1540er Jahren auf Finnisch vorhanden. Finno hat sie 1583 in sein Gesangbuch aufgenommen, sowie die deutschen Strophen 4, 7 und 9 aus dem 12. Jahrhundert für sein Gesangbuch selbst übersetzt. Während die Sequenz mit den Kehrreimen in späteren Jahrhunderten aus den finnischen Gesangbüchern weggelassen wurde, wurden ihre Neuübersetzungen in das neueste Gesangbuch von 1986 wiederaufgenommen[48]. Das von Luther gedichtete Lied wurde also auch von Finno für sein Gesangbuch übersetzt und hat sich immer noch unter den Kirchenliedern erhalten, obwohl es zumindest in Finnland wegen der komplizierten Melodie relativ wenig gesungen wird. Auf jeden Fall ist die Melodie wieder dieselbe in beiden Sprachen, nur wird die finnische auch hier tiefer gesungen (eine Sekunde, d.h. in Dorisch auf C statt D).

Dieses Lutherlied ist heute wahrscheinlich am ehesten durch die gleichnamige Kantate von J. S. Bach (BWV 4) bekannt. Da fügt Bach durch eine Folge von Variationen seine eigene musikalische Exegese zu den Strophen des Lutherliedes an. (Tuppurainen evl.fi, ges. 2016)

Da Tuppurainen (ibid.) betont, dass Luther in die letzte Strophe ein Abendmahlgebet eingebaut hat, vergleichen wir hier diese Strophe nach dem früheren Muster[49]:

---

[48] Vk 87.

[49] Also das alte deutsche Lied, die Übersetzung von Finno 1583, die neue finnische Version und deren Übersetzung

| 7. Wir essen und leben wol<br>yn rechten Ostern fladen.<br>Der alte saurteig nicht sol<br>seyn bey dem wort der gnaden.<br>Christus wil die koste seyn<br>und speysen die seel alleyn;<br>der glaub wil keyns andern leben. (Alleluja.) | 7. Syökäm ia hyuin eläkäm<br>Tallä makia leiuän aial<br>Hapoin taikin pois heittäkäm<br>Quin meit temma pahal taual<br>Christus meitä rauitcon<br>Ja sielul tarpens taritcon<br>Eip vsco muita kärsi<br>Haleluia * | 7. Oi Kristus, leipä makea,<br>nyt tule leiväksemme.<br>Pois perkaa hapantaikina,<br>pois saasta sydäntemme.<br>Anna meille itsesi<br>aina sielun ruoaksi,<br>niin elämme. Halleluja,<br>halleluja! | Oh, Christus das süße Brot,<br>komm jetzt zu unserem Brot.<br>Fege fort den Sauerteig,<br>fort den Dreck unserer Herzen.<br>Gib dich selbst als Speise der Seele,<br>so leben wir.<br>Halleluja,<br>Halleluja! (IH) |
|---|---|---|---|

* 7. Lasst uns essen und bequem leben / Während dieser Zeit des süßen Brotes / Den Sauerteig lasst uns wegwerfen / Der uns auf böse Weise verlockt / Christus soll uns die Speise sein / Und den Bedarf der Seele decken / Mehr verlangt der Glaube nicht. / Halleluja!

Es ist eindeutig eine Strophe mit dem Abendmahlgebet in allen drei Versionen. Dabei wird Christus als die gute Speise bzw. das süße Brot bezeichnet, der den Sauerteig aus den Menschenherzen wegjagt, so wie es in den biblischen Zeiten wichtig war, jedes Haus so gründlich sauber zu machen, dass auch das winzigste Krümchen Sauerteig vor dem Passah-Fest verschwand. Diese Symbolik ist bis zum heutigen Tage im Lied geblieben, sowie auch das Alleluja, das Luther schließlich am Ende jeder Strophe hinzugefügt hat.

### 7.3.8 *Komm, Gott Schöpfer, heiliger Geist*: Finno 68, (n), EKG 97, EG 126, Vk 111

Dieses Lied ist eine Übertragung eines verbreiteten Hymnus *Veni Creator Spiritus* von Hrabanus Maurus (um 780-856) aus dem Jahre 809;[50] er war einer der gelehrtesten Männer seiner Zeit, Lehrer und Abt im Kloster Fulda und dann Erzbischof von Mainz. Das lateinische Lied wurde schon im 12. bzw. 13. Jahrhundert ins Deutsche übersetzt und später von Luther umgearbeitet (Hallio 1936: 129). Es taucht ohne Namen mit einer vereinfachten Melodie in der Erfurter Version 1524 auf. Jenny (1985: 75) nimmt an, dass auch die Melodiebearbeitung von Luther stammt, da er „die Übernahme der melismatischen Choralmelodien durch Münzer offensichtlich ablehnte". Auch Johann Walter soll eine ältere Melodie gekannt haben, so dass es sich in diesem Fall nur um eine mittelalterliche Textüberlieferung handelt. Das finnische Gesangbuch gibt vorsichtig nur „aus dem Mittelalter, in Deutschland 1524" an, und EG 1990 wiederum nennt drei Quellen für die Melodie,

[50] EG 1990: 126. Das Original ist nicht erhalten, aber das Lied ist in einer Sammlung von Dichtungen des Hrabanus Maurus (1617) enthalten (Väinölä 2008: 122).

„Kempten um 1000, Erfurt 1524, Martin Luther 1529". Hier unterscheiden sich die Meinungen über die Melodie. Auf jeden Fall wird auch dieses Lied in beiden Sprachen mit derselben Melodie gesungen, also nach Jennys Vermutung der von Luther, jedoch auf Deutsch in B-Dur, auf Finnisch wiederum einen Ton tiefer in As-Dur.

Ins Finnische wurde das Lied zuerst von Mikael Agricola 1544 für sein Gebetbuch übersetzt, und zwar direkt aus dem Latein, während Finno es nach der schwedischen Übersetzung aus 1536 von Olavus Petri ins Finnische übertrug. Petri hatte Luthers Lied als Ausgangstext verwendet (Hallio 1936: 130). Jedoch hatte auch Agricola nur sieben Strophen in seinem Text, genau wie Luther, Petri und Finno, während das Original acht Strophen enthielt. Sieben hat es heute noch in den deutschen und finnischen Gesangbüchern.

Der Festhymnus *Veni, Creator Spiritus* ist eines der ältesten Pfingstlieder, das bei Königskrönungen, Bischofsweihen und bei anderen feierlichen Gelegenheiten gesungen worden ist. In Finnland erklingt es noch bei Pfarrerweihen (Väinölä, evl.fi, ges. 2016) und natürlich auch zu Pfingsten. Aus irgendeinem Grund spricht Väinölä[51] in diesem Zusammenhang nicht darüber, dass Luther sowohl den Text verarbeitet als auch die Melodie teilweise komponiert hat[52]. Dafür nennt er das Lied *Komm, Heiliger Geist, Herre Gott*[53], das auch nach einer mittelalterlichen Antiphon *Veni Sancte Spiritus* von Luther umgearbeitet und mit zwei neuen Strophen versehen wurde, aber erst im Liederbuch von Hemminki Maskulainen auf Finnisch erschienen ist. Zu *Komm, Gott Schöpfer* meint Väinölä (ibid.) weiter, dass Mikael Agricola bei seiner Übersetzung aus dem Lateinischen Text die siebenfache Gabe des Heiligen Geistes (septiformis) erwähnt und so auf die messianische Prophezeiung Jesajas hinweist[54] (Jes. 11,2), wobei Finno nur den leichter zu verstehenden

[51] Weder in seinem Buch von 2008 noch in seinen Erklärungen für die Hintergründe der Lieder auf den Internetseiten des finnischen Kirchengesangbuches (evl.fi).

[52] Vgl. z. B EG 1990, Lied 126, EKG 1981, Lied 97. Beide Liederbücher nennen Luther als Textdichter/Übersetzer und Melodieschöpfer.

[53] EKG 98, EG 125, Vk 114

[54] Jes. 11,2: „...auf welchem wird ruhen der Geist des HERRN, der Geist der Weisheit und des Verstandes, der Geist des Rates und der Stärke, der Geist der Erkenntnis und der Furcht des HERRN." (Luther Bibel 1545. www.biblegateway.com). – Die schon bei Hrabanus Maurus genannte Siebenzahl entstand aufgrund der nochmaligen Erwähnung der Gottesfurcht in Jes. 11,3, die in der griechischen (Septuaginta) und lateinischen (Vulgata) Fassung des Alten Testaments mit einem anderen Begriff übersetzt ist, der in der christlichen Tradition dann als Frömmigkeit bezeichnet wurde. Väinölä (ibid.) zählt den Geist des Herrn zu den sieben Gaben, den andere logisch streng als die Quelle der sechs folgenden Eigenschaften betrachten. Es war die Symbolkraft der Siebenzahl, die Luther an ihrer Nennung festhalten lässt, ohne freilich die einzelnen Gaben aus der Jesaja-Stelle zu nennen. Auch in seinem Kleinen Katechismus nennt er sieben Gaben des Heiligen Geistes, aber aufgrund theoretischer Überlegungen und nicht des biblischen Befundes (Völker 2005: 73).

„Spender der reichlichen Gaben", *runsas lahjain antaja* erwähnt. Im Finnischen finden wir heute keine Antwort auf die Frage, was der oft zitierte Finger Gottes ist. Luthers heutiger deutscher Text in der Strophe 4 lautet *Du bist mit Gaben siebenfalt der Finger an Gotts rechter Hand* und bezieht sich auf den Heiligen Geist. Im Text von Agricola finden wir die Benennung (Epithese) des Heiligen Geistes wörtlich übersetzt: *Herran oikean (käden) sormi* [‚der Finger an Gottes rechter Hand']. Finno sagt nur: „Sinä olet Isän sormi" [‚Du bist der Finger des Vaters']. (Vgl. Väinölä, evl.fi, ges. 2016.) Doch das Lied beginnt mit expliziter Nennung des Heiligen Geistes, so dass die Gemeinde wohl verstehen konnte, um wen es geht. Nach dem Anfang listet Finno die Eigenschaften des Heiligen Geistes auf, genauso wie Agricola und Luther selbst. Die heutige Version bezieht sich nur auf die Gaben der Gnade, aber andererseits auch direkt auf den Heiligen Geist, ohne den Ausdruck *Finger Gottes* explizit zu benutzen.

Nehmen wir also diese Strophe als Beispiel für das Lied. Im Cellischen Gesang-Buch (1696) ist sie die dritte, bei Hallio (1936: 129, Luther zitierend) und EG 1990 die vierte, bei Finno wiederum die dritte. Die dritte Strophe in der neuen finnischen Version wurde völlig neu umformuliert:

| 4. Du bist mit gaben sybenfallt<br>der finger an Gotts rechter hand.<br>Des vaters wort gibstu gar baldt<br>mit zungen ynn alle land. | 3. Sinä olet Isän sormi Ja colminaisudhen solmi / Sä walistat sokiat mielet / Ja woitelet tyhmät kielet .* | 3. Oi Henki voiman, totuuden<br>ja luoja armolahjojen,<br>valaise silmät sokeat,<br>kirvoita kielet kankeat. | 3. Oh, Geist der Kraft und Wahrheit<br>und Schöpfer der Gnadengaben,<br>beleuchte die blinden Augen,<br>befreie die steifen Zungen. (IH) |
|---|---|---|---|

* 3. Du bist der Finger des Vaters / Und der Knoten der Dreieinigkeit / Du erleuchtest die blinden Sinne / Und schmierst die dummen Zungen.

Luther hat also in dieser Strophe direkt auf Jesaja und die sieben Gaben des Geistes Gottes, *des Fingers an Gottes rechter Hand,* hingewiesen, was Agricola auch tat, als er aus dem Lateinischen übersetzte. Finno spricht wie erwähnt nur vom Finger des Vaters und der verbindenden Kraft der Dreieinigkeit (d.h. dem Heiligen Geist), und die neue finnische Version nennt den Geist der Kraft und Wahrheit, der Schöpfer der Gnadengaben ist. Luther bezieht sich auf die Flammenzungen, die an Pfingsten vom Himmel auf die Jünger heruntergesandt wurden und betont, dass dadurch Gottes Wort im ganzen Land verbreitet worden ist. Sowohl Finno als auch die neue finnische

Übertragung wiederum sprechen von den „blinden Sinnen / Augen", die der Heilige Geist öffnen und von den „dummen / steifen Zungen", die „Er salben / befreien" wird. Dabei fehlt jedoch Luthers Hinweis auf Pfingsten. In der vorigen Strophe[55] wird zwar Feuer genannt, aber auch dort nicht so, dass man es unbedingt mit Pfingsten verbinden könnte.

### 7.3.9 *Nun bitten wir den Heiligen Geist*: Finno 42, (a), EKG 99, EG 124, Vk 113

Jenny (1985: 76) nimmt an, dass dieses Lied Luthers als Einzeldruck schon vor der Erfurter Version 1524 verbreitet wurde, da es bei ihrer Zusammenstellung eventuell nicht vorlag oder aber auch erst später erschien. Es handelt sich auf jeden Fall um den Text Luthers. Er hat die Strophen 2 bis 4 gedichtet, aber die erste Strophe stammt schon aus dem 13. Jahrhundert, und die Melodie entstand um 1420 in Jistebnitz in Böhmen (EG 1990: 124). Die erste Strophe hatte zur Grundlage ein Gedicht, das der deutsche Franziskanerbruder Berthold von Regensburg im 13. Jahrhundert in einer seiner Predigten zitiert hatte: *Nun biten wir den heilegen geist umbe den rehten glouben aller meist, daz er uns behüete wol an ende, so wir heim suln varn von disem ellende. Kyrie eleyson* (Hallio 1936: 134). Es ist wieder ein Leis, d.h. ein Lied, dessen Strophen mit dem Ausruf *Kyrieleis* enden. Luther hat diese Strophe übernommen und dazu noch drei weitere gedichtet. Aus diesem Lied hat Olavus Petri 1536 eine schwedische Version gemacht, deren finnische Übertragung schon im Codex von Mathias Westh aus den 1540er Jahren zu finden ist, auch mit vier Strophen. Diesen Text hat dann Finno für sein Gesangbuch umgearbeitet. (ibid.) Er hat aus dem Text die ursprünglichen Hinweise auf den Tod ausgelassen, einige dichterische Ausdrücke durch Wörter wie *sana* [‚das Wort'] und *oppi* [‚die Lehre'] ersetzt und dem Lied den Titel *Saarnan edhel weisu* [‚Gesang vor der Predigt'] gegeben. Auch die moderne Version gründet sich auf diesen Text (Tuppurainen, evl.fi, ges. 2016).

Das Leis wurde in der Pfingstmesse nach dem *Vater unser* gesungen. Außerdem erklang das Lutherlied als Eingangslied im Gottesdienst und auch bei Beerdigungen (ibid.).

[55] Finno: Sä kouat rinnat pehmität, Tulel ia voitel heit lemmität [‚Du lässt die harten Herzen weich werden, wärmst sie mit Feuer und Salbe]; Neu: Mielemme kovat pehmitä, ne liekilläsi lämmitä [‚lass unsere harten Herzen weich werden, wärme sie mit deiner Flamme']

Im vorherigen finnischen Gesangbuch von 1938 wurde die ursprüngliche Melodie dieses Lutherliedes seiner zweiten ins Finnische übersetzten Version zugeordnet, die im heutigen Liederbuch unter Nr. 446 als *Oi Pyhä Henki, pyydämme* [,Oh, Heiliger Geist, wir bitten dich'] steht. Der genannte Text wurde 1837 recht frei von dem Dichter Nicolai Frederik Severin Grundtvig (1783-1872) auf Luthers Text aufbauend in eine dänische Fassung umgearbeitet und von dem Pfarrer und Dichter Jaakko Haavio (1904-1984) aus dieser ins Finnische übersetzt. Das ältere Lied wiederum, das von Finno aus 1583 stammt und seine alte Übersetzung genauer, obwohl auch erneuert, befolgt, also Vk 113, „erbte" eine neue Melodie, welche ihrerseits früher einem anderen Pfingstlied Luthers gehörte, dem *Komm Heiliger Geist, Herre Gott*[56]. Diese neue Melodie war eine volkstümliche finnische Variation von dessen komplizierter Melodie. Der genannte Liedtext von Finno (1583) ist nicht mehr im finnischen Gesangbuch enthalten, wurde aber durch eine „neuere" Version von Hemminki Maskulainen 1605 (Vk 114) ersetzt und mit einer englischen, der finnischen Gemeinde von früher bekannten Melodie aus 1558 versehen.

Zum Beispiel für eine vergleichende Betrachtung nehmen wir hier eine Strophe von Luther, die Strophe 4, aus dem im Übertitel genannten Lied, sowie die von Finno verfasste und die des modernen Liedes:

| | | | |
|---|---|---|---|
| 4. Du hochster troster<br>ynn aller not,<br>hilff, das wyr nicht<br>furchten schand noch<br>tod,<br>Das ynn uns die synnen<br>nicht verzagen,<br>wenn der feind wird<br>das leben verklagen.<br>Kyrioleys. | 4. O wahua turua ia<br>lodhutos Murhelisten<br>sydhänten toiuotus<br>An meidhän sinun<br>sanas nijn täälä cuulla<br>Että me sen cautta<br>madhaisim ilon tulla<br>Kyrieleison * | 4. Oi vahva turva<br>heikkojen<br>ja lohduttaja<br>murheisten,<br>sanaasi meidän kuulla<br>anna<br>ja viimein meidät iloos<br>kanna.<br>Herra armahda! | *Oh du starker Schutz<br>der Schwachen<br>und Tröster der<br>Traurigen,<br>lass uns dein Wort<br>hören<br>und trage uns am Ende<br>in deine Freude.<br>Herr, Erbarme Dich<br>unser! (IH)* |

* 4. O Du starker Schutz und Trost / Du Hoffnung der traurigen Herzen / Lass uns Dein Wort hier so hören / Dass wir dadurch in die Freude kommen könnten / Kyrieleis.

Während der deutsche Text den Heiligen Geist, den Tröster in aller Not bittet, dass wir uns nicht vor Tod und Schande fürchten müssen, und dass einem die Sinne nicht versagen, wenn der Feind (Gottes) unser Leben für sich verlangt, bittet sowohl Finno als auch der heutige finnische Übersetzer den Heiligen

[56] EKG 98, EG 125, Vk 114

Geist um die Gelegenheit, das Wort Gottes hören zu können, und darum, dass Gott dann schließlich die Menschen in seine Freude aufnehmen werde.

Zum Vergleich nehmen wir noch das finnische Lied 446, das sich letztendlich auch auf Luthers Text beruft, und davon die entsprechende letzte (5.) Strophe, da sie sich auf den Text der obigen Strophe zurückführen lässt:

| Vk 446<br>5. Oi Henki voiman, totuuden,<br>kanna meidät juhlaan pyhien.<br>Murra meissä synnin ja kuolon valta,<br>päästä taivaan riemuun vaivan alta.<br>Auta, Herra! | Oh Geist der Kraft und Wahrheit,<br>bringe uns in das Fest der Heiligen.<br>Brich in uns die Macht der Sünde und des Todes,<br>befreie uns von den Ängsten und lass uns in die Herrlichkeit des Himmels kommen.<br>Hilf uns, Herr! (IH) |
|---|---|

Unbestreitbar ist auch in der dänischen Übersetzung aus dem 19. Jahrhundert sowie in ihrer finnischen Übertragung Mitte des 20. Jahrhunderts durch den bekannten finnischen Schriftsteller, Dichter und Pfarrer Jaakko Haavio die Feder von Luther sowohl im Inhalt als auch im Ausdruck zu erkennen ist.

### 7.3.10 *Ein feste Burg ist unser Gott*: Finno 11, (a), EKG 201, EG 362, Vk 170

Dieses Lied ist seit Jahrhunderten bekannt und überall auf der Welt verbreitet. Heiner (1995: 42) z.B. berichtet über ein großes Musikfest in Boston, den USA im Jahre 1869, wo 10 000 Sänger dieses Lied sangen, von 11 000 Instrumenten begleitet. Es wurde auch schon in mehr als 70 Sprachen übersetzt. So ist es auch im Norden, aber besonders für die Finnen durch die Jahrhunderte eines der wichtigsten Kirchenlieder gewesen (vgl. Selander / Hansson 2008).[57] Das Lied wurde schon in dieser Arbeit besonders in Kapiteln 2.3.2, 4.7 und 5.2 in Einzelheiten behandelt. Auch der Hintergrund des Liedes wurde im Kapitel 4.7. kurz besprochen. Deshalb wird dieser Abschnitt nicht mehr in die Einzelheiten im Text bzw. Übersetzungen gehen, sondern es werden noch einige neue und unterschiedliche Gesichtspunkte in Augenschein genommen.

Heiner (1995: 41f.) schreibt, dass dieses „Schutz- und Trutzlied" des Protestantismus manchen Standbildern von Martin Luther hinzugefügt worden

[57] Vgl. auch Helin 2008 bis Helin 2016.

ist, und stellt weiter fest, dass Luther es genau in der Nacht zwischen dem 15. und 16. April 1521 gedichtet hatte, bevor er in Worms ankam. Er war unsicher über das Schicksal, das ihm bevorstand, denn er sah sich als Reformator, nicht als Revolutionär, und er wollte nur die Kirche reformieren und statt Heiligenbilder und Reliquien das Evangelium zum Mittelpunkt des Gottesdienstes machen. Spitta (1905: 34) hält jedoch dies für eine Legende[58], da das Lied in den ältesten Liederbüchern fehlt. Es sei eigentlich nicht als Gemeindelied gedacht gewesen, sondern eher eine Gelegenheitsdichtung, Ausdruck Luthers persönlicher Gemütsstimmung. Das Lied verbreitete sich nach Heiner (1995: 42) zuerst durch gedruckte Flugblätter und wurde bald zum Volkslied in Deutschland. Trotzdem wurde es für einige Leute zum Verhängnis und sie mussten sogar deswegen sterben.[59] Spitta (1905: 39) bezweifelt zwar, dass das Lied wirklich schon 1521 gedichtet worden war, meint aber, dass es bereits um 1524 veröffentlicht worden sei, oder aber mindestens zwischen 1524 und 1528. Jenny (1985: 100f.) dagegen hatte zehn Jahre früher als Heiner festgestellt, dass die Quellen dieses Liedes nicht weiter zurückverfolgt werden können als bis 1529[60]. Nur Vermutungen gebe es auch über die Veranlassung, die Zeit und den Vorgang der Entstehung dieses Liedes. Fest steht nach Jenny (ibid.) nur, dass „Luther das Lied von Anfang an als Psalmlied über den 46. Psalm betrachtete und dass es ein Psalmlied besonderer Art ist." Väinölä (evl.fi, ges. 2016) betont jedoch, dass nur der erste Vers, *Ein feste Burg ist unser Gott* dem Psalm 46 entnommen ist, wonach das Lied mit weiteren Sprachbildern und Gedanken weitergeht. Der altböse Feind, der schon in der ersten Strophe drohend aufkommt, ist kein Ausdruck aus diesem Psalm, sowenig wie auch weitere Benennungen des Bösen[61]. Christus ist der Mittelpunkt des Liedes: Er ist der Herr Zebaoth, der rechte Mann, der für die Menschen streitet. Es gibt keinen anderen Gott, nur ein Wort von Ihm kann den Bösen fällen (Strophen 2 und 3). Väinölä (ibid.) bedauert, dass in Finnland oft nur die erste und die vierte Strophe gesungen werden, wobei etwas sehr Wichtiges fehle, nämlich Christus als König der Könige. Spitta (1905: 28) seinerseits erörtert das Verhältnis dieses Liedes zu den anderen Psalmliedern. Normalerweise wird es darunter kate-

[58] Zu dieser gehört, dass der Vers *Und wenn die Welt voll Teufel wär* auf Luthers bekannten Satz "und wenn so viel Teufel in Worms wären als Ziegel auf den Dächern, so wolle er doch hinein" hinweisen.

[59] Heiner (1995: 42) erzählt von einem weiteren Ereignis aus dem Dreißigjährigen Krieg, nämlich das Schicksal des Organisten Jüngling zu Bovenau, der eine Zeitlang Luthers Hausgenosse gewesen war und das Lied gut kannte. 1627 wurde sein Dorf von Kroaten überfallen, die ihn, damals schon 105 Jahre alt, zum Spielen zwangen. Als er dann *Ein feste Burg ist unser Gott* spielte, wurden die Soldaten wütend und töteten ihn vor dem Altar der Kirche.

[60] Dieses Jahr steht auch für die Melodie im neuen finnischen Gesangbuch, Vk 1986.

[61] Vgl. Kapitel 4.7, auch die finnischen Benennungen.

gorisiert, aber wie auch Väinölä (siehe oben) schreibt, ist nur der erste Vers direkt aus dem Psalm 46. Danach ist das Lied eine „völlig freie, mit aller Unmittelbarkeit des Originals ausgestattete Schöpfung, die wohl tief in die Gedankenwelt der Bibel eingetaucht ist, aber keineswegs eine metrische Ubertragung des 46. Psalmes darstellt." (ibid.) Hier würden die Individualität und die kampfesfrohe, triumphierende Stimmung Luthers zum Ausdruck kommen (Spitta 1905: 31).

Es gibt weiter keinen Zweifel daran, dass Luther auch der Autor der Melodie sein muss. Es ist ein sehr persönliches Kampflied[62] Luthers, das besonders am Reformationstag (31.10.) überall gesungen wird. Die Melodie hat Luther jedoch wahrscheinlich aufgrund alter Materialien komponiert und auch ein wenig verändert anderswo verwendet.[63] Seine ursprüngliche Melodie sei nach Väinölä (evl.fi, ges. 2016) rhythmisch schwieriger zu lernen und zu singen gewesen. Daher singen die Finnen heute das Lied nach der einfacheren Melodie, die z. B im EG (1990: 362) mit der Bemerkung *spätere Form* versehen ist.[64] Spitta (1905: 31f.) betont die Tatsache, dass schon die erste Zeile der Melodie von Luther die triumphierende Stimmung wiedergibt, was danach im Strophenbau und der jeweiligen Silbenzahl noch stärker zum Vorschein kommt. Einen so starken, jugendlich heldenhaften und unmittelbaren Ausdruck wie in diesem Lied habe Luther in keinem anderen Lied gefunden (ibid.).

Der älteste bekannte Druck des Liedes (Text und Melodie) stammt von 1529[65], wie schon oben erwähnt. Dass auch die Melodie etwas „mit der *Silberweise* des Nürnberger Meistersingers Hans Sachs (1494-1576) [deren Text in dem Lied anklingt, I.H.] zu tun habe, wird man nach Amelns Darlegungen nicht mehr behaupten dürfen." (Jenny 1985: 101.) Dasselbe gilt für „die auffallende Verwandtschaft mit der Melodie eines niederländischen Liebesliedes (*Die wissel drijft die en is gheen narre*), die 1540 in den *Souterliedekens* für ein Lied über den 77. Psalm verwendet wird." (ibid.) Vielmehr ist wohl umgekehrt die schnelle Verbreitung, die Luthers Lied gefunden hat, Grund für die Ähnlichkeit.

[62] Vgl. Heiner 1995: 41
[63] Vgl. *Vom Himmel hoch.*
[64] Allerdings ist die spätere Form durchaus schon lang verbreitet und keineswegs – wie manchmal gesagt – ein Zeichen des Verfalls der Kirchgesangskultur. Die geänderten Intervalle gegenüber Luthers Fassung tauchen schon im 16. Jh. auf, die gesamte rhythmisch vereinfachte Version in Zürich 1669, was von der reformierten Psaltertradition herrührt. (Hahn / Lauterwasser 2015: 63f., 74f.)
[65] Hier sei auf Jenny und auf die Angaben in den deutschen (EKG und EG) Gesangbüchern sowie im finnischen Gesangbuch (Vk) verwiesen.

Das Lied fand schnell seinen Weg nach Norden, wie schon erwähnt wurde. Für die Finnen ist Luthers Kampflied eine Art nationales Kirchenlied für festliche Anlässe geworden, das der Nation in den Schicksalsstunden des Vaterlands Mut gegeben hat. Außerdem wurden die ersten finnischen Missionare 1868 mit diesem Lied auf die Reise nach „Ambomaa" (das heutige Namibia) geschickt. Nach einer Erhebung von Vapaavuori (2008: 48-61) über die beliebtesten Kirchenlieder im Norden, die vor etwa 15 Jahren gemacht wurde, zählen in Finnland zwei Lutherlieder zu den zehn beliebtesten: das Weihnachtslied *Enkeli taivaan* [,Vom Himmel hoch'] an zweiter Stelle, und *Jumala ompi linnamme* [,Ein feste Burg ist unser Gott'] immerhin unter den ersten Zehn, während es in den anderen nordischen Ländern nicht mehr auf diese vorderen Plätze gelangte. Wie schon erwähnt, hat das Lied in Finnland eine besonders große Bedeutung. Es wird z.B. heute noch am Heiligen Abend, zur Verkündung des Weihnachtsfriedens auf dem Alten Großmarkt in Turku, der ehemaligen Hauptstadt Finnlands, gesungen und im Rundfunk und Fernsehen in das ganze Land direkt[66] übertragen. Es wurde aber im Laufe der Jahrhunderte nicht nur in Finnlands Schicksalsstunden gesungen, sondern wird das wird erste Mal in der nordischen Geschichte im Zusammenhang mit dem Dreißigjährigen Krieg erwähnt, als der schwedische König Gustav II. Adolf sich vorbereitete, gegen den bis dahin unbesiegten kaiserlichen Heerführer Tilly zu kämpfen. Das Lied wurde sowohl vor der siegreichen Schlacht bei Breitenfeld 1631 als auch zum Dank danach gesungen (Vapaavuori 2008: 48).

In späteren Jahrhunderten wurde und wird das Lied im Norden Mutmacher bei den von der Amtskirche argwöhnisch überwachten finnischen Erweckungsbewegungen im 18. und 19. Jahrhundert, aber es wurde auch in politisch gefährlichen Zeiten als Notruf, aber auch als Zeichen von Solidarität und Zuversicht gesungen[67]. So geschah es auch im Herbst 1939, als die am Hauptbahnhof in Helsinki versammelten Menschen spontan anfingen, dieses Lied zu singen, als der damalige Ministerpräsident J. K. Paasikivi kurz vor dem Winterkrieg den Zug bestieg, um in Moskau mit der Regierung der Sowjetunion zu verhandeln. Laut Väinölä (2008: 182) vermitteln die feierliche Melodie und die glaubenssicheren Worte Geborgenheit für die Zukunft.

66 Durch YLE, die allgemeine finnische Rundfunk- und Fernsehanstalt. Vor Ort, auf dem Alten Großmarkt in Turku sammeln sich traditionell Zehntausende Turkuer, oft bei Kälte oder Schneefall; manche kommen jedes Jahr zu dem Ereignis.
67 Kurkela 2011: 85 nennt dies sogar einenseltsamen Erfolg!

Auch andere finnische Forscher haben sich mit diesem Lied beschäftigt. Kolehmainen (2011) behandelt den Ursprung, den Text und die finnischen Übersetzungen des Liedes von Finno bis zum heutigen Tage, sowie die Diskussionen und Debatten über das Lied und seine Erneuerungen, die man in Finnland im Laufe der Zeit geführt und durchgesetzt hat. Zuletzt wurde die dritte Strophe heiß diskutiert, und sie blieb schließlich die einzige, die für das neue Gesangbuch 1986 ein wenig verändert werden durfte[68]. Dabei ist anzumerken, dass die Neuübersetzung dieser Strophe direkt aus dem Text Luthers gemacht wurde, während Finno ja eher den schwedischen Text von Olavus Petri verwendet hatte. Kurkela (2011) betrachtet die gesellschaftliche Bedeutung dieses Liedes und die Akzeptanz seines Inhalts während der Geschichte der Reformation[69]. Auch Kurkela betont die verbindende Kraft dieses Lutherliedes zwischen verschiedenen Gesellschaftsklassen, die besonders durch die absichtliche bzw. unwillkürliche Deutung des Begriffs „der altböse Feind" (*Se vanha vainooja* [‚der alte Verfolger']) den Finnen geholfen hat, den Erzfeind jeweils zu definieren, und zwar von der päpstlichen Kirche im 17. Jahrhundert bis zu den Bolschewiken des 20. Jahrhunderts (vgl. hier auch Helin 2016). Hallio (1936: 243-246) seinerseits betrachtet kritisierend die vielen Änderungsvorschläge und -versuche, die während der Jahrhunderte gemacht und wieder abgelehnt wurden, und erwähnt noch ein zweites Lied mit demselben Thema Luthers – eigentlich eine Neufassung des ursprünglichen Liedes, die der Domprobst von Turku, Pietari Melartopaeus, 1601 formuliert hatte. Sie wurde später noch umformuliert, ist aber nicht mehr im finnischen Gesangbuch enthalten.

Wie in der vergleichenden Tabelle 28 im Kapitel 5.2 zu sehen ist und auch hier schon erwähnt wurde, hat Finno seine Übersetzung höchstwahrscheinlich – wie auch oft bei anderen Liedern – aus dem Schwedischen angefertigt. Besonders die Strophe 3 wich von Luthers Text ab und wurde erst 1986 näher an Luthers Text angeglichen (siehe oben). Dagegen wurde Luthers Aufzählung *Leib, Gut, Ehr, Kind und Weib* der 4. Strophe nie in eine finnische Übersetzung aufgenommen, sondern es blieb immer bei *henkemme, osamme, onnemme* [‚unser Leben, Los und Glück'][70]. Spitta (1905: 121) meint übrigens zu dieser Aufzählung, dass Luther dabei nicht an seine persönlichen Verhältnisse gedacht hat, sondern an das Schicksal der Anhänger des

[68] Vgl. Tabelle 28 im Kapitel 5.2.
[69] Vgl. hierzu auch Vapaavuori 2011.
[70] Vgl. Kapitel 4.7.

Evangeliums. Das ihnen angetane Unrecht sei nichts gegenüber der Tatsache, dass ihnen das Reich für immer bleibt. Auch die alten und neuen finnischen Euphemismen für *Teufel* wurden schon im Kapitel 4.7 erörtert.

Wie Kurkela (2011: 87ff) betont, hat genau dieses Lutherlied und sein Aufstieg zu dem Status als Kunstwerk und Kulturgut einen transnationalen Hintergrund. Es wurde während der Jahrhunderte nach der Reformation von vielen Komponisten zum Thema ihrer musikalischen Werke gewählt. Johann Sebastian Bach verwendete es in seiner *Kantate BWV 80*, die er für das Reformationsfest 1724 komponiert hatte, und Felix Mendelssohn-Bartholdy, der in den 1820er Jahren aktiv für die Renaissance Bachs arbeitete, kannte dieses Werk gut und hat es zum zentralen Thema des Finales seiner 5. Symphonie D-Dur, der *Reformationssymphonie*, gewählt. Sie war für das 300-jährige Jubiläum des Augsburger Bekenntnisses, eines zentralen Dokuments der deutschen Reformation, 1830 gedacht,[71] wurde jedoch nie aufgeführt, weil das Fest abgesagt wurde. Da die Partitur nicht gedruckt war, dauerte es lange, z.B. in Finnland 60 Jahre, bevor die Symphonie endlich zu hören war. Der letzte Satz *Andante con moto – Allegro vivace* ist laut Kurkela (ibid.) eine Choralphantasie, die die Luthermelodie vielseitig und erfinderisch in die Musik einbaut. Durch seine Oper *Les huguenots* (Die Hugenotten) hat der deutsche Giacomo Meyerbeer (Jakob Liebmann Beer) die Luthermelodie 1836 im gesamten Europa bekannt gemacht – über die individuelle Bedeutung Luthers und die lutherische Welt hinaus. Thema der Oper ist die sogenannte Bartholomäusnacht, das an den Hugenotten 1572 in Paris vollzogene Blutbad. Die vierstündige Oper baut sich auf dem Lutherlied auf, obwohl die französischen Calvinisten es wohl kaum kannten oder gar im Tode sangen. So wurde „Ein feste Burg" über dieses Kunstwerk das musikalische Leitmotiv für die Verfolgung der Hugenotten bis zum bitteren Ende.

Auch in Finnland hat dieses Lutherlied neben den kirchlichen und politischen Zwecken viele Komponisten, Chöre und Orchester inspiriert. Der wichtigste dieser Komponisten ist wohl Armas Järnefelt mit seinem symphonischen Gedicht *Korsholma* 1894, das einen Wettbewerb in Vaasa gewann. Es war wohl kein Zufall, dass er das Lutherlied in diese Symphonie einbaute, denn nur anderthalb Jahre früher hatte die Uraufführung der *Reformationssymphonie* von Mendelssohn in Helsinki stattgefunden (ibid., 87). Für Chöre und

[71] Kurkela nennt den Anlass etwas zu allgemein ein Reformationsjubiläum.

Orchester wurden in den 1880er Jahren mehrere Arrangements des Chorals herausgegeben. Kurkela (2011: 86) stellt fest, dass *Jumala ompi linnamme* schließlich Teil jedes finnischen Musikfestes neben einigen rein patriotischen Liedern gewesen zu sein scheint.

### 7.3.11 *Verleih uns Frieden gnädiglich:* Finno 84, 85, (a), EKG 139, EG 421, Vk 586

Der Text dieser Bittstrophe um Frieden ist eine wörtliche Übersetzung der Antiphon „Da pacem Domine" aus dem 6. oder 7. Jahrhundert. Die gereimte deutsche Fassung stammt von Luther und steht in der Fassung des Wittenberger Gesangbuchs von 1533 (und damit gewiß auch in der von 1529) im ersten Teil, unter den Liedern Luthers. Jenny (1985: 106f.) schreibt, dass Luthers deutsche Fassung dieser Antiphon als Lied zu bezeichnen ist, da anstelle der liturgischen eine Liedmelodie gewählt und später noch weitere Strophen hinzugefügt wurden. Auch die Melodiewahl muss Luther getroffen haben, da er hier nochmals die Melodie des Hymnus *Veni redemptor gentium* weiterentwickelt hat. Außerdem ist laut Jenny (ibid.) diese vermutlich früheste erhaltene Bezeugung der Friedenstrophe auch ein „Zeugnis für die Interpretation dieses Bittliedes und der Litanei", des zwischen Vorbeter und Gemeinde wechselnden Bittgebets. Da bekannt ist, dass Luther die Litanei wegen der Türkengefahr wieder einführte, ist klar, dass auch *Verleih uns Frieden gnädiglich* unmittelbar in diesen Zusammenhang gehört. Warum Luther jedoch gerade die Melodie von *Veni redemptor gentium* gewählt hat, kann man nur vermuten (ibid.). Ob er „im Sturm der Völker den Heiland der Völker, gegen die Drohung der Heiden den Heiland der Heiden anrufen" wollte? Oder hatte er etwa gewusst, dass Ambrosius seinen Text in der Auseinandersetzung mit dem Arianismus verfasste, der ähnlich wie der Islam Jesus die Teilhabe an der göttlichen Natur des Vaters absprach? „Es dürfte ja doch kein Zufall sein, dass Luther 1541 oder 1542 für ein weiteres Gebetslied in der wieder aufflammenden Türkennot („Erhalt uns, Herr, bei Deinem Wort") ebenfalls diese Melodie bearbeitete" (ibid., 118).

Die alte Antiphon sowie Luthers Strophe haben fünf Zeilen, dagegen die Hymnus-Melodie nur vier. Die fünfte Melodiezeile ist zweifellos Luthers Ergänzung. Dadurch bekam diese fünfte Zeile ein ganz besonderes Gewicht über die Hymnenweise hinaus. Luther wollte es bewusst so, denn die Aussage *Du, unser Gott, alleine* war sein Hauptanliegen. „Und das letzte Wort der Strophe, alleine, wird sogar über die lateinische Vorlage hinaus, als letzte Bekräftigung, angefügt: Nur Gott, Gott allein kann jetzt noch helfen." (ibid.)

Diesem Lied liegt also die alte lateinische Friedensantiphon *Da pacem Domine* aus dem 7. Jahrhundert zugrunde. Im Laufe der Zeit sind durch die Umarbeitung Luthers und ihre Übersetzungen überall neue Strophen dazu gekommen (Väinölä, evl.fi, ges. 2016). Hallio (1936: 160-162) verweist auf drei finnische Kirchenlieder, die alle den Hymnus *Da pacem Domine* und den Luthertext als Ausgangstext haben, aber auf verschiedenen Wegen in die alten Gesangbücher eingegangen sind und teilweise wieder weggelassen wurden. **Die erste finnischsprachige Version** stammt aus dem Codex von Mathias Westh aus den 1540er Jahren, der sie aus dem Schwedischen übersetzt hatte. Die Textkette sieht so aus (die einzelnen Fassungen sind mit kleinen römischen Buchstaben bezeichnet):

> (i) Latein
> Da pacem Domine!
> in diebus nostris, Alleluja.
> Quia non est alius,
> qui pugnet pro nobis,
> nisi tu Deus noster. Alleluja.
> Tua est potentia,
> tuum regnum Domine,
> tu es super omnes gentes.

Diese Version hat Luther um 1529 ins Deutsche übersetzt, umgearbeitet und dabei die letzten drei Zeilen weggelassen: *Verley vns frieden,*

> (ii) Deutsch
> Verley vns frieden gnediglich,
> Herr Got zu vnsern zeiten,
> Es ist ya denn kein ander nicht,
> der für vns künde streiten,
> denn du vnser Gott alleine.

Olavus Petri hat 1536 den Luthertext ins Schwedische übertragen: *Förlän oss gud så nådelig frid:*

| (iii) Schwedisch<br>Förlän oss gud så nådelig frid<br>j vora daghar,<br>ty ingen är på iorderik,<br>then ofrid kan förtagha,<br>vtan tu allene. | *Gib uns, Gott, deinen gnadevollen Frieden*<br>*in unseren Tagen,*<br>*denn es gibt keinen auf der Erde,*<br>*der den Unfrieden wegnehmen könnte,*<br>*sondern du allein.* (IH) |
|---|---|

woraus Jacobus Finno ihn fast wortwörtlich für sein Gesangbuch von 1583 ins Finnische übertrug: *Suo meille rauha Herra nyt* (vi, s.u.). Doch dies war nicht die erste finnische Version; schon vorher gab es eine finnische Übersetzung, die im Codex von Mathias Westh aus den 1540er Jahren enthalten war (Hallio 1936: 760) und sogar länger als das einstrophige Original:

> (iv) Finnisch (vor Agricola und Finno)
> Suo Jumala meille laupiasti / rauha meiden elinaikanam, / sille eij ole ycten muta maan pällä, / quin sodhat ja rijdhat poisaijau / mutta sine ainoa Herra. / O Herra Jumala /sinu on valdacund ja voima / Sine olet caickein pacanaitten pällä. / Anna Herra meille rawha meiden elinaikanam, / Sille eij ole yctn muuta ioca sotiu meiden edhestäm / mutta sine Herra meiden Jumala. [‚*Gib uns, Gott, aus deiner Gnade / den Frieden so lange wie wir leben, / denn es gibt keinen anderen auf der Welt, / der Kriege und Streit wegjagt / als du allein, Herr. /O Herr Gott / Dein ist das Reich und die Kraft. /Du bist über alle Heiden. / Gib uns, Herr, den Frieden so lange wie wir leben, / Denn es gibt keinen anderen, der für uns Krieg führt / als du Herr, unser Gott'*. IH]

Jacobus Finno hat 1583 diesen Text (als Nummer 84 seines Gesangbuchs) zu einem Kirchenlied mit drei Strophen umformuliert:

> (v) Finnisch
> Rauhan edhestä. *Tua est potentia.*
> 1. O Herra caickivaldias, /Jong ombi valdacunda, / Sinä olet cansain haltia, / Omas on mös maacunda, / Sentädhen tygös tulem.
> 2. Anna sijs meit olla rauhas / Nijn cauuan quin me eläm, /Rijdhat, sodhat carkot cauuas, / Älä murha saata päälläm, /Souindon vedhä caicki.
> 3. Eip olet yctän maa päällä, / Quin sodhat häuittä taita, / Sill sä quin asut ylhällä / Meit nijst vluos saata, / Sitäme rucolem nöyräst. [‚*Für Frieden. Tua est potentia. 1. O Herr, der Allmächtige, / dessen das Reich ist, / Du bist der Herrscher der Völker, / Dein ist auch alle Welt, / Darum kommen wir zu Dir. 2. Lass uns darum in Frieden bleiben / So lange wie wir leben, / Den Streit, die Kriege jage weit weg, / Den Mord lass nicht über uns, / Führ alle in Versöhnung. 3. Es gibt keinen einzigen auf der Welt,/ Der die Kriege abschaffen kann, / Denn Du, der oben wohnst / Führe uns daraus, / Darum beten wir demütig.'* I.H.]

**Die zweite finnische Version** hatte anfangs dieselben lateinischen, deutschen und schwedischen Ausgangstexte wie die erste Version, und hier hat Finno (in der darauffolgenden Nummer 85) entsprechend übersetzt (ibid.):

| Latein (i)<br><br>Deutsch (ii) | Finno (vi):<br>Suo meille rauha Herra nyt<br>Ja elinaicanam auta<br>Eip maan pääl löytä keten muut<br>Quin ridhat asetta taita<br>Paidzi sinua yctä . | Schwedisch vor Finno: (iii) | *Herr, gib uns nun Frieden*<br>*Und hilf uns solange wir leben.*<br>*Es gibt auf der Erde keinen anderen,*<br>*der den Streit versöhnen kann.*<br>*Außer Dir dem Einen.* |
|---|---|---|---|

Im Jahre 1567 wurden dem schwedischsprachigen Lied von Olavus Petri zusätzliche Strophen hinzugefugt, so dass das Lied danach sechs Strophen enthielt. Darauf und auf dem Lied 85 (v) von Finno aufbauend hat am Anfang des 17. Jahrhunderts Hemminki Maskulainen für das zweite finnische Gesangbuch ein Lied mit fünf Strophen gebildet, indem er aus dem erwähnten schwedischen Lied die Strophen 2 und 4 bis 6 übersetzt hat und für die erste Strophe die Version (v) verwendet. Von seinen Strophen entsprechen heute die 3. Strophe der Strophe 2 und die 5. Strophe der Strophe 3 des Liedes 586 im Vk 1986.

**Die dritte Version** hatte die Strophen (i) (ohne die letzten drei Zeilen), (ii), (iii) und (vi) als Ausgangstext für die erste Strophe, aber in der Zwischenzeit[72] wurde eine zweite Strophe als eine ungereimte Erweiterung gefunden, die ein deutscher Dichter[73] hinzugefügt hatte:

> (vii)
> Gib unserm Volke und aller Obrigkeit / Fried und gut Regiment, / dass wir unter ihnen /ein geruhig und stilles Leben führen mögen / in aller Gottseligkeit / und Ehrbarkeit. / Amen. (EKG 1981: 139)

Daraus wurde später ein ganz neues Lied im schwedischen Gesangbuch, das auch ins Finnische möglichst wörtlich übersetzt und den späteren Büchern hinzugefügt wurde. Im finnischen Gesangbuch des 19. Jahrhunderts wurden die alte einzelne Strophe und die erwähnte, selbständige Strophe zusammengefügt, so dass das Lied dann aus zwei Strophen bestand. (Vgl. Hallio 1936: 763.) Diese sind heute für das moderne Lied als Strophen 1 und 3 neuformuliert, aber die zweite Strophe stammt schon aus der Übersetzung von Hemminki Maskulainen 1605 (dort 3. Strophe) und aus dem Vorschlag des Gesangbuchausschusses von 1871 (dort 2. Strophe). In dieser Form stand das Lied schon 1886 und wieder 1938 mit drei Strophen im finnischen Kirchengesangbuch. Es ist also eine „Hybride" aus den Texten von Finno (vi)

[72] Nach Hallio (1936: 763) 1532, nach EKG (1981: Nr. 139) aber erst 1566.
[73] Nach Hallio (ibid.) von einem Unbekannten, nach EKG 1981 aber von Johann Walter 1566 nach 1. Tim. 2,2 gedichtet (zu Nr. 139).

(1583, Nr. 85 = 1. Strophe), aus der Übersetzung der Strophe des Dichters Johann Walter (vii) (1566, EKG Nr. 139 = 3. Strophe) und schließlich aus dem Vorschlag des finnischen Gesangbuchausschusses (1871 = 2. Strophe).

Im deutschen Gesangbuch EG (1990) hat das Lied immer noch nur die eine Strophe, die von Luther stammt[74], im EKG (1981) jedoch die oben erwähnten zwei als Alternative zur einstrophigen Version, die mit einer leicht modifizierten Melodie versehen und in Nürnberg 1531 aufgeschrieben worden ist. Nach der Angabe des EKG 1981 ist die zweistrophige eine „mittelalterliche Antiphon / Wittenberg 1529 (Martin Luther)". Die Versionen stehen jedoch unter derselben Nummer (139), wobei die einstrophige mit „oder" gekennzeichnet wird. Heute hat das finnische Lied, wie wir oben sahen, drei Strophen, die inhaltlich eigentlich nach dem Muster der oben erwähnten dritten Version angeordnet sind. Dabei wurden im Laufe der Zeit aus den zwei Strophen drei gemacht. Wenn wir jedoch die Angaben in den finnischen Gesangbüchern 1938 und 1986 vergleichen, müssen wir leider feststellen, dass 1938 einfach ohne weitere Erklärungen angegeben ist, dass das ganze Lied eine lateinische Antiphon etwa aus dem 7. Jh ist und von Jacobus Finno in sein Liederbuch 1583 aufgenommen wurde![75] Die Melodie, die in beiden Sprachen auch heute in derselben Tonhöhe gesungen wird, stamme „aus den Anfängen der Kirche". Dagegen heißt es im Gesangbuch von 1986, dass die Melodie „aus dem Mittelalter / Deutschland 1529" sei, und dass die erste Strophe „eine Antiphon aus dem 7. Jh, finnische Übersetzung in der Handschrift von Mathias Westh aus den 1540er Jahren, Neuübersetzung von Jacobus Finno für das Kirchengesangbuch 1583" ist. Die zweite Strophe stamme von einem unbekannten Schweden aus 1562, die dritte Strophe sei deutsch von 1532, ins Finnische übersetzt von Hemminki Maskulainen für sein Gesangbuch aus 1605. Nach meinen oben referierten angeführten Untersuchungen stimmt diese Jahreszahl für die dritte Strophe nicht. Auch wird Martin Luther nicht erwähnt, obwohl er nach Hallio (1936: 760-763) der Urheber der deutschsprachigen Fassung der ersten Strophe als Grundlage aller drei Versionen ist und das Lied in der deutschen Dokumentierung eindeutig unter den Lutherliedern kategorisiert wird – eine komplexe, aber interessante Geschichte.

---

[74] EG 1990: 421: Text und Melodie: Martin Luther 1529 nach der Antiphon "Da pacem, Domine". 9. Jh. (Melodie nach Nr. 4) Ökumenische Fassung 1973.

[75] Obwohl also nur die erste Strophe von ihm stammt, und die zwei weiteren seines Liedes 84 nicht mehr verwendet wurden.

Wir vergleichen noch wie bisher:

| (ii)<br>Verley uns frieden gnediglich,<br>herr got, zu unsern zeiten.<br>Es is doch ya keyn ander nicht,<br>der für uns künde streitten,<br>denn du, unser Godt, alleine. | (vi)<br>Suo meille rauha Herra nyt Ja elinaicanam auta / Eip maan pääl löytä keten muut Quin ridhat asetta taita / Paidzi sinua yctä .* | 1. Jumala, meille armossa<br>suo rauha aikoinamme.<br>Ei kukaan toinen turvata<br>voi rauhaa maailmamme.<br>Sen teet vain sinä, Herra. | *Gib uns, Gott Frieden in deiner Gnade zu dieser Zeit.*<br>*Kein anderer kann den Frieden in unserer Welt versichern.*<br>*Das machst nur du, Herr.* (IH) |
|---|---|---|---|

* vi. Gib uns Herr jetzt den Frieden / Und hilf uns so lange wie wir leben / Auf der Erde gibt es keinen anderen / Der die Streitigkeiten schlichten kann / Außer Dir allein.

Wenn ein Lied wie dieses kompakt und voller Inhalt ist, braucht es keine größeren Umformulierungen, obwohl die Welt umher sich verändert. Im Vergleich zu vielen anderen finnischen Übersetzungen ist hier die neue Version nicht inhaltlich ausgedünnt worden, um den Text leichter singbar zu gestalten, sondern die Botschaft ist deutlich geblieben, was auch in den zwei weiteren Strophen erkennbar ist. Und wo früher dem (schwedischen) König bzw. dem (russischen) Kaiser Kraft und Segen gewünscht wurde, wird in der dritten Strophe heute für die finnische Obrigkeit um Gottes Führung und Frieden im Land gebeten.

### 7.3.12 *Herr Gott, dich loben wir (Das Tedeum)*: Finno 4, (a), EKG 137, EG 191, Vk 320 und 321

Auch dieses, für die Geschichte des ganzen Christentums wichtige Kirchenlied wurde bereits im Kapitel 6 dieser Arbeit behandelt und auch schon in diesem Kapitel erwähnt. Gründlicher bin ich in meinem Artikel (Helin 2012a) darauf eingegangen, in dem ich den lateinischen Ausgangstext, obwohl auch er eine uralte Übersetzung aus dem griechischen ist, mit mehreren Übersetzungen verglichen habe. Es handelte sich um acht ins Finnische und sechs ins Deutsche übersetzte Lieder sowie ein altes, in Finnland ins Schwedische aus der gereimten Version Luthers übersetztes Lied. Hier konzentrieren wir uns jedoch auf den Hintergrund und auf die zahlreichen Versionen dieses uralten Liedes.

Obwohl es sich hier nach Jenny (1985: 107f.) nicht um ein Lied im engsten Sinne des Wortes handelt, sondern um eine Paraphrase des lateinischen liturgischen Textes des *Te Deum,* später in gereimten Zweizeilern[76], hat man das Stück jedoch stets unter die Lieder Luthers mit aufgenommen, und z.B. im EG 1990 wird Luther als Dichter und Komponist des Liedes angegeben. Eigentlich hat er aber das Lied als einer von mehreren Dichtern aus dem Lateinischen ins Deutsche übersetzt und danach auch gereimt. Die älteste bekannte deutschsprachige[77] Version stammt aus dem 8. Jahrhundert. Unter den späteren Verdeutschungen finden wir Luthers ungereimten Text von 1527. Das gereimte Lied hat er zwei Jahre später, 1529, formuliert. Seit der Zeit gibt es *Das Tedeum* sehr oft in zwei Fassungen, später überwiegen die gereimten Versionen, wie wir im Folgenden sehen werden (Hallio 1936: 540). Das Lied war schon in der frühchristlichen Zeit ein Wechselgesang in der griechischen Kirche, und wurde wahrscheinlich von dem griechischen Bischof Nicetas von Remesien verfasst, der ~ 335-414 gelebt haben soll. Im 4. Jahrhundert wurde es von Bischof *Ambrosius* von Mailand (um 333-397) ins Lateinische übersetzt (z.B. Helin 2012a). Es wird heute in Finnland noch das *Danklied des Ambrosius („Ambrosiuksen kiitosvirsi")* genannt und ist durch seine Innigkeit und Freude ein Festlied geworden. *Das Tedeum* ist also seit mehr als tausend Jahren eines der beliebtesten Danklieder bei den größten kirchlichen Feierlichkeiten (Hallio 1936: 539).

Das Lied hat drei Teile: Der erste endet im Lob der Heiligen Dreieinigkeit (*Te per orbem terrarum sancta confitetur ecclesia, patrem immensae maiestatis, venerandum tuum verum unicum filium, sanctum quoque paracletum spiritum*), der zweite Teil ist wiederum christologisch (*Tu rex gloriae Christus, tu patris sempiternus es filius*), und der dritte Teil ist als ein tägliches Gebet gemeint (*Per singulos dies benedicimus te, et laudamus nomen tuum*) (Helin 2012a).[78] Was die Melodie betrifft, analysiert Jenny (1985: 108) die „meisterliche Syllabisierung der Choralweise", und stellt fest, dass, vom ersten Teil abgesehen, jede Halbzeile für die 8 Silben 8 Töne aufweist, und ist seinerseits sicher, dass die Verteilung auf zwei Chöre Luthers Werk ist: Diese beiden Kollektengebete habe Luther „dem Te Deum offenbar im Blick auf

[76] *Herr Gott, dich loben wir / Herr Gott, wir danken dir;* bzw. *Sinua Jumala / kansasi kumartaa* usw.

[77] In fränkischer Mundart: Thih cot lopemes, thih truhtnan qehemes, thih euuigan fater eo kiuuelih erda uuirdit (Wackernagel 1841: 70, zitiert bei Hallio 1936: 540).

[78] Die drei Textpassagen lauten übersetzt: *Dich bekennt im ganzen Erdkreis die heilige Kirche: den Vater in seiner unermesslichen Majestät, dich, seinen wahrhaft einzigen Sohn, und auch den heiligen Geist, den Tröster. – Du Christus, König der Ehren, bist in Ewigkeit der Sohn des Vaters. – An jedem Tag preisen wir dich und loben deinen Namen.*

dessen liturgische Verwendung als Canticum vor allem in der sonn- und festtäglichen Mette beigegeben." Diese Analyse gilt also für den Text und die Melodie Luthers, wobei das Lied z.B. im EG unter den liturgischen Gesängen steht, sowie auch für das Lied, das im finnischen Gesangbuch unter Nr. 320 zu finden ist. Anders als in den in diesem Kapitel angeführten Fällen wird in Finnland hier nicht tiefer, sondern auf derselben Tonhöhe gesungen wie in deutschen Kirchen. Dieser Melodie fehlen jedoch einige für spätere Hymnen typische Merkmale: die Einteilung des Textes in Strophen mit vier oder fünf Versen sowie die Reimung (Tuppurainen, evl.fi, ges. 2016). Wahrscheinlich ist die Melodie für die heutige finnische Gemeinde daher recht unbekannt im Vergleich zu Nr. 321, deren Text in Strophen (5) geteilt worden ist, und deren Melodie der Finne Ilmari Krohn 1903 komponiert hat. Der Wechselgesang zweier Chöre wurde in Finnland schon im 19. Jahrhundert aufgegeben und der Text entsprechend umformuliert (Hallio 1936: 541).

Mikael Agricola hat das *Danklied des Ambrosius* für sein Gebetbuch (1544) aus dem Lateinischen ungereimt übersetzt, hat sich aber auch an den schwedischen Text von Olavus Petri (auch ungereimt) angelehnt. Jacobus Finno hat in seinem Liederbuch (1583) zwei Übersetzungen. Die erste stammt mit einigen kleinen Ausnahmen direkt von Agricola und die zweite ist seine gereimte dichterische Übersetzung aus dem Luthertext. Eventuell hat er auch die in Finnland vor 1559 entstandene schwedische Übersetzung vor sich gehabt (Hallio 1936: 543). Seit der folgenden Jahrhundertwende (Ende des 17. und Anfang des 18.) stehen beide Lieder regelmäßig in finnischen und schwedischen Gesangbüchern (Tuppurainen, evl.fi, ges. 2016). Hallio (1936: 542 und 547) betrachtet jedoch Luther oder Finno als Dichter bzw. Übersetzer nur bei dem einen, von Anfang an gereimten Lied. Trotzdem haben wir gesehen, dass Luther dieses Lied sowohl ungereimt als auch gereimt übersetzt und gedichtet hat und die Hymnologen in Deutschland ihn zweifellos als Autor betrachten. Genauso hat Finno beide Versionen in sein Kirchengesangbuch aufgenommen. Wie schon erwähnt, hat das moderne finnische Gesangbuch immer noch zwei Versionen von diesem Lied. Nach Väinölä (2008: 337f.) ist eine (Nr. 320) auf die Übersetzung von Elias Lönnrot zurückzuführen, jedoch erneuert worden, und die andere (Nr. 321) geht auf den finnischen Text des Pietisten Lars Stenbäck zurück, beide aus dem 19. Jahrhundert. Väinölä (evl.fi, ges. 2016) bestätigt die Befunde dieser Arbeit, dass es über die geschichtlichen Entwicklung der Liedversionen, besonders der finnischen, genau wie im vorigen Lied, mehrere unterschiedliche Auffassungen gibt. Es bleibt aber dabei, dass die Verwendung zweier Versionen lange Wurzeln haben. Zwei Verdeutschungen – eine gereimte und eine ungereimte – fand ich für mein Korpus (Helin 2012a) auch in dem lettischen deutschsprachigen Kirchengesangbuch von 1892, so dass es in evangelischen Kirchen eine allgemeine Weise des Umgangs mit diesem Lied gegeben haben muss und immer noch gibt.

Das *Tedeum* repräsentiert das höchste Niveau des christlichen Lobgesangs, ist aber auch ein Stück besten Kirchenliederbes aus der Zeit der einheitlichen Kirche, da es auf einer Jahrhunderte alten Hymne beruht. Dabei verbindet es die Sänger mit der weltweiten Christenheit. Und nicht nur über die weltlichen Grenzen, sondern auch die zeitlichen, indem es bestätigt, dass mit uns auch die „heiligen Propheten", Apostel und Märtyrer die Heilige Dreieinigkeit preisen und loben (nach Väinölä, evl.fi, ges. 2016).

### 7.3.13 *Christ ist erstanden*: Finno 61-62, (a), EKG 75, EG 99, Vk 87

Das Klug'sche Wittenberger Gemeindegesangbuch von 1529 hat dieses mittelalterliche Leis, *Victimae paschali laudes* zuerst in den evangelischen Kirchengesang eingeführt. Nach Jenny (1985: 109) muss es Luther gewesen sein, der dies veranlasste. Er hat nachweislich dieses Lied hoch eingeschätzt. Er soll gesagt haben, dass man aller Lieder sich mit der Zeit müde singt, da aber Christ erstanden ist, muss man alle Jahre dieses Lied wieder singen, und er hat schon an Ostern 1523 in einer seiner Predigten dieses Lied zitiert. Seit 1531 findet man es in Luthers Predigtnachschriften häufig vor. Daher nimmt Jenny an (ibid.), dass es auch Luther gewesen sein muss, der dieses alte Lied in die vorliegende Fassung brachte. Darum hat Jenny es in seine Liste der Lutherlieder aufgenommen, obwohl es nicht direkt aus Luthers Feder stammt. EG z.B. gibt als Quellen nur Ortschaften an, nämlich „Bayern / Österreich 12. bis 15. Jahrhundert" für den Text und „Salzburg 1160/1433, Tegernsee 15. Jh., Wittenberg 1529" für die Melodie. Der einzige Hinweis auf Luther ist hier natürlich Wittenberg, aber schon früher hat Luther das Lied kennen müssen, weil er es schon mehrere Jahre vorher zitiert hat. Es ist auch ein Psalmlied und beruht auf Psalm 118 „Man singt mit Freuden vom Sieg in den Hütten der Gerechten".

Am Ende des Mittelalters wurden es üblicher, dass die Gemeinde lateinische Sequenzen – teilweise unverstanden – in der Messe bei der Bibellesung sang. Ihre Texte waren gereimt und freier als die für die regelmäßigen „Stundengebete". In Finnland wurden sie schon relativ früh in der Volkssprache gesungen. Einige andere wurden nach der Reformation übersetzt, wurden aber spätestens im 19. Jahrhundert aus den gedruckten Gesangbüchern weggelassen.

Im Gesangbuch von Jacobus Finno finden sich zwei Osterlieder, die zu dem hier behandelten Originaltext passen. Das eine ist Finno 61, *Jesus Christus uhrix meille,* und das andere Finno 62 *Jesus Christus sielun turua,* das äußerlich besser zum Original passt, da es auch ein Leis ist mit dem traditionellen *Kyrieleis*-Ausruf, den man wahrscheinlich auf Finnisch und Schwedisch schon vor der Reformation verwendet hat. Dazu schreibt Tuppurainen (evl.fi, ges. 2016), dass der Kehrreim *Kristus ylösnoussut on* [‚Christ ist erstanden'] in der neuen Version als Strophen 4, 7 und 9 in der Form verwendet wurde, wie er in dem deutschen Lied *Christ ist erstanden* vorkommt.

Versuchen wir also hier auch einen Vergleich mit der obigen „Lösung", d.h. wir nehmen den Ausgangstext *Christ ist erstanden,* dann die Version (62) von Finno, die Strophen 4,7 und 9 aus der modernen finnischen Version, wofür der Neuübersetzer beide Lieder von Finno (61 und 62) verwendet hat, und deren Strophen Leisen des Originals enthalten, sowie dann wieder die Rückübersetzung:

| | | | |
|---|---|---|---|
| 1.Christ ist erstanden<br>von der marter alle;<br>des sollen wir alle fro<br>sein.<br>Christ will unser trost<br>sein. Kyrioleis.<br><br>2. Wer er nicht<br>erstanden, die welt,<br>die wer vergangen;<br>seit das er erstanden<br>ist,<br>so lob wir den Vater<br>Jhesu Christ. Kyrioleis.<br><br>3. Haleluja. Haleluja.<br>Haleluja. Des sollen wir<br>alle froh sein.<br>Christ wil unser trost<br>sein. Kyrioleis. | 1. Jesus Christus sielun<br>turua<br>Cuoleman mös surma<br>Hän ylös nousi<br>Synnin nijn alas sorsi.<br>Kijrie eleison.<br>2. Waick ilman synnyt<br>tän tuli<br>Quitengin hän cuoli<br>Caick hyuin toimit<br>Jumalan cansa meit souit.<br>Kyrieleison.<br>3. Synnin ia pirun hän<br>woitti<br>Armon edhes tuotti<br>Hän woi meit autta<br>Pijnans ia woitons cautta.<br>Kyrieeleison.<br>4. HERra cuin cuolemast<br>nousi<br>Rucolcam<br>ett soisi<br>Tykönäns olla<br>Ja taiuan ilon tulla.<br>Kyrie eleison. * | 4. Kristus<br>ylösnoussut on!<br>Pois siis pelko<br>lohduton!<br>Unhoon jääköön<br>murheemme,<br>Kristus kun on<br>turvamme. Kyrieleis!<br>7. Turhaa usko, unta<br>vaan,<br>jos on Kristus<br>haudassaan.<br>Vaan hän elää, ja<br>niin me<br>hänen kanssaan<br>elämme. Kyrieleis!<br>9. Halleluja,<br>halleluja, halleluja!<br>Jeesus on nyt<br>voittaja,<br>hänen olkoon<br>kunnia! Kyrieleis! | 4. *Christ ist erstanden!*<br>*Also aus mit der*<br>*untröstlichen Angst!*<br>*Unsere Sorgen mögen*<br>*vergessen werden,*<br>*wenn Christus unser*<br>*Schützer ist.*<br>*Kyrieleis!*<br>*7. Eitel wäre der*<br>*Glaube, nichts als ein*<br>*Traum,*<br>*wenn Christus noch im*<br>*Grab läge.*<br>*Doch Er lebt, und so*<br>*auch wir mit Ihm.*<br>*Kyrieleis!*<br>*9. Halleluja, Halleluja,*<br>*Halleluja!*<br>*Christus ist jetzt der*<br>*Sieger,*<br>*Ihm sei die Ehre!*<br>*Kyrieleis!* (IH) |

*) 1. Jesus Christus Trost der Seele / Wie auch Vernichter des Todes / Er ist auferstanden / Die Sünde so nieder getreten / Kyrieleis.
2. Obwohl Er ohne Sünde hierher kam / Ist Er trotzdem gestorben / Alles hat Er gutgetan / Uns versöhnte er mit Gott / Kyrieleis.
3. Sünde und Teufel hat Er besiegt / Gnade hat Er hervorgebracht / Durch Sein Leid und Seinen Sieg / Kann Er uns helfen / Kyrieleis.
4. Den Herrn der vom Tode auferstanden ist / Lasst uns anbeten / Dass Er uns / bei sich bleiben / Und in die Himmlische Freude kommen ließe / Kyrieleis

Die neue finnische Übersetzung geht deutlich auf den alten deutschen Ausgangstext zurück, während Finno seinerzeit frei übertragen hat. Für uns sei Christus Schützer der Seele und Töter des Todes. Er ist auferstanden und hat die Sünde und den Teufel unter seinen Füßen getreten. Obwohl er ohne Sünde geboren wurde, ist er jedoch gestorben, um uns mit Gott zu versöhnen. Durch sein Leiden kann er uns helfen, und die Menschen sollten darum beten, dass sie zu ihm in die Herrlichkeit des Himmels kommen dürften. Finno hat dieses Lied erdgebundener formuliert als die Strophen des deutschen Liedes. Eventuell hat er dadurch angestrebt, Christi Auferstehung dem Volk deutlicher und konkreter zu machen. Nachdem die lutherische Kirche mehrere Jahrhunderte lang die Glaubensbegriffe gefestigt hatte, schien der Neuübersetzer dies nicht mehr für nötig zu halten, sondern er hat seine Version näher an das Original angelehnt.

### 7.3.14 *Vater unser im Himmelreich:* Finno 31, (a), EKG 241, EG 344, Vk 208

Dieses Lied beruht auf *Matthäus 6, 9 – 13*, also auf dem Gebet, das Christus die Seinen gelehrt hat, und das wir am besten unter dem Namen *Vater unser* bzw. *Isä meidän* kennen, und das überall in der christlichen Welt bei jedem Gottesdienst gesprochen wird.

Das Lied hatte und hat immer noch neun Strophen, die jeweils mit der nächsten Bitte des Gebets anfangen und dann vertieft werden. Die deutsche Sprache ist im Vergleich zu Luthers Zeit nur orthographisch korrigiert worden, während die finnische Version von Finno 1583, die auch neun Strophen enthielt, zwar heute noch neun Strophen hat, aber sonst modernisiert und umgearbeitet worden ist.

Für Jenny (1985: 114) gibt es keinen Zweifel daran, dass dieses Lied ein Lied Luthers ist. Zu diesem Lied ist nämlich ein vor dem Druck liegendes Autograph Luthers vorhanden, so dass sowohl die Entstehung des Textes als auch die Vertonung verfolgt werden können. Luther habe „am Schluß des Textes eine Melodie skizziert, die er allerdings wieder durchgestrichen hat". Jedoch wird z.B. im EG 1990 unter dem Lied, das dort als Tischsegen bezeichnet wird, Luther (1539) als einer von denen genannt, auf die die Melodie[79] zurückgeht, und zwar neben dem sog. Mönch von Salzburg (vor 1396) und den Böhmischen Brüdern (1531). Jenny (1985: 114) bezeichnet die Melodie als „eine vielleicht noch nicht ganz ausgefeilte, aber doch beachtenswerte typische Lutherweise, […] deren Hauptmerkmal das Durchschreiten des Oktavraums von oben nach unten ist." Luther soll das Lied zunächst als lehrhaftes Katechismuslied konzipiert haben, aber da er Katechese und Liturgie im Katechismus-Gottesdienst zu verbinden versuchte, kann das Lied doch auch als liturgisch orientiert betrachtet werden. (ibid.) Der Aufbau des Liedes ist sechszeilig wie der bei den Böhmischen Brüdern, aber durchgehend mit vier Jamben in einem Vers, nicht abwechselnd mit Versen von drei Jamben wie bei diesen, aber trotzdem muss man annehmen, dass Luther die alte Melodie kannte. Als ihm seine eigene nicht so gut gelang wie er es sich vorstellte, übernahm er zum Schluss doch die Melodie der Brüder (ibid., 115). Das finnische Gesangbuch gibt nur vorsichtig an, die Melodie sei „aus dem Mittelalter, in Deutschland 1539".

[79] Auf diese wird das Lied immer noch in beiden Sprachen gesungen, im Finnischen jedoch wie so oft eine Sekunde tiefer.

Das Lied *Vater unser* ist also jünger als andere der bekanntesten Lutherlieder. Daher verbreitete es sich auch im Norden erst seit Mitte des 16. Jahrhunderts. Jedoch steht es im ersten finnischen Kirchengesangbuch von Jacobus Finno 1583 (Tuppurainen, evl.fi, ges. 2016). Das finnische Lied umfasst heute dieselbe Strophenanzahl wie bei Finno, aber zwischenzeitlich (1938) war es auf vier Strophen geschrumpft. Sprachlich sehen wir hier erneut, dass die Neuübersetzung sich wieder dem Originaltext angenähert hat – z.B. in der sechsten Strophe, in der Luther „unser Schuld" schrieb, wie es auch in der Bibel steht, heißt es heute *velkamme* [‚unsere Schuld'], während früher, schon bei Finno die Form *meidhän ricoxem ja wian* [‚unsere Verbrechen und Fehler'] am Anfang der Strophe stand (vgl. auch ibid.).

Auch einige kräftige Ausdrücke der früheren Übersetzungen wurden für die neueste Version neutralisiert. In der dritten Strophe z.B. schreibt Luther *Der Heilig Geist uns wone bey... Des Satans zorn und gros gwalt / zerbrich, für Dein Kirch erhalt,* was Finno erst in seinen zwei letzten Versen mit *Pyhä hengi meit suoielcon / Ja pirun wallast warielcon,* [‚der Heilige Geist möge uns behüten / Und uns vor der Gewalt des Teufels schützen'] und der Neuübersetzter in der Mitte der Strophe entsprechend mit *Henkesi meitä varjelkoon ja lohduttakoon, auttakoon* [‚Dein Geist möge uns behüten, trösten und helfen'] übertragen hat. Ein weiteres Beispiel bietet die vierte Strophe: In der Mitte der Strophe hat Luther so formuliert: *Gib uns gedult inn leidens zeit, Gehorsam sein inn lieb und leid.* Finno schreibt: *Mitä meis on paha sisu, sen sinä Herra pois rijsu.* [‚Was in uns im Herzen Böses ist, das zieh, Herr, von uns aus']. Heute steht an dieser Stelle, in drei Versen: *Lahjoita meille nöyryyttä, sydämet käännä kiitokseen, suostuta kuuliaisuuteen.* [‚Schenke uns Demut, lass die Herzen sich zum Dank wenden, führe uns zum Gehorsam'][80].

Der Inhalt des Liedes ist, wie schon oben erwähnt, den Christen bekannt und wohl auch von ihnen verinnerlicht. Auf jeden Fall ist er für Deutsche unverändert geblieben, während der finnische Text mehrmals neuübersetzt worden ist. Aus der Sicht der Translationswissenschaft gilt als normal und erwiesen, dass eine Übersetzung eigentlich alle 50 Jahre aufs Neue gemacht werden müsste, während der Ausgangstext sich viel länger bewährt. Betrachtet man hier Finnos Text aus dem 16. Jahrhundert und den neuen aus

[80] Vgl. auch Tuppurainen (evl.fi, ges. 2016).

den 80er Jahren des vorigen Jahrhunderts, sieht man, dass in diesem Fall der Neuübersetzer inhaltlich an manchen Stellen eher den von Finno[81] als den von Luther verwendet hat. Dies werden wir uns noch genauer ansehen, wenn wir die zwei letzten Strophen des Liedes nach dem hier eingeführten Muster betrachten:

| 8. Von allem Ubel uns erlös.<br>Es sind die zeit und tage bös.<br>Erlös uns von dem ewigen Tod<br>Und tröst uns inn der letzten not.<br>Bescher uns auch ein seligs end;<br>Nim unser Seel inn deine Hand.<br><br>9. Amen, das ist: Es werde war.<br>Sterck unsern glauben imerdar,<br>Auff das wir ia nich zweiveln dran,<br>Das wir hiemit gebeten han<br>Auff dein Wort inn dem Namen dein;<br>so sprechen wir das Amen fein. | 8. Caickest pahast ia hädhästä<br>O Herra meit aina päästä<br>Sekä tääl teruen ollesam<br>Ett taudhis ia mös cuollesam<br>Ota silloin sielu huomas<br>An hänen tulla sinun suoias.<br><br>Näidhen päällä quin me anom<br>Herra me nyt amen sanom<br>Ja vscom wahuasta sen pääl<br>Ett sä ne tadhot meil anda<br>Sill sinä olet totinen<br>Wahua ia monen wotinen. * | 8. Kaikesta pahan vallasta,<br>oi Herra, meidät pelasta<br>nyt vielä täällä ollessa<br>ja lähtöhetken tullessa.<br>Sinulle yksin kuulumme,<br>jos elämme tai kuolemme.<br><br>9. Nyt siihen, mitä anomme,<br>uskossa aamen sanomme<br>luottaen, että kuulet sen<br>nimessä Herran Jeesuksen.<br>Ylistys, kiitos, kunnia sinulle, Isä taivaassa! | Aus aller Macht des Bösen,<br>oh, Herr, erlöse uns,<br>sowohl wenn wir noch hier sind<br>als auch wenn wir hier ausscheiden.<br>Dir allein gehören wir,<br>ob wir leben oder sterben.<br><br>Nun dazu, worum wir bitten,<br>sagen wir im Glauben Amen,<br>und verlassen uns darauf,<br>dass du es im Namen Herrn Jesu hörst.<br>Dir Vater im Himmel, sei Lob, Dank und Ehre! (IH) |
|---|---|---|---|

* 8. Von allem Bösen und aller Not / O Herr erlöse uns immer / Sowohl so lange wir hier gesund sind / als auch wenn wir krank werden und sterben / Nimm dann die Seele zu Dir / Lass sie getrost bei Dir bleiben. 9. Nachdem wir um dieses von Dir unser Herr gebeten haben / Sagen wir nun Amen / Und glauben ohne Zweifel daran / Dass Du es uns geben willst / Denn Du bist wahr / Mächtig und ewig.

Die Bitte *Erlöse uns von dem Bösen* ist in jedem Text enthalten. Finno listet die unterschiedlichen Lagen des Lebens explizit auf und bittet um Erlösung, wenn wir noch gesund sind, aber auch wenn wir krank sind und sterben. Mit Luther bittet er auch, dass Gott unsere Seele zu sich nimmt, während der finnische Neuübersetzer nur betont, dass wir immer Gott angehören. Sowohl Finno als auch der Neuübersetzer setzen das „Amen" als Bekräftigung unter die Gesamtheit der Bitten der Gemeinde, während Luther nur die Bedeutung des Wortes ausführlich erklärt. Er endet auch sein Lied mit „Amen fein", während Finno Gott anspricht: *Sill sinä olet totinen, Wahua ia monen wotinen* [‚Denn du bist wahr, stark und ewig' eigentlich: *monivuotinen* ‚vieljährlich'], und auch der Neuübersetzer Gott lobt: *Ylistys, kiitos,*

[81] Dieser hat selbst sowohl Luthers Text als auch die schwedische Übersetzung von Laurentius Petri 1567 als Ausgangstexte verwendet (Hallio 1936: 522).

*kunnia. Sinulle, Isä taivaassa.* [‚Lob, Dank und Ehre, Dir Vater im Himmel'] – eine bleibende Botschaft, in Stürmen der Geschichte.

### 7.3.15 *Christ, unser Herr zum Jordan kam*: Finno 33, (a), EKG 146, EG 202, Vk 214

Luthers Lied *Christ, unser Herr zum Jordan kam* ist der Klassiker der Tauflieder. Es beginnt mit dem Hinweis auf die Taufe Jesu und gibt den Lauf der Ereignisse[82] wieder, beinhaltet aber weiter die Lehre Luthers über die Taufe wie in seinem Katechismus: dass die Taufe nicht schlicht Wasser ist, weil „durch die Stiftung des Sohnes Gottes zu dem Wasser das Gebot und Wort Gottes hinzukommt und es zur Taufe macht." (Dr. Martin Luthers kleiner Katechismus 1862: 149) Dadurch werden die Sünden jedes Gläubigen vergeben, der an Gottes Wort glaubt und sein Versprechen ernst nimmt – wer es nicht tut, ist durch die Erbsünde verloren. Das Lied muss 1541 in einem Einzeldruck erschienen sein, doch der durch einen späteren Nachdruck bezeugte Urdruck von 1541 hat sich jedenfalls bisher nicht wiedergefunden (Jenny 1985: 117). EG 1990 gibt demgemäß für den Text die Jahreszahl 1541 bzw. 1543 und für die Melodie 1524 an, beides aber mit Luther als Autor. Die heutige finnische Version nennt Burkard Waldis als Komponist mit dem Jahr 1553. In diesem Fall wird daher in Finnland nicht dieselbe Melodie wie in Deutschland verwendet, und außerdem steht im finnischen Gesangbuch eine weitere Melodie, 214b, eine finnische Volksmelodie, zur Auswahl.

Das ursprüngliche Lied Luthers hatte und hat sieben Strophen, genauso wie die Übersetzung von Finno, die er auf Grundlage des Luthertextes sowie dessen schwedischer Übersetzung gefertigt hatte. Es war auch in Finnland ein Lied zur Belehrung, das auf Finnisch alles erklärte, was während der Taufe Jesu geschah, und was Jesus über die Bedeutung der Taufe sagt. So blieb es unverändert in Finnland bis zum 20. Jahrhundert, aber 1938 wurden nur die erste und die letzte Strophe in das damalige Gesangbuch übernommen und mit einer dritten Strophe ergänzt, die ein Gebet enthält, aber jedoch einige Themen des Lutherliedes wiederholt. Dem verkürzten Lied wurde eine „merkwürdige"[83] finnische Volksmelodie zugeordnet, die seine Beliebtheit kaum vermehrte!

[82] Vgl. Kapitel 6.5.1. Hier wurde dieses Lied unter der informativen Funktion kategorisiert, da das Lied über ein konkretes Ereignis berichtet und sogar ein direktes Zitat enthält.

[83] „Merkwürdig" insofern, als die Volksmelodie (aus Keitele), die von der Erweckungsbewegung „Heränneet" verwendet wird und für sie typisch und kennzeichnend ist, wie oft bei Volksliedern kompliziert und schwierig zu lernen war. Die Tonfolge der Melodie besteht aus zahlreichen 1/8 Noten, die ihr ein eigen- bzw. einzigartiges schaukelndes Gesamtbild verleiht.

Für das neueste Buch wurde dann die Melodie gegen die der schon erwähnte Choralmelodie von Burkard Waldis ausgetauscht, die aus anderen Zusammenhängen für die Gemeinde bekannt war. Daneben wurde als Melodie b) eine weitere westfinnische Volksmelodie aufgenommen, die außerdem bei zwei weiteren Gesängen zu finden und dadurch für die singende Gemeinde bekannt ist. (Vgl. Väinölä, evl.fi, ges. 2016.)

Wir vergleichen noch die letzten Strophen des Liedes, also die siebte Strophe bei Luther und bei Finno, mit der zweiten Strophe der heutigen finnischen Übersetzung, die inhaltlich diesen entspricht, sowie in einer weiteren Tabelle noch die neue dritte Strophe der finnischen Version, da diese ein Gebet sein soll und sich so eigentlich von den früheren unterscheidet:

| | | | |
|---|---|---|---|
| 7. Das Aug allein das Wasser siht,<br>Wie Menschen Wasser giessen.<br>Der Glaub im Geist die krafft versteht<br>Des Blutes Jhesu Christi.<br>und ist für im ein rote Flut,<br>Von Christus Blut geferbet,<br>Die allen Schaden heilen thut,<br>von Adam her geerbet.<br>auch von uns selbs begangen. | 7. Wedhen silmä täsä näke<br>Quin ruumin puctax saata<br>Sielun sana kircax teke<br>Pyhän hengen woiman cautta<br>Tällä sijs teruellisel wedhel<br>Taudhit pois pyhitän sielust<br>Sill se on secoitet werel<br>Quin tiuckui Christuxen kyliest<br>Olcon hänen suuri kijtos. * | 2. Silmämme näkee kasteessa<br>vain vettä paljaaltansa,<br>vaan sana Hengen voimassa<br>on siinä veden kanssa.<br>Uskossa meidät kätketään<br>Kristuksen pyhään vereen<br>ja kaikki synti heitetään<br>syvälle armon mereen. | 2. Unser Auge sieht in der Taufe nur das Wasser allein,<br>aber das Wort in der Kraft des Geistes<br>ist da im Wasser dabei.<br>Im Glaube werden wir in das heilige Blut Christi eingeschlossen<br>und alle Sünden werden tief in das Meer der Gnade geworfen. (IH) |

* 7. Das Auge sieht hier das Wasser / Das den Leib sauber wäscht / Das Wort erleuchtet die Seele / durch die Kraft des Heiligen Geistes / So mit diesem gesunden Wasser / Werden die Krankheiten aus der Seele gewischt / Denn es ist mit dem Blut gemischt / Das aus der Seite Christi getroffen ist / Ihm sei ein herzlicher Dank.

Wo Luther schreibt, dass der Glaube im Geist die Kraft des Blutes Jesu Christi sieht, und das Taufwasser eigentlich eine rote Flut von Christi Blut ist, das sowohl die Erbsünde als auch die Sünden jedes Menschen wegwäscht, sagt Finno, dass das gesunde Taufwasser und das Wort durch die Kraft des Heiligen Geistes die Krankheiten der Seele reinwäscht, da dort das Blut Christi aus seiner Seite eingegossen werde. Der finnische Neuübersetzer sieht zusammen mit Finno im Taufwasser das Wort in der Kraft des Geistes, und dass die Christen im Glauben in das heilige Blut Christi einbezogen werden, aber von dem Fließen des Blutes Christi ins Taufwasser ist hier nicht mehr die Rede.

| 3. Suo kasteen armon uudistaa,<br>oi Herra, elämämme.<br>Sen joka päivä puhdistaa<br>suo meidät synneistämme.<br>Sen virtaan vanha ihminen<br>upota himoinensa<br>ja nosta uusi ihminen<br>elämään Luojallensa. | *3. Lass die Gnade der Taufe, oh Herr,<br>unser Leben erneuern.<br>Lass sie täglich uns<br>von den Sünden waschen.<br>In seine Flut senke den alten Menschen<br>mit seinem Gieren<br>und hebe auf den neuen Menschen<br>für seinen Schöpfer zu leben.* (IH) |
|---|---|

In der neuen Gebetstrophe wird die Taufe mit der Gnade Gottes gleichgestellt, die auch mit Wassermetaphern ausgedrückt wird wie *puhdistaa* [‚reinigen', ‚waschen'], *upota sen virtaan* [‚in seine Flut senke' IMP Sg2] bzw. *nosta (vedestä)* [‚hebe auf' (aus dem Wasser) IMP Sg2]. Aus dem konkreten Senken ins Wasser bei der Taufe ist für den modernen Menschen ein abstraktes Senken ins Meer der Gnade geworden.

### 7.3.16 *Erhalt uns, Herr, bei deinem Wort*: Finno 86, (a), EKG 142, EG 193, Vk 190

Diese Verse stammen aus der Zeit des Türkenkrieges. Heiner (1995: 46) berichtet, wie die Scharen der Moslems brennend ganz Ungarn durchzogen und erst vor den Mauern Wiens zum Halten gebracht wurden. Überall in Deutschland wurde Gott um Hilfe angerufen. „Viele Kirchen hatten ein besonderes Türkenglöcklein und an einigen Altären sieht man heute noch ein geschnitztes Türkengesicht". (ibid.) Daher nannte auch Luther neben seinem Gegenspieler, den Papst, auch die Türken Erzfeinde. In der Tat betrachtete man die Angriffe der Türken auf Österreich als eine Bedrohung für die gesamte Christenheit, auch wenn es vordergründig um die Besetzung des ungarischen Königsthrons ging, und der Reichstag bewilligte sogar außerordentliche Mittel zur Abwehr. Sultan Soliman I. hatte schon 1529 Wien belagert und wollte am Anfang der 40er Jahre nochmals die Stadt erobern. Dieses Lutherlied stammt aus diesen Jahren. (Väinölä, evl.fi, ges. 2016.) Da Luther es für wichtig hielt, dass die Kinder an den Gottesdiensten teilnahmen, schrieb er dieses „Kinderlied", damit die Jugend „ein gewiß, kurz und ernst Gebet wider den Papst und die Türken" haben sollte (Heiner 1995: 46). Heute sind nur noch drei der ursprünglich sieben Verse in den Gesangbüchern erhalten geblieben. Da für viele „die gleichzeitige Bezeichnung von Papst und Türken als den Feinden des Evangeliums" eine freche

Herausforderung war, war das Lied lange verboten; zum letzten Mal wurde es in dieser Form im Hanau-Lichtenbergischen Gesangbuch (1699) gedruckt. (ibid.) Damals waren die Türkengefahr sowie auch die Religionskriege des 17. Jahrhunderts und der Dreißigjährige Krieg (1618 – 1648) schon längst vorbei.

Luther hat also dieses Lied 1541 als Kinderlied (Strophen 1 bis 3) geschrieben, und sein Kollege Justus Jonas (1493–1555), Professor für Kanonisches Recht an der Universität Wittenberg und Domprobst der Schlosskirche der Stadt, hatte zwei Strophen hinzugefügt, die aber später wieder in den deutschen Gesangbüchern ausgelassen worden sind, wie Heiner auch feststellte. Ins Lateinische wurde das Lied 1542, ins Schwedische 1567 und ins Finnische 1583 übersetzt. Finno hat seine Übersetzung teilweise aus dem lateinischen, teilweise aus dem schwedischen Text angefertigt, wobei seine Strophen 1,2 und 5 von Luther, 3 und 4 von Justus Jonas stammen[84]. Von Anfang an hat Finno[85] den Papst nicht erwähnt, und dieser Vers ist auch in den deutschen Liedern später umformuliert worden (Hallio 1936: 255f.).[86]

Von den vier Liedern Luthers, die in der neuen Ausgabe des Klug'schen Wittenberger Gesangbuches von 1543 hinzugefügt waren, hat dieses die größte Breitenwirkung gehabt (Jenny (1985: 118f.). Es soll aber schon 1542 ein datierter Einzeldruck mit diesem Lied erschienen sein. Weiter ist es klar, dass die Veranlassung zu diesem Lied „in der bedrohlichen weltpolitischen und kirchlichen Situation liegt, in welcher nach Luthers Ansicht nur das Gebet der Kinder noch helfen kann". (ibid.)[87] Luther hat also dieses Lied als Kinderlied gedacht hatte, damit das Gebet der Kinder in der schwierigen Lage besser gehört würde (Väinölä, evl.fi, ges. 2016). Dass das Mitgefühl mit den Kleinsten ganz real bei Verhandlungen in die Waagschale geworfen wurde, begegnet häufig in Krisenberichten aus jener Zeit.[88] Fest steht auch, dass nur die in der Wittenbergischen Version 1543 stehende dreistrophige Form authentisch ist, während alle anderen Überlieferungen als sekundäre Ver-

[84] Vgl. hier auch Jenny 1985: 118 und Heiner 1995: 46.
[85] Wahrscheinlich deshalb, weil er die Übersetzungsaufgabe von dem schwedischen König Johann III. erhalten hatte, der wegen seiner katholischen Frau, der polnischen Prinzessin Katharina Jagiellonica zum Katholizismus neigte.
[86] *Und steure deiner Feinde Mord.*
[87] Angesichts der Türkengefahr war die Einigkeit der Christenheit ein Desiderat, aber Luther hatte die Kirche nicht von innen erneuern können, sondern wurde von den Katholiken gebannt. Empörung verursachte der Anfang des Liedes: *Erhalt uns, Herr, bey deinem Wort und stewr des Bapsts und Türcken mort. Die ihesum Christum, deinen Son, wollten stürtzen von deinem thron.*
[88] Beispiel begegnen in dem Volkslied „Die Hussiten vor Naumburg" oder im Brauch der „Dinkelsbühler Kinderzeche".

änderungen anzusehen sind. Jedoch beweisen sie die starke und sofortige Wirkung dieses Liedes. Auch die Melodie stammt von Luther selbst, was eigentlich nie bestritten wurde (Jenny 1985: 118). Da besonders in diesem Lied das Herausheben wichtiger Wörter durch höhere Töne so explizit ist, muss die Melodie unbedingt von dem Textdichter stammen. Jenny betont weiter (ibid., 119): die „Art und Weise, wie mit einer überlieferten Melodiestruktur und dem von Luther angewandten Prinzip des Wort-Ton-Verhältnisses hier eine gültige Melodiegestalt entstand, stellt dem Melodiegestaltungsvermögen des Reformators ein hervorragendes Zeugnis aus". Dabei soll es auch kein Zufall sein, dass am Ausgangspunkt dieselbe Hymnus-Melodie steht, die früher für *Verleih uns Frieden gnädiglich*[89] weiterentwickelt wurde. Väinölä (evl.fi, ges. 2016) seinerseits meint, dass wegen der sanftmütigen Melodie die manchmal heftigen Worte von Luther und Jonas sogar unbemerkt bleiben könnten. Das Lied wird auf Deutsch und auf Finnisch heute noch nach derselben Melodie gesungen, auch in gleicher Tonhöhe.

Spitta (1905: 1f.) stellt fest, dass sogar die katholische Kirche Luthers Lieder in ihre Gesangbücher übernahm. Es war auch natürlich. Sie waren überall bekannt und beliebt, und das Volk wusste nicht unbedingt, dass sie von dem „Erzketzer" stammten und herrührten. Im Allgemeinen beinhalteten die Lieder keine kontroversen Lehrformulierungen und waren eigentlich sehr wenig antikatholisch. Eine Ausnahme war dieses Kinderlied, das eben Papst und Türken nebeneinander als Erzfeinde Christi und seiner heiligen Kirchen nannte.

Wie schon erwähnt, hat Jacobus Finno in seinem Kirchengesangbuch 1583 nie den Papst (oder aber die Türken) erwähnt. Der damalige schwedische König Johann III., der Finno die Übersetzungsaufgaben zugeteilt hatte, war für seine Annäherungsversuche an die katholische Kirche bekannt, was eine Erklärung dafür sein dürfte, dass in Finnos Gesangbuch auch sonst das kritische Material der katholischen Kirche gegenüber fehlte. (Väinölä, evl.fi, ges. 2016.)

Väinölä (ibid.) bespricht die dritte Strophe, die Finno nach Jonas 4. Strophe (Hallio 1936: 255) übersetzt hatte:

> Sanas sortajat alas paina, / Heidän juonens' estä aina, / Siihen hautaan heit' pudota, / Johon meit' pyytävät upottaa. [‚Die Verfechter Deines Wortes drücke un-

[89] Vgl Abschnitt 7.3.11.

ter, / ihre Anschläge mache zu nichte, / Stürze sie in das Grab hinein, / in das sie versuchen uns zu stürzen' IH]

Hier hat Finno relativ genau die vierte Strophe des fünfstrophigen deutschen Liedes wiedergegeben. Die nächste finnische Version aus 1886 ist dann ein Missionslied geworden:

> Sä käännä sanas sortajat, / Kukista juonens kavalat, / Suo Henkes heitä valaista / Ja oikialle ohjata! [,Kehre um die Verfechter Deines Wortes, / ihre listigen Anschläge mache zu nichte, / Lass Deinen Geist sie erleuchten / Und führen auf den richtigen Weg!' IH]

Der heutige gewaltige finnische Wortlaut *Lyö maahan sanas sortajat* [,Schlag nieder die Verfechter Deines Wortes'] stammt aus 1938. Damals hat man aktuell so gefühlt, es war ja kurz vor dem Zweiten Weltkrieg und die Omina waren schon wahrzunehmen! (ibid.)

Wir nehmen noch zum Vergleich die dritte Strophe von Luther aus dem heutigen Gesangbuch EG 1990 (jedoch nur nach dem Luthertext) sowie die fünfte Strophe Finnos und aus dem modernen finnischen Gesangbuch:

| | | | |
|---|---|---|---|
| 3. Gott heilger Geist,<br>du Tröster werd,<br>Gib deim Volck einrley<br>sinn auff Erd.<br>Steh bey uns in der<br>letzen Not.<br>Gleit uns ins Leben aus<br>dem Tod. | 5. Pyhä hengi meit<br>lodhuta<br>Rauhan meit wedhä ia<br>totuta<br>Tuskista meitä kiruota<br>Ja cuolemasa wiruota* | 5. Oi Pyhä Henki,<br>lohduta<br>ja rauhaan meitä<br>johdata.<br>Tuskissa anna<br>huojennus<br>ja kuolemassa virvoitus. | *5. Oh, Heiliger Geist,<br>tröste uns<br>und führe uns in<br>Frieden.<br>In der Not gib uns<br>Erleichterung<br>und im Tode Erquickung<br>ins Leben.* (IH) |

* 5. Tröste uns Du Heiliger Geist / Gen Frieden ziehe uns und hilf uns darin zu leben / Befreie uns aus allem Leid / Und erwecke uns vom Tod

Wo Luther für das Volk um Einigkeit im Leben auf der Erde bat, bevorzugen die finnischen Übersetzer den Frieden, aber sonst folgen die finnischen Versionen dem deutschen Text. Es wird darum gebeten, dass Gott den Menschen in der Not beisteht und beim Tod dann ins ewige Leben führt.

### 7.3.17 *Allmächtiger gütiger Gott* Finno 87, (h), EG 461, Vk 475

Dieses Lied macht eine Ausnahme bei den bisher in diesem Kapitel behandelten alten deutschen Kirchenliedern, die schon Jacobus Finno im 16.

Jahrhundert für sein Gesangbuch ins Finnische übersetzt hatte, und die immer noch in den Kirchengesangbüchern stehen. Es beruht nämlich nicht auf einem Lutherlied als Ausgangstext, sondern auf Luthers Katechismus und seinen Tischgebeten. Es ist „ein Gebet beim Kommen zu Tisch". (Vgl. Hallio 1936: 673.) Bei meinen Forschungen im Archiv der evangelischen Kirchenlieder in Hildesheim bin ich dem alten Text begegnet, der auf dem unten genannten Psalmgebet (Ps. 145) beruht (Marburger Gesangbuch 1549, Blatt III)[90], und den der Weimarer Superintendent Johann Freder kurz danach in ein Kirchenlied umformuliert hat. (Hallio 1936: 673) Nach Väinölä (evl.fi, ges. 2016) soll der erste Autor der Norddeutsche Nicolaus Boye gewesen sein, der Luthers Zeitgenosse war. Diese Version hat dann als Ausgangstext für Übersetzungen und Variationen gedient.[91] Väinölä (ibid.) schreibt, dass Luther in seinem Katechismus lehrt, wie man vor der Mahlzeit mit gekreuzten Händen und artig zu Tisch gehen und die Worte des Psalms 145, 15-16 laut sagen soll: *Aller Augen warten auf dich, und du gibst ihnen ihre Speise zu seiner Zeit. Du tust deine Hand auf und erfüllst alles, was lebt, mit Wohlgefallen.* Dieses traditionelle Tischgebet bildet den Inhalt der ersten Strophe in diesem Lied.

Boyes Lied hatte drei Strophen, Johann Freders schon fünf. Nach der ersten genannten Strophe wurde in Boyes zweiter Strophe um Gottes Wort zur Speisung der Seele gebeten und in der letzten wurden Gott Vater und Jesu Christ gedankt. (Väinölä, evl.fi, ges. 2016.) Bei Freder waren es fünf Strophen, von denen die Strophen 3 und 4 das *Vater unser* enthielten, genau wie Luther es im Katechismus rät. Freders Lied folgt also genauer dem Gebet Luthers als das von Boye. (Hallio 1936: 673) Als dann Boyes Version ins Schwedische übersetzt wurde, hat man dort eine neue dritte Strophe hinzugefügt, in der um Frieden und Versöhnung für das Volk gebeten wurde. Väinölä (evl.fi, ges. 2016) behauptet, dass Finno dieses Lied Boyes ins Finnische übersetzt haben soll. Wenn man aber den Text von Finno mit dem von Freder vergleicht, ist leicht zu sehen, dass es genau Freders Text ist, der ihm als Ausgangstext zur Verfügung gestanden hat, denn auch er hat die zwei Strophen (3 und 4), die das *Vater unser* beinhalten, und die Strophen 1, 2

[90] 1. Almechtiger gütiger Gott / du ewiger Herr Zebaoth / Aller augen warten avf dich / vnd du speissest sie gnediglich. 2. Wenn du aufffthust dein milte handt / so frewen sie allesampt / Gniessen deiner guten gaben / dauon sie dich gentzlich loben. 3. Wir geben vns schuldig O Herr / als arme ellende sunder / Vnnd hon keyne gerechtigkeyt / zu deiner grossen gutigkeyt. 4. Sei vns knedig O Herre Gott / vnd verschon vnser missethat / Dein milter segen bei vns sei / das vns die speis zu gut gedei. 5. Auff das wir die selb geniessen / inn rechten guten gewissen / Zu lob deim heyligen namen / in Christo dem Herrn Amen.

[91] Z.B. bei EG 461 soll sowohl der Text als auch die Melodie von Heinrich Schütz stammen.

und 5 sind direkt aus Freders Text übersetzt worden. Hierzu aber hat Finno noch eine Strophe hinzugefügt:

> Me rucolem mös sua nöyräst / Ettäs armos andaisit meillä / Nyt aina nautita coctulisest / Joca päiuä mös raitist elä / Ja eij ylön paltisudhen cauta / Sun wihas meidhän päälläm sata / Jesuxen Christuxen tädhen. [‚Wir beten auch demütigst / Dass Du uns gäbest Deine Gnade / Immer enthaltsam genießen / Jeden Tag auch nüchtern leben / Und nicht durch Überdruß / Deinen Zorn auf uns holen / Für Jesu Christ.' IH]

Nach Väinölä (evl.fi, ges. 2016) wurde die erste Strophe im neuen finnischen Gesangbuch neuübersetzt, und zwar näher zum Psalmtext, da „der Text von Boye nicht auf den Text des Psalmes zurückzuführen war". Um zu sehen, dass wahrscheinlich Finno auch diese Strophe aus dem Text von Freder übertragen hatte, nehmen wir die erste Strophe von Freder, dann die von Finno mit der Übersetzung ins Deutsche, und die der neuen finnischen Version und ihre Rückübersetzung:

| | | | | |
|---|---|---|---|---|
| 1. Die Augen aller Creatur,'Herr, allzeit auf dich warten:<br>Du gibst die Nothdurft der Natur,<br>Sonst möchten sie verschmachten.<br>Du erhältst ihr Leben lang,<br>dazu ihn'n gibest Speis' und Trank<br>Zu rechter Zeit und Stunde. | 1. CAickein loondo cappalten silmät HErra wartioitzeuat päälläs<br>Ja toiuauat suld rauinost ylhäld<br>Coska he iuoxeuat näliäs<br>Sinä sijs heit oikeal aial<br>Täytät aina rual ia iuomal<br>Ja heistä murhen pidhät * | *Die Augen aller Kreaturen<br>Warten auf dich<br>Und hoffen von dir auf Nahrung von oben,<br>Weil sie hungrig herumlaufen.<br>Du ernährst sie also zur rechten Zeit,<br>Sättigst immer mit Speise und Trank.<br>Und kümmerst dich um sie.* (I.H.) | 1. Kaikkien silmät tarkkaavat sinua, Jumalamme.<br>Kätesi leivän antavat ja hoivan puutteissamme.<br>Näin kaikki, joissa henki on, sinulta saavat ravinnon.<br>Sinulle kiitos olkoon! | *Die Augen aller warten auf dich, unser Gott.<br>Deine Hände geben uns Brot und erhalten alle, die in Not sind.<br>So bekommen alle Lebewesen Nahrung von dir.<br>Dir sei Dank!* (I.H.) |

* 1. Die Augen aller Kreaturen / Warten auf Dich O Herr / Und hoffen von oben auf Nahrung von Dir/ Weil sie hungrig herumlaufen / Du ernährst sie also zur rechten Zeit / immer mit Essen und Trinken / Und kümmerst Dich um sie.

Dies war also ein Lied mit Luthers Text als Ausgangstext, nicht aber ein Lied, das er geschrieben hatte. Es verdient aber wegen seiner komplizierten Geschichte der verschiedenen Übersetzungen und der vielen Umformulierungen zum Kirchengesang in diese Arbeit aufgenommen zu werden.

### 7.4 Zum Schluss dieses Kapitels

Hier wurden die Lutherlieder vorgestellt, die schon Jacobus Finno 1583 für sein erstes finnisches Kirchengesangbuch ins Finnische übersetzt hatte.

Luther hat nach Jenny (1985) insgesamt 45 Lieder geschaffen entweder sowohl den Text als auch die Melodie, oder nur den Text. Teilweise hat er selbst gedichtet, und zwar mit eigenen Gedanken bzw. mit einem Text aus den Psalmen, teilweise aber alte, schon verdeutschte Texte verwendet oder aus fremden Sprachen, zunächst aus dem Latein übersetzt. Über die vorgestellten 17 (18 bis 19) Lieder hinaus gibt es noch einige Lutherlieder, die in Finnland bekannt sind und sich im heutigen Gesangbuch befinden. Davon ist natürlich das Weihnachtslied *Vom Himmel hoch* am beliebtesten, aber dieses hat Finno nicht in sein Buch aufgenommen, sondern erst Hemminki Maskulainen am Anfang des 17. Jahrhunderts, als er sein Gesangbuch kompilierte. Neben allen Liedern von Finno hat er noch viele weitere übernommen und auch selbst übersetzt. (Vgl. Helin 2016) Im nächsten Kapitel werden wir einen Blick auf diese Lieder werfen, aber auch auf weitere alte und neue Übersetzungen und sogar auf einige ganz neue Lieder, die in den letzten Jahrzehnten sowohl ins Deutsche als auch ins Finnische übersetzt worden sind.

# 8
# Neuübersetzungen und neue Übersetzungen – alt und neu im Vergleich

## 8.1 Überblick

Mit den Neuübersetzungen, die wir in diesem Kapitel betrachten, sind die alten finnischen Liederübersetzungen gemeint, die am Anfang der Reformation übersetzt wurden und danach mehrmals erneuert und umformuliert wurden. Nicht behandelt werden die Umformulierungen der deutschen Lieder, denn in den meisten, die immer noch in den deutschen Gesangbüchern stehen, wurden nur morphologische und orthographische Änderungen oder Weglassungen von einigen Strophen oder Ausdrücken[1] vorgenommen.

Im Kapitel 3 haben wir schon Gründe und Folgen der Sprachpolitik und Sprachnormung besprochen sowie den Bedarf an Neuübersetzungen erörtert, weil eine einheitliche Standardsprache wünschenswert war und ist. Die sprachlichen und inhaltlichen Änderungen in den finnischen Übersetzungen des Lutherliedes *Ein feste Burg ist unser Gott* wurden auch schon mehrmals behandelt. Im Kapitel 5.3.3 wurden die deutschen dialektalen Merkmale des alten Liedes *Agnus Dei, O Lamm Gottes* besprochen. Im Kapitel 7 haben wir dann systematisch die alten und neuen Versionen von 17 bis 19 früh ins Finnische übersetzten Lutherliedern miteinander verglichen. Daher nehmen wir hier einige weitere Lieder hervor, um sie unter dem Gesichtspunkt der Neuübersetzung zu betrachten.

## 8.2 Was ist Neuübersetzung?

Was ist denn eine Neuübersetzung? Wofür wird sie gebraucht? Reicht nicht der alte Text, weil ja der alte Originaltext auch noch völlig gültig ist? Unter den Translationswissenschaftlern herrscht seit langem die Auffassung, dass die übersetzten Texte in Abständen von etwa 50 Jahren neu übersetzt werden müssen, während die Originaltexte auch als über Hundertjährige

[1] Vgl. im Kapitel 7 das Lied *Erhalt uns, Herr, bei deinem Wort.*

noch frisch und lebendig sein können. Dies scheint sich besonders in unseren Tagen zu bewahrheiten, in denen die Sprache sehr schnell neue Einflüsse annimmt. Dies gilt natürlich für sowohl Ausgangs- als auch Zielsprachen, aber trotzdem kann man nicht leugnen, dass der zielsprachliche Text schneller veraltet wirkt als der ausgangssprachliche. Es ist auch nicht so, dass die Zielsprache früher in jeden Fall weniger raschen Entwicklungen unterlegen hätte. In der Reformationszeit konnte die Situation einer neu geschaffenen Schriftsprache wie des Finnischen oft anders sein, wenn ihre Fixierung sich noch nicht stabilisiert hatte und relativ bald Umformulierungen bzw. Neuübersetzungen nötig waren. In der finnischen Umgebung, in der Mikael Agricola die finnische Schriftsprache systematisch zu normieren versuchte, können wir leicht feststellen, wie drastisch sich die Art der Verschriftlichung der finnischen Sprache in zwei Jahrzehnten entwickelt hatte, wenn wir die so verschiedenen Liederübersetzungen von Finno und die von Hemminki Maskulainen vergleichen[2], die dann aber teilweise erst im 19. Jahrhundert umformuliert wurden. Das „alte" finnische Kirchengesangbuch von 1701, das alle Lieder von Hemminki und 99 Lieder von Finno noch beinhaltet, wird übrigens sogar heute nach wie vor in finnischen Erweckungsbewegungen verwendet, weil es die christliche Botschaft besser bewahrt haben soll.

Obwohl diese Arbeit sich auf die Übersetzungen von Jacobus Finno konzentriert, dürfen wir den zweiten wichtigen finnischen Kirchenliederdichter, Hemminki Maskulainen, nicht vergessen, der einige beliebte Lieder übersetzt hat. Sein Gesangbuch wurde mit 242 Liedern, darunter allen 101 Liedern Finnos, im Jahre 1605 herausgegeben. Viinamäki (2005) stellt fest, dass der größte Teil seiner Lieder aus Übersetzungen besteht. Es ist nicht immer eindeutig, ob ein Lied die schöpferische Kraft des ursprünglichen Dichters erkennen lässt, oder ob es eher „nur" eine Schöpfung des Übersetzers ist. Die ersten finnischen Liederübersetzer hatten ja mehrere fast parallele Versionen in verschiedenen Sprachen des Textes, den sie übersetzen wollten. Mit diesem Material haben sie dann oft ein – fast – eigenes Lied erarbeitet. Auch Hemminki Maskulainen hat nicht unbedingt aus der Ausgangssprache übersetzt, sondern unterschiedliche Versionen zu Hilfe gezogen. So können wir bei manchen Liedern eher von Umformulierungen und Umarbeitungen sprechen als von finnischen Übersetzungen im engeren Sinne. (ibid.)

[2] S. auch Kapitel 3.3.2. – Neuerdings hat Kati Kallio (2016) diese beiden Kirchenlieddichter und -übersetzer verglichen.

Dagegen meint Viinamäki (ibid.) im Gegensatz zu einigen anderen Forschern, dass die Gedichte in Finnos Kirchengesangbuch eher finnische Übersetzungen genannt werden können, da Finno genau den Ausgangstext befolgt habe. Aus meiner Sicht stimmt diese Behauptung nur, wenn z. B. die schwedische Fassung auch dann als Ausgangstext betrachtet wird, wenn das Lied aus, sagen wir, Luthers Feder stammt. Jedoch ist Viinamäki insofern zuzustimmen, als die Verfasser der ersten Kirchengesangbücher die internationale Dichtung dieses Genres nach Finnland gebracht haben, während Hemminki Maskulainen vor allem eine einheimische Liedertradition schuf. Seine Arbeitsmethode war, aus den schwedisch-, deutsch-, latein- und dänischsprachigen Liederstrophen Verse wegzulassen, Strophen neu zusammenzubauen und möglicherweise eigene Verse hinzuzufügen. Dies könne man heute noch als Neuschöpfung ansehen, zumal die finnische Schriftsprache noch nicht ganz etabliert bzw. normiert war. (ibid.)

Im Gesangbuch von 1605 wird der Ursprung der Dichtungen nicht genannt; die Ausgangstexte wurden später von Forschern entdeckt. In Finnland wurden erst im 20. Jahrhundert die Autoren in den Kirchengesangbüchern angegeben, und auch in finnischen Gedichtsammlungen wird zwischen Original und Übersetzung erst seit einhundert Jahren unterschieden (ibid.). Das neue finnische Kirchengesangbuch (Vk 1986) enthält noch 43 Lieder aus dem Buch von 1605 sowie zwei aus der finnischen Fassung der *Piae cantiones* (1616), deren Herausgeber Hemminki Maskulainen war.

Zu den Neuübersetzungen der Lieder wird in der Translatologie allgemein gesagt, sie stünden dem Originaltext näher als die ersten alten Übersetzungen. Bei einigen finnischen Strophen des *Ein feste Burg ist unser Gott* trifft dies auch zu, während wir andererseits Beispiele gesehen haben und sehen werden, wo man eher auf Reim und Rhythmus ausgerichtet war als auf die Wiedergabe der Botschaft. Andererseits ist es wohl wichtig gewesen, neue Lebensbereiche in die Lieder aufzunehmen und solche Wörter und Termini aus den Übersetzungen herauszunehmen, die heute nicht mehr verstanden werden. Hier fragt man sich jedoch, warum die entsprechenden Wörter und Termini noch den Sängern der Originallieder bekannt zu sein scheinen und gar keine Umformulierung oder Umbenennung benötigen?

Nehmen wir uns nun die angekündigten Beispiele vor. Die drei ersten sind wieder Lutherlieder und in der Reihenfolge betrachtet, wie Jenny (1985) sie aufgelistet hat.

## 8.3 Betrachtungen einiger Neuübersetzungen

### 8.3.1 *Nun kom, der Heyden heyland:* Hemminki Maskulainen, (a), EKG 1, EG 4, Vk 16

Wir haben oben schon kurz Aurelius Ambrosius (~ 340-397), als Autor dieses Liedes genannt, einen der wichtigsten Kirchenväter. Nach einer weltlichen Beamtenkarriere wurde er Bischof von Mailand, aber hier betrachten wir ihn als Stifter des abendländischen Kirchengesangs, Vater der Gemeindelieder. Laut Väinölä (evl.fi, ges. 2016) waren seine Melodien volkstümlich und für die Vertextung erstklassig geeignet. Sein Versfuß war der Dimeter, d. h. ein vierfüßiger Jambus, die Strophen hatten vier Verse und waren nicht gereimt, und seine Hymnen hatten immer 8 Strophen. Diese Form wurde später in Kirchenliedern sehr beliebt. Da von diesem Lied normalerweise die erste Strophe *Intende, qui regis Israel* weggelassen worden ist, ist das Lied schon sehr lange unter dem ersten Vers der zweiten Strophe bekannt *Veni, redemptor gentium*. Dagegen wurde die letzte Strophe, das Lob der Dreieinigkeit, die *Doxologie*, später hinzugefügt (ibid.), wodurch das Lied wieder 8 Strophen hatte. Da Luther den Text auf Deutsch geschrieben hatte, versuchte man, ihn der mittelalterlichen Melodie zu unterlegen, was jedoch scheiterte. Textvergleiche zwischen der Erfurter Version 1524 und der von Johann Walter 1524 haben durch zufällige Einzelheiten erwiesen, dass Luther eindeutig der Autor des Liedes ist. (Jenny 1985: 73.)

Das Adventslied von Ambrosius, das also schon vor Luther verdeutscht worden war und das Luther dann Ende 1523 als eines seiner ersten Psalmlieder 8-strophig nochmals übersetzte, wobei er sogar die alte Hymnenmelodie geschickt zu einer Liedmelodie umarbeitete (Jenny 1985: 72f.), hat also Hemminki Maskulainen als Weihnachtslied für sein Gesangbuch 1605 übersetzt. Neben dem gereimten Text von Luther hat er die schwedische Übertragung von Olavus Petri (1536) als Ausgangstexte verwendet.[3] Im 19. Jahrhundert wurde das Lied mehrmals neuübersetzt, wobei es schließlich wieder nur 7 Strophen enthielt. (Hallio 1936: 14f.) Noch im 20. Jahrhundert wurde der

[3] Von z. B. K. L. Lindström, Elias Lönnrot und J. O. Wallin

finnische Text zweimal (1938 und 1986) umgearbeitet, und Väinölä (evl. fi, ges. 2016) stellt ganz richtig fest, dass der Liedtext nicht als Übersetzung des Ambrosius-Liedes betrachtet werden kann und auch nicht als die des gereimten Textes von Luther. Das Thema ist noch dasselbe, aber die Platzierung des Liedes im finnischen Gesangbuch unter den Weihnachtsliedern weicht der in den deutschen Gesangbüchern ab, da es dort nach wie vor als Adventslied vorkommt. Nur die dorische Melodie ist geblieben, im deutschen Liederbuch auf G, im finnischen auf F. Das EG 1990 gibt als Quelle der Melodie „Einsiedeln 12. Jh, Martin Luther 1524" an, während das finnische Gesangbuch die Anmerkung „aus dem Mittelalter / in Deutschland 1524" enthält. Luther wird nur als Verdeutscher genannt. Was die Strophenzahl betrifft, hat das deutsche Lied nur noch 5, das finnische immer noch 7 Strophen. Dafür haben beide das Lob der Dreieinigkeit als letzte Strophe übernommen.

Wir nehmen hier nun zuerst die ersten Strophen von Luther, Hemminki Maskulainen, Elias Lönnrot (19. Jh.) und beide heutige Versionen sowie wieder die Rückübersetzung:

| | | | |
|---|---|---|---|
| Luther:<br>Nu kom, der Heyden heyland,<br>der yungfrawen kynd erkannd.<br>Das sich wunnder alle welt<br>Gott solch gepurt yhm bestelt. | EG 4:<br>Nun komm, der Heiden Heiland,<br>der Jungfrauen Kind erkannt,<br>dass sich wunder alle Welt,<br>Gott solch Geburt ihm bestellt. | | |
| Hemminki Maskulainen:<br>Tule toivottu turva tänn',<br>Neitseen synnyttämist' näyttämään.<br>Ihmeeks' ihmisten maailmall',<br>Se syntymys sull' sopei, Jumal' * | Elias Lönnrot:<br>Jeesus Kristus meille nyt<br>Neitseestä on syntynyt;<br>Jumala on ihmiseksi<br>tullut tänne ilmeiseks. | Vk 16<br>Jeesus Kristus meille nyt<br>neitseestä on syntynyt.<br>Ihmiseksi Jumala<br>tuli tänne taivaasta | *Jesus Christus ist uns nun*<br>*von der Jungfrau geboren.*<br>*Als Mensch kam Gott hierher*<br>*vom Himmel.* (IH) |

* Komm her der Schutz unserer Hoffnung, / Und zeige uns den von der Jungfrau geboren. / Als Wunder für die Welt der Menschen / War Dir, o Gott, die rechte Geburt.

Wir sehen sofort die vielen Apostrophe[4], die Hemminki seiner Übersetzung hat hinzufügen müssen, um seinen Text der Melodie anpassen zu können. Aber es gelingt ihm durch den Vers *Se syntymys sull' sopei, Jumal'* [‚diese Geburt hat Dir, Gott, gepasst'] eine Entsprechung zu der Phrase *Gott solch Geburt ihm bestellt* – freilich nur, weil er die Zeile auf die Noten ausdehnt,

[4] Vgl. hier Kapitel 3.3.1 und 3.3.2.

auf die in der der deutschen Vorlage das nachgestellte „Amen" fällt. Im heutigen finnischen Text stellt man nur fest, dass Gott als Mensch vom Himmel hierherkam. Zeitlich zwischen diesen zwei Texten steht Lönnrot mit *Jumala on ihmiseksi / tullut tänne ilmeiseks* [‚Gott ist deutlich als Mensch hierher gekommen']. Das Wort *ilmeiseks* reimt sich nicht ganz mit *ihmiseksi,* d.h. es steht das Glied eines weiblichen Reims gegen den eines männlichen, weil er im zweiten Wort den letzten Buchstaben *i* weggelassen hat. Die moderne Version hat dann nur männliche Reime, und an den übrigen Stellen kommen sowohl Lönnrot als auch der Neuübersetzer ohne Apostrophe aus.[5]
Verglichen sei auch noch die letzte Strophe:

| | | | |
|---|---|---|---|
| Luther:<br>Lob sey Gott dem vatter thon,<br>Lob sey got, seym eyngen son,<br>Lob sey got dem heyligen geyst<br>ymer unnd ynn ewigkeyt. | EG 4:<br>Lob sei Gott dem Vater g'tan;<br>Lob sei Gott seim ein'gen Sohn,<br>Lob sei Gott dem Heilgen Geist<br>Immer und in Ewigkeit. | | |
| Hemminki Maskulainen:<br>Kiitos olkoon aina Isälle!<br>Ylin ylistys Pojalle,<br>Kans korkia kunnia Pyhäll' Hengell',<br>Kuin näin armon avun antoi meill'.* | | Vk 16:Jumalalle kunnia olkoon korkeudessa,<br>maassa rauha, suosio,<br>hyvä tahto, sovinto | Ehre sei Gott in der Höhe,<br>auf der Erde Frieden,<br>Wohlgefallen, guter Willen, Versöhnung.<br>(IH) |

*) Dank sei dem Vater für immer! / Höchster Lob dem Sohn, / Auch die höchste Ehre dem Heiligen Geist, / Der uns so Hilfe durch Gnade gebracht hat.

Hier gibt es leider keine Entsprechung aus dem 19. Jahrhundert, aber der Vergleich zwischen der ältesten und neuesten Übersetzung zeigt, dass Hemminki Maskulainen mehr hat einbauen wollen, als das Original enthielt, und zwar den Vers *Kuin näin armon avun antoi meill'* [‚Der uns so hat die Gnade und die Hilfe gegeben']. Im neuen finnischen Text tritt an die Stelle der Doxologie das Gotteslob aus der Weihnachtsgeschichte. Dort wie auch bei Hemminki Maskulainen, fehlt *immer und in Ewigkeit.* Der Text bezieht sich nur auf die Gegenwart.

[5] Lönnrot nahm faktisch eine Apostrophierung vor, wodurch der lange Schlusston der Originalmelodie erhalten blieb und nicht aufgespalten wurde wie am Ende des vorhergehenden Verses. Allerdings ließ er den Apostroph graphisch fort, weil der Gesangbuchausschuss von 1886 Apostrophe als Zeichen des westfinnischen Dialekts tilgen wollte.

### 8.3.2 *Oh Herre Gott dein Göttlich wort*: Finno 80, (d), EKG 117, EG 195 (nur die Melodie), Vk 188

Als Martin Luther 1522 in Weimar predigte, besorgte sich der junge Graf Anarg Herr zu Wildenfels (um 1490 – 1539) saubere Niederschriften dieser Predigten, da er ein Bewunderer des Reformators war. Einige Abschriften davon konnte er zusammen mit dem Erbprinzen von Sachsen in das Weimarer Franziskanerkloster schmuggeln. Auch dort gab es begeisterte Luther-Anhänger. In jener Zeit entstand das Reformationslied „O Herre Gott, dein göttlich Wort ist lang verdunkelt blieben". (Heiner 1995: 47.) Im heutigen EKG fehlt in diesem Lied die frühere Strophe 4, in der es hieß: *Und wollten Kaiser auch und Papst dich und dein Wort vertreiben, so ist doch ihre Macht zu schwach, sie müssen's lassen bleiben.*[6] Heiner (ibid.) betont, dass es nicht ungefährlich war, dieses Lied zu drucken, „da es ja nicht nur den Papst, sondern auch den Kaiser und die Landesregierung angriff". Damals war es vorgekommen, dass Buchdrucker sogar enthauptet wurden, schon wenn jemand sie auch nur beauftragte, gefährliche Schriften dieser Art zu drucken. Die Melodie, die in Finnland gesungen wird, geht nach Tuppurainen (evl.fi, ges. 2016) auf ein deutsches Volkslied zurück und ist in dem Kirchenlied in der phrygischen Kirchentonart auf G (C-moll ähnlich) weiterentwickelt. In Deutschland hatte sich hingegen für EKG 117 eine Erfurt 1527 und Leipzig 1545 belegte Melodie in G-Dur durchgesetzt, die auch Johann Sebastian Bach (z.B. BWV 184/5) harmonisiert hat.

Olavus Petri hat das Lied von Wildenfels' frei ins Schwedische übersetzt und in sein Kirchengesangbuch 1536 aufgenommen. In Schweden wurde es schon vor hundert Jahren aus dem Buch weggelassen, und auch das EG 1990 hat nur die alte Melodie von „O Herre Gott dein göttlich Wort" für einen anderen Choral (EG 195)[7] beibehalten und weist mit einer Anmerkung darauf hin. Doch in Finnland wurde mit dem Text sogar die phrygische Melodie[8] 1986 beibehalten, da sie inzwischen mit mehreren Variationen unter den Erweckungsbewegungen beliebt geworden war (Tuppurainen evl.fi, ges. 2016).

---

[6] Vgl. *Erhalt uns, Herr, bei deinem Wort* im Kapitel 7.

[7] Es handelt sich um Johann Walters 1566 geschaffenes Lied auf das Glaubensbekenntnis "Allein auf Gottes-Wort will ich mein Grund und Glauben bauen", das als polyphones Chorlied nicht in den Gemeindegesang Aufnahme fand und von dem als EKG 134 zunächst nur die 10. Strophe mit der Melodie von "O Herre Gott" aufgenommen wurde; EG 195 hat dazu noch die orginalen Strophen 1 und 5.

[8] Mit der Anmerkung *in Deutschland 1529.*

Jacobus Finno hatte das Lied nach dem Text von Olavus Petri für sein Gesangbuch 1583 ins Finnische übersetzt. Die Übersetzung von Petri war frei, wie auch viele andere – z.B. auch von Luthertexten, die er eigentlich nur als Vorbild betrachtete. Deshalb kennt weder das Vk 188 noch Väinölä (2008: 200) das Lied als Lutherlied, sondern nur als eine Dichtung von Anarg von Wildenfels, obwohl das Manuskript von Luther eine Vorlage dafür war. Immerhin ist besonders in der ersten Strophe der schwedischen und finnischen Lieder der Ausgangstext deutlich zu erkennen. Während das Originallied 8 Strophen hatte, enthielt Finnos Übersetzung 9 Strophen wie auch die späteren finnischen Umformulierungen. Heute ist die Strophenzahl im EKG und im Vk auf 7 zurückgegangen.

Inhaltlich weichen der deutsche und der alte schwedische Text von einander insofern ab, dass Olavus Petri sich darüber beklagt, wie die Menschen das Wort Gottes aufgegeben und durch ihre eigenen Regeln ersetzt haben, während nach dem deutschen Text das Evangelium schon „verdunkelt"9 war. Jetzt aber konnte man es durch die Gnade Gottes und das Wort, das Paulus und andere Apostel geschrieben hatten, wieder deutlich erkennen. Damit waren natürlich implizit das Werk Luthers und seine Auslegung der Bibel gemeint. Doch auch Petri und Finno kommen z. B. in der 4. Strophe zu der Bedeutung der Gnade: *Men tackom Gud, som oss väl bör, För stora nåder sina, Som han nu med oss alla gör...* bzw. *Sijs kijttäkäm Herra aina, Sen suuren armon tähdhen, long hän meill alati laina...*10 (Hallio 1936: 221.)

Wir nehmen hier wieder die ersten Strophen zum Übersetzungsvergleich: Wildenfels, Finno, Finnisch 19. Jh., Finnisch 1986 und dessen Rückübersetzung:

9 Vgl. 1. Strophe unten

10 Die 4. Strophe im Originallied enthielt die gefährlichen, oben zitierten, Papst und Kaiser trotzenden Hoffnungen, weshalb die ganze Strophe vom modernen deutschen Liederbuch weggelassen worden ist. Hier ist der Wortlaut aber: ‚Wir sollen dem Herrn immer für die große Gnade danken, die er uns immer wieder verleiht'.

| O Herre Gott dein Göttlich wort Ist lang vertunckelt blieben Bis durch dein gnad uns ist gesagt was Paulus hat geschrieben. vn andere Apostel mehr aus deim Götlichemunde das dancken wir mit vleis das wir erlebet han die stunde. | O HErra sun pyhä sanas On vnhotetux tullut Sielut olit suures waiuas Ett se nijn warios on ollut Sen sijan iällens otettin Ihmisten käsky ia iuoni Pyhä kiria vnhotettin Quin totudhen meillä tuopi.* | O Herra pyhä sanasi On unhotuksiin tullut Ja sieluin suureks vaaraksi Kaihossa kauvan ollut Sen sijahan on otettu Ihmisten turha oppi Vaikk' ainoastaan raamattu Ravita sielun voipi. | On, Herra, pyhä sanasi niin usein unohdettu ja monen sielun surmaksi sen ääni vaiennettu. Vierasta tulta kannettu on Herran alttarille ja ihmissanaa saarnattu sieluille etsiville. | *Herr, Dein heiliges Wort wurde so oft vergessen und zum Tode mancher Seele seine Stimme stumm gemacht. Fremdes Feuer wurde zum Altar des Herrn getragen und Menschenwort für die suchenden Seelen gepredigt.* (IH) |
|---|---|---|---|---|

* 1. O Herr Dein Heiliges Wort / Ist in Vergessenheit geraten / Die Seelen waren im großen Leid / Dass es so im Schatten geblieben war / Stattdessen wurde sehr lange die Befehle und Ränken der Menschen genommen / Die Heilige Schrift wurde vergessen / Das uns die Wahrheit bringt.

Wie schon erwähnt, ist der Inhalt schon in der ersten Strophe durch Olavus Petri umformuliert worden, und diese Wortfolge hat sich behauptet, obwohl man bei der Neuübersetzung eigentlich zum Originaltext hätte greifen müssen. Wahrscheinlich wollte besonders Finno wegen des Königs vorsichtig sein und die impliziten Hinweise auf Luther vermeiden, denn Olavus Petri schreibt 1536 noch deutlicher: *O HErre Gud, din helga ord / Hafva förgäten legat, / Och til så stort et själamord / Länge vorden förtegat*[11]. Er lässt verstehen, dass das Wort Gottes zwar lange vergessen gewesen sei, aber dass es wieder bekannt geworden ist. Zu seiner Zeit war noch Gustav Wasa König von Schweden, während zur Zeit Finnos Johann III. regierte, dessen Frau die polnische katholische Prinzessin Katharina Jagellonica war, und der auch selbst katholische Neigungen aufwies. Auf jeden Fall heben alle finnischen Formulierungen hier das Menschenwort hervor, das statt Gottes Wort zum Tode der Seele gepredigt wird. Finno spricht über den Begriff *Bibel*, der noch in der Version des 19. Jahrhunderts explizit wiederholt wird, während in der heutigen Version nur die Stimme des heiligen Wortes erwähnt wird, die stumm gemacht worden ist. Außerdem bringt die neue Version ein neues Sprachbild auf, indem sie vom Tragen eines fremden Feuers zum Altar Gottes singen lässt.

[11] Dt. *O Herre Gott, dein heiligen Worte / haben in Vergessenheit gelegen / Und sind zu so großem Seelenmord / lange verschwiegen geblieben.*

### 8.3.3 *Der tag der ist so freudenreych*: Finno 45, (g), EKG 18, Vk 17

Hier handelt es sich um ein mittelalterliches Weihnachtslied. Die erste Strophe, eine Weihnachtshymne auf Latein, stammt aus dem 14. Jahrhundert *Dies est laetitiae In ortu regali, Nam processit hodie De ventre virginali Puer admirabilis, Totus delectabilis In humanitate, Qui inaestimabilis Est et ineffabilis In divinitate.*[12] (Hallio 1936: 30.) und wird heute noch in Finnland auf Latein gesungen, zumal es ein Lied der *Piae Cantiones* (1582) mit drei Strophen ist. Zur ersten Strophe stellt Hallio (ibid.) eine zweite vor, und es gab auch weitere Strophen, wie die ältesten gefundenen Handschriften aus dem Anfang des 15. Jahrhundert beweisen.

Das Lied wurde schon früh verdeutscht, und mindestens die 2. Strophe stammt deutschsprachig aus dem Mittelalter (Hallio 1936: 31). Jacobus Finno hat das Lied für sein Kirchengesangbuch 1583 ins Finnische übersetzt, und zwar teilweise aus einer der deutschen Versionen, teilweise aber aus der schwedischen Übersetzung von Olavus Petri (1530). Im heutigen finnischen Gesangbuch steht das Lied mit einer ganz neuen Übersetzung, und es hat auch die ursprüngliche Melodie zurückbekommen, die aus der Zeit des alten Textes stammt. (Väinölä evl.fi, ges. 2016.)

In der Sammlung *Piae Cantiones* (1582) umfasst *Dies est laetitiae* 8 Strophen, und in der finnischen Ausgabe von Hemminki Maskulainen[13] beginnt die erste Strophe mit den Worten *Herran ilmestuxesta / Cukin iloit mahta* [‚Über das Erscheinen des Herrn wollen sich alle freuen'].

Das Lied hat also in beiden Sprachen (und auch im Schwedischen) mehrere Variationen erlebt. Wir vergleichen hier zuerst kurz drei alte deutsche Versionen[14], und wieder die ersten Strophen. Zuerst eine, die Hallio (1938: 31) zitiert hat, dann eine aus (d) (Enchridion Blatt XXXVI-XXXVII Das Dies est letitie/Deutsch) und eine aus (g) (Ein New Gesangbüchlin Geistlicher Lieder, Blatt 28)[15]

[12] Dt. D*ies ist ein Tag der Freude / Königlich heraufgezogen / Denn heute geht hervor / Aus einem jungfräulichen Mutterleib / Ein wunderbarer Knabe / Hochentzückend / In seiner Menschlichkeit / Der unschätzbar / Ist und unbeschreiblich / In seiner Göttlichkeit.*

[13] Vanhain Suomen maan Pijspain ja Kircon Esimiesten Latinan kielised laulud [Die lateinischen Gesänge der alten Bischöfe und Vormänner der Kirche in Finnland]. Faksimile der Ausg. Stockholm 1616 (Ignatius Meurer). Otava. Helsinki 1927.

[14] Die erste hat 4, die zweite 8 und die dritte insgesamt 6 Strophen.

[15] Vgl. nähere Angaben in der Literaturliste

| Der tag, der ist so freudenreich<br>Aller Creaturen,<br>Gottes Son von Himelreich<br>Ist vber die Naturen,<br>Von einer Jungfraw ist er geborn,<br>Maria du bist auserkorn<br>Aus der Engel thronen.<br>Wer sahe je solchs wunderlich?<br>Gottes Son von Himelreich,<br>Der ist Mensch geboren. | Der tag der ist so freudenreich<br>aller creaturen<br>an welchem Got vom hymelreich<br>hat vber die nature<br>gewirckt durch sein barmherzigkeit<br>das heyl der ganzen Christenheit<br>ynn einer Jungfrewen leibe<br>Maria die keusch und die zart<br>eines kindes mutter ward<br>und doch ein Jungfraw bleibe. | Der tag der ist so freudenreych<br>allen creaturen<br>Den Gottes sohn von hymelreich<br>uber die naturen<br>Von einer Jungfrawe ist geborn<br>Maria du bist außerkorn<br>da du mutter werest<br>was geschach so wunderlich<br>Gottes sohn von hymelreich<br>Der ist mensch geboren. |
|---|---|---|

Alle diese alten deutschen Übersetzungen fangen mit dem *freudenreichen Tag* an, an dem Gottes Sohn Mensch geworden ist aus der Jungfrau Maria, deren Name auch in allen Strophen erwähnt wird, aber nur in (d) wird betont, dass sie auch nach der Geburt Jungfrau blieb, und dass Gottes Barmherzigkeit der ganzen Christenheit zu Gute kam. Auserkoren wurde Maria nur von den beiden anderen Texten genannt. Nur diese zwei Texte scheinen als Grundlage für die schwedischen und finnischen Übersetzungen gedient zu haben. Hallio (1938: 32) stellt fest, dass der schwedische Übersetzer (Olavus Petri auch hier) für seine erste Strophe die 2. des deutschen Textes verwendet hat, für seine 2. Strophe dann die lateinischen Strophen *Angelus pastoribus* und *Mundus dum describitur,* von jener den Anfang, von dieser das Ende. Für die dritte Strophe hat er die Bibelverse Luk. 2,8-14 verwendet. Hallio (ibid.) schreibt weiter, dass auch Jacobus Finno sich entsprechende Freiheiten bei der Übertragung genommen hat.

Um die finnischen Übersetzungen zu vergleichen, nehmen wir jetzt die von Finno, die des Finno-Ugristik-Professors August Ahlqvist und die von Elias Lönnrot, beide aus dem 19. Jahrhundert, sowie dann die moderne Version mit Rückübersetzung:

| Sijt on meil iloinen aica Ja riemulinen Juhla Että taiuast Jumalan poica Maan päällä tadhoi tulla Se oli suuri nöyryys Ja ylön paltinen köyhyys Jonga Christus otti päälläns Että tuli mailman wieraxi Ja caickein Ihmisten oriaxi Saattaman heit ilon iällens.* | Nyt syntyi lapsi pienoinen Neitseestä puhtahasta; Se Jumalast' on mieluinen, Siis kiitän sitä lasta. Jos ei se oisi syntynyt, Niin ihmiskunt' ois eksynyt Ijäiseen hukkaan suureen. Siis kiitän, Jeesus, syntyäs, Ja riemuelen lemmestäs, Ja lankeen jalkais juureen. | Siit' on meill' aika riemuisa, Iloinen joulujuhla, Ett' tahtoi tänne taivaasta Jumalan poika tulla. Hän tuli suureen köyhyyteen, Alhaisuuteen ja nöyryyteen, Vieraaksi maailmahan, Meit orjuudesta auttamaan, Ilohon taivaan saattamaan, läiseen kunniahan. | Ilon päivä verraton koitti maailmalle, poika syntynyt kun on neitsyt Marialle. Taivaan Herra iäinen ihmiseksi syntyen tuli veljeksemme. Isä antoi armossaan ainoansa päälle maan pelastajaksemme. | *Ein freudenreicher Tag ist für die Welt geworden, Weil ein Sohn geboren ist für die Jungfrau Maria. Ewiger Herr im Himmel ist Mensch geboren und unser Bruder geworden. In seiner Gnade hat der Vater seinen Einzigen zu unserem Retter auf die Erde gegeben.* (I.H.) |
|---|---|---|---|---|

* Davon haben wir eine freudenreiche Zeit / Und ein fröhliches Fest / Dass Gottes Sohn vom Himmel / Auf die Erde kommen wollte / Es war eine große Ergebung / Und eine übermäßige Armut / Die Christus auf sich genommen hat / Damit Er zum Gast der Welt kam / Als Knecht aller Menschen / Um sie in die ewige Freude zu bringen.

Finno hat erst in der zweiten Strophe von Jungfrau (neidzökäinen) gesprochen ohne den Namen zu nennen, und die Kollokation Jungfrau Maria wird nun in der Neuübersetzung genannt. Deren Inhalt folgt möglichst genau der guten Mär, von den Engeln den Hirten gesungen. An und für sich sind Rhythmus und Reimbildung gut gelungen, obwohl die alten Eigenschaften des Menschenlebens wie Armut und Demut durch den Bruder ersetzt worden sind, wo aber Finno den Herrn Sklave der Menschen nennt, damit sie sich freuen können. Ahlqvist ist hier als Dichter nicht viel gelungen. Er hat eher durch nur gezwungene Reime mit ungewöhnlichen Wörtern und zahlreichen Apostrophen seine nicht ganz vollständigen Finnischkenntnisse gezeigt. Er nennt auch den Sohn Gottes nicht, sondern spricht von einem kleinen Kind (lapsi pienoinen), das die reine Jungfrau Maria geboren hatte, und das Gottes Wohlgefallen findet. Auch Lönnrot verwendet noch Apostrophe, aber seine Reimbildungen sind gelungen und seine Wortwahl ist sehr gut. Während Ahlqvist ziemlich nahe an Finnos Text geblieben ist, nimmt Lönnrot nur das, was notwendig ist, nämlich, dass der Herr gekommen ist, den Menschen aus der Sklaverei zu helfen, nicht um selbst ihr Sklave zu werden, wie Finno dichtet, obwohl Lönnrot, genauso wie Finno, betont, dass der Herr, wie gesagt, in Armut, Demut und Erniedrigung sein Menschenleben leben würde. Im modernen Text kam der Herr als unser Retter, bei Finno und Lönnrot, um uns in die ewige himmlische Freude und Herrlichkeit zu bringen. Bei Ahlqvist freut sich der Mensch nur über die Liebe Jesu und kniet zu seinen Füßen nieder (*Ja riemuelen*[16] *lemmestäs, Ja lankeen jalkais juureen*). Hinsichtlich der Diskrepanz zwischen Selbstbezogenheit / Individualismus und dem Gemeinschaftsgefühl, die in dieser Untersuchung ja auch thematisiert wird, können wir hier feststellen, dass alle Übersetzer außer eben Ahlqvist die Pluralform wir verwenden, während er das Ich für die letzten drei Verse bevorzugt hat.

Alles in allem muss man gestehen, dass die neue Version mindestens in diesem Fall die Mängel der älteren überwindet, obwohl sie mehrere von den bekannten Klischees vieler anderer Weihnachtslieder enthält. Jedoch singen die Menschen zu Weihnachten gern Lieder, die sie schon seit Kindheit kennen, und wenn es noch Neuformulierungen gibt, die immerhin schon beim ersten Blick bekannt aussehen, werden sie leichter akzeptiert als ganz neue Lieder. Es ist alles da, nur kürzer und einfacher gesagt als früher, als der Inhalt noch eine größere Rolle spielte.

Hier bietet sich an, zu dem wohl bekanntesten weihnachtlichen Kirchenlied überzugehen, nämlich Luthers Vom Himmel hoch!

### 8.3.4 *Vom Himmel hoch:* Hemminki Maskulainen, EKG 16, EG 24, Vk 21

Das berühmte und beliebte protestantische Weihnachtslied von Martin Luther *Vom Himmel hoch da komm ich her* (auf Finnisch *Enkeli taivaan*) blickt laut der Initiative „Advent ist im Dezember!" der EKD17 nicht nur auf eine lange Tradition, sondern auch auf eine vielschichtige Entwicklung zurück. Es spiegelt „in besonderem Maße zeitgenössische Einflüsse und kennzeichnet somit in historisch typischer Weise den Wandel deutscher Kulturmuster wieder". Es soll für Weihnachten 1534 entstanden sein, denn 1535 wurde es schon im Wittenberger Kirchengesangbuch abgedruckt. Alle ursprünglichen 15 Strophen stehen bis heute in den deutschen Gesangbüchern. Es war für ein Krippenspiel der Kinder, besonders für das Krippenspiel seiner eigenen Kinder gedacht. Die Strophen 1 bis 5 (= Luk. 2,10-12) werden

[16] *riemuelen* muss ein von Ahlqvist selbst erfundene Wort gewesen sein, das hier ich freue mich über etw.bedeutet. Auch das Wort *lempi* (hier im Elativ *lemmestäs*, von deiner Liebe') ist hier stilistisch schlecht gelungen.
[17] www.advent-ist-im-dezember.de/musik/vom_himmel_hoch.html (Zugriff 31.8.17)

von einem Engel gesungen, wonach die Kinder die Rolle der Hirten durch Singen der 6. Strophe einnehmen (Luk. 2,15), und bei den Strophen 7 bis 14 treten sie einzeln vor die Krippe und sprechen das Christuskind an. Die letzte Strophe wird dann zusammen als Lob Gottes gesungen. (Väinölä evl.fi, ges. 2016.) Luther „unterlegte das Lied mit der Melodie eines bekannten Volksliedes (*Ich komm' aus fremden Landen her*), was sowohl die Akzeptanz erhöhte als auch das gemeinschaftliche Singen erleichterte" (wie Anm. 17). Wahrscheinlich hatte Luther auch mit der Entscheidung für die Melodie an eine Einbindung des Weihnachtsliedes in Krippenspiele, bzw. insbesondere in Reigentänze gedacht. Sowohl das Sprachmotiv „Susannis", das in der Strophe 14 verwendet wird, als auch „Eias", die Hemminki Maskulainen beide in seine Übersetzung eines zweiten Liedes (EG 25 „Vom Himmel kam der Engel Schar") aus 1543 aufgenommen hat, sind mit der symbolischen Aufnahme des Christuskindes in die feiernde Gemeinde verbunden. Außerdem wurde diese Strophe 14 im Krippenspiel ja von einem Kind gesungen. Solche musikalischen Inszenierungen waren im sakralen Raum des 15. Jahrhunderts weit verbreitet, wurden jedoch als „Papstkirchensitte" von Luther später abgelehnt. „Der Liedtext markiert somit eindrucksvoll eine Übergangsphase der reformatorischen Kirchenentwicklung Deutschlands". (wie Anm. 16.)

Sowohl der Text als auch die Melodie sind Luthers Schöpfungen. Die heute bekannte Choralmelodie des Weihnachtsliedes *Vom Himmel hoch, da komm ich her* wurde höchstwahrscheinlich von Luther selbst geschrieben. Dabei wurde die ursprüngliche Volksmelodie aufgegeben. Bereits in einem Gesangbuch von 1539, in der Sammlung *Geistliche Lieder* von Valentin Schumann, erscheint das Stück in seiner noch heute bekannten Form. Darüber hinaus enthält das heutige EG ein weiteres Lied (EG 25 *Vom Himmel kam der Engel Schar*) mit fast demselben Inhalt und mit sechs Strophen, das ebenfalls Martin Luther geschrieben hat, und zwar 1543. Die Melodie aber stammt aus dem 15. Jahrhundert und wurde im Wittenberger Gesangbuch 1535 abgedruckt. Es könnte daher die Melodie sein, die ursprünglich mit dem Text des *Vom Himmel hoch* gesungen wurde. Der Inhalt des zweiten Liedes (Nr. 25 im EG) entspricht also dem älteren Lied, weshalb es nicht unmöglich ist, dass die Melodie zuerst auch dafür gedacht war , aber dann einige Jahre später durch Luthers eigene Melodie ersetzt wurde, wie auf der oben angeführten Webseite der EKD festgestellt wird. Im EG steht jedoch, dass auch das neuere Lied mit der 1539 in Schumanns Gesangbuch überlieferten Melodie gesungen werden kann. Man könnte vermuten, dass das neuere Lied eher für Erwachsene zum Singen gedacht war, während das ältere von Luther für Kinder geschrieben wurde, aber dann weltweit, auch über die Konfessionsgrenzen hinweg, bekannt wurde und immer noch beliebt ist. Auf jeden Fall wird das Lied auch in Finnland auf die Melodie Luthers von 1539 und in derselben Tonhöhe in C-Dur gesungen.

Hemminki Maskulainen hat das Lied *Vom Himmel hoch* frei in seinem Gesangbuch von 1605 ins Finnische übersetzt. Seine Version (1605, 132) für Luthers älteres Lied (heute: EG 24, 15 Strophen) hatte nur noch 12 Strophen. Die erste Strophe lautete wie folgt: *ENgel paimenill puhui sanoill näill: Sangen hyvän sanoman sanon teill / Ilon teille ihanan ilmoitan / Qvin Jumalald julki teill suodhan*[18]. Das neuere Lied *(„Vom Himmel kam...“,* heute: EG 25, 6 Strophen) war von Hemminki Maskulainen (1605, 133) in 9 Strophen[19] gefasst, obwohl Luthers Lied damals wie heute nur 6 Strophen umfasst. 1701 hatte sich die Rechtschreibung der finnischen Schriftsprache schon weiterentwickelt: *Enkel' paimenill' puhui sanoill' näill': Sangen hyvän sanoman sanon teill', Ilon teill' ihanan ilmoitan, Kuin Jumalalt' julki teill' suodaan*[20]. Nach den 12 Strophen des Liedes (1701, 121), das trotz der veränderten sprachlichen Gestalt doch noch den Namen von Hemminki Maskulainen trägt, enthält das Gesangbuch 1701 weiter auch seine Übersetzung des zweiten oben behandelten Liedes (1701, 122, 9 Strophen) (vgl. Kotus, wie Anm. 18, ges. 2016). Es unterscheidet sich von dem bekannteren Lied in ähnlicher Weise wie die zwei deutschen Lieder voneinander. Die beiden deutschen Lieder sind also heute in deutschen Gesangbüchern zu finden, während die kürzere finnische Version seit 1886 aus dem Kirchengesangbuch verschwunden ist.

Wir können jetzt die beiden alten Lieder miteinander vergleichen, d.h. die erste Strophe von Luthers Liedern EG 24 und 25 mit den Übersetzungen

---

[18] Vanhan kirjasuomen korpus [Korpus des alten Buchfinnischen] in der Datenbank von Kotus (Kotimaisten kielten keskus [Forschungszentrum der einheimischen Sprachen Finnlands, http://kaino.kotus.fi/korpus/vks/meta/virret/hemmi1605_rdf.xml); die dt. Übersetzung des Textes HM 132 in der folgenden Tabelle: *Der Engel sprach zu den Hirten mit diesen Worten: Ich bringe euch eine recht gute Botschaft. Ich bringe euch eine herrliche Freude, die von Gott euch verkündet wird.*

[19] Die erste Strophe fängt mit *ENgel ilmestyi taevast / Puhui paimenill:* an; vgl. in der folgenden Tabelle Text HM 133.

[20] VVK 121. (VVK = Vanha Virsikirja [‚Das alte Kirchengesangbuch'])

von Hemminki Maskulainen[21], um zu sehen, ob die Übersetzungen mit dem jeweiligen Ausgangstext vergleichbar sind:

| EG 24 | HM 132 | EG 25 | HM 133 |
|---|---|---|---|
| „Vom Himmel hoch, da komm ich her,<br>ich bring euch gute neue Mär;<br>der guten Mär bring ich so viel,<br>davon ich singn und sagen will. | ENgel paimenill puhui sanoill näill :<br>Sangen hyvän sanoman sanon teill<br>Ilon teille ihanan ilmoitan<br>Qvin Jumalald julki teill suodhan .* | Vom Himmel kam der Engel Schar,<br>erschien den Hirten offenbar;<br>sie sagten ihn': „Ein Kindlein zart,<br>das liegt dort in der Krippen hart. | ENgel ilmestyi taevast<br>Puhui paimenill : Te<br>mahdhatt iloit vahvast<br>Riemuisill mielill<br>Eija laolaca<br>lunastetud<br>oletta Cuoleman<br>cadhotuxest.** |

* Der Engel sprach den Hirten mit diesen Worten: / Eine recht gute Mär bringe ich euch / Eine herrliche Freude mache ich euch kund / Die euch von Gott gnädig bekannt gemacht worden sind.
** Der Engel erschien vom Himmel / Er sprach den Hirten: / Ihr werdet euch sicher sehr freuen / Mit fröhlichen Sinnen / Eia singend / Ihr seid erlöst / Aus der Verdammnis des Todes.

Die beiden finnischen Übersetzungen fangen mit einer Redeeinleitung für den Engel an: *Engel paimenill puhui sanoill näill:* [‚der Engel sprach die Hirten mit diesen Worten an:'] und *Engel ilmestyi taevast puhui paimenil:l* [‚der Engel erschien vom Himmel, sprach die Hirten an:']. Das ältere Lutherlied hingegen (EG 24) beginnt direkt mit einem Zitat in Anführungszeichen, das bis zum Ende der fünften Strophe weitergeht. Eine Einleitung ist nur im neueren Lied (EG 25) von Luther zu finden: *Vom Himmel kam der Engel Schar* bzw.. Diese Formulierung ist im Finnischen geblieben, indem es heißt: *Enkeli taivaan lausui näin:* [‚der Engel aus dem Himmel sprach auf diese Weise:']. Auch die Erwähnung der Hirten[22] ist nur in EG 25 und den beiden finnischen Übersetzungen zu finden: *paimenill* [‚den Hirten']. Sonst ist HM 132 eine fast genaue Wiedergabe des EG 24, während 133 den Hirten rät, mit fröhlichem Sinne *eija* zu singen, da sie erlöst sind aus dem ewigen Tod. In der zweiten Strophe ist bei EG 25 und HM 133 von *Bethlehem, der Stadt Davids* die Rede, aber nur in diesen zwei von den vier zu vergleichenden Strophen. In seinen weiteren Strophen für EG 25 will Luther der Gemeinde Mut und Zuversicht einreden, während im finnischen HM 133 über die Armut und Sklaverei, die Jesu zuteil wurden, gesprochen wird, bis auch hier die letzte Strophe mit Lob und Dank endet. *Eija* wird in jeder Strophe wiederholt, was die Entsprechung der *Susaninnen*[23] im EG 24 ist.

[21] Die Numerierung 132 und 133 stammt von Hemminki Maskulainen 1605.
[22] Bei Luthers längerem Lied sollten der Engel und die Kinder zusammen die "Hirtenstrophe" 6 singen.
[23] Wiegenlieder.

*Vom Himmel hoch da komm ich her* ist im Deutschen nur orthographisch bearbeitet worden. Im Finnischen dagegen war im 19. Jahrhundert eine gründliche sprachliche Erneuerung nötig, als das Kirchengesangbuch umgearbeitet wurde. Diese Arbeit dauerte mehrere Jahrzehnte und brachte allerlei Streitigkeiten mit sich (vgl. Kapitel 3.3.2). Zuerst war Elias Lönnrot zu den Wurzeln des längeren Lutherliedes gegangen und hatte alle 15 Strophen neu übersetzt.[24] Schließlich wurde 1886 das kürzere Lied im neuen Liederbuch völlig ausgelassen und das neue Buch erhielt eine Fassung in 10 Strophen des längeren Liedes, die von Julius Krohn umgearbeitet worden waren. Die beiden ersten Strophen wurden seitdem nicht geändert, und auch sonst wurden 1938 und 1986 nur kleine Verbesserungen vorgenommen. (Väinölä evl.fi, ges. 2016.) Zwar enthielt der Vorschlag für das neue Kirchengesangbuch 1984, der den Gemeinden zur Begutachtung bzw. Kritik gesandt wurde, eine neue finnische Übersetzung für dieses Lied. Doch die Änderungen im bekannten Text verursachten einen so großen Aufstand und Sturm in Medien, dass die Synode der Evangelisch-lutherischen Kirche Finnlands sich entschied, *Enkeli taivaan* unverändert zu lassen. Laut einer Umfrage ist das Lied außerdem eines der beliebtesten Weihnachtslieder der Finnen (vgl. auch Helin 2016). Es ist sogar so beliebt, dass ein finnischer Bischof ein Buch über die Bedeutung des Liedes in seinem Leben geschrieben hat.[25] Und obwohl das Lied davor jahrhundertelang schon von Groß und Klein gesungen worden war, lernte das ganze Volk es erst richtig kennen und lieben, als man Ende des 19. Jahrhunderts anfing, in den Volkschulen Weihnachtsfeste zu feiern. Es wurde und wird heute noch zu Beginn des schulischen Festes direkt nach dem Weihnachtsevangelium gesungen. (ibid.)

Zum Vergleich nehmen wir daher die beiden ersten finnischen Strophen des Liedes, die während der Jahrhunderte am wenigsten verändert worden sind, in ihrer heutigen Fassung und vergleichen sie mit dem Ausgangstext und der ersten Übersetzung von 1605, wieder mit einer Rückübersetzung:

[24] Das finnische Lied enthielt ja 1605 12 Strophen.
[25] Bischof Eero Huovinen: Huovinen, Eero 2012: *Enkeli taivaan*. Rakas jouluvirsi. WSOY. Helsinki.

| 1. Vom Himmel hoch, da komm ich her. Ich bring' euch gute neue Mär, Der guten Mär bring ich so viel, Davon ich singn und sagen will. | ENgel paimenill puhui sanoill näill : Sangen hyvän sanoman sanon teill Ilon teille ihanan ilmoitan Qvin Jumalald julki teill suodhan . | 1. Enkeli taivaan lausui näin: Miks hämmästyitte säikähtäin? Mä suuren ilon ilmoitan maan kansoille nyt tulevan. | Ein Engel vom Himmel sprach auf diese Weise: Warum habt ihr euch erschrocken? Ich bringe euch eine große Freude, die jetzt kommt für die Völker der Erde. |
|---|---|---|---|
| 2. Euch ist ein Kindlein heut' geborn Von einer Jungfrau auserkorn, Ein Kindelein, so zart und fein, Das soll eu´r Freud und Wonne sein | Yx piltti piscu nuorucainen Kyll caunucainen lapsucainen On teille syndyn neidzest nuorest Teill ilox ijät sangen suurex.* | 2. Herramme Kristus teille nyt on tänään tänne syntynyt, ja tää on teille merkiksi: seimessä lapsi makaapi. | Unser Herr Christ ist heute für euch geboren, und dies ist das Zeichen dafür: das Kind liegt in einer Krippe. (I.H.) |

*) Der Engel sprach den Hirten mit diesen Worten: / Eine recht gute Mär bringe ich euch / Eine herrliche Freude mache ich euch kund / Die euch von Gott gnädig bekannt gemacht worden sind.
Ein kleines junges Kind / Ein so schönes Kindelein / Ist euch von einer jungen Jungfrau geboren / Zu eurer ewigen und sehr großen Freude

Luther spricht nicht davon, dass die Hirten sich erschrocken hätten, obwohl es so in der Bibel steht, und entsprechend hat Hemminki Maskulainen diesen Inhalt auch nicht, sondern diese Änderung ist erst im 19. Jahrhundert in den finnischen Text eingesetzt worden. Luther und Hemminki berichten, dass Christ *von einer Jungfrau auserkorn* bzw. *neidzest nuorest* [,von einer jungen Jungfrau'] geboren war, und dass das *Kindelein zart und fein* sei, bzw. *caunucainen lapsucainen* [, ein schönes Kindelein']. Die neue finnische Version spricht nur von *unserem Herrn Christ, der heute geboren ist.* Dagegen spricht nur die neue finnische Version von der Krippe, in der das Kind liegt. Bei Luther und Hemminki kommt die Krippe erst in der 5. Strophe zum Vorschein, d. h. im Krippenspiel Luthers in der letzten vom Engel gesungengen Strophe, mit der das Zitat endet. Die translatologische Behauptung, eine Neuübersetzung stehe dem Ausgangstext nähere als ältere Übersetzungen, stimmt hier nicht, sondern wir stellen fest, dass Hemminki mit seiner Formulierung näher bei Luther war als Krohn Ende des 19. Jahrhunderts. Dabei müssen wir die Tatsache berücksichtigen, dass es mit der heutigen theoretischen und vielseitigen Übersetzerausbildung gut möglich gewesen wäre, dass die vorgeschlagene Neuübersetzung schließlich die Theorie (auch) in diesem Fall als richtig bewiesen hätte, wenn das Publikum nicht so laut gegen jegliche Änderung des Textes aufgestanden wäre!

Es gibt im finnischen Text also nur noch 10 Strophen im Gegensatz zu den 15 des deutschen Liedes, aber trotzdem sind da einige Strophen, deren erste

Verse textuell gut vergleichbar sind, d. h. die vielen Übersetzer haben darin den tieferen Inhalt gesehen, den Luther auch gemeint hat:

7. *Merk auf, mein Herz, und sieh dorthin,* = 3. *Jo riennä, katso sieluni,*
8. *Sei mir willkommen, edler Gast,* = 4. *Oi terve tänne tultuas,*
9. *Ach Herr, du Schöpfer aller Ding* = 5. *Ah, Herra, joka kaikki loit*
13. *Ach mein herzliebes Jesulein* = 8. *Ah, Herrani mun Jeesuksein,*
14. *Davon ich allzeit fröhlich sei,* = 9. *Ah, iloni jos sinuss ois,*
15. *Lob, Ehr sei Gott im höchsten Thron* = 10. *Nyt Jumalalle kunnia,*

Eigentlich ist der ganze Inhalt des Lutherliedes in den 10 finnischen Strophen gut verpackt worden. Es ist kein Wunder, dass man eine sprachliche Änderung nicht hat zulassen wollen, obwohl man schon in diesen Versen sieht, wie die Sprache und der Sprachgebrauch sich verändert haben. Aus inhaltlichen Gründen würde sich also die Behauptung nicht bestätigen, Übersetzungen müssten jeweils nach 50 Jahren erneuert werden! Sprachliche Änderungen wären jedoch angebracht. Bei einigen männlichen Reimen[26] wurde ein Buchstabe einfach weggelassen, ohne dies mit einem Apostroph zu markieren. Ein modernes finnisches Lied würde man nicht mit einem *Ah* anfangen. Jedoch geben diese für die heutige Sprache besonderen Merkmale dem Text eine feierliche Stimmung, was bestimmt dazu beigetragen hat, dass man die Änderungswünsche abgeschlagen hat.

Eine weitere Eigentümlichkeit des Liedes, die hier noch genannt werden soll, ist die oben schon erwähnte letzte Strophe, die 15. im Deutschen, die 10. im Finnischen. Der Inhalt ist gut vergleichbar und relativ genau übersetzt, obwohl im Finnischen nicht *die Engel uns ein solches neues Jahr singen,* sondern *siit enkelitkin riemuiten veisaavat hälle kiitoksen* [‚dafür singen Ihm auch die Engel jubelnd ihren Dank ']. Dazu muss man wissen, dass in Finnland ausnahmslos beim gemeinschaftlichen Gesang dieses Liedes, sei es in der Kirche, in einer Schule oder irgendwo anders, dass die Anwesenden schon bevor die letzte Strophe angestimmt wird, aufstehen und die Strophe stehend singen, ungeachtet dessen, ob man gläubig ist oder nicht. Schon das gibt dem Lied die Würde, die es seit Jahrhunderten besitzt und verdient!

### 8.3.5 *In dulci iubilo*. Finno 52, (g) Blatt 30, EKG 26, Vk 18

Nehmen wir hier noch eine ungewöhnliche Mischung, eine Hybride, ein Lied, in dem schon früh Latein und Volkssprache sich etwa Vers für Vers abwech-

[26] *Tultuas; sinuss; ois,* statt *tultuasi; sinussa; olisi*

selten. Die mittelalterliche Melodie, mit der das Lied immer noch gesungen wird, stammt aus Deutschland, 1533 (Vk 18). In Deutschland wird in F-Dur, in Finnland tiefer, in Es-Dur gesungen. Ursprünglich wurden hier Latein und Deutsch miteinander gemischt. Dieser Art Hybriden wurden nach Väinölä (evl.fi, ges. 2016) besonders in spielerischen oder gar höhnischen Liedern verwendet; ihre Sprache wird nach der Satire *Carmen Macaronicum* des Italieners *Tifi Odassi* (1490) als „Makaronisch" bezeichnet. In diesem Lied aber handelte es sich jedoch nicht um eine „Sprachmischung im spielerischen Sinne", und es war ursprünglich kein Weihnachtslied wie heute, sondern dem Michaelistag, dem Tag der Engel, gewidmet. Der Originaltext spricht nicht von einer Krippe im weltlichen Bethlehem mit einem armen Weib und Kind, sondern die Krippe befindet sich im Himmel und das Kind wird von der Königin des Himmels im Schoß gehalten. Das Kind strahlt wie die Sonne und die Engel singen um es herum *nova cantica,* neue Lieder. (ibid.)

Jacobus Finno hatte von diesem Lied für sein Gesangbuch 1583 alles, also sowohl die deutschen als auch die lateinischen Verse ins Finnische übersetzt:

> *Ilon cans weisatcam / Caickel wäel riemutcam /Meidän turuam ia toimen / Syndyi ia pantin soimen / Paista quin päivä armas / Oman äitinsä parmas /Alcu ia loppu* [‚Nun sollen wir fröhlich singen / mit allen Leuten jubeln / Unser Schutz und Helfer / Wurde geboren und in die Krippe gelegt / Er scheint wie die liebe Sonne / Im Schoß seiner eigenen Mutter / Anfang und Ende'] (IH)

Doch das Lied wurde dann von dem Turkuer Domprobst Petrus Melartopaeus für das Gesangbuch von Hemminki Maskulainen 1605 als Hybride übersetzt, Latein und Finnisch *In dulci jubilo / Nyt on iso ilo* (Hallio 1936: 42). In dieser Form erschien das Lied auch noch im sog. Alten Gesangbuch 1701. Erst für das finnische Gesangbuch 1886 wurde diese Übersetzung durch einen vollständig finnischen Text ersetzt. Weil aber die einsprachige Übersetzung von Finno (sprachlich modernisiert) auch im Gesangbuch von 1938 noch verblieb, hatten die Finnen zwei Versionen dieses Liedes, bis diese 1986 (weitestgehend auf Grundlage der einsprachigen Adaption der Fassung von Melartopaeus) zusammengesetzt wurden: *Nyt ilovirttä veisaten* (Vk 18.)

Wir machen jetzt zwei Vergleiche. Zuerst vergleichen wir die Hybride, und zwar das alte deutsche Lied, das neue[27] und außerdem die schwedische von

[27] Die hybride Version ist weder in EKG noch in EG eingegangen, sondern man bevorzugte die 1646 unter dem Titel „In dulci Jubilo, gantz Deutsch" für das Hannoversche Gesangbuch geschaffene rein deutsche Fassung

1582 und die finnische Übersetzung aus dem frühen 17. Jahrhundert (Hallio 1936: 42f.):

| | | | |
|---|---|---|---|
| In dulci iubilo<br>Nun singet vnd seyt fro<br>vnsers hertzens wonne<br>leyt in presepio<br>Vnd leuchtet als die<br>sonne<br>matris in gremio<br>Alpha es et o<br>Alpha es et o.<br>O Jhesu paruule<br>nach dir ist mir so weh<br>trost mir mein gemütte<br>o puer optime<br>durch alle deine gütte<br>o princeps glorie<br>trahe me post te<br>trahe me post te.<br>O Patris charitas,<br>o Nati lenitas!<br>Wir weren all verloren,<br>per nostra crimina,<br>so hat er vns erworben<br>coelorum gaudia.<br>Eya wern wir da,<br>eya wern wir da!<br>Ubi sunt gaudia<br>nyrgend mehr den da<br>da die Engel singen<br>noua cantica<br>vnd die schellen<br>klingen<br>in regis curia<br>Eya wern wir da<br>eya wern wir da. | In dulci jubilo<br>nun singet und seid<br>froh:<br>Unsers Herzens Wonne<br>liegt in praesepio<br>und leuchtet wie die<br>Sonne<br>matris in gremio.<br>Alpha es et O,<br>Alpha es et O.<br>O Jesu parvule,<br>nach dir ist mir so weh.<br>Tröst mir mein Gemüte,<br>o puer optime.<br>Durch alle deine Güte,<br>o princeps gloriae,<br>\|: trahe me post te! :\|<br>Ubi sunt gaudia?<br>Nirgend mehr denn da,<br>da die Engel singen<br>nova cantica,<br>Und die Schellen<br>klingen<br>in regis curia.<br>\|: Eia, wär'n wir da! :\|<br>Mater et filia<br>ist Jungfrau Maria;<br>wir wären gar verloren<br>per nostra crimina:<br>So hast du uns<br>erworben<br>celorum gaudia.<br>\|: Maria, hilf uns da! :\| | In dulci Jubilo<br>Sjuger på jorden bo;<br>All vår hjertans glädje<br>Ligger in praesepio,<br>Och skin som Solen<br>vida<br>Matris in gremio.<br>Alpha es & O! Alpha<br>es & O!<br>O Jesu parvule,<br>Din nåde mig bete;<br>Trösta mit hjerta och<br>sinne,<br>O puer optime;<br>Låt mig din godhet<br>finna,<br>O princeps gloriae,<br>Trahe me post te,<br>Trahe me post te.<br>O patris charitas,<br>O Nati lenitas,<br>Vi vore alle fördärfvad'<br>Per nostra crimina;<br>S¨hafver han ossa<br>förvärfvat<br>Coelorum gaudia:<br>Eja vore vi där!<br>Eja vore vi där!<br>Ubi sunt gaudia,<br>I den helga stad,<br>Där de Änglar sjunga<br>Nowa cantica,<br>Och de klockor klinga,<br>In Regis Curia;<br>Eja vore vi där!<br>Eja vore vi där! | In dulci jubilo,<br>nyt on iso ilo,<br>Maailman Messias<br>makaa<br>In praesepio,<br>Paistaa kuin aurink'<br>armas<br>Matris in gremio:<br>Alpha es et O,<br>Alpha es et O.<br>O Jesu parvule!<br>Sinua rukoilemme,<br>Anna armos aina,<br>O puer optime!<br>Ja sanas meille lainaa,<br>O princeps gloriae!<br>Trahe me post te,<br>Trahe me post te.<br>O patris caritas,<br>O nati lenitas!<br>Pirut rumat meitä<br>kaasit<br>Per nostra crimina,<br>Siis sinä meille saatit<br>Coelorum gaudis,<br>Auta sinne Herra, Auta<br>sinne Herra.<br>Ubi sunt gaudia,<br>Ei surun siellä siaa,<br>Kussa enkelit laulavat<br>Nova cantica,<br>Ja taivaat kaikki<br>kajaavat,<br>In Regis curia.<br>Auta sinne Herra,<br>Auta sinne Herra! * |

*) In dulci jubilo, / jetzt ist eine große Freude / Der Messias der Welt liegt / In praesepio, / Leuchtet wie die liebe Sonne / Matris in gremio: / Alpha es et O, / Alpha es et O.
O Jesu parvule! / Dich beten wir an, / Gib uns immer Deine Gnade, / O puer optime! / Und Dein Wort uns verleihe, / O princeps gloriae! / Trahe me post te, / Tahe me post te.
O patris caritas, / O nati lenitas! / Die hässlichen Teufel haben uns gestürzt / Per nostra crimina, / So hast Du uns geführt / Coelorum gaudis, / Hilf uns dorthin, O Herr, Hilf uns dorthin, O Herr.
Ubi sunt gaudia, / Dort ist kein Platz für Sorgen / Wo die Engel singen / Nova cantica, / Und alle Himmel klingen, / In Regis curia. / Hilf uns dorthin, O Herr, Hilf uns dorthin, O Herr.

Zuerst sehen wir, dass die Strophe 4 der anderen Lieder Strophe 3 in der neuen deutschen Version ist, und dass aus dem Vater Mutter, Jungfrau Ma-

„Nun singet und seid froh" (EKG 26, EG 35); die hybride Version findet sich im katholischen Gesangbuch Gotteslob als Nr. 142; vgl. Völker, 31f.

ria geworden ist, zeigt, dass diese Version einem katholischen Gesangbuch entstammt. Auch verwendet der finnische Übersetzer das *Wir* obwohl auf Deutsch und Schwedisch das *Ich* in der 2. Strophe betet.

Wenn wir die drei anderen Strophen vergleichen, stellen wir im Allgemeinen fest, dass zwischen den lateinischen Versen relativ ähnlich und relativ treu übersetzt worden ist. Jedoch ist der finnische Text freier als der schwedische: z. B. steht in der zweiten Strophe auf Deutsch (neu) *Tröst mir mein Gemüte... Durch alle deine Güte*, während das Finnische um die Gnade Gottes bittet sowie darum, dass Gott den Menschen sein Wort verleihen möge: *Anna armos aina... Ja sanas meille lainaa*. Am Ende der 4. Strophe der drei alten Versionen klingen die Schellen auf Deutsch und Schwedisch, aber im Finnischen tönen die Himmel! Auch der wiederholte Wunsch *Eya wären wir da!* wurde im Finnischen eine Bitte *Auta sinne Herra!* [‚Hilf uns dorthin, o Herr!‘]

Zum Schluss nehmen wir noch die rein finnischen Übersetzungen von Finno und dem Neuübersetzer mit einer Rückübersetzung der neuen Version:[28]

[28] Zum Vergleich die deutsche einsprachige Version (EKG26 / Hannoversches Gesangbuch 1646):
1.Nun singet und seid froh, / jauchzt alle und sagt so: / Unsers Herzens Wonne / Liegt in der Krippen bloß / Und leuchtet als die Sonne / In seiner Mutter Schoß / Du bist A und O, / du bist A und O.
2. Sohn Gottes in der Höh, / nach dir ist mir so weh. / Tröst mir mein Gemüte, / o Kindlein zart und rein, / durch alle deine Güte, / o liebstes Jesulein. / Zieh mich hin nach dir, / Zieh mich hin nach dir.
3. Groß ist des Vaters Huld, / der Sohn tilgt unsre Schuld / Wir warn all verdorben / Durch Sünd und Eitelkeit, / so hat er uns erworben / die ewig Himmelsfreud. / Eia wärn wir da, / eia, wärn wir da!
4. Wo ist der Freuden Ort? / Nirgends mehr denn dort, / da die Engel singen / mit den Heil'gen all / und die Psalmen klingen / im hohen Himmelssaal. / Eie wärn wir da, / eia wärn wir da!

| | | |
|---|---|---|
| lLon cans weisatcam Caickel wäel riemutcam Meidhän turuam ia toimen Syndyi ia pantin soimen Paista quin päiuä armas Oman äitinsä parmas<br>Alcu ia loppu<br>Alcu ia loppu .<br>O Jesu wähäinen Tyghös me lähenem<br>Murhes meit aina lodhut<br>Hyuillä tauoill totut<br>O sä cunnian Isä<br>An meidhän pysy nijsä<br>Vedhä meit tyghös<br>ij<br>O Isän rackaus<br>O poian suloisus<br>Syndi meidhät pois cadhot Ja heluettin alas waiot<br>Sä meidhät sield ylös nostit<br>Ja callil werelläs ostit<br>Saata meit taiuas<br>ij<br>Cusa on riemu suuri<br>Ja meno ialo iuuri<br>Engelit weisauat siellä Sielut eij laulu kiellä<br>Eij tora eli wiha<br>Kärsi sen Cuningan piha<br>Sinne me halam<br>ij * | 1. Nyt ilovirttä veisaten<br>me kiittäkäämme riemuiten.<br>Suuri Jumalamme<br>on pieni lapsi tallissa.<br>Kristus, auttajamme,<br>nyt aurinkona kirkkaana<br>loistaa ilonamme<br>seimen oljilla.<br>2. Sun puolees, Jeesus, veljemme,<br>nyt ylennämme mielemme.<br>Rauhanruhtinaamme,<br>voit lohduttaa ja uudistaa.<br>Sinulta me saamme<br>jo uuden riemun hunajaa.<br>Anna, kuninkaamme,<br>voimaa rakastaa.<br>3. Oi Isän suuri rakkaus,<br>oi Pojan suuri laupeus!<br>Synti sortaa meitä,<br>kun lankeemus toi turmion.<br>Jeesus eksyneitä<br>nyt auttaa alta tuomion,<br>laumaansa ei heitä,<br>uskollinen on.<br>4. Oi taivaan riemu verraton,<br>kun Jeesus aurinkona on.<br>Enkeljoukko soittaa<br>ja uutta virttä lauletaan.<br>Uusi päivä koittaa,<br>ei saavu ilta milloinkaan.<br>Riemut kaikki voittaa<br>juhla kuninkaan. | *Jetzt sollen wir uns beim Jubelgesang mit Freude bedanken.*<br>*Unser großer Gott ist ein kleines Kind im Stall.*<br>*Christus, unser Helfer,*<br>*scheint jetzt als die helle Sonne*<br>*auf dem Stroh der Krippe zu unserer Freude.*<br>*Zu Dir, Jesu Christ, unserem Bruder,*<br>*nun heben wir unsere Sinne.*<br>*Unser Friedensfürst, du kannst trösten und erneuern.*<br>*Von dir erhalten wir schon den Honig der neuen Freude.*<br>*Gib uns, unser König, Kraft zu lieben.*<br>*O große Liebe des Vaters,*<br>*o große Gnade des Sohnes!*<br>*Die Sünde drückt uns,*<br>*da der Fall das Verderben brachte.*<br>*Jesus hilft nun den Verlorenen*<br>*unter dem Gericht heraus,*<br>*seine Herde gibt er nicht auf,*<br>*sondern ist treu.*<br>*O Freude des Himmels vortrefflich,*<br>*da Jesus dort die Sonne ist.*<br>*Die Engelschar spielt und das neue Lied wird gesungen.*<br>*Ein neuer Tag geht auf,*<br>*nie kommt der Abend.*<br>*Das Fest des Königs übertrifft alle Freuden.* (IH) |

* Lasst uns singen mit Freude / Freuen mit allen Leuten / Unser Schutz und Wahrheit / Ist geboren und wurde in die Krippe gelegt / Er leuchtet wie die liebe Sonne / Im Schoß seiner Mutter / Anfang und Ende / Anfang und Ende.
O kleines Jesuskind / Wir kommen näher zu Dir / Tröste uns immer in unseren Sorgen / Lass uns gute Sitten lernen / O Du Vater der Ehre / Lass uns darin bleiben / Ziehe uns zu Dir.
O Liebe des Vaters / O Anmut des Sohnes / Wir waren durch Sünden verloren / Und gesunken in die Hölle / Du hast uns dort aufgehoben / Und mit Deinem teuren Blut gekauft / Führe uns in den Himmel.
Dort ist die Freude groß / Und die Stimmung sehr erhoben / Dort singen die Engel / Und die Seelen schweigen nicht / Kein Streit oder Hass / wird vom Königshof geduldet / Dort wollen wir hin.

Jesus als die Sonne zu bezeichnen war ursprünglich eines der Themen des mittelalterlichen Liedes. In den finnischen Übersetzungen bezieht sich Finno darauf einmal *Paista quin päiuä armas* [‚scheint wie die liebe Sonne'] und die vom Gesangbuchausschuss 1984 erarbeitete neue Version zweimal, am Anfang und am Ende des Liedes. Auf die Jungfrau Maria wird nicht hingewiesen; Finno spricht von der Mutter (*äiti*), im neuen Lied wird nur gesagt, dass Jesus geboren wurde. In der 2. Strophe wird bei Finno auf Jesus mit

Bezeichnungen *wähäinen* [‚armselig'] und *cunnian isä* [‚Vater der Ehre'] hingewiesen, beim neuen Text mit *veljemme* [‚unser Bruder'], *Rauhanruhtinas* [‚Friedensfürst'] und *kuninkaamme* [‚unser König'], von dem *wir schon den Honig der Freude* erhalten. In der 3. Strophe von Finno wird Jesus gebeten, uns in den Himmel zu bringen, da er uns durch sein teures Blut erkauft hat: *Ja callil werelläs ostit. Saata meit taiuas.* Von Jesu Erlösungsblut ist in der neuen Übersetzung nicht die Rede, sondern nur davon, dass Jesus der den Verlorenen aus dem Gericht heraus hilft, implizit als der gute Hirte betrachtet wird, der seine Herde nicht verlässt, sondern treu ist: *Jeesus eksyneitä nyt auttaa alta tuomion, laumaansa ei heitä, uskollinen on.* In der 4. Strophe ist die alte Lehnübersetzung von Finno *cuningan piha* [‚Königshof'] zum Fest des Königs, *juhla kuninkaan* umformuliert worden.

Finno ist also dem lateinischen sowie auch dem deutschen Text beim Übersetzen treu geblieben. Das war möglich, da er sich in beiden Sprachen gut auskannte. Außerdem ist es ihm gelungen, den Inhalt so zu gestalten, dass er reimen und in der 4. Strophe sogar mehr erzählen konnte, nämlich dass auch die Seelen im Himmel mit den Engeln singen, und dass es dort im Königshof keinen Streit oder keinen Hass mehr gibt: *Engelit veisauat siellä Sielut ei laulu kiellä, Eij tora eli viha Kärsi sen Cuningan piha.* Wie am Anfang dieses Abschnitts schon erwähnt wurde, ist die betreffende Neuübersetzung eine Zusammensetzung des Hybridliedes und des zweiten, das Finno nur ins Finnische übersetzt hatte. Die Strophenzahl ist dieselbe und der Inhalt der Strophen auch den zwei früheren Texten vergleichbar. Einiges ist implizierter ausgedrückt: es wird heute eher nur über *Erlösung* gesprochen als über Erlösung durch das Blut Christi oder über das *Verderben, den Untergang* durch den Sündenfall statt der *Hölle.* Auch die Teufel, *pirut,* in der 3. Strophe des finnischen Hybridliedes werden heute umschrieben, wie wir schon im Kapitel 4.7 erläutert haben. In dieser Hinsicht wundert sich Väinölä (2008: 32), warum im Finnischen die hybride Form nicht beibehalten wurde, da z. B. im finnischen Rundfunk Nachrichten auf Latein gesendet werden – also manche Leute doch auch diese Sprache noch beherrschen oder schätzen.

Im nächsten Kapitel verlassen wir die alten Lieder und besprechen einige, die neu bzw. relativ neu im EG 1990 und Vk 1986 sind und als Übersetzungen aufgenommen worden sind, um zu sehen, wie die modernen Translatoren den Ausgangstext behandeln und ob dieser gemeinsame Ursprungstext mindestens zwischen den Zeilen zu finden ist.

# 9
# Neue Übersetzungen im Vergleich

Die gefundenen Beispiellieder werden in der Reihenfolge vorgestellt und kurz analysiert, in der sie im neuen finnischen Kirchengesangbuch auftauchen. Es werden neben dem Dichter auch der Komponist und die Übersetzer genannt.

Im neuen finnischen Kirchengesangbuch von 1986 habe ich insgesamt 22 entweder ganz neue oder erst jetzt bzw. wieder in das Buch aufgenommene Lieder gefunden, die auch auf Deutsch im EG 1990 stehen. Davon sind 17 ursprünglich in deutscher Sprache gedichtet, und 5 ins Deutsche sowie ins Finnische übersetzt worden. Diese fünf nehmen wir zuerst unter die Lupe, und betrachten danach noch einige, die erst kürzlich aus dem Deutschen ins Finnische übersetzt wurden, um zu sehen ob und wie man heute die modernen Translationsmethoden zuhilfe nimmt.

## 9.1 *Kwam van godswege een man,* Liedboek voor de Kerken 46, *Mies tänne saapui* Vk 12, *Kam einst zum Ufer* EG 312

Dieses Lied ist ist im finnischen Buch als Adventslied, im deutschen unter der Kategorie *Biblische Erzähllieder* platziert worden. Sein Text (1962/1973), der die Geschichte von Johannes dem Täufer erzählt, stammt von dem niederländischen katholischen Geistlichen, Jesuiten und Studentenpfarrer Huub Oosterhuis (*1933). Er wurde von Jürgen Henkys (1929-2015*),* Professor für Praktische Theologie der Berliner Humboldt Universität, 1975 ins Deutsche und von der bekannten finnischen Theologin und als Dichterin sowie Übersetzerin beliebten Anna-Maija Raittila (1928-2012) 1979 ins Finnische übertragen. Sie hat einen großen Teil der Texte im neuen finnischen Kirchengesangbuch überarbeitet und mehrere aus anderen Sprachen übersetzt. Osterhuis'dichterisches Werk ist umfangreich und seine Lieder wurden seit 1967 in andere Sprachen übersetzt. Die Melodie von 1965/1973 stammt von Jaap Geraedts (1924-2003) und wird in allen drei Ländern verwendet. Die einfache und karge Melodie des Liedes entspricht dem Textinhalt sehr gut. Der niederländische Komponist und Musikkritiker Geraedts war Mitglied in dem Ausschuss, der das neue niederländische Kirchengesangbuch *Liedboek* *voor de Kerken* (1973) vorbereitete, und das Buch enthält mehr als zehn Melodien von ihm. (EG 1990.)

Das Lied bezieht sich direkt auf die Ereignisse und Themen des Dritten Advents: das Kommen Christi, die Umkehr auf dem Pfad der Sünden und besonders auf Johannes den Täufer, der das Volk mahnte, die Sünden zu bereuen und umzukehren. Johannes ist hier die biblische Hauptperson. (Mark. 1, 2-15, Matth. 3, 1-12, Luk. 3, 10-14.) Deshalb gehört das Lied im finnischen Buch zu den Adventsliedern. (vgl. Väinölä evl.fi, ges. 2016.)

Im niederländischen Gesangbuch hat das Lied 7 Strophen, im finnischen 6 und im deutschen 7, wie im Ausgangstext, so dass das deutsche Lied den biblischen Inhalt etwas ausführlicher weiterverbreitet als das finnische. Im Allgemeinen gibt es kein Problem, die Strophen als Übersetzungen desselben Textes zu erkennen. Wir nehmen hier einige Unterschiede aus den übersetzten Texten auf und vergleichen sie mit dem Ausgangstext.

| | | |
|---|---|---|
| 1. Kwam van Godswege<br>een man in ons bestaan,<br>een stem om te getuigen,<br>Johannes was zijn naam.<br>Man van Godswege,<br>Johannes was zijn naam. | 1. Kam einst zum Ufer<br>nach Gottes Wort und Plan<br>ein Prediger und Rufer<br>Johannes hieß der Mann.<br>Kam einst zum Ufer<br>Johannes hieß der Mann | 1. Mies tänne saapui,<br>mies meitä pyytämään<br>kanssansa Herraa vastaan,<br>Johannes nimeltään,<br>mies Jumalalta,<br>Johannes nimeltään. |

Da der deutsche Text eine Geschichte erzählt, bezieht er sich nicht auf *uns,* wie der Ausgangstext und die finnische Übersetzung, sondern berichtet, dass ein Mann nach Gottes Plan zum Ufer des Jordans kam, ein Prediger war und Johannes hieß, was auch im Originaltext und im Finnischen gesagt wird. Die rufende Stimme in der Wildnis, worauf der Ausgangstext hinweist, wird im Finnischen auf einen Mann übertragen, der kam und uns darum bat, mit ihm dem Herrn zu begegnen.

| | | |
|---|---|---|
| 2. Zo staat geschreven:<br>de heuvel moet geslecht,<br>geen kwaad mag zijn bedreven,<br>maak alle paden recht.<br>Zo staat geschreven:<br>maak alle paden recht. | 2. So steht geschrieben:<br>Was krumm ist, macht gerad,<br>Macht groß, was klein geblieben,<br>und eben jeden Pfad.<br>So steht geschrieben:<br>Macht eben jeden Pfad | 3. On kirjoitettu:<br>Pois laaksot, kukkulat,<br>pois vääryys, väkivalta,<br>tiet tehkää avarat!<br>On kirjoitettu:<br>Tiet tehkää avarat! |

Im finnischen Text wurden die Strophen 2 und 3 vertauscht, so dass die Strophe 3 den Strophen 2 in den anderen zwei Texten entspricht. Jede dieser

Strophen fängt an und endet im vorletzten Vers mit *So steht geschrieben:* was sich auf die Prophezeiung vom Prediger in der Wüste (Jes. 40, 3-4) bezieht. Im Deutschen wird jedoch von dem bibeltreuen Text des Originals abgewichen: das Krumme soll gerade und das Kleine groß gemacht werden.[1] Das Finnische entnimmt dem Ausgangstext das *Unrecht* und die *Gewalt*, die weggeschafft werden müssen, sowie auch, dass das Land geebnet werden muss – aber dies in den drei Sprachen unterschiedlich: „so steht geschrieben" *Maak alle paden recht / Macht eben jeden Pfad / Tiet tehkää avarat!* [‚Macht die Wege breit!'].

Wir nehmen noch zwei Strophen als Beispiele

| | | |
|---|---|---|
| 3. Doper, wat liep je<br>in kemelharen pij,<br>als een profeet, wat riep je<br>daar in die woestenij?<br>Doper, wat riep je<br>daar in die woestenij? | 3. Täufer, was liefst du<br>umher in Fell und Gurt<br>wie ein Prophet?<br>Was riefst du<br>dort an der Jordanfurt?<br>Täufer, was riefst du<br>dort an der Jordanfurt? | 2. Hän kastoi, kulki<br>vain talja vaatteenaan.<br>Profeetta, mitä huusit<br>rannoilla erämaan?<br>Meillekö huusit<br>rannoilta erämaan? |

Im Ausgangstext und in der deutschen Übersetzung wird Johannes der Täufer angesprochen, während der finnische Text hier den Erzählmodus übernimmt und erst im zweiten Satz ebenfalls den Täufer anspricht. Im Niederländischen und Deutschen läuft er umher im Habitus eines Propheten – wobei im Deutschen „in Fell und Gurt" für Kamelhaar stehen. Das Finnische nennt nur ein Fell als Bekleidung und spricht ihn als Propheten erst im folgenden Satz an und fragt, wie in anderen Sprachen auch, was er in der Wüste gerufen hat, *in die woestenij / an der Jordanfurt / an den Ufern* (!) *der Wildnis* [‚rannoilta erämaan'].

| | | |
|---|---|---|
| 6. Deelt met elkander<br>het brood van alledag,<br>opdat in u de ander<br>Gods heil aanschouwen<br>mag.<br>Deelt met elkander<br>het brood van deze dag. | 6. Teilt Brot und Mantel,<br>raubt niemandem sein Gut<br>und macht mit eurem<br>Wandel<br>bedrückten Menschen Mut.<br>Teilt Brot und Mantel,<br>macht allen Menschen Mut. | 5. Nyt keskenänne<br>myös leipä jakakaa,<br>ihminen ihmiseltä<br>Jumalan lahjat saa.<br>Siis keskenänne<br>myös leipä jakakaa |

In der vorletzten Strophe aller drei Versionen wird die Ermahnung ausgesprochen, dass die Menschen miteinander das tägliche Brot, *het brood van*

[1] Hier nimmt der Übersetzer zwei Anleihen in der Weltliteratur. Die erste greift auf die deutsche Übersetzung des Jesaja-Textes in der Fassung von Jes. 40,4 in der King-James-Bibel von 1611 („and the crooked shall be made straight") in Händels Oratorium „Der Messias" zurück; die zweite läßt Bertolt Brecht „Das Lied von der Moldau" anklingen („Das Große bleibt groß nicht und klein nicht das Kleine" – während bei Jesaja lediglich das Herausragende geschleift werden soll.) Man kann in der deutschen Fassung durchaus Anklänge an Motive der Befreiungstheologie erkennen.

*alledag / Brot und Mantel*[2] */ das Brot* [‚leipä'] teilen sollen; die finnische Fassung begründet dies damit, dass der Mensch von einem anderen das erhält, was er von Gott empfängt. Der deutsche Text gebietet außerdem noch, niemandem sein Gut zu rauben, aber den Menschen Mut zu machen.

Die zwei letzten Verse sind in allen Versionen ähnlich gebaut: der letzte Vers ist jeweils eine etwaige Wiederholung des drittletzten, und der zweitletzte wiederholt den ersten Vers. Nur im finnischen Text wird in den Strophen 4 bis 6 in diesem Fall der zweite Vers zuletzt wiederholt.

Interessant ist weiter, dass der deutsche Übersetzer für die 4. Strophe den bekannten Bibelvers (Luk. 3, 9) *Es ist schon die Axt den Bäumen an die Wurzel gelegt*, den man sofort mit Johannes dem Täufer verbindet, so umformuliert: *Bald wird der Baum gefällt. Aufschaun, umkehren! Sonst wird der Baum gefällt.* Dieser Ausdruck steht nicht im Ausgangstext, weshalb die finnische Übersetzerin ihn nicht verwendet, sondern ist beim Ausgangstext bleibt. In der 5. Strophe fragt das Volk, was es tun soll, wenn er (der Messias) jetzt kommt, und der Täufer ermahnt sie zu büßen und an den Bund Gottes zu glauben. Auch im finnischen Text soll man umkehren, aber Gott dienen und nicht dem Mammon, was wiederum nicht im Ausgangstext steht (und auch kein Johannes- sondern ein Jesuswort (Matth. 6, 24) ist).

In der letzten Strophe dichtet der Autor des Ausgangstextes, dass ein Kind geboren ist, das Messias heißt. Im deutschen Text heißt das Kind Friedefürst, und wird im letzten Vers direkt angesprochen: *du bist der Friedefürst.* Im finnischen Text ist auch vom *Messias* die Rede, der als „dein König" kommt – alles Anklänge an Jes. 9,6.

Die Übersetzer haben eine gute Arbeit geleistet. Wir haben hier einige Aspekte, kulturelle und sprachliche Merkmale gefunden, wobei der Rhythmus und die Reimbildung für die Zielsprache benötigte Lösungen verlangt haben. Zweifellos würde auch der niederländische Autor sein Lied in den Übersetzungen wiedererkennen. Vom Blickwinkel der Translationswissenschaft her gesehen, ist eine dynamische Äquivalenz deutlich vorhanden und gut gelungen.

[2] Diese Erweiterung entspricht der Aufforderung Johannes des Täufers (Luk. 3,11), dass wer zwei hat, dem gebe, der keinen hat; sie bleibt also beim Thema.

## 9.2 *The Church's one foundation, Die Kirche steht gegründet* (beide) EG 264, *On Kristus kirkon herra* Vk 164

Dieses Lied wurde von dem englischen Pfarrer und Kirchenliederdichten Samuel John Stone (1839-1900) schon 1866 gedichtet und danach 1898 von der Gründerin und Leiterin des Evangelischen Allianzhauses in Blankenburg, Anna Thekla von Weling (1837-1900), ins Deutsche übersetzt. Auch ins Finnische wurde es schon Ende des 19. Jahrhunderts für das finnische Liederbuch *Harpunsäveliä* übersetzt, aber erst in den 1960er Jahren von der Theologin und Dichterin Anna-Maija Raittila neuübersetzt und in das Supplement (lisävihko) von 1963 zum finnischen Kirchengesangbuch aufgenommen. So steht es auch im heutigen Gesangbuch beider Sprachen. Die Melodie schrieb 1864 der englische Organist und geistliche Komponist Samuel Sebastian Wesley (1810-1876), ein Enkel des großen methodistischen Liederdichters Charles Wesley (1701-1788). Die Melodie wird in beiden Sprachen verwendet, im Finnischen wieder eine Sekunde tiefer, in C-Dur statt D-Dur. In Finnland war für das Lied zuerst eine andere Melodie[3] gewählt worden, jedoch wurde für die heutigen Gesangbücher die Melodie von Wesley für dieses Lied festgelegt, einheitlich in der ganzen evangelischen Welt.

Zum Hintergrund des Liedes berichtet Väinölä (evl.fi, ges. 2016), dass es auf einer bewunderten Schrift des Kapstadter Bischofs Robert Gray (1809-1872) beruht, in der er den richtigen Glauben verteidigt und durch die der junge Hilfspfarrer Stone inspiriert wurde, das später weltberühmte Lied *The Church's one Foundation* zu dichten. Es gehört zu einer Reihe *Lyra fidelium* von zwölf Liedern aus seinem Spätwerk, aber nur dieses Lied ist im kirchlichen Gebrauch geblieben.

Der Ausgangspunkt und Kern des Liedes ist 1. Kor. 3, 11. (ibid.), auch Off. 21, 2 (EG 1990): Christus ist der einzige Herr und Gründer der Kirche. In den Strophen gibt es ein biblisches Bild von der Kirche, die schon hier mit Gott verbunden ist und eine *selige Gemeinschaft mit der Erlösten Schar* hat.

Das Lied 264 im EG hat wie die ursprüngliche englische Version, die auch im EG abgedruckt ist, drei Strophen, die wir hier für den Vergleich heranziehen. Das finnische Lied hat dagegen fünf Strophen, was den Vergleich der drei miteinander schwierig macht. Der deutsche Text von Anna Thekla

[3] Sie stammte von Melchior Teschner (1584 -1635) aus 1614 (z.B. EG 523, Vk 8, 98 und 452).

von Weling ist genau der Stropheneinteilung des Originals entsprechend übersetzt worden.

| The Church's one foundation<br>is Jesus Christ her Lord;<br>she is his new creation<br>by water and the word:<br>From heaven he came and sought her<br>to be his holy bride;<br>with his own blood he bought her,<br>and for her life he died. | Die Kirche steht gegründet<br>allein auf Jesus Christ,<br>sie, die des großen Gottes<br>erneute Schöpfung ist.<br>Vom Himmel kam er nieder<br>und wählte sie zur Braut,<br>hat sich mit seinem Blute<br>ihr ewig angetraut. | 1. On Kristus kirkon Herra,<br>sen luoja ainoa,<br>hän Hengen sille antaa<br>vedellä, sanalla.<br>Maan alhoista sen etsi<br>hän morsiamekseen<br>ja osti kuolemallaan<br>iäksi itselleen. |
|---|---|---|

Die erste Strophe der finnischen Übersetzung bezieht sich einigermaßen auf den Originaltext, obwohl aus *new creation* bzw. *erneute Schöpfung* der *einzige Schöpfer* geworden ist, der *Hengen sille antaa vedellä sanalla* [,... ihr [d.h. der Kirche] den Geist gibt mit Wasser und Wort'] also *by water and the word* wie im Originaltext, was wiederum im deutschen Text fehlt. Der englische und der deutsche Text bezeichnen Christus als *Church's foundation* bzw. die Kirche als auf Christus gegründet, während im Finnischen Christus nur *kirkon Herra* [,der Herr der Kirche'] ist. Der finnische Text berichtet nicht, dass der Herr vom Himmel kam, sondern nur, dass er seine Braut in den *Tälern der Erde* [,maan alhoista'] suchte und dass er sie sich durch seinen *Tod* [,kuolemallaan'] für die Ewigkeit erkaufte. Auf Englisch und Deutsch hat er mit seinem [eigenen] Blut die Braut gekauft / angetraut. Im Deutschen und Finnischen fehlt *holy* als Eigenschaft der Braut, was eigentlich wichtig für das Ganze, aber rhythmisch eventuell schwierig einzubauen gewesen wäre, zumal im Deutschen *heiligen* aus drei Silben besteht, im Finnischen wegen der Translativendung *-ksi,* d.h. *pyhäksi* sind es auch drei, während im Englischen „nur" zwei Silben verlangt werden.

| Elect from every nation,<br>yet one o'er all the earth,<br>her charter of salvation<br>one Lord, one faith, one birth,<br>one holy name she blesses,<br>partakes one holy food,<br>and to onc hope she presses<br>wirh every grace endued | Erkorn aus allen Völkern,<br>doch als ein Volk gezählt,<br>ein Herr und ein Glaube,<br>ein Geist, der sie beseelt,<br>und einen heilgen Namen<br>ehrt sie, ein heilges Mahl,<br>und eine Hoffnung teilt sie<br>kraft seiner Gnadenwahl. | 2. Kansoista kooten yhteen<br>hän uhriverellään<br>sen yhteen uskoon liittää<br>ja yhteen elämään.<br>Hän, Kristus, yksi Herra,<br>kaikilla lahjoillaan<br>yhdessä pöydässänsä<br>rakentaa kirkkoaan. | *Von Völkern auserkoren*<br>*bindet er sie mit seinem Opferblut*<br>*in einem Glauben und einem Leben zusammen.*<br>*Er, Christus, ein Herr,*<br>*baut seine Kirche zusammen an einem Tische auf.*<br>*(I.H.)* |
|---|---|---|---|

Für das folgende Beispiel war es besser, eine wörtliche ungereimte Rückübersetzung hinzuzufügen. Der heilige Name und das heilige Abendmahl werden in allen drei Sprachen erwähnt, doch das Opferblut wird im Finnischen erst jetzt, statt in der ersten Strophe, hervorgehoben. Im englischen und deutschen Text wird auch über die *Hoffnung* bzw. *hope* und *Gnade* bzw *grace* gesungen, was wieder im Finnischen fehlt. Interessant ist auch, dass in diesen beiden Sprachen die Kirche, die Gemeinde, am heiligen Abendmahl teilnimmt: *partakes one holy food* bzw. *ein heilges Mahl ... teilt sie,* während im Finnischen der Herr beim Abendmahl mit allen seinen Gaben seine Kirche aufbaut: *Hän, Kristus, yksi Herra, kaikilla lahjoillaan yhdessä pöydässänsä rakentaa kirkkoaan.*

Die zwei nächsten Strophen wurden von der finnischen Übersetzerin, die ja eine berühmte christliche Dichterin ist, selbst formuliert, jedoch nach dem Sinne des Originaltextes. Trotzdem kann man sie nicht mit den Strophen des Ausgangstextes vergleichen. Die fünfte Strophe ist wiederum mit der 3. im englischen und deutschen Lied vergleichbar:

| | | |
|---|---|---|
| 3. Yet she in earth hath union<br>with God the Three in One,<br>and mystic sweet communion<br>with those whose rest is won,<br>o happy ones and holy!<br>Lord, give us grace that we<br>like them, the meek and lowly,<br>on high may dwell with Thee. | 3. Schon hier ist sie verbunden<br>mit dem, der ist und war,<br>hat selige Gemeinschaft<br>mit der Erlösten Schar,<br>mit denen, die vollendet.<br>Zu dir, Herr, rufen wir:<br>Verleih, dass wir mit ihnen<br>dich preisen für und für. | 5. Vaan nyt jo yhtyy Herraan<br>se kolmiyhteiseen<br>ja riemuitsevaan kirkkoon,<br>pyhien autuuteen.<br>Voimasi, Kristus, anna<br>nyt kuuliaisuuteen,<br>armossa meidät kanna<br>juhlaasi taivaaseen |

Hier kommt also die finnische Übersetzerin zu den „Urquellen": Sie schreibt, wie die Gemeinde schon hier mit der Dreieinigkeit, der jubelnden Kirche und der Seligkeit der Heiligen verbunden wird. Danach wird Christus um die Kraft zur Gehorsamkeit (auf Englisch: *like them, the meek and lowly*) gebeten und dass er *uns* in seiner Gnade in die himmlische Feier tragen werde. Der deutsche Text erwähnt die Dreieinigkeit nicht, aber auch in ihm wünscht man sich Gemeinschaft mit der Schar der Erlösten, und dass *wir* mit ihnen immer Christus preisen bzw. bei ihm wohnen dürfen, wie im Englischen, *on high may dwell with Thee.*

Da für das ursprüngliche Lied ein Copyright nicht mehr in Frage kam, konnte die seinerzeit hochgeschätzte finnische Übersetzerin natürlich ihre eigenen zwei Strophen hinzuzufügen. Im deutschen Liederbuch ist man bei drei Strophen geblieben. In den zwei Strophen, die hier nicht wortwörtlich wiedergegeben werden können, spricht die Dichterin über die Lage der Kirche in der heutigen Welt, wo viel Gewalt und böse Taten alltäglich sind, und wo die Kirche versucht zu überleben, indem sie ihre Augen gen Himmel und die ewige Freude dort richtet.

### 9.3 *Fylt av glede over livets under*, Norsk Salmebok 618, *Voller Freude über dieses Wunder*, EG 212, *Täynnä kiitosta ja hämmästystä*, Vk 217

Über dieses Lied habe ich einen ausführlichen Artikel in finnischer Sprache aus dem linguistischen und translatorischen Blickwinkel heraus geschrieben (Helin 2005), aber hier werde ich nun einige Gesichtspunkte aufnehmen, die eine interessante Betrachtungsweise dieses Liedes bieten.

Der norwegische Dichter und Maler Svein Ellingsen (geb. 1929) hat dieses Lied 1971 geschrieben und es wurde von Jürgen Henkys 1982 ins Deutsche (EG 1990: 957) und von Anna-Maija Raittila 1979 ins Finnische übersetzt. Die Melodie stammt aus 1977 von Egil Hovland (1924-2013), einem Organisten und Chorleiter sowie Mitglied der norwegischen Liturgie-Kommission (ibid.) und gilt für beide Übersetzungssprachen. Im Deutschen wird in F-Dur, im Finnischen in E-Dur gesungen. Die Melodie ist leicht zu lernen und passt ausgezeichnet zum Inhalt des Liedes.

Obwohl Svein Ellingsen der bedeutendste norwegische Kirchenliederdichter des 20. Jahrhunderts war, gibt es im EG nur zwei Texte von ihm, dieses Lied und das Lied 383. Im finnischen Gesangbuch gibt es sogar nur dieses Tauflied. Ellingsen hat es zur Taufe seines eigenen Kindes geschrieben vor dem Hintergrund des Todes seiner sechsjährigen Tochter bei einem Autounfall. Es sei dem Vater ein großer Trost gewesen, dass das verunglückte Kind getauft war. Die erste Version dieses Liedes hat Ellingsen geschrieben, als ein neues Kind unterwegs war. Er wollte die Freude an der Taufe des Kindes durch das Lied ausdrücken. (Väinölä evl.fi, ges. 2016) Auch sonst waren die Taufe und die Gegenwart Jesu Christi in der Taufe für ihn sehr wichtig, wichtiger als der Geburtstag, der doch viel öfter gefeiert wird als der Tauftag. Wer von uns kennt überhaupt das Datum seines Tauftages?

Svein Ellingsen verwendet eine einfache Sprache für große Sachen. Er wundert sich über den Schöpfer des Weltalls, der groß ist und trotzdem bei kleinen Leuten erscheint und ihnen begegnet. Das Tauflied beginnt und endet mit der Freude am Geschenk der Taufe und den Versprechen, die damit verbunden sind und auch in Leben und Tod den Menschen tragen. (ibid.)

Wir nehmen wieder einige Strophen zum Übersetzungsvergleich:

| | | |
|---|---|---|
| 1. Fylt av glede over livets under, /med et nyfødt barn i våre hender/ kommer vi til deg som gav oss livet, / kommer vi til deg som gav oss livet. | 1. Voller Freude über dieses Wunder/unser Neugebornes auf den Armen/kommen wir zu dir: Du gabst uns Leben, /kommen wir zu dir: Du gabst uns Leben. | 1. Täynnä kiitosta ja hämmästystä/tuuditamme vastasyntynyttä/edessäsi elämämme luoja, /edessäsi elämämme luoja. |
| 2. Fylt av beven foran ukjent fremtid/legger vi vårt barn i dine hender. / Det som skjer i dåpen, gir oss trygghet/Det som skjer i dåpen, gir oss trygghet. | 2. Bange vor der unbekannten Zukunft/ legen wir das Kind in deine Arme. /Du willst taufen. Das gibt uns Gewißheit. /Du willst taufen. Das gibt uns Gewißheit. | 2. Täynnä pelkoa ja hämmennystä /tulevasta tuntemattomasta / turvaudumme kasteen salaisuuteen, / turvaudumme kasteen salaisuuteen. |
| 5. Og ved tidens grense lever fortsatt/dine løftes-ord ved døpefonten, / dåpens lys forblir når livet slukner /dåpens lys forblir når livet slukner. | 5. Unsre Zeit kommt bald an ihre Grenze, /aber deine Taufversprechen bleiben. / Wir verlöschen. Deine Kerze leuchtet. /Wir verlöschen. Deine Kerze leuchtet. | 5. Läpi elämän ja kuolemankin/lupauksen kaste meidät kantaa. / Armon valo jää, kun kaikki sammuu, /armon valo jää, kun kaikki sammuu. |
| 6. Større rikdom enn hva ord kan romme, /har du gitt oss gjennom dåpens gave./ Herre, la vår tro bli fylt av glede!/Herre, la vår tro bli fylt av glede! | 6. Du bist reicher, als wir sagen können. / Hilf uns, daß wir aus der Taufe leben:/staunend, unerschrocken, voller Freude, /staunend, unerschrocken, voller Freude. | 6. Paljon enemmän kuin ymmärrämme, /taivaan Isä kasteessamme annoit. /Itse meidät ilollasi täytä, /itse meidät ilollasi täytä. |

In der ersten Strophe ist der Dichter voll von Freude über das Wunder des Lebens, und so hat der Deutsche es auch übersetzt, während die Finnin sich auch hier mehr Freiheiten nimmt: *Täynnä kiitosta ja hämmästystä* [,Voll von Dankbarkeit und Wundern']. Sie wiegt das Kind vor Gott, während im norwegischen und deutschen Text die Sänger das Kind vor Gott bringen, eigentlich hergeben, nicht für sich behalten und nur wiegen. Das ist schon ein einigermassen unterschiedlicher Gesichtspunkt zur Taufe selbst. In der zweiten Strophe sprechen alle drei Texte über die Angst vor der Zukunft, weshalb im Norwegischen und Deutschen das Kind in Gottes Hände gelegt wird, während im Finnischen die Sänger sich selbst auf das Geheimnis der Taufe verlassen – aber das Kind bleibt in ihren eigenen Händen, es wird immer noch nicht Gott hergegeben. In der fünften Strophe spricht der norwegische Dichter über die Beständigkeit von Gottes Versprechen bei der Taufe, auch wenn im Allgemeinen die Grenze der Zeit einem entgegenkommt, während der deutsche Übersetzer hier einen deutlichen *wir*-Bezug setzt und auch die finnische Übersetzerin schreibt, dass „die Taufe des Versprechens" *uns* „durch Leben und Tod" trägt: *Läpi elämän ja kuolemankin lupauksen kaste meidät kantaa.* Das Licht der Taufe leuchtet, wenn das Leben verlöscht, singt der Norweger, und der Deutsche formuliert es mit Bezug zu dem bekannten Taufbrauch: *Wir verlöschen. Deine Kerze leuchtet,* und die Finnin: *Armon valo jää, kun kaikki sammuu* [‚Das Licht der Gnade bleibt, wenn alles verlöscht.'] Zum Schluss betet der Dichter noch, dass der Herr unseren Glauben voll von Freude sein lasse, denn Er habe uns durch die Taufe einen größeren Reichtum gegeben, als man mit Worten beschreiben kann. Der deutsche Übersetzer stellt fest, dass Gott reicher ist als wir sagen können und betet, dass er uns hilft*, aus der Taufe staunend, unerschrocken und voller Freude zu leben,* und die finnische Übersetzerin gibt zu, dass der Vater im Himmel uns durch die Taufe viel mehr gegeben hat als wir verstehen können, und dass Er selbst uns mit Freude erfüllen möge.

In der Übersetzungstheorie wird behauptet, dass eine Übersetzung neutraler sei als der Ausgangstext. Hier sind einige Beispiele dafür, dass diese Theorie auch stimmt bzw. stimmen kann. Es beruht nicht unbedingt auf sprachlichen oder kulturellen oder gar literarischen Möglichkeiten oder Lücken in der Zielsprache, die umgangen werden müssen, sondern mindestens gleichwertig auf persönliche Eigenschaften und Ansichten, besonders bei Übersetzungen dieser Art, in denen Gefühle und Überzeugungen aber auch Lebenserfahrung eine Rolle spielen. Wenn wir hier die Erfahrungen von Ellingsen als Vater betrachten, müssen wir feststellen, dass er bei der Taufe seines eigenen Kindes tiefere Gefühle hat empfinden müssen als eine Übersetzerin, die selbst keine Kinder hat. Jedoch darf diese Feststellung natürlich nicht verallgemeinert werden.

### 9.4 *Lågorna är många, ljuset är ett, Strahlen brechen viele* (beide) EG 268, *Liekkejä on monta* Vk 454

Das folgende Lied stammt aus Schweden. Der Dichter Anders Frostenson (1906-2006) war Journalist und Pfarrer, Schlossprediger und Übersetzer vieler Lieder im schwedischen Kirchengesangbuch[4]. Er hat das Lied 1972 geschrieben. Die deutsche Übersetzung stammt aus 1976 von dem Pfarrer und Propst Dieter Trautwein (1928-2002)[5] und die finnische vom Leiter der Auslandshilfe der finnischen lutherischen Kirche, dem Schriftsteller Dr. Tapio Saraneva (1943-2003) von 1984. Die Melodie wurde von dem Kirchenmusiker, Komponisten und Pädagogen Olle Widestrand (geb. 1932) 1974 komponiert. (EG 1990: 957.) Sie wird in allen dieser drei Versionen des Liedes verwendet, und zwar in der Tonhöhe E-moll. Im deutschen Kirchengesangbuch (EG 1990) gibt es nur dieses Lied von Frostenson, im finnischen gibt es noch ein weiteres von ihm.

*Lågorna är många* ist eines von den bekanntesten Liedern Frostensons. Sein Thema ist die Einigkeit der Kirche und der Christen, und die Idee hat Frostenson von dem lateinischen Satz an der Wand des Ökumenischen Zentrums des Ökumenischen Rates der Kirchen in Genf: *Lampades sunt multae, una est lux.* Auf Schwedisch: *Lågorna är många, ljuset är ett* [‚Flammen gibt es viele, aber nur ein Licht']. Diese Aussage hat Frostenson in den ersten Vers seines Liedes übernommen. Das Thema wird mit Bildern aus dem Neuen Testament wiederholt: Es gibt viele Kirchen, aber nur eine Gemeinde in Christus. Die Christen dienen mit unterschiedlichen Begabungen und in unterschiedlichen Aufgaben, aber Christus vereint sie alle. (Väinölä evl.fi, ges. 2016.)

Laut Väinölä (ibid.) wurde das Lied für die Vollversammlung des Ökumenischen Rats der Kirchen in Vancouver 1983 ins Englische, Deutsche[6] und Spanische übersetzt und dort mit Begeisterung aufgenommen und gesungen. Der finnische Übersetzer Tapio Saraneva hat es sofort während der Vollversammlung übersetzt, und es konnte über mehrere Umwege in das neue Kirchengesangbuch 1986 aufgenommen werden. Für die Übersetzung gab es nur eine Veränderung: die 4. Strophe fing ursprünglich mit *Tehtäviä*

[4] Auch 1986 erschienen wie das finnische Gesangbuch. Frostenson war im betreffenden Ausschuss eine zentrale Gestalt in der Gruppe der Dichter, und das schwedische Gesangbuch enthält 55 von ihm geschriebene Lieder (Väinölä evl.fi, ges.2016).
[5] Er war auch mit ökumenischem Austausch in Liedern und Gottesdienstformen bemüht (EG 1990: 956).
[6] Es war also schon 1976 aus der Feder Dieter Trautweins auf Deutsch entstanden.

*monta* [‚Dienste (sind es) viele'] an, und der Vers wäre eine genaue Wiedergabe des Verses im Ausgangstext *Tjänsterna är många* gewesen, aber schließlich wurde der Vers als *Palvelijaa monta* [‚Diener (sind es) viele'] in die Strophe eingebaut. Der entsprechende deutsche Vers heißt: *Dienste leben viele* [*aus einem Geist,*].

In allen drei Sprachen hat das Lied 5 Strophen. Vielleicht beruht die Tatsache, dass die finnische Übersetzung eine fast genaue Wiedergabe des Ausgangstextes ist, wie wir schon im vorigen Abschnitt durch ein Versbeispiel gesehen haben, auf der „Schwesterbeziehung" zwischen Finnisch und Schwedisch, obwohl Schwedisch keine sprachliche Verwandtschaft zum Finnischen aufweist, wohl aber zum Deutschen. Auch der deutsche Text weicht inhaltlich nicht erheblich von dem Ausgangstext ab. Außerdem bestätigen alle drei Übersetzungen die Befunde, die wir schon im 1. Kapitel erhoben haben, nämlich dass der Text heutiger neuer Lieder – nach Wörtern wie Strophen – kürzer ist als der alter Lieder, sowohl in der Ausgangsfassung als auch bei den Übersetzungen. Dadurch ist der Inhalt zwangsweise „kleinkarierter" als früher, indem er z.B. die großen Themen des Glaubens nicht umfassend anspricht, sondern auf das Alltagshandeln herunterzubrechen sucht. Das macht sein Übertragen in eine andere Sprache einfacher, wenn auch nicht leichter, wie wir wir schon im vorigen Tauflied gesehen haben.

Wir nehmen uns von diesem Lied die Strophen 1, 3 und 5 zur näheren Betrachtung vor:

| | | |
|---|---|---|
| 1. Lågorna är många,<br>ljuset är ett,<br>ljuset Jesus Kristus,<br>lågorna är många,<br>ljuset är ett,<br>vi är ett I honom! | 1. Strahlen brechen viele<br>aus einem Licht.<br>Unser Licht heißt Christus.<br>Strahlen brechen viele<br>aus einem Licht –<br>und wir sind eins durch ihn. | 1. Liekkejä on monta,<br>valo on yksi,<br>hän on Jeesus Kristus.<br>Liekkejä on monta,<br>valo on yksi.<br>Hän yhdistää meidät. |
| 3. Gåvorna är många,<br>Anden är en,<br>finns i Jesus Kristus,<br>gåvorna är många,<br>Herren är en,<br>vi är ett i honom! | 3. Gaben gibt es viele,<br>Liebe vereint.<br>Liebe schenkt uns Christus.<br>Gaben gibt es viele, Liebe vereint –<br>und wir sind eins durch ihn. | 3. Lahjat ovat monet,<br>Henki on yksi,<br>hän on Henki Herran.<br>Lahjat ovat monet,<br>Henki on yksi.<br>Hän yhdistää meidät. |
| 5. Lemmarna är många,<br>kroppen är en,<br>Jesu Kristi kyrka,<br>lemmarna är många,<br>kroppen är en,<br>vi är ett i honom! | 5. Glieder sind es viele,<br>doch nur ein Leib.<br>Wir sind Glieder Christi.<br>Glieder sind es viele, doch nur ein Leib –<br>und wir sind eins durch ihn. | 5. Uskovia paljon,<br>ruumis on yksi,<br>yksi seurakunta.<br>Uskovia paljon,<br>ruumis on yksi.<br>Hän yhdistää meidät. |

*Lågorna,* also Flammen, sind im deutschen Text *Strahlen* geworden, was ein anderes Bild vom Licht gibt, das hier also Christus heißt. Strahlen werden von einer Lichtquelle ausgestrahlt, sie brechen von ihr auf, während die Flammen in einem Feuer, der Lichtquelle, immer mit ihm verbunden bleiben und mit ihm gelöscht werden können. Auf Schwedisch und Deutsch sind die Christen eins durch Christus, während im Finnischen Christus sie vereint – also auch hier kein großer Unterschied. Dieser Vers wird am Ende jeder Strophe wiederholt. In der dritten Strophe wird von den vielen Gaben gesprochen, die den Menschen vom Geist gegeben werden. Im Deutschen *vereint die Liebe*, im Schwedischen und Finnischen der Geist, *Anden* bzw. *Henki* [*Herran*], der in Jesus Christus ist [*finns i Jesus Kristus*]. In der letzten Strophe hat das Finnische eine Abweichung vom Ausgangstext, und zwar *Lemmarna är många, kroppen är en* bzw. *Glieder sind es viele, doch nur ein Leib,* wie es Jesus von sich selbst gesagt hat, als er sich mit dem Weinstock[7] verglich oder wie Paulus in 1. Kor. 12,12 schreibt: *Denn gleich wie ein Leib ist, und hat doch viele Glieder, alle Glieder aber des Leibes, wiewohl ihrer viel sind, doch ein Leib sind, also auch Christus.* Jedoch hat der finnische Übersetzer diese Metapher umformuliert und statt der Glieder *uskovia* [Pl Partitiv ‚Gläubige'] genommen. Damit hat er die Verbindung mit dem obigen Bibelwort verloren, obwohl auch er dann die Metapher *ruumis* [‚Leib']

[7] Ich bin der Weinstock, ihr seid die Reben. Wer in mir bleibt und ich in ihm, der bringt viele Frucht, denn ohne mich könnt ihr nichts tun. Joh. 15,5

verwendet. Der schwedische Dichter erklärt, dass der Leib *Jesu Kristi kyrka* [‚die Kirche Jesu Christi'] ist, aber für den deutschen Textproduzenten sind es „wir": *Wir sind Glieder Christi* und für den finnischen „die Gemeinde, die es nur eine gibt": *ruumis on yksi, yksi seurakunta* [‚das Leib ist eins, (nur) eine Gemeinde]'.

Von den fünf Liedern, die aus einer dritten Sprache übersetzt wurden und sowohl in dem finnischen als auch im deutschen Kirchengesangbuch zu finden sind, ist dies wohl das Lied, das bei den Übertragungen inhaltlich am wenigsten verändert wurde, indem nur ein paar Sprachbilder bzw. Metaphern umformuliert wurden. Wir gehen nun zum letzten gefundenen Lied über, das schon im 19. Jahrhundert auf Englisch erschienen ist, aber erst vor einigen Jahrzehnten ins Deutsche und ins Finnische übersetzt bzw. neuübersetzt worden war, und in die Liederbücher aufgenommen wurde. Es ist ein bekanntes Abendlied, das eigentlich kein Abendlied ist!

### 9.5 *Abide with me*[8], *Bleib bei mir, Herr!* EG 488, *Oi Herra luoksein jää,* Vk 555

Pfarrer Henry Francis Lyte (1793-1847) hat dieses Lied kurz vor seinem Tod 1847 geschrieben und den Text seiner Tochter gegeben. Er hatte Tuberkulose und war deshalb ans Mittelmeer gereist, aber als er verstand, dass ihm nichts mehr helfen würde, wollte er noch seine Gefühle und seinen Glauben ausdrücken. Seine Dichtergaben wurden schon früh erkannt, und er hatte mehrere Lieder gedichtet, doch nur dieses, sein letztes, hat sich im Bewusstsein späterer Generationen erhalten. Der Komponist William Henry Monk (1823-1889) war Organist und Professor am King's College in London sowie der musikalische Herausgeber des englischen Kirchengesangbuches *Hymns Ancient and Modern* von 1861. (EG 1990: 957.) Durch die überragende Melodie, die er für das genannte Lied komponiert hatte, war die Wirkung des Liedes noch größer, und mit dieser Melodie wird es immer noch überall gesungen (Väinölä evl.fi, ges. 2016). Auch die Tonhöhe ist dieselbe, Es-Dur. Sowohl von Henry Francis Lyte als auch von William Henry Monk gibt es nur dieses eine Lied im deutschen und im finnischen Kirchengesangbuch. Auch für den deutschen Übersetzer, Theodor Werner (1892-1973) ist dieses Lied von 1952 die einzige Eintragung im Gesangbuch (EG 1990), jedoch war er Pfarrer und Mitarbeiter am Evangelischen Kirchengesangbuch 1950 gewe-

[8] http://library.timelesstruths.org/music/Abide_with_Me/

sen. (EG 1990: 957.) Ins Finnische wurde das Lied zum ersten Mal um die vorige Jahrhundertwende für das Liederbuch *Rauhansäveliä* 1894 übersetzt, und dann nach einer Neuübersetzung von 1903 des Theologen, Kirchenhistoriker und Professor Martti Ruuth (1870-1962) in das Kirchengesangbuch von 1938 aufgenommen. Wegen seiner Bedeutung und Verbreitung habe ich es doch noch hier betrachtet. Das Lied hat auf Englisch und Deutsch fünf Strophen, auf Finnisch nur vier.

Die erste Strophe bezieht sich auf Luk. 24, 29: zwei Jünger Jesu waren am ersten Ostertag auf dem Weg nach Emmaus unterwegs, der auferstandene Jesus, den sie noch nicht erkannten, hatte sich ihnen angeschlossen, und sie baten ihn: *Bleibe bei uns; denn es will Abend werden, und der Tag hat sich geneigt.* Jedoch in der Person des Autors haben wir es mit einem traurigen und ängstlichen Menschen zu tun, der weiß, dass er bald sterben wird. Es handelt sich also nicht um den Abend eines Tages, sondern um den Lebensabend. So lautet auch der letzte Vers der 5. Strophe: *Im Leben und Tod, Herr, bleib bei mir!* Die vierte Strophe beweist, dass das Ende schon ganz nahe ist, aber genauso nahe bei dem Sterbenden ist Jesus: *Was ist der Tod, bist du mir Schild und Zier?* Dann, in der letzten Strophe bleibt nur die Sicherheit des Gläubigen; die Ängste des Anfangs sind verschwunden, weil Jesus am Kreuz den Menschen die Versöhnung und die Vergebung der Sünden gebracht und in der Auferstehung den Tod besiegt hat. So ist das Lied nicht nur ein Abendlied sondern auch ein Osterlied, in manchen Ländern auch in der Kategorie „Vorbereitung zum Tode" in den Gesangbüchern zu finden. (Väinölä evl.fi, ges. 2016.)

Da die finnische Version nur vier Strophen hat, und der Inhalt der fünf Strophen des Ausgangstextes komprimiert wurde, finden wir hier mehrere Unterschiede zwischen den Sprachen. Doch das Erwarten des Todes ist überall in den mittleren Strophen vorhanden, und in der letzten dann die Zuversicht, dass der Herr auch im Tod beim Menschen bleibt. Wo in Englisch und in Deutsch jede Strophe mit dem Ausruf *Lord, abide with me* bzw. *Herr, bleib bei mir!* endet, steht im finnischen Text am Anfang der ersten Strophe: *Oi Herra luoksein jää* [,O, Herr, bleib bei mir'] und dann leicht modifiziert jeweils am Ende der zweiten und der letzten Strophe, wobei die zusätzliche Einfügung des Personalpronomens *sinä* [,Du' ] den Ausruf im finnischen Sprachverständnis vom Ausruf zur Bitte abmildert.

Die dritte Strophe im Finnischen beinhaltet den Kummer, aber auch die Zuversicht der englischen und deutschen dritten und vierten Strophen: *Sä pahan väijytykset turhiks teet, / sä tuskat liennät, kuivaat kyyneleet. / Miss' on nyt, kuolema, sun voittosi, / kun Herra Jeesus, olet kilpeni.* [‚Du machst das Lauern des Bösen nichtig / Du milderst die Pein, Du trocknest die Tränen./ Wo ist nun, Tod, dein Siegen, / wenn du, Herr Jesus, mein Schild bist?' (I.H.)] Eigentlich hat der finnische Übersetzer den Anfang der dritten und das Ende der vierten Strophe genommen und daraus eine einzige Strophe angefertigt.

Wir werden nun die Strophen 2 und 5 bzw. 4 nebeneinander vergleichen um die Unterschiede und Gemeinsamkeiten des Inhalts näher zu erkennen:

| | | |
|---|---|---|
| 2. Swift to its close ebbs out life's little day;<br>Earth's joys grow dim, its glories pass away;<br>Change and decay in all around I see—<br>O Thou who changest not, abide with me.<br>5. Hold Thou Thy cross before my closing eyes;<br>Shine through the gloom and point me to the skies;<br>Heav'n's morning breaks, and earth's vain shadows flee;<br>In life, in death, O Lord, abide with me. | 2. Wie bald verebbt der Tag, das Leben weicht,<br>die Lust verglimmt, der Erdenruhm verbleicht;<br>umringt von Fall und Wandel leben wir.<br>Unwandelbar bist du: Herr, bleib bei mir!<br>5. Halt mir dein Kreuz vor, wenn mein Auge bricht;<br>im Todesdunkel bleibe du mein Licht.<br>Es tagt, die Schatten fliehn, ich geh zu dir.<br>Im Leben und Tod, Herr, bleib bei mir! | 2. Päiväni rientää kohti loppuaan,<br>on ilo maallinen kuin varjo vaan.<br>Ei ole täällä mitään pysyvää,<br>vain sinä, Herra, sinä luoksein jää.<br>4. Sun, Herra, ristisi mua valaiskoon,<br>kun tieni painuu kuolon laaksohon.<br>Sen valon tieltä varjot häviää.<br>Eläissä, kuollessa sä luoksein jää. |

Das Ende der Tage des Sängers ist sofort gegenwärtig, *Earth's joys grow dim,* bzw. *die Lust verglimmt* und *on ilo maallinen kuin varjo vaan.* [‚Die weltliche Lust ist nur ein Schatten'] und *Change and decay in all around I see,* bzw. *umringt von Fall und Wandel leben wir* und *ei ole täällä mitään pysyvää* [‚es gibt hier nichts Bestehendes'], aber nur der Herr bleibt unverändert, und er soll beim Menschen bleiben. Im Finnischen sind also *change and decay,* Fall und Wandel, einfach *nichts Bestehendes* geworden, und es wird auch nicht explizit gesagt, dass der Herr unverändert bleibt, sondern nur wiederholt gebeten: „ Du, Herr, bleib du bei mir." Interessant ist auch, dass die Stellen, an denen der Dichter nur über seine eigenen Erkenntnisse spricht, der Ausdruck im Deutschen zu *leben wir* verändert und im Finnischen mit einem umschreibenden Ausdruck ohne Personenbezeichnungen wiedergegeben wird.

Auf Englisch und Deutsch wird in der letzten Strophe darum gebeten, dass der Herr sein Kreuz vor den Augen des Sterbenden hochhalten möge, im Finnischen soll das Kreuz des Herrn über den Menschen leuchten [*Sun, Herra, ristisi mua valaiskoon*]. Im Englischen soll das Licht des Kreuzes den Weg gen Himmel zeigen, im Deutschen soll der Herr das Licht des Menschen im Todesdunkel bleiben, und im Finnischen wird der obige Satz fortgesetzt: *kun tieni painuu kuolon laaksohon* [,wenn mein Weg zum Tal des Todes sinkt']. Im Englischen bricht der himmlische Morgen an und die Schatten der Erde fliehen, im Deutschen tagt es, die Schatten fliehen, und der Mensch geht zum Herrn. Im Finnischen verschwinden die Schatten vor dem Licht des Kreuzes. Und dann heißt es in allen diesen drei Sprachen: *In life, in death, O Lord, abide with me, Im Leben und im Tod, Herr, bleib bei mir!* und *Eläissä, kuollessa sä luoksein jää!* Der finnische Satz braucht hier keine Rückübersetzung im Vergleich zum ausgangssprachlichen oder deutschen Ausruf, so nahe beieinander stehen sie alle. Nur im Finnischen ist *Lord / Herr* zu Sg2, *sä* [Kurzform für *sinä* ,du'] geworden.

Dieses Lied ist älter als die vier ersten in diesem Kapitel, und wir sehen sofort, dass der Inhalt vielseitiger ist als bei den ganz neuen Liedern. Dabei sind aber die Ähnlichkeiten der Inhalte in den drei Versionen überraschend viele, von der Verkürzung auf vier Strophen im Finnischen abgesehen. Es ist kein Wunder, dass Lieder dieser Art den Wandel der Zeiten überstehen, und es ist unerheblich, ob sie sofort oder, wie in diesem Fall, erst nach Jahrzehnten in andere Sprachen übersetzt werden.

Zum Schluss dieses Kapitels nehmen wir noch die deutschen Lieder, die erst in das neueste finnische Kirchengesangbuch aufgenommen worden sind und sich außerdem im EG finden. Einige sind schon alt, einige neu, und wir werden sie nicht einzeln, sondern in zwei Gruppen behandeln.

## 9.6 Alte deutsche Kirchenlieder, die erst in das finnische Kirchengesangbuch 1986 aufgenommen wurden

Zu dieser Gruppe gehören elf Lieder sowie ein weiteres Lied (Vk 92, EG 105), das in das neueste Gesangbuch wieder aufgenommen wurde. Drei davon sind alte und bekannte Weihnachtslieder aus dem 19. Jahrhundert, die bisher nicht im finnischen Buch zu finden waren, obwohl man sie von Inhalt und Beliebtheit dort hätte erwarten können. Mit einigen anderen finnischen Weihnachtsliedern wurde also auch ***O du fröhliche, o du selige*** erst 1986 in das Gesangbuch aufgenommen. Die erste Strophe dieses Liedes in seiner bekannten Gestalt als Weihnachtslied stammt aus 1819 von dem Schriftsteller und Legationsrat Johannes Daniel Falk (1768-1826) (EG 44, Vk 35)[9], die Strophen 2 und 3 wurden zehn Jahre später, 1829, von dem Fürsorger, Erzieher und Patrimonialrichter Heinrich Holzschuher (1798-1847) hinzugefügt. Das zweite Lied dieser Kategorie ***Herbei o ihr Gläub'gen (Adeste fideles)*** (EG 45, Vk 27) wurde von dem aus England nach Frankreich emigrierten katholischen Lateinlehrer und Musikkopisten John Francis Wade (1711-1786)[10] und dem katholischen Priester und Bischof Jean François Borderies (1761-1832) um 1790 gedichtet und durch den Pfarrer und späteren Professor und Konsistorialrat (EG 1990: 957) Friedrich Heinrich Ranke (1798-1876) 1826 ins Deutsche übersetzt[11]. Beide Lieder waren in Finnland lange in Übersetzungen bekannt, die immer noch in Gebrauch sind, aber wenn diese Lieder jetzt in der Kirche für den Gemeindegesang angeschlagen werden, müssen sie normalerweise mit den Worten der Neuübersetzungen gesungen werden. Da aber beide zu den oft überall gesungenen und aufgenommenen finnischen Liedern der Weihnachtszeit gehörten und gehören, sind sie heute in zwei Fassungen gleichzeitig in Gebrauch. Die alte Übersetzung von ***O du fröhliche*** war eine direkte Übertragung: ***Oi sä riemuisa, oi sä autuisa,*** während die Neuübersetzung des Pfarrers und Dichters Niilo Rauhala (geb. 1936) 1979 jetzt die Gemeinde ***Joulu riemukas, aika autuas*** [,fröhliche Weihnachten, selige Zeit'] singen lässt. Die Neuübersetzung hat sehr wenig mit dem Ausgangstext des langjährig bekannten Weihnachtsliedes zu tun, der in drei Strophen strikt bei Weihnachten bleibt. Vielmehr greift sie auf die ursprüngliche Fassung des Liedes als Allfeiertagslied zurück, als das Falk es 1816 gedichtet hatte (Parent / Rößler 2002: 26-28). Wie dieses fängt das neue finnische Lied mit Weihnachten an, geht in der zweiten Strophe zu Ostern über, in der dritten zu Pfingsten und in der vierten zur himmlischen Herrlichkeit; diese vierte Strophe geht über Falks Text hinaus. In den letzten Versen der Strophen findet sich keine identische Wiederholung wie im deutschen: *Freue, freue dich, o Christenheit*, sondern eine Zusammenfassung der Strophe. In der

[9] Beide Gesangbücher bezeichnen die Melodie als eine sizilianische Volksmelodie

[10] Das finnische Gesangbuch hält Wade sowohl für den Verfasser des Liedes als auch als Komponisten der Melodie, während EG vorsichtiger ist: „M: John Reading (?) (vor 1681) 1782". (Im einzelnen s. Parent / Rößler 2005: 17)

[11] Dieses Lied hätte also auch einen Platz im vorigen Kapitel als Übersetzung in beide Sprachen gehabt, ist aber dafür zu alt.

letzten Strophe begegnen wir schließlich einer entsprechenden Wendung zum *Himmlische Heere jauchzen dir Ehre* und zwar: *Laulu enkelten, voitto Kristuksen kiitosvirreksi puhkeaa* [‚der Gesang der Engel, der Sieg Christi brechen zum Jubelgesang aus']. – ***Adeste fideles*** wiederum wurde zuerst von dem Komponisten und Musiklehrer Pekka Juhani Hannikainen (1854-1924) am Ende des 19. Jahrhunderts übersetzt[12] und vom Ausschuss für das neue Kirchengesangbuch 1984 neuformuliert: ***Nyt juhlimaan tulkaa toivon täyttymistä*** [‚Nun kommet um die Erfüllung der Hoffnung zu feiern']. Hier ist also nicht von einer ganz neuen Übersetzung die Rede, sondern nur von einer Erneuerung. In der älteren Übersetzung von Hannikainen hieß der erste Vers ***Nyt riemuiten tänne kiiruhusti tulkaa*** [‚Nun beeilt euch und kommet mit großer Freude herbei'], da ist die Freude explizit im Text genauso wie im Deutschen, während die neue finnische Übersetzung die Gemeinde nur zum Feiern einlädt. Nach Bethlehem laden wiederum alle drei ein. Die beiden finnischen Übersetzungen sprechen über den König, der vom Himmel gekommen ist, aber die von Hannikainen stellt fest, dass der König schon gekommen ist, während die Neuübersetzung auffordert, ihn zu suchen. Im deutschen Originaltext (EG 45) ist der König als Kindlein zum Heil der Gläubigen geboren, aber der Himmel wird nicht erwähnt. Beide finnischen Übersetzungen sind relativ genau und umfassend. Im Folgenden wurde der neue Text ins Deutsche rückübersetzt.

| | | | |
|---|---|---|---|
| 1.Herbei, o ihr Gläub'gen<br>Fröhlich triumphieret,<br>o kommet, o kommet nach Bethlehem!<br>Sehet da Kindlein, uns zum Heil geboren!<br>O lasset uns anbeten,<br>o lasset uns anbeten,<br>o lasset uns anbeten den König! | 1.Nyt riemuiten tänne<br>Kiiruhusti tulkaa,<br>Bethlehemin seimelle rientäkää!<br>Lapsonen pieni<br>Taivahast' on tullut.<br>Oi häntä rukoilkaamme,<br>Oi häntä rukoilkaamme.<br>Hän ompi meidän korkea kuningas! | 1.Juhlimaan tulkaa toivon täyttymistä,<br>rientäkää, kutsuu nyt Betlehem!<br>Etsikää lasta,<br>taivaan kuningasta,<br>ja kumartamaan tulkaa<br>ja kumartamaan tulkaa<br>ja kumartamaan tulkaa Herraamme. | 1. *Nun kommet um die Erfüllung der Hoffnung zu feien,<br>beeilt euch, es lädt euch nun ein die Stadt Bethlehem!<br>Suchet das Kind,<br>den König des Himmels,<br>und kommet und anbetet, und kommet und betet unseren Herrn an!*<br>(I.H.) |

Das dritte Lied ist ***Es ist ein Ros entsprungen*** (EG 30) bzw. ***On ruusu lisain juuren*** (Vk 23), von dem man annimmt, dass es schon aus der Zeit vor der

[12] Hannikainen hatte am Beginn die Formulierung: *Nyt riemuiten tänne kiiruhusti tulkaa* [‚Nun beeilet euch und kommet mit großer Freude herbei'], wie z.B. in den Schulen gesungen wurde.

Reformation stammt, dessen älteste Handschrift 19 (darauf bezogen Väinölä 2008: 37), deren erster Druck bereits 23 Strophen enthielt (Rößler 2001: 17).[13] Die beiden ersten Strophen.wurden 1609 von Michael Praetorius (1571-1621) einem vierstimmigen Choralssatz unterlegt, wobei er aus protestantischem Verständnis die Bedeutung Marias schmälerte. Die im heutigen Gesangbuch aufgenommen Strophen 3 und 4 wurden mit einer weiteren von Fridrich Layriz (1808-1859)[14] 1844 herausgegeben (EG 1990: 957), wobei er sich an die Strophen 21-23 des ursprünglichen Liedes anlehnte (Rößler 2001, 17). Die erste finnische Übersetzung von 1871 stammt von dem Pfarrer und Lehrer Nestor Järvinen (1831-1901) und wurde in mehrere geistliche Liederbücher aufgenommen, doch erst 1986 in das neueste Kirchengesangbuch, nun mit der Neuübersetzung von Anna-Maija Raittila. Der ursprüngliche Text war ein Marienlied mit biblischem Hintergrund (Jes. 11, 1). Die Rose ist ein Symbol für die Jungfrau Maria und deren Blume ist das Jesus-Kind. (Väinölä 2008: 38.) Neben dem genannten Text war das Lied vor 1986 auch mit dem Text ***Tuo armon valkokyyhky nyt viestin maailmaan*** [‚Die weiße Taube der Gnade bringt die Botschaft in die Welt'] mindestens durch die Liederbücher der Schulen[15] bekannt. Dieses Lied enthielt/enthält drei Strophen, die alle mit dem Kehrreim *On pyhä jouluyö, on juhla jumalainen, Messiaan synnyinyö* [‚Es ist die heilige Weihnacht, es ist das göttliche Fest, die Geburtsnacht des Messias'] enden. Die Neuübersetzung, die von Raittila nach Väinölä (2008: 38) auf der Grundlage der früheren Übersetzung der Sängerin, Lehrerin und Liederautorin Kyllikki Solanterä (1908-1965) erstellt wurde, folgt relativ treu dem Original. Dafür dient als Beispiel das Ende der ersten Strophe: (deutsch:) *und hat ein Blümlein bracht mitten im kalten Winter wohl zu der halben Nacht* > (finnisch mit Rückübersetzung:) *Tuo kukka suloinen valaisee talviyötä keskellä pakkasen* [‚Jene süße Blume beleuchtet die Winternacht mitten in der Kälte']. Ein wenig wird hier der kältere Norden hervorgehoben, aber es ist klar eine Neuübersetzung und nicht einmal eine Modifikation. Dieselbe Melodie wird im Finnischen in Es-Dur, im Deutschen in F-Dur gesungen.

Die drei nächsten Lieder dieser Kategorie sind Passions- und Osterlieder, das erste ***Herzliebster Jesu, was hast du verbrochen*** (EG 81, Vk 71) des

[13] Enthalten im Gebetbuch (1587-88) des Mönchs Conradus und zum ersten Mal gedruckt in: Alte Catholische geistliche Kirchen-Geseng. Köln 1599. Man hat das Lied früher für noch viel älter gehalten, jetzt vermutet man die Entstehung im 15. oder 16. Jh. im Zusammenhang mit der sog. "Devotio moderna" im Rheingebiet, ohne dass eine vorreformatorische Überlieferung nachweisbar ist. (Rößler 2001: 20).

[14] Alle fünf Strophen in: Kern des deutschen Kirchenliedes von Luther bis auf Gellert, hrsg. von Friedrich Layriz, Nördlingen 1844, S. 76-77.

[15] Z.B. Pesonen, Olavi *Laulukirja* (mehrere Ausgaben), Lied Nr. 309, übersetzt von dem Dichter, Kritiker und Übersetzer Huugo Jalkanen (1888 – 1969).

Dichters und Pfarrers Johann Heermann (1585-1647) von 1630. Die Melodie wurde von dem Kantor und Lehrer Johann Crüger (1598-1662), einem der bedeutendsten Melodienschöpfer von Kirchenliedern überhaupt, 1640 komponiert. (EG 1990: 957.) Ins Finnische wurde das Lied mit dem Anfangsvers ***Laupias Jeesus, minkä rikkomuksen teit*** schon im 19. Jahrhundert übersetzt, aber erst in das Gesangbuch von 1986 wurde die Neuübersetzung von den Pfarrern und Dichtern Samppa Asunta (geb. 1936) und Niilo Rauhala 1984 aufgenommen. Die Melodie ist dieselbe wie in EG, nur diesmal wieder tiefer. Sie wird in E-Moll gesungen, während die Melodie im deutschen Gesangbuch in F-Moll steht. Der Ausgangstext hat 11 Strophen, der finnische nur 9. Für das finnische Lied wurden vom deutschen Ausgangstext die Strophen 1 bis 7, 9 und 11 verwendet, doch die 2. Strophe ist im Finnischen die dritte und wiederum die 3. Strophe die zweite geworden. Jedoch ist der Inhalt der neuen finnischen Version gelungen, folgt relativ treu dem Ausgangstext und findet auch schöne Entsprechungen, die dem modernen Menschen bekannt und verständlich sind. Ein Beispiel aus der 5. Strophe: *der Mensch verdient den Tod und ist entgangen, Gott wird gefangen*, finnisch *Kuoleman vanki kuolemalta säästyy, Jumala nääntyy* [‚der Gefangene des Todes entgeht dem Tod, Gott verschmachtet'].

Das erste Osterlied ist ***Gelobet sei Gott im höchsten Thron*** (EG 103) von dem Franziskanermönch und späteren Pfarrer und Unterstützer Luthers, Dichter und Übersetzer Michael Weisse (um 1488-1534), der das erste deutsche Gesangbuch der Böhmischen Brüder 1531 herausgab, und zwar mit 157 Liedern. Somit war es das umfangreichste Liederbuch der Reformation. Die Melodie hat der Lehrer und Stadtkantor in Weimar Melchior Vulpius (1570-1615) 1609 komponiert. Die erste finnische Übersetzung des Liedes stammt wieder aus dem 19. Jahrhundert, und die letzte Neuübersetzung für das neueste Liederbuch, ***Nyt ylistämme Jumalaa*** (Vk 85) ist auch in diesem Fall von Anna-Maija Raittila 1979. Das finnische Lied hat 6 Strophen wie der Ausgangstext auch. Die drei ersten Strophen sind als Übersetzung des Originals zu erkennen, nur der dritte Vers der ersten Strophe *der für uns hat genug getan* wurde ins Finnische mit *kuoleman vallan voittajaa* [(wir danken), dem Sieger über die Macht des Todes'] übertragen. In der zweiten Strophe ist jedoch ein deutlicher Unterschied zu erkennen: der deutsche Text stellt fest: *da noch der Stein am Grabe lag*, aber im Finnischen ist der Stein schon zur Seite geschoben worden: *kivi on poissa haudalta* [‚der Stein ist weg vom Grab']. Lesen wir den Bibeltext (Matth. 28, 1-6), den das Lied als Hintergrund hat, sehen wir (Vers 2): *der Engel des HERRN kam vom Himmel herab, trat hinzu und wälzte den Stein von der Tür und setzte sich darauf.* Also hatte die finnische Übersetzerin hier den „Fehler" im Ausgangstext verbessert. Aber dagegen hat sie die drei letzten Strophen ganz frei übersetzt, so dass diese eigentlich nichts mit den drei im deutschen Text zu tun haben, vom jeweiligen Ende der Strophe einmal abgesehen: *Halleluja.*

Das zweite Osterlied ist ***Erstanden ist der heilig Christ*** (EG 105) bzw. ***On Kristus noussut kuolleista*** (Vk 92), das die Böhmischen Brüder „1544 nach einer deutschen Fassung Engelberg 1372 von *Surrexit Christus hodie* aus dem 13./14. Jahrhundert" neuvertextet hatten (EG 1990). Väinölä (2008: 103) wundert sich, warum es so lange gedauert hat, bis dieses Lied den Weg in das finnische Gesangbuch gefunden hat, obwohl einen großen Teil davon schon Hemminki Maskulainen übersetzt hatte und es in das Gesangbuch von 1701 aufgenommen worden war. Dabei hatten die *Halleluja* -Verse gefehlt, und außerdem war das ganze Lied nicht mehr im Liederbuch 1886 zu finden. Als Neuübersetzung von Anna-Maija Raittila wurde es wieder akzeptiert und hat heute 7 Strophen in der finnischen Version, die alle mit *Halleluja* enden. Als Vorlage diente ihr eine alte deutsche Version mit 15 Strophen (ibid.), die sie beim Übersetzen stark gekürzt hat, sodass man in diesem Fall über eine Modifikation sprechen muss, die jedoch inhaltlich dem Original nahe steht. Die heutige deutsche Version hat dagegen immer noch 17 Strophen, die mit unterschiedlichen Rollen versehen sind, die im finnischen Lied natürlich fehlen. Die drei ersten werden gemeinsam gesungen, dann singt der *Evangelist* die Strophen 4,5 und 16, die *Frauen* die Strophen 6,7,9,11,13 und 15 sowie der *Engel* die Strophen 8, 10, 12 und 14. Die letzte Strophe wird wieder gemeinsam gesungen (EG 1990). Es ist also ein Dialog zwischen dem Engel und den Frauen. Die Melodie aus dem Mittelalter, dem 14. Jahrhundert,[16] wird sowohl in Deutschland als auch in Finnland verwendet; in Finnland ist die Tonhöhe wieder eine Sekunde tiefer (D-Dur vs. C-Dur). Die Melodie ist zwar ein wenig altmodisch, aber ein schnelleres Tempo gibt ihr Freude und Licht (Väinölä 2008: 103).

Zu Pfingsten wird das nächste hier vorzustellende Lied gesungen: ***O Heilger Geist, kehr bei uns ein*** (EG 130), ***Oi Pyhä Henki, majasi*** (Vk 116). Es ist ein Lied des berühmten Dichters, Pfarrers und Konrektors Michael Schirmer (1606-

[16] Hohenfurt 1410, Böhmische Brüder 1501/1531 (EG 1990)

1673) – eines der zwei, die im EG von ihm noch zu finden sind. Die Melodie wurde von Pfarrer, Hofprediger und Hauptpastor Philipp Nicolai (1556-1608) 1599 komponiert und wird auch für einige andere Lieder verwendet. Nicolai war unerbittlicher Verteidiger des Luthertums aber auch Vermittler einer innerlichen mystischen Frömmigkeit[17]. (EG 1990: 957.) Ein Beispiel dafür ist sein Lied 70 im EG, *Wie schön leuchtet der Morgenstern*, für das er sowohl den Text als auch die Melodie geschaffen hat, und dessen Melodie auch für das hier behandelte Lied 130 gewählt worden ist. Die finnische Übersetzung von *O Heiliger Geist* stammt schon aus dem 19. Jahrhundert, und das Lied wurde vom Ausschuss für das neue Kirchengesangbuch 1984 neuübersetzt. Das deutsche Lied hat 7 Strophen, das finnische heute nur 6 (1938 auch noch 7). In der neuen Version sind die deutschen Strophen 4 und 5 weggelassen bzw. wurden teilweise inhaltlich in die finnischen Strophen 4 und 5 eingebaut (z.B. wurde der Anfang der finnischen 4. Strophe aus der deutschen 3. Strophe übertragen, das Ende aber vom Ende der deutschen 5. Strophe). Die finnische 5. Strophe enthält den Inhalt und die Formulierungen, (z.B. *Himmelstau*, [‚taivaan vihma'], *Eitelkeit* [ hier: ‚katkeruus'] der deutschen Strophen 6 und 7, während die finnische 6. Strophe eine relativ selbständige Formulierung ist. Somit ist also im finnischen Text die Strophe 2 völlig neu, und die 3. Strophe wurde nach der deutschen 2. Strophe umformuliert. Noch ein Übersetzungsbeispiel aus der letzten Strophe: *Gib, dass in reiner Heiligkeit wir führen unsre Lebenszeit, sei unsers Geistes Stärke* bzw. *Ruumiimme temppeliksesi pyhitä kunniaksesi, vahvista toivoamme* [‚unser Leib lass in deiner Ehre dein heiliger Tempel werden, verstärke unsere Hoffnung']. Der finnische Vertexter erbittet von Gott mehr als der deutsche, wenn auch der Bibel entsprechend, die verkündet, dass das Leib des Menschen der Tempel des Heiligen Geistes sein soll.

Das nächste Lied gehört in beiden Gesangbüchern zu den Gottesdienstgesängen. ***Gott ist gegenwärtig*** (EG 165), ***Jumala on läsnä*** (Vk 194) wurde von dem Kaufmann und Bandwirker, aber auch als Laientheologe und Mystiker des reformierten Pietismus hervorgetretenen Gerhard Tersteegen (1697-1769)[18] 1729 gedichtet, von dem auch einige weitere Lieder in EG stehen. Die Melodie stammt von Joachim Neander (1650-1680), einem der frühes-

[17] Vgl. hier Kapitel 2.

[18] Laut Väinölä (2008: 206) nahm sich Tersteegen den Dichter Angelus Silesius aus dem 16. Jahrhundert zum Vorbild und schrieb eine bedeutende Menge kurze Denkgedichte. Eines davon hat Søren Kierkegaard als Motto für seine Schrift über seine Schriftstellertätigkeit verwendet: „Wer glaubet, der ist groß und reich, / Er hat Gott und das Himmelreich. Wer glaubet, der ist klein und arm, / er schreiet nur: Herr Dich erbarm!" (Søren Kierkegaard: Om min Forfatter-Virksomhed. Kjøbenhavn: Reitzel, 1851.)

ten Prediger des Pietismus, bekannt durch das Lied *Lobet den Herren, den mächtigen König der Ehren*, dessen Gesangbuch von 1680 (*Bundes-Lieder und Dank-Psalmen*) bahnbrechend für die pietistischen Gesangbücher wurde (EG 1990: 957). Das Lied, das wir hier betrachten, wird auch in Finnland in derselben Melodie und in derselben Tonhöhe, F-Dur, gesungen. Die Strophen 1, 2, 4 und 8 des deutschen Textes wurden vom Dr. der Theologie, Pfarrer und Dichter Lauri Pohjanpää (1889-1962) 1923 ins Finnische übersetzt, und in das Gesangbuch von 1938 übernommen. Die Strophen 5 und 6 wurden dann von Anna-Maija Raittila für das neueste Liederbuch als Strophen 4 und 5 übertragen. Dadurch hat das Lied im finnischen Buch sechs Strophen gegenüber acht im EG[19], denn die deutschen Strophen 3 und 7 wurden nicht übersetzt. Beide Übersetzer sind bekannte christliche Dichter, und so ist es kein Wunder, dass auch die älteren Strophen von Pohjanpää im neuen Buch neben den zwei zusätzlichen Strophen von Raittila Geltung gefunden haben. Pohjanpää hat treu übersetzt, und auch Raittila ist hier im Gegensatz zu ihrem häufig recht oder gar zu freien Umgang in vielen anderen Übersetzungen texttreu. Wir könnten hier jeweils zwei Verse von beiden nehmen und ihre Lösungen betrachten: Den Anfang der Strophe 5: *Luft, die alles füllet, drin wir immer schweben, aller Dinge Grund und Leben, Meer ohn Grund und Ende Wunder aller Wunder: ich senk mich in dich hinunter*, hat Raittila für die finnische Strophe so übertragen: *Armon meri aava, kehto elämämme, ilma, jota hengitämme, ihme olet itse, armahtava Luoja, kaiken pelastus ja suoja*. [,Weites Meer der Gnade, Wiege unseres Lebens, Luft die wir atmen, Wunder bist du selber, gnadenvoller Schöpfer, Rettung und Schutz aller Dinge'], und gibt den Inhalt hervorragend wieder, den der Dichter in die Strophe eingebaut hat. Nehmen wir noch Teile der letzten Strophe (8 bzw. 6): *Herr, komm in mir wohnen, lass mein' Geist auf Erden, dir ein Heiligtum noch werden... Wo ich geh, sitz und steh, lass mich dich erblicken und vor dir mich bücken* und dazu die Übersetzung von Pohjanpää: *Sydämeni avaa, ota majaksesi, temppeliksi Hengellesi, ... Kaikessa katsella anna hyvyyttäsi, elää edessäsi*. [,Öffne mein Herz, nimm es zu deinem Wohnsitz, zum Tempel deines Geistes... In allem lass mich deine Güte erblicken, vor dir leben']. Wo also der deutsche Texthersteller demütig betet, dass Gott ihn vor sich bücken ließe, bittet Pohjanpää, nicht ohne menschlichen Stolz, dass Gott ihn vor sich leben ließe.

[19] Die Strophen im finnischen Buch 1 – 3 und 6 und entsprechend 4 und 5.

Die zwei nächsten Lieder gehören im finnischen Gesangbuch zur Kategorie Jahreszeiten. Beide sind alte deutsche Gesänge, die erst im neuesten finnischen Gesangbuch auftauchen. Wir nehmen erst das Frühlingslied ***Wie lieblich ist der Maien*** bzw. ***Ah, kuinka kevät hohtaa*** (EG 501, Vk 567). Den deutschen Text hatte der Hauslehrer, Lehrer und spätere Pfarrer und Verfasser zahlreicher Lieder, Martin Behm (1557-1622) 1606 geschrieben (EG 1990: 957). Die Melodie, die in beiden Ländern immer noch verwendet wird, wurde 1575 von Johann Steurlein (1546-1613), dem Stadtschreiber, Kanzleisekretär und schließlich Bürgermeister in Meiningen komponiert, der außerdem ein berühmter Dichter und Organist war. Ins Finnische wurde das Lied von der Chorleiterin und Übersetzerin Hilkka Norkamo (1910-2004) 1967 übersetzt und von Niilo Rauhala 1984 umgearbeitet. Beide Texte haben vier Strophen, und der finnische ist eine treue Übertragung aus dem deutschen Text. Nur in der dritten Strophe finden wir Abweichungen, denn wo die Deutschen singen: *Herr, lass die Sonne blicken ins finstre Herze mein, damit sich's möge schicken, fröhlich im Geist zu sein*, bitten die Finnen S*uo hengen valon loistaa pimeään sydämeen ja esteet tieltä poistaa uskoon ja vapauteen* [‚Lass das Licht des Geistes in das finstere Herz leuchten und die Hindernisse abschaffen, zum Glauben und zur Freiheit'] um das Licht des Geistes, nicht das der Sonne, und statt der Freude im Geist hoffen sie, dass die Hindernisse beseitigt werden, zu Glauben und Freiheit zu finden. Im letzten Vers der Strophe wurde aus dem Wort und Kreuz... das des *Himmels Pfort* weist, *armon suuruus...Kristuksen voitossa* [‚die Größe der Gnade im Sieg Christi']. Auch an einigen weiteren Stellen der finnischen Texte, die wir hier betrachtet haben, scheinen die modernen finnischen Übersetzer solche Begriffe wie *himmlische Freude, Himmelspfort* und *das ewige Leben im Himmel* zu vermeiden und dafür Ausdrücke zu wählen, die eher auf das irdische Leben und die alltäglichen Tugenden hinweisen. Trotzdem ist es den finnischen übersetzenden Dichtern gelungen, den Inhalt und die Stimmung in diesem alten deutschen Kirchenlied vortrefflich und nach den modernen Prinzipien der Translationswissenschaft im Sinne etwas von Eugen Nida zu übertragen.

Das nächste „altneue" Lied ist ein Gesang für die Erntezeit, ***Wir pflügen und wir streuen den Samen auf das Land*** (EG 508) bzw. ***Maan muokkasimme veimme sen multaan siemenen*** (Vk 575), das in Finnland mit derselben Melodie gesungen wird wie das vorige Lied (EG 501 bzw. Vk 567). Im EG hat es eine Melodie, die mit dem Vermerk *Hannover 1800* versehen worden ist. Der

Verfasser des deutschen Textes von 1783 ist Matthias Claudius (1740–1815), Redakteur, Herausgeber und ein berühmter Dichter, der schließlich einen eigenen Ton inniger und ehrfürchtiger Herzensfrömmigkeit fand (EG 1990: 957). Sein vielseitiges und warmherziges Lied wurde von Niilo Rauhala 1984 für das neue Kirchengesangbuch ins Finnische übersetzt. Wie im vorigen Lied, hat Rauhala auch hier den Inhalt treu übertragen, obwohl er gleichzeitig hat den Veränderungen im alltäglichen Leben und dem Jahreslauf seit dem 18. Jahrhundert Rechnung tragen müssen sowie dem Umstand, dass die meisten Menschen heute in Städten wohnen und nicht mehr so bodenständig sind wie zu Claudius' Zeiten. So spricht Rauhala in der dritten Strophe explizit über den Herbst mit bunten Blättern und die Ernte von Obst und den Früchten des Feldes, während Claudius eher die Schöpfung mit ihren Wundern lobt und dafür dankt. In der vierten Strophe erklärt Claudius seine Dankbarkeit weiter: *Er schenkt uns so viel Freude, er macht uns frisch und rot; er gibt den Kühen Weide und unsern Kindern Brot*, während Rauhala den Dank anders ausdrückt: *Nyt kiittää sydämemme, kun meitä rakastat, suot toivon elääksemme ja hoivaat, johdatat.* [‚Nun danken unsere Herzen, dass du uns liebst, gibst uns die Hoffnung zum Leben, führst und kümmerst dich um uns']. Der finnische Übersetzer lässt also die Kühe und die Kinder aus dem Text fort sowie auch die frische Sommerluft, die uns *frisch und rot*[20] macht. Auch fehlt in jeder finnischen Strophe wegen der verschiedenen Melodie der Kehrreim von Claudius *Alle gute Gabe kommt her von Gott dem Herrn, drum dankt ihm, dankt, drum dankt ihm. dankt und hofft auf ihn!* Trotzdem konnte Rauhala die Dankbarkeit, das Kernthema von Claudius, in den finnischen Text deutlich einbauen.

Das letzte Lied in dieser Kategorie ist ein Abendlied (EG 475), *Werde munter, mein Gemüte*, von dem das finnische Kirchengesangbuch im Internet (Vk 553, evl.fi) folgendes berichtet: „Aus dem Lied von Johann Franck (1648, ins Finnische übersetzt von Henrik Renqvist 1830, in das Kirchengesangbuch 1886 aufgenommen) und aus dem Lied von Johann Rist (1642, im finnischen Kirchengesangbuch von 1685, erneuert von Elias Lönnrot 1871), zu einem Lied vereinigt von Anna-Maija Raittila 1984, in das Kirchengesangbuch 1986." (Übersetzung hier von I.H.). Im EG (475) ist das entsprechende Lied des Lehrers, Pfarrers und eines der berühmtesten Dichter seiner Zeit, des sogar vom Kaiser geadelten Johann Rist (1607-1667) mit 8 Strophen zu finden, aber keines von dem Rechtsanwalt, Ratsherrn, Bürgermeister und

[20] Es kann natürlich sein, dass Claudius hier versucht hat, die Verse passend zu reimen: *rot* mit *Brot*.

Dichter Johann Franck (1618 – 1677), das sich mit dem von der Übersetzerin mit dem Lied von Rist kombinierten Lied in Verbindung bringen ließe. Francks zwei Lieder im EG, 218 und 396 würden beide rhythmisch und vom Aufbau des Gedichts her geeignet sein. Nur das im finnischen Buch erwähnte Jahr (1648) stimmt mit keinem der beiden Lieder überein. Da auch die in Finnland heute verwendete Melodie entweder aus dem finnischen *Eurajoki* stammt, oder aber das Lied mit der Melodie von Johann Schop aus 1642 (wie beim EG 475 und Rist) gesungen werden kann (sog. Zweitmelodie), kommen wir wieder zu Rist zurück. Wir müssen die Lösung also in den früheren finnischen Kirchengesangbüchern suchen: Immerhin war das betreffende Lied von Franck noch im Gesangbuch von 1938[21] (Nr. 549) zu finden, und zwar mit 7 Strophen und sogar mit derselben finnischen volkstümlichen Melodie wie das vorangehende Lied 548[22] aus dem Gesangbuch 1938. Dieses Lied stammte jedoch von Rist und enthielt im damaligen Gesangbuch sogar 9 Strophen. Die heutige finnische Neuübersetzung bzw. Neuformulierung dieser beiden Lieder umfasst eine Strophe weniger als das heutige Lied von Rist im EG, also 7 Strophen, genauso viele wie die finnische Übersetzung 1938 des Liedes von Franck. Die endgültige Lösung gibt uns Väinölä (2008: 562). Nach ihm hat Anna-Maija Raittila die meisten Strophen aus dem Lied von Franck übersetzt und dessen Lied also als Grundlage verwendet. Die ursprüngliche Übersetzung dieses Liedes soll aus 1830 von dem Pfarrer und Erweckungsprediger Henrik Renqvist (1789-1866) 1830 stammen. Die vorletzte Strophe aber stammt von Elias Lönnrot (1802-1884). Er hatte selbst dem Lied, das von Rist stammt, diese patriotische Strophe hinzugefügt, die aber bei Franck völlig fehlt, obwohl das Liederbuch 1938 Lönnrot bei dem Lied von Franck lediglich als Übersetzer nennt. Nur die letzte Strophe der „Neuformulierung" von Raittila ist nach Rist übersetzt worden (Väinölä 2008: 562). Um die Gedanken der finnischen Übersetzer[23] zu verstehen und einen Einblick in die inhaltlichen Gemeinsamkeiten und Unterschiede zu bekommen, nehmen wir hier zuerst die von den finnischen Übersetzern hinzugefügte Strophe in der modernen Formulierung von Raittila und ihre Rückübersetzung:

[21] Das erste Mal schon 1886, und damals von Elias Lönnrot bearbeitet.
[22] Schon im Gesangbuch von 1685.
[23] Bzw. die von Elias Lönnrot oder dem Ausschuss 1938, die Raittila also als Vorlage gehabt hat.

| 6. Herra, siunaa kansa Suomen,<br>johda kaikki vaiheet sen,<br>anna uuden toivon huomen<br>aikaan ahdistuksien.<br>Meille viisautta suo,<br>rauha maailmaamme luo.<br>Siunaa työmme, tehtävämme,<br>omaisemme, ystävämme. | *Herr, segne das finnische Volk,*<br>*führe es in allen Zeiten,*<br>*gib die Hoffnung auf einen neuen Morgen*<br>*zur Zeit der großen Ängste.*<br>*Gib uns Weisheit,*<br>*lass die Welt in Frieden leben.*<br>*Segne unsere Arbeit, unsere Aufgaben,*<br>*unsere Familie, unsere Freunde.* (I.H.) |
|---|---|

Einen einigermaßen ähnlichen Inhalt finden wir in der 7. Strophe von Rist im EG 475, obwohl sie nach Väinölä (ibid.) nicht zu den Vorlagen von Raittila gehörte. Der deutsche Text spiegelt die Ängste und Schrecken des 17. Jahrhunderts wieder, das Lied wurde ja in den letzten Jahren des Dreißigjährigen Krieges geschrieben. Feuer, Wassernot und Pest sind auch heute nicht unbekannt, aber für die westliche Welt immerhin selten, obwohl uns in den letzten Jahren der Krieg durch mehrere Ereignisse und den Strom der Flüchtlinge nähergekommen ist. Daher erbittet man im finnischen Text Hoffnung, Weisheit und Frieden, und der Text ist aktueller denn je. Der moderne Mensch denkt jedoch nicht viel an Sünde, so dass die Übersetzerin für die letzten beiden Verse Rists (*laß mich nicht in Sünden sterben / noch an Leib und Seel verderben*) auf positive Sachen Inhalte wie Arbeit und Freunde abweichen musste. Die finnische patriotische Strophe, die zuerst Elias Lönnrot 1886 als 8. Strophe dem Lied von Rist hinzugefügt[24] hatte, beginnt mit der Bitte, dass Gott das finnische Volk und den Fürsten[25] segnen sollte, was man in der Translatologie Lokalisation nennt, d.h. die Übersetzung bringt den Text näher zum Empfänger. Mit dem damaligen russischen Zaren und Großfürsten von Finnland, Alexander II. (1855-1881) war man im Lande durchaus zufrieden, aber die Gefühle gegenüber seinen Nachfolgern kühlten sich bald ab. Der Patriotismus war 1938 im selbständigen Finnland wichtig und aktuell, sowie auch die Bedrohung durch einen neuen Krieg, was der Gesangbuchausschuss der Kirche mit der Bitte um Frieden und Gottes Segen für die Verteidiger des Landes[26] ausdrückte. In der Neuformulierung hat Raittila eher an den Weltfrieden gedacht. (Väinölä 2008: 562, 563.) Eine Strophe mit dem entsprechenden Inhalt fehlt also völlig in den Liedern von Rist und Franck. Die Strophe hat jedoch intertextuelle Gemeinsamkeiten z.B. mit einem anderen finnischen Kirchenlied, Vk 577, in dem Gott um Segen und Führung für das finnische Volk gebeten wird.

[24] Deshalb hatte das Lied noch 1938 (Nr. 548) 9 Strophen und wurde erst von Raittila verkürzt.
[25] Den russischen Zaren Alexander II.
[26] *Siunaa maamme puolustajat, Anna meille rauhanajat* [‚segne die Verteidiger unseres Landes, gib uns Zeiten des Friedens'].

Dann betrachten wir noch die einzige Strophe, die nach Väinölä (ibid.) von Rist stammt und für das heutige Gesangbuch von Raittila umformuliert wurde, d.h. die Strophe 8 im EG und die Strophe 7 im Vk 553 mit der Rückübersetzung:

| | | |
|---|---|---|
| 8. O du großer Gott, erhöre,<br>was dein Kind gebeten hat,<br>Jesu, den ich herzlich ehre,<br>bleibe ja mein Schutz und Rat;<br>und mein Hort, du werter Geist,<br>der du Freund und Tröster heißt,<br>höre doch mein sehnlich Flehen.<br>Amen, ja. das soll geschehen. | 7. Anna, Isä, armiaasti,<br>mitä pyytää lapsesi.<br>Jeesus, meille laupiaasti<br>tule aina turvaksi.<br>Lohduttaja laupias,<br>Pyhä Henki armias,<br>nöyrän rukouksen kuulkoon,<br>aamen, niin nyt tapahtukoon. | *Gib, Vater, gnädiglich,<br>worum dein Kind bittet.<br>Jesus Christ, komm in deiner Barmherzigkeit uns immer zum Schutz.<br>Der barmherzige Tröster,<br>der gnädige Heilige Geist,<br>möge das demütige Gebet hören,<br>Amen, so möge es geschehen. (I.H.)* |

Hier hat die Übersetzerin den Inhalt praktisch unverändert der Strophe 9 des Liedes 548 von Rist aus dem finnischen Gesangbuch von 1938 entnommen, die ihrerseits schon so genau wie möglich übertragen worden war. Nur das *Amen* wurde in der neuesten Version *aamen.* Auch der finnische Text spricht von dem Gebet des Gotteskindes, bittet, dass Jesus es zu beschützen kommt, dass der Heilige Geist als Tröster das Gebet hören möchte, und dass es so geschehen möge. Nur was metrisch nötig war, wurde weggelassen, z.B. von *Schutz und Rat* wurde nur *Schutz* [‚turva'] übersetzt und aus *höre mein sehnlich Flehen* wurde einfach die Bitte an den heiligen Geist, er möge das demütige Gebet erhören [‚nöyrän rukouksen kuulkoon'].In diesem Fall stellen wir nach Erforschung unterschiedlicher Quellen fest, dass im neuen finnischen Lied zwar die letzte Strophe der letzten Strophe von Rist entspricht, aber auch die patriotische Strophe 6 zum selben Lied zurückzuführen ist, obwohl nicht von Rist gedichtet, sondern von Lönnrot in das Lied von Rist im 19. Jahrhundert als 8. Strophe hinzugefügt wurde. Somit hatte das Lied von Rist noch bis 1986 im Finnischen neun Strophen, im Deutschen nur acht. Auch die fünf ersten Strophen im finnischen Lied Vk 553, die von der Feder von Raittila stammen sollen, kann man nicht Neuübersetzungen nennen, sondern nur Neuformulierungen aus den fünf ersten Strophen von Franck, d.h. Nr. 459 im Vk 1938, denn dabei wurden nur einige Wörter und Kleinigkeiten verändert, die von der Entwicklung der Sprache herrührten. Die Strophen 2, 4 und 5 z.B. fangen genauso an wie 1938 und bei der Strophe 3 sind die früheren *Verbrechen* zu *böse Taten* im Allgemeinen gemildert worden. Und, wie schon erwähnt, wurde in der letzten Strophe, die aus dem Text von Rist übersetzt wurde, nur das *Amen* anders geschrieben.

## 9.7 Neue deutsche Kirchenlieder, die für das neueste finnische Kirchengesangbuch 1986 übersetzt worden sind

Für diese Kategorie habe ich sechs Lieder gefunden. Sie sind alle in den letzten Jahrzehnten gedichtet worden und finden sich in den neuesten Gesangbüchern. Wir folgen wieder der Reihenfolge des finnischen Buches und fangen mit dem Lied des Theologen und Schriftstellers Jochen Klepper (1903-1942) an, das er 1941[27], mitten im Zweiten Weltkrieg geschrieben hat. Ein Jahr später ist er wegen der Verfolgung durch das nationalsozialistische Regime mit seiner Frau in den Tod gegangen. Auch deswegen gehört ***Nun sich das Herz von allem löste*** (EG 532, Vk 245) zu den Liedern gehört, in denen man über Tod und Sterben singt. Die finnische Übersetzung für das neue Gesangbuch ist wieder von Anna-Maija Raittila 1983 angefertigt worden, also mehrere Jahrzehnte nach dem verheerenden Krieg: ***Nyt sydän luopuu kalleimmastaan.*** Wo sich also das Herz auf Deutsch *von allem löst,* gibt das Herz im finnischen Vers nur sein Allerteuerstes auf und spricht in Präsens, während der deutsche Autor das Präteritum verwendet hat. Vom Sterben und Tod ist jedoch auch auf Finnisch die Rede, und so ist das Lied im Liederbuch der entsprechenden Kategorie *Beerdigung* zugeordnet worden. Die Melodie zum deutschen Lied stammt von dem Musiklehrer und reformierten Kantor in Genf, Guillaume Franc (1515-1570) von 1543, während Schöpfer der Melodie für die finnische Fassung (von 1657) ein anderer deutscher Komponist, nämlich der Bibliothekar, Hofdichter und Gambenspieler Georg Neumark (1621-1681) war. Diese Melodie, die einzige von ihm im heutigen EG, unter Nr. 369, ist länger als die für 532 in EG, so dass Raittila einen Kehrreim am Ende jeder Strophe hat hinzufügen müssen: *Kristuksen kanssa kaikkeni käsiisi annan, Isäni.* [‚Mit Christus gebe ich mein Alles in deine Hände, mein Vater']. Die Melodie wird auch in diesem Lied in Finnland wieder einmal tiefer gesungen, in Fis-Moll, während für das Lied 369 im EG die Tonhöhe G-Moll ist. Was wiederum den Text betrifft, folgt die finnische Übersetzung inhaltlich dem deutschen Text, nur in der dritten Strophe ist der Ausgangspunkt anders. Wo der deutsche Autor singt: *Nun sich das Herz zu dir erhoben und nur von dir gehalten weiß, bleib bei uns, Vater. Und zum*

[27] EG 1941, Vk 1940 (!)

*Loben wird unser Klagen*, schreibt die finnische Übersetzerin: *Nyt sydän täynnä ahdistusta saa kaiken jättää Herralleen. Jää, Isä taivaan, keskellemme, niin itku vaihtuu kiitokseen* [‚Nun darf das Herz voller Angst seinem Herrn alles lassen. Bleib bei uns, Vater im Himmel, so wird das Weinen zum Dank übergehen']. Das Herz ist im finnischen Text noch voll von Angst, während der deutsche Autor weiß, dass sein Herz schon zum Herrn erhoben ist und von ihm gehalten bleibt. Er ist der Angst schon entgangen. Sonst gibt es auch hier keine Unterschiede, sondern beide Texte bitten, dass Gott bei den Menschen bleibt, damit das Weinen und das Klagen zum Loben und Danken werden.

Das nächste Lied ist im finnischen Buch ein Lied der Gemeinschaft der Christen, im EG jedoch ein Abendmahlslied, *Dank sei dir, Vater, für das ewge Leben* (EG 227) bzw. *Sinulle kiitos, Isä lahjastasi* (Vk 451) von der katholischen Theologin, Verfasserin und Liederdichterin Maria Luise Thurmair (1912-2005) von 1970. Viele von ihren Liedern wurden in das katholische Gesangbuch *Gotteslob* 1975 aufgenommen. (EG 1990: 957) Die bekannte und beliebte Melodie stammt von Johann Crüger 1640. Im finnischen Liederbuch ist für dieses Lied eine andere Melodie von Crüger aus 1653 vorgesehen (EG 447 *Lobet den Herren alle die ihn ehren*) worden, die auch sehr gut zum Text passt und auch in Finnland in C-Dur gesungen wird. Den Text hat Anna-Maija Raittila 1984 für das neue Gesangbuch übersetzt. Sie hat die sechs Strophen Thurmairs auf fünf reduziert, indem sie einfach die sechste Strophe *Gedenke, Herr, die Kirche zu erlösen* weggelassen hat. Die fünf ersten Strophen hat sie relativ treu übersetzt. Die dritte Strophe ist in beiden Sprachen eine „Abendmahlsstrophe" und in beiden wird auch erklärt, dass *Wir... sind Christi Leib, sind seines Leibes Glieder bzw. Kaikki me... uskossa jäämme Herraan liitetyksi: ruumis on yksi.* [‚Wir alle... bleiben im Glauben beim Herrn angegliedert: Der Leib ist eins.']. Oder wenn in der fünften Strophe in beiden Sprachen vom Glauben die Rede ist, und die südtiroler Autorin ihn mit den Beeren einer Traube vergleicht, ist die finnische Übersetzerin mit dem „Wein"-Motiv vorsichtiger[28]: *In einem Glauben lass uns dich erkennen, in einer Liebe dich den Vater nennen, eins lass uns sein wie Beeren einer Traube, dass die Welt glaube* wird auf Finnisch: *Kun yksi usko meidät sinuun liittää, yhdessä saamme rakastaa ja kiittää oksina viinipuussa kansan nähden maailman tähden.* [‚Wenn ein Glaube uns mit dir verbindet, zusammen dürften wir lieben und

[28] Die Haltung in Finnland zum Wein und anderen alkoholischen Getränken ist nach wie vor kritisch, und so hat Raittila einen neutralen Ausdruck bevorzugt.

danken als Zweige am Weinstock, vor den Augen des Volkes, für die Welt.']. Und noch ein Beispiel aus der vierten Strophe: Wenn die Autorin schreibt: *Aus vielen Körnern ist ein Brot geworden,* übersetzt Raittila: *Yhdeksi kootaan vilja monen lyhteen* [,Von vielen Garben wird das Getreide in eine zusammengebunden']. Die Metapher der Körner, die gemahlen und zum Brot gebacken werden, stammt im Finnischen aus demselben Bedeutungsfeld, dem des Ackerbaus, aber hier wird erst das Getreide in Garben geerntet, ist also noch nicht weiter zu Körnern und zum Brot gereift, obwohl in der vorigen Strophe schon vom Abendmahl, also von Brot und Wein gesungen wird. Jedoch muss zugestanden werden, dass die Übersetzung gelungen ist und dem Original inhaltlich so entspricht, dass sie eine Übersetzung und keine Adaptation genannt werden kann.

Das nächste Lied ***Du hast uns, Herr, gerufen*** (EG 168), ***Jo Herran armopöytä*** *(valmiina odottaa)* (Vk 452) gehört auch zu den Gottesdienstliedern. Es wurde 1967 von Pfarrer Kurt Rommel (1926-2011) gedichtet und komponiert, und wieder einmal von Anna-Maija Raittila 1984 für das neue finnische Kirchengesangbuch übersetzt. In diesem Fall enthält das deutsche Lied sechs, das finnische aber nur vier Strophen. Im Finnischen hat man aber nicht die Melodie von Rommel, sondern eine alte für das Lied gewählt, die der Kantor und Pfarrer Melchior Teschner (1584-1635) 1615 komponiert hatte, und die in EG für das Lied 523 steht (B-Dur in beiden Sprachen). Rommel hat sein Lied auf doppelt gesungenen Versen aufgebaut, aber da die Melodie für den finnischen Text eine andere ist, brauchte diese Formulierungsart nicht von der Übersetzerin verwendet zu werden. Auf diese Weise war sie in der Lage, den Inhalt von Rommels Lied zu vertiefen. Wo Rommel feststellt, dass die Gemeindeglieder die Gäste Gottes sind, und dafür dankt, spricht Raittila explizit von Brot und Wein, die unser Herr an seinem Tisch der Gnade der Gemeinde, ja sogar der ganzen Welt, allen Reichen und Armen anbietet und dabei keinen von sich weist. Die am meisten hungern, lädt er ein, neben ihm zu sitzen, wer aber schon satt ist, bleibt draußen. Sie meint, dass wenn wir zum selben Tisch des Herrn kommen, wir zusammengehören und alle der Leib des Herrn sind. Wo Rommel sagt, *wenn wir jetzt weitergehen, dann sind wir nicht allein* (3. Strophe) bzw. *wir nehmen seine Worte und Taten mit nach Haus* (4. Strophe), schreibt Raittila, dass Jesus unser Wegweiser auf dem gemeinsamen Weg des Friedens ist, der durch uns für alle offen ist. Er ist auch das Tor in die Zukunft. Rommel beendet das Lied mit *Bleib bei uns* *heut und morgen, Herr Jesu Christ,* und Raittila: *Huomenna Herra siunaa taas meidät uudelleen.* [‚Morgen wird der Herr uns wieder aufs Neue segnen.']. Das finnische Kirchengesangbuch bezeichnet die Dichtung von Anna-Maija Raittila als eine Übersetzung des Liedes von Rommel, und es trifft durchaus zu, dass beide Texte einiges gemeinsam haben, , eventuell sogar den roten Faden, aber als Translationswissenschaftlerin würde ich hier lieber von einer Adaptation sprechen.

Das nächste Lied ist ein beliebtes Jugendlied: ***Hilf, Herr meines Lebens*** (EG 419), ***Herra, elämääni*** (Vk 509). Es wurde 1962 von Pfarrer Gustav Lohmann (1876-1967) gedichtet – als er selbst schon 85 Jahre alt war – und im selben Jahr von dem Französisch-Dozenten Hans Puls (1914-1992) komponiert. Die dritte Strophe stammt jedoch von dem Schweizer Theologen, Hymnologen und Pfarrer, Professor und hymnologischen Fachberater Markus Jenny (1924-2001) der sie 1970 geschrieben hat. Das deutsche Lied hat auf diese Weise 5 Strophen, wobei die erste und die fünfte identisch sind, während das finnische nur die ursprünglichen 4 Strophen hat, obwohl die erste normalerweise am Ende wiederholt wird, so dass in der Praxis auch fünf Strophen gesungen werden, wenn es sich um das ganze Lied handelt. Der Jugendpfarrer Juhani Forsberg (geb. 1939) hatte die 4 Strophen von Lohmann schon 1966 ins Finnische übersetzt. Dieselbe Melodie (D-Moll) wird wieder im Finnischen eine Sekunde tiefer gesungen (C-Moll). Dieses Lied bestätigt seinerseits die Beobachtungen des ersten Kapitels, d.h., dass die neuen Lieder und ihre Strophen kürzer als die alten sind. Das deutsche Lied hat am Anfang jeder Strophe die Bitte *Hilf Herr,* die im Finnischen nicht wiederholt wird, weshalb nach Väinölä (2008: 519) die finnische Übersetzung viel mehr sagt als der Ausgangstext, zumal im Ausgangstext jeweils noch der dritte Vers wiederholt wird: z.B. in der 2. Strophe... *dass ich nicht zur Plage, dass ich nicht zur Plage meinem Nächsten bin.* Forsberg lässt in seiner Übertragung den Text immer weiterlaufen: dieselbe Stelle: ...*etten ketään paina, etten toisten taakkaa suuremmaksi tee.* [‚dass ich keinen unterdrücke, dass ich die Last der anderen nicht größer mache']. Väinölä (ibid.) meint, dass die finnischen Strophen 3 und 4 ein eigenes, bescheidenes aber vielsagendes Gedicht von Forsberg sind. Jedoch haben sie sich nicht weit vom Original entfernt, da in der vierten Strophe wie im Deutschen gebetet wird, dass der Mensch nicht dort fehlen möge, wo er benötigt wird. Im finnischen Text der dritten Strophe wird gebetet, dass der Mensch dann nicht ausweicht, wenn er zur

Hilfe gerufen wird. So bittet der Dichter in der ersten und fünften Strophe, dass der Mensch nicht umsonst auf der Erde sein möge, und der finnische Übersetzer, dass der Mensch in Gottes Gnade wachsen und ein Mensch sein möge [*armossasi kasvaa, olla ihminen.*].

Das folgende Lied ist auch ein Jugendlied: ***Gib uns Frieden jeden Tag!*** (EG 425), ***Anna meille rauhasi*** (Vk 514), das von dem Liedermacher und Ingenieur Rüdeger Lüders (geb. 1936) 1963 komponiert wurde und der die erste Strophe gedichtet hat, während Kurt Rommel die Strophen 2 und 3 noch im selben Jahr hinzufügte. Dieselbe Melodie wird auch in Finnland für dieses Lied verwendet, und ist rhythmisch und leicht zu lernen. Deshalb ist es kein Wunder, dass es seit langem ein beliebtes Lied unter den Jugendlichen ist und z.B. auf den Konfirmandenfreizeiten gesungen wird. Das Lied wurde von Juhani Forsberg 1966 ins Finnische übersetzt und 1986 in das Liederbuch aufgenommen. Der erste Vers in jeder Strophe ist treu übertragen worden: *Gib uns Frieden jeden Tag! Gib uns Freiheit jeden Tag! Gib und Freude jeden Tag!* bzw. *Anna meille rauhasi; Anna meille vapaus; Anne meille iloa. Jeden Tag* wurde mit *tänäänkin* [,auch heute'] übersetzt, und der Anfang der fast Wort für Wort wiederholten Verse *Denn nur du, unser Gott* bzw. *Denn durch dich, unsern Gott* jeweils mit zweifachem *Sillä vain sinä voit* [,denn nur du kannst'] übertragen. Die danach folgenden zweitletzten Verse vor dem je identischen Vers im Deutschen wurden auch mit inhaltlich entsprechenden Ausdrücken wiedergegeben:

*hast die Menschen in der Hand* bzw. *elämämme varjella* [,unser Leben behüten']
*sind wir frei in jedem Land* bzw. *rohkeuden lahjoittaa* [,den Mut schenken']
*hast uns alle in der Hand* bzw. *elämämme uudistaa* [,unser Leben erneuern'].

Das Ende jeder Strophe *Lass uns nicht allein* wurde im Finnischen jeweils mit *Herra tänäänkin* [,Herr auch heute'] zu dem vorigen Vers sehr gut als Folge hinzugefügt.

Zuletzt in dieser Kategorie kommt das eventuell berühmteste und zumindest in Finnland immer wieder gesungene Lied ***Von guten Mächten treu und still umgeben*** (EG 65), ***Hyvyyden voiman ihmeelliseen suojaan*** (Vk 600) des weltbekannten Theologen, Dozenten und Pfarrers Dietrich Bonhoeffer (1906-1945, am 9. April von den Nazis hingerichtet), das er zur Jahreswende

1944/1945 aus dem Konzentrationslager an seine Familie geschickt hatte. In sechs Strophen wollte er den Seinen noch Hoffnung schenken in einer Situation, die hoffnungslos war. Anna-Maija Raittila hat das Lied 1981 und 1984 ins Finnische übersetzt und dabei um eine Strophe verkürzt. In das Kirchengesangbuch wurde es unter der Nummer 600[29] aufgenommen. Die Melodie des deutschen Liedes hatte der Kantor und Organist Otto Abel (1905-1977) 1959 komponiert, während für das finnische Lied eine Melodie des finnischen Komponisten Erkki Melartin von 1923 gewählt wurde. Sie war also nicht für das Lied komponiert, wird aber bei keinem anderen Lied verwendet. Hier heißt es wieder, den Inhalt weiterzugeben, wenn eine Strophe ausfällt. Einige Anhaltspunkte gibt es jedoch: *Von guten Mächten treu und still umgeben, behütet und getröstet wunderbar* bzw. *Hyvyyden voiman ihmeelliseen suojaan olemme kaikki hiljaa kätketyt* [‚Von der wunderbaren Obhut der guten Macht sind wir alle still umgeben']. Doch im Finnischen wollte man das Lied nicht mit Neujahr verbinden, so dass man im finnischen Lied in eine neue Zeit eingeht, nicht *in ein neues Jahr.* Für die finnische Lösung *Kun ahdistuksen tie on edessämme* [‚Wenn der Weg der Anfechtung vor uns steht'] finden wir mehrere Ausgangspunkte in Bonhoeffers Lied: *das alte quält unsere Herzen; uns drückt die schwere Last der bösen Tage; der schwere Kelch des Leids.* Das Vertrauen in Gottes Hilfe und seinen Frieden ist in beiden Sprachen die oberste Botschaft: *das Heil, für das du uns geschaffen hast; deine gute und geliebte Hand; dein Licht scheint in der Nacht; der hohe Lobgesang all deiner Kinder* bzw. *Me saamme luottaa uskolliseen Luojaan* [‚Wir dürfen uns auf den treuen Schöpfer verlassen']; *myös silloin Kristus meitä kuljettaa* [‚auch dann führt Christus uns weiter']; *Hän itse meille rauhan valmistaa* [‚Er selbst bereitet uns den Frieden vor']. Bonhoeffers 5. Strophe und die finnische 3. Strophe fangen ähnlich an: *Lass warm und hell die Kerzen heute flammen, die du in unsre Dunkelheit gebracht* bzw. *Suo, Herra toivon kynttilöiden loistaa, tyyneksi, lempeäksi liekki luo* [‚Lass, Herr die Kerzen der Hoffnung leuchten, mach die Flamme still und sanft'] und die Strophen 6 im Deutschen und 4 im Finnischen ähneln sich auch: Wenn die Stille den Menschen von allen Seiten umgibt, soll Gott uns *jenen vollen Klang* hören lassen, *vahvista ääni toisen maailman* [‚verstärke den Klang der anderen Welt'], *der Welt, die unsichtbar sich um uns weitet, all deiner Kinder hohen Lobgesang,* damit wir *mit den Klängen des neuen Gesangs dein Volk nun singen hören* [‚uuden virren sävelillä, kuulemme kansasi nyt

[29] Diese war im vorigen Buch für ein bekanntes finnisches Lied bestimmt, das bei jeder Bestattung gesungen wurde.

laulavan']. Bonhoeffers 4. und 5. Strophe bringen ihn mit seiner Familie zusammen: *dann wolln wir des Vergangenen gedenken, und dann gehört dir unser Leben ganz* und *führ, wenn es sein kann, wieder uns zusammen.* Es wäre zu persönlich gewesen, diese Worte über Bonhoeffers Hoffen in die finnische Übersetzung einzubauen, die Deutsche beim Lesen und Singen berührt und ihnen direkt ins Herz eindringt.[30] Die Übersetzung ist positiv und auf die Zukunft ausgerichtet und gleichzeitig auch innerlich und warm. Hier kommen wir wieder zum Thema, ob man von einer Übersetzung oder einer Adaptation sprechen sollte und ob genug Einzelheiten gefunden werden können, die den Text als Übersetzung kategorisieren.

In den letzten zwei Kapiteln machten wir eine Exkursion von den alten Liedern und alten Übersetzungen in die Welt der heutigen Kirchengesänge, nicht flächendeckend oder gar systematisch, sondern nur um zu sehen, dass die Tradition der deutschen und deutschsprachigen Lieder sich in finnischen Kirchengesangbüchern durch die Jahrhunderte behauptet hat und immer noch behauptet. Insgesamt sind es 165 Lieder mit deutschem Ursprung im heutigen finnischen Gesangbuch (!) darunter die am meisten verwendeten und beliebtesten Lieder für das ganze Kirchenjahr. Diese Gruppe hat die zweitgrößte Anzahl nach den einheimischen Liedern und beweist immer noch im Reformationsjubiäumsjahr 2017 deutlich, wie wichtig die Glaubensgemeinschaft zwischen den beiden Kulturen schon seit Jahrhunderten ist. Die Welt ändert sich, aber es sind Werte, die in Stürmen der Geschichte unverändert bleiben.

[30] Der finnische Text an der entsprechenden Stelle lautet übersetzt: „Vom Abend bis zum Morgen ist der Herr bei uns. Er gibt uns auch den morgigen Tag."

# 10
# Schlusswort

> *Arkana nyt olen tullut, itseäni tutkimaan. Kaipuu nousee sydämestä, parempaan ja puhtaampaan…* [‚Verängstigt bin ich gekommen um mich selbst zu erforschen. Die Sehnsucht steigt aus dem Herzen nach Besserem und Reinerem...'] bzw. *Herra Jeesus, itseäni, vaikken oikein tunnekaan,auta nytkin rohkeasti sinuun yksin katsomaan…* [‚Herr Jesus, obwohl ich mich nicht sehr gut kenne, hilf mir, auch jetzt nur dich mutig anzuschauen…'] (Vk 207, 1, 2, I.H.).

Dieses neue finnische Kirchenlied hat mir den Anstoß gegeben, zu untersuchen, ob der gesellschaftliche Wandel in der Geschichte und die heutige, selbstbezogen genannte Zeit auch in den Änderungen der Liedertexte im kirchlichen Bereich linguistisch festzustellen sind. Da es für ein einziges Projekt viel zu umfangreich gewesen wäre, und da ich Translationswissenschaftlerin bin, habe ich schon in einer relativ frühen Phase der Arbeit die Entscheidung getroffen, mich auf die alten deutschsprachigen Kirchenlieder zu konzentrieren, die kurz nach der Reformation ins Finnische übersetzt wurden. Aber die Behandlung dieses Korpus wäre wenig fruchtbar gewesen, wenn ich alle finnischen Versionen eingeschlossen hätte, die von diesen Liedern in späteren Gesangbüchern publiziert worden sind, denn – wie in den früheren Kapiteln erwähnt wurde – die Änderungen der deutschen Lieder waren hauptsächlich orthographisch, während die finnische geschriebene Sprache seit der Reformationszeit recht viele Veränderungen erfahren hat, obwohl sie in ihrer alten Form jedoch noch relativ leicht zu verstehen ist. Zum Thema Ichbezogenheit wurden jedoch 34 weitere neue Lieder aus beiden Sprachen ausgesucht, um das Phänomen quantitativ betrachten zu können. Diese Resultate zeigen, dass die neuen Lieder in beiden Sprachen mehr individuell zu deutende Merkmale enthalten als die alten, während die alten deutschen Lieder nur einen Bruchteil der Sg1 Formen aufweisen, die ihre finnischen Übersetzungen und Neuübersetzungen enthalten. Trotz der Tatsache, dass die alten deutschen Lieder sich sprachlich kaum verändert haben, während die finnischen Neuübersetzungen manchmal schwer mit den alten finnischen Texten vergleichbar sind, wäre es eine zu leichte Schlussfolgerung zu behaupten, dass die Finnen ichbezogener sind als die Deutschen. Pragmatisch betrachtet ist der Sprachgebrauch immer auf den

Textproduzenten zurückzuführen, und dieser kann seine eigene Sprachpolitik bzw. Sprachplanung ausüben (vgl. Kapitel 3).

Das ursprüngliche Thema führte mich zur Erforschung der historischen, kulturellen und gesellschaftlichen Hintergründe der alten Texte und des Entstehens der Kirchenlieder vor und in der Reformationszeit. Zum Thema Übersetzung wollte ich wissen, wie viel Dialekt in den alten Liedern beider Sprachen noch zu finden ist, und ob man durch die modernen translationswissenschaftlichen Methoden die Übersetzungsstrategien des alten finnischen Übersetzers erklären kann. Die Bekanntschaft mit Jacobus Finno war für mich ein richtiges intellektuelles Abenteuer, denn von ihm ist äußerst wenig dokumentiertes Material vorhanden. Auch sein Kirchengesangbuch ist nur in Fragmenten erhalten geblieben.

Da wir 2017 das 500-jährige Jubiläum der Reformation feiern können, wollte ich besonders Martin Luther als Liedschöpfer hervorheben und denjenigen seiner Lieder ein Kapitel widmen, die noch im modernen finnischen Kirchengesangbuch stehen. Nach Jenny (1985) hat er nachweislich 45 Lieder geschrieben, übersetzt und teilweise auch komponiert. Im finnischen Gesangbuch von 1583 von Jacobus Finno waren davon 22 enthalten, und heute noch gibt es im modernen finnischen Gesangbuch 18 bis 20 Lieder, die mit seinem Namen versehen sind, und zwar als Textautor (14), Übersetzer (3) oder Umtexter (1).

Schließlich wurden noch einige Neuübersetzungen betrachtet und danach fünf Lieder, die aus einer dritten Sprache ins Deutsche und Finnische für die modernen Kirchengesangbücher übersetzt worden sind. Für diese Analyse konnten die Methoden der Translationswissenschaft besser genutzt werden. Zum Schluss wurden noch einige alte deutsche Lieder betrachtet, die erst jetzt oder schon wieder ins finnische Gesangbuch aufgenommen worden sind, und dazu wurden noch einige neue deutsche Lieder im neuen finnischen Buch analysiert.

Die alten Lieder haben sich in den Stürmen der Geschichte gut bewährt und die Nachhaltigkeit ihrer Botschaft bewiesen. Dass wir 500 Jahre Reformation feiern dürfen und der Persönlichkeiten gedenken können, die für ihren Glauben, manchmal bis zum Tode, gekämpft haben, ist nach heutigen Maßstäben keine Selbstverständlichkeit. Ob die Menschen heute ichbezogener oder gar egoistischer sind als früher, lasse ich als Translatologin in letzter Instanz lieber durch andere Sachkenner entscheiden, zitiere aber zum Schluss noch zwei von ihnen, die kürzlich das Thema Selbstzentriertheit behandelt haben. Während Salminen (2016) behauptet, der moderne Mensch glaube „allein zu sein, allein in der Mitte von allem", und damit den bekannten finnischen Schriftsteller V.A. Koskenniemi zitiert, fragt er, was mit dem Gemeinschaftsgefühl in der Gesellschaft und beim einzelnen Menschen  geschehen ist. Dagegen schreibt Kelosaari (2016), dass die heutige Egozentriertheit nichts gegen das vergangene Geltungsgehabe sei. Angeberei, Stolz, Tapferkeit und Verlangen nach Ruhm und Ehre siegten besonders unter Aristokraten und Soldaten über die christlichen Tugenden wie Folgsamkeit und Sanftmut, und die christliche „Grunddemut" bedeutete ihnen nichts. In der heutigen, grundsätzlich gleichwertigen Gesellschaft sei jedes Individuum für die Bewunderung seiner eigenen Person zuständig, und die Egozentriertheit und die Betonung des *Ich* seien nicht mehr das Vorrecht elitärer Männer. Eine bestimmte Menge des Egoismus sei typisch und unumgänglich für jeden. Oder sollten wir doch lieber mit Salminen (2016) feststellen, dass die Hassreden im Schutz der Anonymität wachsen, und dabei der Gegensatz zwischen dem Individuum und der Welt um uns herum betont wird – oder mit Luther (vgl. Kantzenbach 1972: 87), dass die Freiheit des Menschen die Freiheit vom eigenen selbstischen Wesen zum Dienst für den Nächsten wird? Die Entdeckung des Nächsten steht also für Luther im Gegensatz zur Entdeckung des Ich! Sollte man also im Reformationsjahr doch lieber in die Kirche gehen, um Gott und seinen Nächsten lieben zu lernen, als zu versuchen, vor dem Altar beim Singen alter Reformationslieder oder neuer Kirchenlieder das Ich zu entdecken?

Zum Schluss wollte ich noch Jacobus Finno, den „armen und unbegabten" Dichter, wie er sich selbst nennt, ehren und versuchen, so gut wie es wiederum mir gelingt, sein eigenes Gedicht und Kirchenlied, das leider nicht mehr im Kirchengesangbuch steht, nämlich *Matkamiesten wirsi* ‚Lied der Reisenden' ins Deutsche zu übersetzen. Der Inhalt des Liedes ist besinnlich und warm, an Reimen fehlt es auch nicht. Es ist kein Wunder, dass dieses Gedicht in finnischen Gedichtanthologien zu finden ist, leider nur als einziges von Jacobus Finno. Hoffentlich konnte ich seine Gefühle und Gedanken für die deutschen Leser mindestens einigermaßen vermitteln!

| **Matkamiesten wirsi**<br>Jacobus Finno 1583 | **Lied der Reisenden**<br>Jacobus Finno 1583, übersetzt von IH |
|---|---|
| Isä haltia maan taiuan,<br>Quin caicki olet luonut,<br>Sä Juhdhan / reen ia mös laiuan<br>Ihmisil olet suonut,<br>Että he nijdhen cauta<br>Mackansa tataisit tedhä<br>Jois sä heit edhes wedhä.<br>An waarat edhesäns nädhä.<br>Sinä mös meitä auta<br>Täll edhes otetul retkel.<br>Aina ia nykyisel hetkel,<br>Sielut ia ruumit kätkel.<br>Nijn me sinua sijs kijtäm<br>Sanoten Haleluia . | Unser Vater im Himmel und auf Erden<br>der Schöpfer aller Dinge,<br>Schlitten, Schiff und Pferd,<br>gestattet hast du gerne,<br>dass damit die Menschen,<br>ihre Reise machen können,<br>die du sie lässt vorbereiten.<br>Vor aller Gefahr sie warne.<br>Hilf auch uns auf der Reise<br>die baldig vor uns steht.<br>Uns nun und immerdar<br>Leib und Seel beschütze.<br>Dafür dir danken wir<br>und sagen Halleluja! |
| Jesu Christe iodhata<br>Meitä nyt täsä matkas<br>An oikeia laita osata<br>Esteet edhestäm catkais<br>Älä meist pois erkane<br>Waan tygöm nopiast rienä<br>Rauhas meit edhes wiene<br>Sinäp tie totinen liene<br>Engelis ioucom pane<br>Sulie wihamiesten silmät<br>Hillitze taiuan piluet<br>An lackiat ia soueliat ilmat<br>Nijn me sinua sijs kijtäm<br>Sanoten Haleluia . | Jesus Christ uns begleite<br>jetzt auf dieser Reise.<br>Auf den richtgen Weg uns leite,<br>Hindern lass uns von keinem,<br>sollst nie von uns ferne bleiben,<br>sondern komm uns schnell zur Hilfe.<br>Friedlich führ uns weiter,<br>denn der wahre Weg bist du.<br>Sende deine Engel herunter,<br>mach des Feindes Augen zu.<br>Dunkle Wolken halt zurück,<br>gib uns schönes, gutes Wetter.<br>Dir danken wir dafür<br>und sagen Halleluja! |
| Pyhä hengi wirghotaia<br>Quin runsas olet annoil<br>Ole tuskist kirwotaia<br>Maal / merel sekä rannoil<br>Piru tyköm pois carkota<br>Se häneld estä ia kiellä<br>Ettei sais ylös niellä<br>Meit köyhi tällä tiellä<br>Sinä rinnois<br>Ilol meit edhes saata<br>An nädhä wiel oma maata<br>Kotia mös terwenä tuota<br>Nijn me sinua sijs kijtäm<br>Sanoten Haleluia . | Heiliger Geist, sei unser Tröster,<br>mit deinen reichen Gaben.<br>Sei uns Erlöser aus den Leiden<br>zu Wasser und zu Land.<br>Den Teufel jage weg von uns.<br>Ihm verbiete mit deiner Macht,<br>uns armen auf dem Wege<br>zu schlucken in seinen Rachen.<br>Mit frohem Herzen<br>lenk uns weiter auf der Reise,<br>lass noch die Heimat wiedersehen,<br>bring uns gesund nach Hause.<br>Dir danken wir dafür<br>und sagen Halleluja! |

# 11
# Quellen und Literatur

Abkürzungen und Glossar finnischsprachiger wissenschaftlicher Institutionen und ihrer Schriftenreihen

| | | |
|---|---|---|
| SKHS | Suomen kirkkohistoriallinen seura | Finnische kirchenhistorische Gesellschaft |
| SKHST | Suomen kirkkohistoriallisen seuran toimituksia | Schriften der Finnischen kirchenhistorische Gesellschaft |
| SKS | Suomalaisen kirjallisuuden seura | Gesellschaft für finnische Literatur |
| SKST | Suomalaisen kirjallisuuden seuran toimituksia | Schriften der Gesellschaft für finnische Literatur |
| TY | Turun yliopisto | Universität Turku |
| TUCEMEMS | Turku Centre for Medieval and Early Modern Studies | Zentrum für die Erforschung des Mittelalters und der Frühen Neuzeit an der Universität Turku |

## 11.1 Kirchengesangbücher

### 11.1.1 Historische

(a)[1]Jenny, Markus 1985 (Bearb.). *Luthers geistliche Lieder und Kirchengesänge*. Vollständige Neuedition in Ergänzung zu Band 35 der Weimarer Ausgabe. (Archiv zur Weimarer Ausgabe, Band 4.) Böhlau. Köln u.a.

(b) Danneil, Friedrich Hermann Otto 1883 (Hrsg.). *D. Martin Luthers Geistliche Lieder nach seinen Drei Gesangbüchern von 1524, 1529 und 1545*. Ihr Inhalt und Segen dem Volk erzählt von Dr. Danneil, Pastor in Niedernbodeleben. 1.-3. Tsd. Schriftenniederlage des Evangelischen Vereins. Frankfurt a. M.

(d) Ameln, Konrad 1983 (Hrsg.). *Eyn Enchiridion oder handbüchlein. eynem ytzlichen Christen fast nutzlich bey sich zuhaben zur stetter vbung unnd trachtung geystlicher gesenge und Psalmen, Rechtschaffen und kunstlich vertheutscht*. Faksimiledruck mit einem Geleitwort d. Ausg. Erfurt, gedruckt in der Permentergassen zum Ferbefaß 1524, nebst dem Ergänzungsdruck *Etliche Christliche Gesenge vnd psalmen, wilche vor bey dem Enchiridion nicht gewest synd* (Erfurt) 1525. Bärenreiter. Kassel u.a.

[1] Die eingeklammerten Kleinbuchstaben verweisen im Text auf die hier genannten Quellen.

(d2) *Enchiridion geistlicher Gesenge un Psalmen für die Leyen mit viel andern denn zuvor gebessert* 1979. Fotomechanischer Neudruck der Originalausgabe Zwickau 1528 nach dem Exemplar der Sächsischen Landesbibliothek Dresden. Zentralantiquariat der Deutschen Demokratischen Republik. Leipzig

(g) Vehe, Michael 1537. *Ein New Gesangbüchlin Geistlicher Lieder.* Faks.-Druck d. 1. Ausg. Leipzig, Wolrab, 1537. Schott. Mainz. 1970

(h) Ranke, Ernst 1549 (Hrsg.). *Marburger Gesangbuch von 1549.* Faksimiliedruck der Ausg. Schwerin 1549, 2. Aufl. Elwert. Marburg. 1879

(i) Wackernagel, Philipp 1870. *Das deutsche Kirchenlied von der ältesten Zeit bis zu Anfang des XVII. Jahrhunderts.* Dritter Band: *Die Lieder des ersten Geschlechts der Reformationszeit von Martin Luther bis Nicolaus Herman: 1523-1553.* Reprograf. Nachdr. d. Ausg. Teubner, Leipzig. Olms. Hildesheim. 1964

(k) Rhau, Georg 1544 (Hrsg.). *Newe Deudsche Geistliche Gesenge CXXIII.* Faks.-Neudr. [d. Ausg.] Wittenberg 1544. Bärenreiter. Kassel u.a. 1969

(m) Hallio, Kustaa 1936. *Suomalaisen virsikirjan virret. Alkuperä ja kehitys.* [‚Die Lieder des finnischen Kirchengesangbuchs. Ursprung und Entwicklung']. (SKHST, 40 = SKST, 203.) SKHS; SKS. Helsinki

(n) *Das Vollständige grosse Cellische Gesang-Buch* 1696. ... Jetzo .... von neuem wieder auffgeleget / an vielen Orten verbessert/ geändert und vermehret, wie aus d. Vorr. in mehrem zu ersehen. v.Stern. Lüneburg

(n2) *Das vollständige Cellische Gesangbuch.* 1697. Nach ... revidirtem / verändertem und vermehrtem grossem Cellischen Gesang-Buch ietzo von neuem wieder auffgeleget. v.Stern. Lüneburg
*[Valten Schumannsches Gesangbuch.]* 1539, [d.i.:] Geistliche Lieder aufs neue gebessert und gemehret zu Wittenberg. D. Martin Luther. Valentin Schumann. Wittenberg
[Zitiert nach Wackernagel = (i), Bibliographie Nr. 620.]

*Evangelisch-Lutherisches Gesangbuch für Kirche, Schule und Haus* 1892. 8. Aufl.. Häcker. Riga und Mitau

Vanhan kirjasuomen korpus. [Korpus des alten Buchfinnischen] in der Datenbank von *Kotus (Kotimaisten kielten keskus* [Forschungszentrum der einheimischen Sprachen Finnlands]. Die Gesangbücher s, unter http://kaino.kotus.fi/korpus/vks/meta/virret/)

11.1.2 Sonstige

EG = *Evangelisches Gesangbuch* 1990. Ausgabe für die Evangelisch-Lutherischen Kirchen in Niedersachsen und für die Bremische Evangelische Kirche. Verlagsgemeinschaft für das Evangelische Gesangbuch Niedersachsen/Bremen (Lutherisches Verlagshaus GmbH. Hannover; Schlütersche Verlagsanstalt und Druckerei. Hannover; Vandenhoeck & Ruprecht. Göttingen)

EKG = *Evangelisches Kirchengesangbuch* 1981. Ausgabe für die Evangelisch-Lutherischen Kirchen Niedersachsens. Schlütersche Verlagsanstalt und Druckerei, Hannover; Buchdruckerei Hubert & Co. Göttingen

evl.fi = http://evl.fi/virsikirja.nsf/. [Webseiten der Evangelisch-lutherischen Kirche Finnlands] gesehen 5 – 6/2016

Lempiäinen, Pentti 1988 (Hrsg.). *Jaakko Finnon Virsikirja.* Näköispainos ensimmäisestä suomalaisesta virsikirjasta sekä uudelleen ladottu laitos alkuperäisestä tekstistä ja sitä täydentävistä käsikirjoituksista. [‚Faksimiledruck des ersten finnischen Kirchengesangbuchs nebst einer neu gesetzten Ausgabe auf Grundlage des ursprünglichen Textes und der ergänzenden Handschriften']. (SKST, 463.) SKS. Helsinki

*Gotteslob: katholisches Gebet- und Gesangbuch* / Hrsg.: Bischöfe Deutschlands und Österreichs und der Bistümer Bozen-Brixen und Lüttich. 2013. 1., neue Ausg. Herder. Freiburg i.Br. www.aarth.nl/liedboek/46.html. Gesehen 6/2016

*Suomen Evankelisluterilaisen kirkon koraalivirsikirja* 1956 (1938). Hyväksytty viidennessätoista Yleisessä Kirkolliskokouksessa v. 1943.[‚Choralgesangbuch der Evangelisch-lutherischen Kirche Finnlands. Angenommen von der 15. Allgemeinen Synode 1943']. Suomen Kirkon Sisälähetysseura [‚Gesellschaft für Inlandsmission der Kirche Finnlands']. Pieksämäki

*Vanhain Suomen maan Pijspain ja Kircon Esimiesten Latinan kielised laulud* [Piae cantiones] 1927 [Die lateinischen Gesänge der alten Bischöfe und Vormänner der Kirche in Finnland]. Faksimile der Ausg. Stockholm 1616 (Ignatius Meurer).Otava. Helsinki.

Vk = *Suomen Evankelis-luterilaisen kirkon Virsikirja* 1987 (1986). Hyväksytty Kirkolliskokouksen ylimääräisessä istunnossa 13. helmikuuta 1986. [‚Kirchengesangbuch der Evangelisch-lutherischen Kirche Finnlands. Angenommen von der außerordentlichen Sitzung der Synode am 13. Februar 1986.'] SLEY-Kirjat. Helsinki

## 11.2 Sekundärliteratur

Arens, Peter 2004. *Wege aus der Finsternis. Europa im Mittelalter.* Ullstein. München

Arffman, Kaarlo 1996. *Mitä oli luterilaisuus?* [‚Was war das Luthertum?']. Helsinki University Press. Helsinki. (Dt. Ausg. Berlin: LIT, 2015)

Augustinus 2004. *Usko, toivo, rakkaus.* Käsikirja Laurentiukselle [‚Glaube, Liebe, Hoffnung. Handbuch für Laurentius'] (Enchiridion ad Laurentium seu de fide et spe et caritate, fi.). Aus dem Lateinischen übersetzt von Timo Nisula. Kirjapaja. Helsinki. (Zweispr. lat.-dt. Ausg. Düsseldorf, Patmos-Verl., 1960)

Bahr, Petra; Assmann, Aleida; Huber, Wolfgang; Schlink, Bernhard, im Auftrag des Kirchenamtes der EKD 2007 (Hrsg.). *Protestantismus und europäische Kultur.* (Protestantismus und Kultur, Bd. 1) Gütersloher Verlagshaus. Gütersloh; Random House. München

Bentlin, Mikko 2008. *Niederdeutsch-finnische Sprachkontakte. Der lexikalische Einfluß des Niederdeutschen auf die finnische Sprache während des Mittelalters und der frühen Neuzeit.* (Suomalais-ugrilaisen seuran toimituksia [‚Schriften der finnisch-ugrischen Gesellschaft, 256.) Suomalais-ugrilainen Seura. Helsinki

Bernhard de Clairvaux 1993. *Sämtliche Werke. Lateinisch / Deutsch.* Band IV. Hrsg. von Gerhard B. Winkler. Tyrolia. Innsbruck

Besch, Werner; Betten, Anne; Reichmann, Oskar; Sonderegger, Stefan 2000 (Hrsg.). *Sprachgeschichte. Ein Handbuch zur Geschichte der deutschen Sprache und ihrer Erforschung.* Teilbd. 2. 2., vollst. neu bearb. u. erweiterte Aufl. (Handbücher zur Sprach- und Kommunikationswissenschaft, Band 2.2.) de Gruyter. Berlin, New York

Beutin, Wolfgang 1993. Religiosität/Neuzeit. In: Dinzelbacher, Peter 1993a (Hrsg.), S. 137-153

Bock, Bettina 2009. Europhrasen – Aufkommen, Verbreitung, Entwicklung. In: Helin, Irmeli 2009b (Hrsg.), S. 9-25

Buchner, Rudolf 1975. *Deutsche Geschichte im europäischen Rahmen.* Darstellung und Betrachtungen. Musterschmidt. Göttingen

Chesterman, Andrew 1989 (Hrsg.). *Readings in Translation Theory.* Finn Lectura. Helsinki

Daniel, Hans-Christian 2004. Synchronie und Diachronie im Pfarramt. In: *2. deutsch-finnisches theologisches Symposium in Helsinki 7.-9.1. 2003.* In: *Arcturus* 2 (2004), S. 25-41

Dinzelbacher, Peter 1993a (Hrsg.). *Europäische Mentalitätsgeschichte.* Hauptthemen in Einzeldarstellungen. Kröner. Stuttgart

Dinzelbacher, Peter 1993b. Religiosität/Mittelalter. In Dinzelbacher, Peter 1993a (Hrsg.) S. 120-137

Dinzelbacher, Peter & Sprandel, Rolf 1993. Körper und Seele/Mittelalter. In: Dinzelbacher, Peter 1993a (Hrsg.) S. 160-178

*Dr. Martin Luthers kleiner Katechismus mit Erklärung* 1862. Eingeführt im Königreich Hannover durch Königliche Verordnung vom 14. April 1862 für die evangelischen Kirchen und Schulen. 23.Auflage (1982). Helmut Korinth. Hamburg

Dülmen, Richard van 2001 (Hrsg.). *Entdeckung des Ich.* Die Geschichte der Individualisierung vom Mittelalter bis zur Gegenwart. Böhlau. Köln u.a.

EG = *Evangelisches Gesangbuch* 1990. Ausgabe für die Evangelisch-Lutherischen Kirchen in Niedersachsen und für die Bremische Evangelische Kirche. Verlagsgemeinschaft für das Evangelische Gesangbuch Niedersachsen/Bremen (Lutherisches Verlagshaus. Hannover; Schlütersche Verlagsanstalt und Druckerei. Hannover; Vandenhoeck & Ruprecht. Göttingen)

EKD = https://www.ekd.de/advent_dezember/musik/vom_himmel_hoch.html gesehen 6/2016

EKG = *Evangelisches Kirchengesangbuch* 1981. Ausgabe für die Evangelisch-Lutherischen Kirchen Niedersachsens. Schlütersche Verlagsanstalt und Druckerei. Hannover; Vandenhoeck & Ruprecht. Göttingen

evl.fi = http://evl.fi/virsikirja.nsf/. [Webseiten der Evangelisch-lutherischen Kirche Finnlands] gesehen 5 – 6/2016

Greule, Albrecht 1999. So sie's nicht verstehen, so sollten sie's nicht singen? Über den Beitrag der Sprachwissenschaft zur Kirchenliedforschung. In: Kurzke, Hermann & Ühlein, Hermann (Hrsg.), S. 47-64

*Grosses Handlexikon in Farbe* 1979. Bertelsmann Lexikon-Verlag. Gütersloh

Hahn, Gerhard & Henkys, Jürgen 2000- (Begr.). *Liederkunde zum Evangelischen Gesangbuch.* Vandenhoeck & Ruprecht. Göttingen, H. 1ff.

Hahn, Gerhard; Lauterwasser, Helmut 2015. 215 – Jesus Christus, unser Heiland, der von uns den Gotteszorn wandt. In: Hahn, Gerhard & Henkys, Jürgen (Begr.), H. 21, S. 15–22

Hahn, Gerhard; Lauterwasser, Helmut 2012. 362 - Ein feste Burg ist unser Gott. In: Hahn, Gerhard & Henkys, Jürgen (Begr.), H. 17, S. 63-74

Häkkinen, Kaisa 2012a (Hrsg.). *Codex Westh.* (Wanhan suomen arkisto, 5.) [‚Codex Westh. (Archiv der alten finnischen Sprache, 5.)']. Turun yliopisto. Turku
Häkkinen, Kaisa 2012b (Hrsg.). *Mikael Agricolan runokirja.* (Wanhan suomen arkisto, 6.) [‚Mikael Agricolas Gedichte. (Archiv der alten finnischen Sprache, 6.)']. Turun yliopisto. Turku

Häkkinen, Kaisa 2010 (Hrsg.). *Mikael Agricolan psalttari 1551.* (Wanhan suomen arkisto, 3.) ['Der Psalter, übersetzt von Mikael Agricola 1551. (Archiv der alten finnischen Sprache, 3.)']. Turun yliopisto. Turku

Häkkinen, Kaisa 2007. Kieli yhdistää ja erottaa – kirkossakin. [‚Die Sprache verbindet und trennt – auch in der Kirche']. In: *Sana.* 5.7.2007

Hallio, Kustaa 1936. *Suomalaisen virsikirjan virret. Alkuperä ja kehitys.* [‚Die Lieder des finnischen Kirchengesangbuchs. Ursprung und Entwicklung']. (SKHST, 40 = SKST, 203.) SKHS; SKS. Helsinki

Heiner, Wolfgang 1995. *Bekannte Lieder – wie sie entstanden.* 5. Auflage. Hänssler. Neuhausen-Stuttgart

Helin, Irmeli 2016. Lutherin virsien vuosisadat Jacobus Finnosta nykypäivään. [‚Die Lutherlieder durch die Jahrhunderte von Jacobus Finno bis in unsere Tage']. In: Räsänen, Marika & Heinonen Meri (Hrsg.). *Pohjoinen reformaatio.* [‚Die nördliche Reformation']. TUCEMEMS. Turku, S. 163-168

Helin, Irmeli 2013. Vergleich der begrifflich-kulturellen Welt hinter einigen alten deutschen Kirchengesängen und ihren finnischen Übersetzungen. In: Greule, Albrecht & Kucharska-Dreiß, Elzbieta (Hrsg.). *Dimensionen des Religiösen und die Sprache*. Analysen und Projektberichte. (Theolinguistica, 7.) Bauer & Raspe. Insingen, S. 211-222

Helin, Irmeli 2012a. Interferenz und Transferenz in alten finnischen Übersetzungen deutscher Kirchenlieder. In: Keinästö, Kari; Wagner, Doris; Raitaniemi, Mia; Fonsen, Tuomo (Hrsg.). *Herausforderung Sprache und Kultur*. Festschrift für Matti Luukkainen zum 75. Geburtstag. (Mémoires de la Société Néophilologique de Helsinki, 85. ), S. 247-259

Helin, Irmeli 2012b. Interferenssi ja transferenssi vanhoissa virsikäännöksissä. [‚Interferenz und Transferenz in alten Kirchenliederübersetzungen']. In: *MikaEL. Kääntämisen ja tulkkauksen tutkimuksen symposiumin verkkojulkaisu. Electronic proceedings of the KäTu symposium on translation and interpreting studies*, Vol. 6. http://www.sktl.fi/liitto/seminaarit/mikael-verkkojulkaisu/vol-6-2012

Helin, Irmeli 2011. Translationsstrategien in alten finnischen Übersetzungen der deutschen Kirchenlieder. In: Greule, Albrecht; Kucharska-Dreiß, Elzbieta; Wagner, Andreas (Hrsg.) *Theolinguistik: Bestandsaufnahme – Tendenzen – Impulse*. (Theolinguistica, 4.) Bauer & Raspe. Insingen, S. 121-132

Helin, Irmeli 2010. Dokumentierte Sprachpolitik und Sprachplanung für alte deutsche Kirchenlieder und ihre finnischen Neuübersetzungen. In: Beiträge zur Geschichte der Sprachwissenschaft 20 (2010), S. 239-248

Helin, Irmeli 2009a. Lob und Gesang im Dialekt. Dialekt in alten und neuen Kirchenliedern und ihren Übersetzungen. In: Nadiani, Giovanni & Marrano, Giorgio (Hrsg.). The Translation of Dialects in Multimedia. Intralinea Special Issue. Dipartimento Sitlec. Bologna. Online: www.intralinea.it

Helin, Irmeli 2009b. (Hrsg.). *Linguistik und Übersetzung in Kouvola*. Vorträge der 17. Jahrestagung der Gesellschaft für Sprache und Sprachen (Gesus e.V.). (Beiträge zu Sprache und Sprachen, 7.) University of Helsinki. Department of Translation Studies. Helsinki

Helin, Irmeli 2008. Ein feste Burg ist unser – oder mein – Gott. Neuübersetzungen alter Kirchengesänge als Spiegel des Weltbildes. In: *Neuphilologische Mitteilungen = Bulletin de la Société Néophilologique = Bulletin of the Modern Language Society*. 109 (2008), S. 71-82

Helin, Irmeli 2005a. Täynnä iloa ja hämmästystä – norjalaisen kastevirren saksannoksen ja suomennoksen vertailua. [‚Voller Freude über dieses Wunder – Vergleich der deutschen und finnischen Übersetzungen eines norwegischen Taufliedes']. In: Rossi, Paula (Hrsg.). *Från översättning till etik*. En festskrift till Irma Sorvali på hennes 60-årsdag den 15 oktober 2005. (Acta Universitatis Ouluensis, Humaniora, B 64.) Oulun yliopisto. Oulu, S. 53-64

Helin, Irmeli 2005b. Kääntäjä ja yhteiskunta. Uudelleenkääntämisen yhteiskunnallinen viitekehys. [‚Übersetzer und Gesellschaft. Der gesellschaftliche Rahmen der Neuübersetzung']. In: Yli-Jokipii, Hilkka (Hrsg.). *Kielen matkassa multimediaan. Näkökulmia kääntämisen tut-*

*kimiseen ja opiskelemiseen.* [,Zusammen mit der Sprache unterwegs gen Multimedia. Gesichtspunkte der Erforschung und des Studiums des Übersetzens'] (Helsingin yliopisto / Käännöstieteen laitoksen julkaisuja. 1. = University fo Helsinki / Publications of the Department of Translation Studies, 1. ). Yliopistopaino. Helsinki, S. 145-164

Hofstadter, Douglas R. & Dennett, Daniel C. 1986 (Hrsg.). *Einsicht ins Ich.* Fantasien und Reflexionen über Selbst und Seele. 2., unveränderte Auflage. Klett-Cotta. Stuttgart

Holz-Mänttäri, Justa 1984. *Translatorisches Handeln. Theorie und Methode.* (Annales Academiae Scientiarum Fennicae, B 226.) Suomalainen Tiedeakatemia. Helsinki

Hovdhaugen, Even; Karlsson, Fred; Henriksen, Carol; Beng Sigurd 2000. *The History of Linguistics in the Nordic Countries.* Societas Scientiarum Fennica. Helsinki

Howard, Michael 2004. *Ylistä ja palvo* (Praise and Worship,fi., Übersetzung Irmeli Helin). One Way Mission. Espoo

Huovinen, Eero 2012. *Enkeli Taivaan. Rakas jouluvirsi.* [,Vom Himmel hoch, das geliebte Kirchenlied zu Weihnachten'].Söderström. Helsinki

Jenny, Markus 1985 (Bearb.). *Luthers geistliche Lieder und Kirchengesänge.* Vollständige Neuedition in Ergänzung zu Band 35 der Weimarer Ausgabe. (Archiv zur Weimarer Ausgabe, Band 4.) Böhlau. Köln u.a.

Juusten, Paulus Petri 1575. *Se pyhä messu: Somen kielen ei pauin mutta pyhän euangeliumin ia christilisen seuracunnan tauan iälken.* [,Die Heilige Messe: In finnischer Sprache aber nicht nach dem Papst sondern nach dem heiligen Evangelium und den Bräuchen der christlichen Gemeinde']. Näköispainos. Alkuteos julkaistu: Stockholmis, 1575. Toimittanut ja jälkikirjoituksella varustanut [Faksimile der Ausg. Stockholm 1575. Mit einer Nachschrift herausgegeben von] Martti Parvio. Suomalaisen kirjallisuuden seura. 1978. Helsinki

Kallio, Kati 2016. Changes in the Poetics of Song in the Finnish Reformation. In: Lehtonen, Tuomas M.S. & Kaljundi, Linda 2016 (Hrsg.), S. 125-156

Kantzenbach, Friedrich Wilhelm 1972. *Martin Luther. Der bürgerliche Reformator.* (Persönlichkeit und Geschichte, 68.) Musterschmidt. Göttingen u.a.

Kela, Maria 2005. E-Mailaustausch 21.7.2005

Kela, Maria 1998. Heprean puoliprepositiot: käännöslainoista uskonnollisen kielen tyylipiirteeksi. [,Halbpräpositionen des Hebräischen: Von Lehnübersetzungen zu Stilmitteln der religiösen Sprache']. In: Mielikäinen, Aila & Suihkonen, Paavo (Hrsg.), S. 35-62

Kela, Maria 1996. Metonymia käännösperiaatteen kuvaajana. [,Metonymie als Ausdruck des Übersetzungsprinzips']. In: Pekkola, Seppo (Hrsg.), S. 58-75

Kelosaari, Artemis 2016. Ennen vasta narsisteja oltiin. [,So narzisstisch wie früher war man sonst nie']. In: *Tiede* 36 (2016):8, S. 35-37

Kierkegaard, Søren 1859. *Om min Forfatter-Virksomhed.* Reitzel. Kjøbenhavn

Kolehmainen, Taru 2012. "Jumala ompi linnamme" vuosisatojen halki. [,"Ein feste Burg ist unser Gott" durch die Jahrhunderte']. In: Rusama, Jaakko (Hrsg.), S. 66-82

Kurkela, Vesa 2012. Jumala ompi linnamme. Yhteiskunnallinen virsi ja sen suomalainen reseptiohistoria. [,Ein feste Burg ist unser Gott. Ein Kirchenlied von gesellschaftlicher Bedeutung und seine finnische Rezeptionsgeschichte']. In: Rusama, Jaakko (Hrsg.), S. 83-97

Kurvinen, P.J.I. 1929. *Suomen virsirunouden alkuvaiheet V:een 1640.* [,Die Anfänge der finnischen Kirchenliederdichtung bis zum Jahr 1640 ']. (SKST, 180.) SKS. Helsinki

Kurzke, Hermann & Ühlein, Hermann 1999 (Hrsg.). *Kirchenlied interdisziplinär.* Hymnologische Beiträge aus Germanistik, Theologie und Musikwissenschaft. Peter Lang. Frankfurt am Main u.a.

Lehtonen, Tuomas M.S. & Kaljundi, Linda 2016 (Hrsg.). *Re-forming Texts, Music, and Church Art in the Early Modern North.* Amsterdam University Press. Amsterdam.

Lempiäinen, Pentti 1988 (Hrsg.). *Jaakko Finnon Virsikirja.* Näköispainos ensimmäisestä suomalaisesta virsikirjasta sekä uudelleen ladottu laitos alkuperäisestä tekstistä ja sitä täydentävistä käsikirjoituksista. [,Faksimiledruck des ersten finnischen Kirchengesangbuchs nebst einer neu gesetzten Ausgabe auf Grundlage des ursprünglichen Textes und der ergänzenden Handschriften']. (SKST, 463.) SKS. Helsinki

*Liitteitä Turussa istuneen Suomen toisen kirkollis-kokouksen Protokolliin 1888.* [,Anlagen zu den Protokollen der zweiten Vollversammlung der Kirche Finnlands in Turku 1888']. Hämeen Sanomain osakeyhtiön kirjapaino. Hämeenlinna

Lönnroth, Lars 1978. *Den dubbla scenen.* Muntlig diktning från Eddan till ABBA. [Die doppelte Szene. Mündliche Dichtung von Eddan bis ABBA]. Prisma. Stockholm

Luther, Martin s. Dr. Martin Luthers...

Mainio, Tapio 2005. Arkkipiispa: Kirkosta eroamisluvut selittyvät ihmisten itsekkyydellä. [,Der Erzbischof: Die Zahlen für das Austreten aus der Kirche sind durch den Egoismus des Menschen zu erklären']. In: *Helsingin Sanomat* 28.5.2005. A7

Mielikäinen, Aila & Suihkonen, Paavo 1998 (Hrsg.). *Tutkielmia Raamatun kielestä.* [,Untersuchungen zur Bibelsprache']. (Suomen kielen laitoksen julkaisuja [,Veröffentlichungen des Instituts für Finnische Sprache'], Band 39.) Jyväskylä

Mielikäinen, Aila 1998. 1900-luvun raamatunsuomennosten uudissanastoa. [,Wortschöpfungen in den finnischen Bibelübersetzungen des 20. Jahrhunderts']. In: Mielikäinen, Aila & Suihkonen, Paavo (Hrsg.). S 105-136

Mikkeli, Heikki 1999. *Euroopan idea.* Eurooppa-aatteen ja eurooppalaisuuden pitkä historia. [,Die europäische Idee. Die lange Geschichte der europäischen Idee und des Europäertums']. Suomen Historiallinen Seura [,Finnische historische Gesellschaft']. Helsinki

Morowitz, Harold J. 1986. Die Wiederentdeckung des Geistes. In: Douglas R. Hofstadter & Daniel C. Dennett (Hrsg.), S. 41-48

Nida, Eugene 1989. Science of translation. In: Chesterman, Andrew (Hrsg.), S. 80-98

Nida, Eugene 1964. *Toward a science of translating.* Brill. Leiden

Niemi, Hilja 1954. *Suomalaisen virsikirjan uudistaminen vuoden 1886 viralliseksi virsikirjaksi.* Ns. Lönnrotin virsikirjakomitean osuus. [‚Neubearbeitung des finnischen Kirchengesangbuchs zum offiziellen Kirchengesangbuch 1886. Der Anteil des sog. Lönnrot-Ausschusses']. Tampereen kirjapaino. Tampere

Nolte, Josef 1991. *Wir guten Europäer.* Historisch-politische Versuche über uns selbst. Gunter Narr Verlag. Tübingen

Ohlig, Karl-Heinz 2001. Christentum – Individuum – Kirche. In: Dülmen, Richard van (Hrsg.), S. 11-40

Pajamo, Reijo 2012. Suomalainen virsisävelmä. [‚Der finnische Choral']. In: Rusama, Jaakko (Hrsg.), S. 98-110

Pakkasvirta, Jussi 2003. *Monitiede vai monta tiedettä?* Näkökulmia poikkitieteelliseen kulttuuri-, yhteiskunta- ja aluetutkimukseen. [‚Multiwissenschaft oder viele Wissenschaften? Aspekte zur querwissenschaftlichen Erorschung der Kultur, Gesellschaft und Regionen']. (Elektronisches Buch)

Palkki, Riitta 2000. Abckiriasta almanakkaan: kirjoitetun suomen alkuvuosisadat. [‚Vom ABC-Buch zum Kalender: die ersten Jahrhunderte der finnischen Schriftsprache']. In: *Kielikello* 2000:1, S. 8-12

Panasiuk, Igor 2005. *Kulturelle Aspekte der Übersetzung.* Anwendung des ethnopsycholinguistischen Lakunen-Modells auf die Analyse und Übersetzung literarischer Texte. (Semiotik der Kultur. Semiotics of Culture, 3). LIT Verlag. Münster

Parent, Ulrich; Rößler, Martin 2002. 44 – O du fröhliche. In: Hahn, Gerhard & Henkys, Jürgen (Begr.). H. 4, S. 26–30

Parent, Ulrich; Rößler, Martin 2005: 45 – Herbei, o ihr Gläub´gen. In: Hahn, & Henkys, Jürgen (Begr.). H. 11, S. 17–21

Parvio, Martti 1978. *Paavali Juusten ja hänen messunsa.* Liturgishistoriallinen tutkimus. ['Paavali Juusten und sein Messbuch. Eine liturgiegeschichtliche Studie.'] (Suomi: kirjoituksia isänmaallisista aineista [‚Finnland: Schriften über vaterländische Stoffe'], 122:3.) SKS. Helsinki

Pekkola, Seppo 1996 (Hrsg.). *Kuuskymppinen.* [‚Die Sechzigjährige']. (Suomen kielen laitoksen julkaisuja [‚Veröffentlichungen des Instituts für Finnische Sprache'],38.) Jyväskylä

Pettersson, Gertrud 1996. *Svenska språket under sjuhundra år.* En historia om svenskan och dess utforskande. Studentlitteratur. Lund

Philipp, Gerhard 1980. *Einführung ins Frühneuhochdeutsche.* Sprachgeschichte – Grammatik – Texte. Quelle & Meyer. Heidelberg

Polenz, Peter von 2000. *Deutsche Sprachgeschichte vom Spätmittelalter bis zur Gegenwart.* Band 1. Einführung. Grundbegriffe. 14. bis 16. Jahrhundert. 2., überarb. u. ergänzte Auflage. de Gruyter. Berlin, New York

Reckwitz, Andrea & Siever, Holger 1999 (Hrsg.). *Interpretation, Konstruktion, Kultur.* Ein Paradigmenwechsel in den Sozialwissenschaften. Westdeutscher Verlag. Opladen

Reiß, Katharina 1989. Text Types, Translation Types and Translation Assessment. In: Chesterman, Andrew (Hrsg.), S. 97-100

Reiß, Katharina & Vermeer, Hans 1991. *Grundlegung einer allgemeinen Translationstheorie.* Niemeyer. Tübingen

Rossi, Paolo 1997. *La nascita della scienza moderna in Europa.* Gius, Laterza & Figli. Roma, Bari

Rößler, Martin 2001. 30 – Es ist ein Ros entsprungen. In: Hahn, Gerhard & Henkys, Jürgen (Begr.). H. 2, S. 17–26

Ruokanen, Miikka 1987. *Hermeneutica moderna.* Teologinen hermeneutiikka historiallis-kriittisen raamatuntutkimuksen aikakaudella. [‚Theologische Hermeneutik in der Ära der historisch-kritischen Bibelforschung']. Gaudeamus. Helsinki

Rusama, Jaakko (Hrsg.) 2012. *Virsi suomalaisessa kulttuurissa.* (Hymnologian ja liturgiikan seuran vuosikirja Hymnos 2011.) [‚Das Kirchenlied in der finnischen Kultur. Hymnos 2011, Jahrbuch der Gesellschaft für Hymnologie und Liturgieforschung']. Hymnologian ja liturgiikan Seura. Helsinki

Rüsen, Jörn 2007. Europäische Identität – zwischen säkularer Lebensform und religiösem Glauben. In: Bahr, Petra et al. (Hrsg.) S. 31-41

Salminen, Kari 2016. Suuri minä, yksin keskellä kaiken. [‚Das große Ich, allein inmitten von allem']. In: *Turun Sanomat* 6.8.2016

Schulz, Klaus 1976. *Aus deutscher Vergangenheit.* Ein geschichtlicher Überblick. Hueber. München

Selander, Sven-Åke & Hansson, Karl-Johan 2008 (Hrsg.). *Martin Luthers psalmer i de nordiska folkens liv.* Nordhymn. Projektet Lutherpsalm. Ett projekt inom forskarnätverket Nordhymn. Arcus förlag. Lund

Sonderegger, Stefan 2000. Sprachgeschichtliche Aspekte der europäischen Christianisierung. In: Besch et al. (Hrsg.), S. 1030-1061

Spitta, Friedrich 1905. *„Ein feste Burg ist unser Gott"*. Die Lieder Luthers in ihrer Bedeutung für das evangelische Kirchenlied. Vandenhoeck & Ruprecht. Göttingen

*Suomen Evankelis-luterilaisen kirkon Virsikirja* (= Vk). 1986. [‚Kirchengesangbuch der evangelisch-lutherischen Kirche Finnlands']. Helsinki

Teinilä, Mari 2001. *Anna-Maija Raittila*. Luottamuksen pyhiinvaeltaja. [‚Anna-Maija Raittila. Pilgerin im Vertrauen']. Kirjapaja. Helsinki
Treue, Wilhelm 1952. *Illustrierte Kulturgeschichte des Alltags*. Oldenbourg. München

Tuppurainen, Erkki 2016. Virsien taustatietoja. [‚Hintergrundinformationen zu den Kirchenliedern']. www.evl.fi/virsikirja.nsf/. Gesehen 5 – 6/2016

*Turussa istuneen Suomen toisen Kirkollis-kokouksen protokollat*. Hämeenlinnassa, Hämeen Sanomain Osake-yhtiön kirjapainossa 1888. [‚Protokolle der zweiten Vollversammlung der Kirche Finnlands in Turku. In Hämeenlinna, Druckerei der Hämeen Sanomat Oy']. S.a. *Liitteitä* ...

*Turussa istuneen, Suomen ensimmäisen seurakunta-kokouksen protokollat*. Hämeenlinnassa, A. W. Lindgrenin kirjapainossa 1877. [‚Protokolle der ersten Versammlung der Kirchengemeinden Finnlands in Turku. In Hämeenlinna, Druckerei A.W. Lindgren']

Väinölä, Tauno 2016. Taustatietoja virsistä. [‚Hintergrundinformationen zu den Kirchenliedern'] www.evl.fi/virsikirja.nsf/. Gesehen 5 – 6 /2016

Väinölä, Tauno 2008. *Virsikirjamme virret*. [‚Die Lieder in unserem Kirchengesangbuch']. Kirjapaja. Helsinki

Vapaavuori, Hannu 2008: Tröst i kris och pomp vid fest i Finland. In: Selander, Sven-Åke & Hansson, Karl-Johan (Hrsg.), S. 48-61

Vapaavuori, Hannu. Suomalaiset virsikirjat. [‚Die finnischen Kirchengesangbücher'] http://evl.fi/Virsikirja.nsf. Gesehen am 14.7.2016

Vartiainen, Pekka 2009. *Länsimaisen kirjallisuuden historia*. [‚Geschichte der westlichen Literatur']. BTJ Kustannus. Helsinki

Vehmas-Lehto, Inkeri 1999. *Kopiointia vai kommunikointia*. Johdatus käännösteoriaan. [‚Kopieren oder Kommunizieren. Einführung in die Translationstheorie']. Finn Lectura. Helsinki

Venuti, Lawrence 1995. *The Translator's invisibility*. A history of translation. Translation Studies. Routledge. London

Vietta, Silvio 2007. *Europäische Kulturgeschichte*. Eine Einführung. Erw. Studienausgabe. Wilhelm Fink. Paderborn

Viinamäki, Anna 2005. *Hemminki Maskulainen – virsirunoilija.* [‚Hemminki Maskulainen – Kirchenliederdichter ']. Kotus. Helsinki

Vinay, J.P. & Darbelnet, J. 1989. Translation Procedures. In: Chesterman, Andrew (Hrsg.), S. 61-69

Virkkunen, T.P. 1982. *Uskonto ja maailmankuva.* [‚Religion und Weltbild']. Kirjapaja. Helsinki

*Virsikirja.* http://evl.fi/Virsikirja.nsf/virret. Internetadresse für das finnische Kirchengesangbuch. Gesehen am 21.1.2010

*Virsikirjauudistuksen periaatteet.* XXI Varsinaisen kirkolliskokouksen asettaman virsikirjakomitean osamietintö 1976. [‚Grundzüge der Erneuerung des Kirchengesangbuchs. Vorläufiger Bericht des von der 21. Kirchenvollversammlung eingesetzten Ausschusses für das neue Kirchengesangbuch'].Helsinki. T. A. Sahalan Kirjapaino

Vk = *Suomen Evankelis-luterilaisen kirkon Virsikirja.* 1986. [‚Kirchengesangbuch der evangelisch-lutherischen Kirche Finnlands']. Helsinki

Völker, Alexander 2005. 126 – Komm, Gott, Schöpfer, Heiliger Geist. In: Hahn, Gerhard & Henkys, Jürgen (Begr.). H. 12, S.70-76

Völker, Alexander 2002. 35 – Nun singet und seid froh. In: Hahn, Gerhard & Henkys, Jürgen (Begr.). H. 5, S. 31–35

Vollhardt, Friedrich 2001. Eigennutz – Selbstliebe – Individuelles Glück. In: Dülmen, Richard van. (Hrsg.), S. 219-242

Warren Sabean, David 2001. Selbsterkundung, Beichte und Abendmahl. In: Dülmen, Richard van (Hrsg.), S. 145-162

Wendt, Bo-A. 2004. Gamla psalmer i nya psalmböcker. Den språkliga bearbetningen av 1695 års psalmer i psalmboksutgåvorna från 1819, 1937 och 1986. In: *Språk och stil. Tidskrift för svensk språkforskning* 14 (2004), S. 5-48